Dominando a Ansiedade Para Leigos

Tradução da 2ª Edição

Folha de Cola

Ansiedade é o transtorno mental mais comum, mas também é um dos mais tratáveis. Como ela pode produzir uma ampla gama de sintomas, todos os tipos de técnicas e terapias podem ser usados para tratar pensamentos, comportamentos e sentimentos ansiosos.

Você Pensa de Forma Ansiosa Se Está...

- Fazendo previsões negativas sobre o futuro.
- Pensando que não consegue enfrentar.
- Frequentemente se preocupando em agradar as pessoas.
- Pensando que precisa ser perfeito.
- Tendo preocupações excessivas sobre não estar no controle.

Você Se Comporta de Forma Ansiosa Se Está...

- Evitando muitos eventos sociais.
- Evitando situações que o deixam ansioso.
- Deixando de assumir riscos razoáveis.
- Ficando longe de objetos ou acontecimentos temidos, tais como aranhas ou voar.
- Adiando tanto as tarefas que fica muito atrasado.

Você Está Ansioso Se Sente...

- Um nó no estômago
- Tontura
- Tensão muscular
- Coração disparado
- Tremor
- Palmas das mãos suadas

Para Leigos®: *A série de livros para iniciantes que mais vende no mundo.*

Dominando a Ansiedade Para Leigos
Tradução da 2ª Edição

Folha de Cola

Controlando Seus Pensamentos Ansiosos

As palavras que você usa para pensar sobre si mesmo e sobre o mundo podem contribuir para a sua ansiedade. Quando se dedica a examinar seus pensamentos ansiosos, você pode achar que sua ansiedade diminui. Se sua mente está cheia de problemas e preocupações, tente fazer essas perguntas a si mesmo:

- Como vou encarar essa preocupação daqui a seis meses?
- Eu já tive essa preocupação antes apenas para descobrir que aquilo com que eu me preocupava na verdade nunca aconteceu?
- Que provas realmente embasam ou refutam a minha preocupação?
- Se um amigo meu tivesse esse pensamento, que conselho eu daria?
- Se o pior acontecesse, eu conseguiria encontrar uma maneira de lidar com isso?

Como Vencer Seu Comportamento Ansioso

Quando você achar que está evitando eventos ou oportunidades importantes da vida como resultado de sua ansiedade, é hora de agir. Ao dar pequenos passos para mudar seu comportamento, você pode superar situações indutoras da ansiedade. Para começar, tente o seguinte:

1. Analise o que você está evitando.
2. Quebre sua evitação em pequenos pedaços.
3. Classifique esses pequenos pedaços do menos ao mais angustiante.
4. Dê pequenos passos e supere cada um deles antes de prosseguir.

Como Acalmar Seus Sentimentos Ansiosos

Sentimentos de ansiedade muitas vezes são acompanhados por reações físicas. Quando seu corpo treme com sensações de ansiedade, como mãos suadas, voz trêmula, coração disparado ou distúrbio estomacal, experimente algumas respirações relaxantes:

- Coloque a mão em seu abdômen.
- Respire lenta e profundamente e observe seu abdômen expandindo.
- Segure a respiração por 5 ou 6 segundos.
- Expire lentamente e deixe seus ombros caírem.
- Ao expirar, diga a palavra "relaxe" para si mesmo.
- Repita esse tipo de respiração dez vezes.

Para Leigos®: A série de livros para iniciantes que mais vende no mundo.

Dominando a Ansiedade

PARA

LEIGOS®

Tradução da 2ª edição

Dominando a Ansiedade PARA LEIGOS

Tradução da 2ª edição

por Charles H. Elliott e
Laura L. Smith

ALTA BOOKS
EDITORA
Rio de Janeiro, 2015

Dominando a Ansiedade Para Leigos
Copyright © 2015 da Starlin Alta Editora e Consultoria Eireli.

Translated from original Overcoming Anxiety For Dummies, 2nd Edition © 2010 by John Wiley & Sons, Inc. ISBN 978-0-470-57441-6. This translation is published and sold by permission of John Wiley & Sons, Inc., the owner of all rights to publish and sell the same. PORTUGUESE language edition published by Starlin Alta Editora e Consultoria Eireli, Copyright © 2015 by Starlin Alta Editora e Consultoria Eireli.

Todos os direitos reservados e protegidos por Lei. Nenhuma parte deste livro, sem autorização prévia por escrito da editora, poderá ser reproduzida ou transmitida.

Erratas: No site da editora relatamos, com a devida correção, qualquer erro encontrado em nossos livros bem como disponibilizamos arquivos de apoio se aplicável ao livro. Acesse o site www.altabooks.com.br e procure pelo título do livro desejado para ter acesso as erratas e/ou arquivos de apoio.

Marcas Registradas: Todos os termos mencionados e reconhecidos como Marca Registrada e/ou Comercial são de responsabilidade de seus proprietários. A Editora informa não estar associada a nenhum produto e/ou fornecedor apresentado no livro.

Impresso no Brasil — 1ª Edição, 2015

Vedada, nos termos da lei, a reprodução total ou parcial deste livro.

Produção Editorial Editora Alta Books **Produtor Responsável** Marcelo Vieira	**Gerência Editorial** Anderson Vieira **Supervisão Editorial** Angel Cabeza Sergio Luiz de Souza	**Design Editorial** Aurélio Corrêa	**Captação e Contratação de Obras Nacionais** J. A. Rugeri Marco Pace autoria@altabooks.com.br **Ouvidoria** ouvidoria@altabooks.com.br	**Marketing e Promoção** Hannah Carriello marketing@altabooks.com.br **Vendas Atacado e Varejo** comercial@altabooks.com.br
Equipe Editorial	Claudia Braga Jéssica Carvalho Juliana de Oliveira	Letícia Vitoria Mayara Coelho Mayara Soares	Milena Lepsch Milena Souza Rômulo Lentini	Thiê Alves Silas Amaro Jéssica
Tradução Marcella de Melo Silva	**Copidesque** Ronaldo de Lima Netto	**Revisão Técnica** Liss Mary Fraga *Mestre em Psicologia Comportamental*	**Revisão Gramatical** Julia de Lucca Priscila Gurgel	**Diagramação** Futura

Dados Internacionais de Catalogação na Publicação (CIP)

E46d   Elliott, Charles H.
            Dominando a ansiedade para leigos / por Charles H. Elliott e
       Laura L. Smith. – Rio de Janeiro, RJ : Alta Books, 2015.
            376 p. : il. ; 24 cm. – (Para leigos)

            Inclui índice e apêndice.
            Tradução de: Overcoming anxiety for dummies.
            ISBN 978-85-7608-887-5

            1. Ansiedade. 2. Medo. 3. Stress (Psicologia). 4. Administração
       do stress. I. Smith, Laura L. II. Título. III. Série.

                                                              CDU 616.89-008.441
                                                              CDD 152.46

Índice para catálogo sistemático:
1. Ansiedade   616.89-008.441

(Bibliotecária responsável: Sabrina Leal Araujo – CRB 10/1507)

Rua Viúva Claudio, 291 – Bairro Industrial do Jacaré
CEP: 20970-031 – Rio de Janeiro – Tels.: (21) 3278-8069/8419
www.altabooks.com.br – e-mail: altabooks@altabooks.com.br
www.facebook.com/altabooks – www.twitter.com/alta_books

Sobre os Autores

Charles H. Elliott, PhD, é psicólogo clínico e membro fundador da Academy of Cognitive Therapy e também faz parte do corpo docente da Fielding Graduate University. Ele se especializou no tratamento de crianças, adolescentes e adultos com transtorno obsessivo-compulsivo, ansiedade, raiva, depressão e distúrbios de personalidade. Dr. Elliott escreveu vários artigos e capítulos de livros profissionais na área de terapias cognitivo-comportamentais. Ele dá palestras nacional e internacionalmente sobre novos desenvolvimentos na avaliação e terapia de perturbações emocionais.

Laura L. Smith, PhD, é psicóloga clínica e membro adjunto do corpo docente da Fielding Graduate University. Ela se especializou na avaliação e no tratamento de adultos e crianças com transtorno obsessivo-compulsivo e com problemas de personalidade, depressão, ansiedade, transtorno do déficit de atenção e hiperatividade, além de distúrbios de aprendizagem. Ela geralmente dá consultas a advogados, distritos escolares e agências governamentais, além de apresentar workshops sobre terapia cognitiva e questões de saúde mental para plateias dentro e fora do país. Dra. Smith é autora de muitos artigos e livros profissionais e populares.

Os Drs. Elliott e Smith escreveram, juntos, *Borderline Personality Disorder For Dummies, Obsessive-Compulsive Disorder For Dummies, Seasonal Affective Disorder For Dummies, Anxiety and Depression Workbook For Dummies, Depression For Dummies, Why Can't I Be the Parent I Want to Be?* e *Hollow Kids: Recapturing the Soul of a Generation Lost to the Self-Esteem Myth*. Eles são membros do Conselho de Administração da New Mexico Psychological Association e professores de formação afiliados ao Cognitive Behavioral Institute of Albuquerque. Seu trabalho foi destaque em vários periódicos, incluindo *Family Circle, Parents, Child* e *Better Homes and Gardens*, bem como em publicações populares tais como o *New York Post, The Washington Times*, o *Daily Telegraph* (Londres) e *The Christian Science Monitor*.

Eles se apresentam como oradores em inúmeras conferências, incluindo as da National Alliance for the Mentally Ill (NAMI), da Association for Behavioral and Cognitive Therapies e da National Association of School Psychologists. Apareceram em redes de televisão tais como a CNN e a Canada AM e, no rádio, são frequentemente apresentados como especialistas em vários programas da NPR, bem como no *You: The Owner's Manual Radio Show, Doctor Radio* na Sirius Satellite Radio, o *Frankie Boyer Radio Show* e *The Four Seasons Radio Show*. Os autores dedicaram suas vidas profissionais ao objetivo de tornar a ciência da psicologia relevante e acessível ao público. Os Drs. Smith e Elliott estão disponíveis para palestras, entrevistas como especialistas e workshops. Você pode visitar seu site em www.psychology4people.com ou seu blog, "Anxiety & OCD Exposed", em http://blogs.psychcentral.com/anxiety.

Dedicatória

Dedicamos este livro às nossas crescentes e dinâmicas famílias — Brian, Alli, Sara, Trevor e, claro, a nossos netos: Cade, Carter, Alaina e Lauren. Obrigado pelo estímulo — não há dúvida de que, às vezes, um *basta* se faz necessário!

Agradecimentos dos Autores

Gostaríamos de agradecer a nossos excelentes editores da Wiley: à extraordinária Gerente de Projetos Vicki Adang, ao Editor de Aquisições Michael Lewis e à magistral copidesque Christy Pingleton, bem como a nossos agentes Elizabeth e Ed Knappman. Também somos gratos ao Dr. Scott Bea, da Cleveland Clinic, por revisar nosso trabalho e fazer sugestões perspicazes.

Também queremos agradecer à nossa equipe de marketing e publicidade, que inclui David Hobson e Adrienne Fontaine, da Wiley. Obrigado também ao médico Alan Rubin e a todos os outros autores *For Dummies* pela grande referência e inspiração.

Obrigado a Bob Elliott, por todos os conselhos astutos, e a Mathew Raikes, do www.darn-computer.com, por sua perícia em computadores e suporte do site. Obrigado a Trevor Wolfe e Kate Guerin por nos manter atualizados com a cultura pop, as mídias sociais, os blogs e por postarem no Twitter.

Queremos agradecer a Deborah Wearn, Pamela Hargrove, Tracie Antonuk e Geoff Smith, por seu interesse contínuo. Obrigado a Matt Lewis, por nos deixar com ótima aparência. E um agradecimento especial a Sadie e Murphy, por nos levar em caminhadas tão necessárias.

Aos Drs. Brad Richards e Jeanne Czajka, do Cognitive Behavioral Institute of Albuquerque, obrigado por nos incluir em seu corpo de professores de formação afiliados. À Dra. Brenda Wolfe e seu marido, Ken, obrigado por nos incluir em sua viagem. Ainda estamos ansiosos para ver seu próximo livro.

Por fim, somos especialmente gratos aos muitos clientes que já atendemos, tanto aqueles com transtornos de ansiedade quanto os que não os têm. Eles nos ajudaram a compreender as questões psicológicas em geral e a ansiedade. Eles também nos ensinaram sobre coragem e persistência.

Sumário Resumido

Introdução 1

Parte I: Detectando e Expondo a Ansiedade 7
    Capítulo 1: Analisando e Atacando a Ansiedade 9
    Capítulo 2: Examinando a Ansiedade: O que é Normal e o que Não É 21
    Capítulo 3: Selecionando Através do Cérebro e da Biologia 39
    Capítulo 4: Eliminando os Obstáculos à Mudança 51

Parte II: Combatendo a Ansiedade 69
    Capítulo 5: Tornando-se um Detetive do Pensamento 71
    Capítulo 6: Tomando Cuidado com Palavras de Preocupação 97
    Capítulo 7: Destruindo Suas Suposições Inquietantes 109
    Capítulo 8: Enfrentando o Medo Com Um Passo de Cada Vez 131
    Capítulo 9: Considerando Medicamentos e Outras Opções de
        Tratamento Físico 153

Parte III: Despedindo-se da Batalha 173
    Capítulo 10: Observando o Estilo de Vida 175
    Capítulo 11: Relaxamento: A Solução de Cinco Minutos 189
    Capítulo 12: Criando Calma em Sua Imaginação 203
    Capítulo 13: Aceitação Consciente 215

Parte IV: Mirando em Preocupações Específicas 233
    Capítulo 14: Enfrentando uma Crise na Carreira e Adversidades
        Financeiras 235
    Capítulo 15: Mantendo-se Firme Enquanto o Mundo Estremece 245
    Capítulo 16: Mantendo-se Saudável 259
    Capítulo 17: Mantendo-se Longe do Perigo 269

Parte V: Ajudando Outros com Ansiedade 279
    Capítulo 18: Quando um Familiar ou Amigo Sofre de Ansiedade 281
    Capítulo 19: Reconhecendo a Ansiedade em Crianças 297
    Capítulo 20: Ajudando as Crianças a Vencer a Ansiedade 307

Parte VI: A Parte dos Dez 325
    Capítulo 21: Dez Maneiras de Fazer a Ansiedade Parar Rapidamente 327
    Capítulo 22: Dez Maneiras para Lidar com Recaídas 331
    Capítulo 23: Dez Sinais de que Você Precisa de Ajuda Profissional 337
    Apêndice: Recursos para Você 343

Sumário

Introdução 1
    Sobre Este Livro 2
    Uma Mensagem Importante para Nossos Leitores 2
    Convenções Usadas Neste Livro 3
    Só de Passagem 3
    Penso que 3
    Como Este Livro Está Organizado 4
        Parte I: Detectando e Expondo a Ansiedade 4
        Parte II: Combatendo a Ansiedade 4
        Parte III: Despedindo-se da Batalha 4
        Parte IV: Mirando em Preocupações Específicas 5
        Parte V: Ajudando Outros com Ansiedade 5
        Parte VI: A Parte dos Dez 5
    Ícones Usados Neste Livro 5
    De Lá para Cá, Daqui para Lá 6

Parte I: Detectando e Expondo a Ansiedade 7

Capítulo 1: Analisando e Atacando a Ansiedade 9
    Ansiedade: Todo Mundo Tem 9
    Listando os Custos da Ansiedade 11
        O que a ansiedade lhe custa? 11
    Aumentando o custo para a sociedade 12
    Reconhecendo os Sintomas da Ansiedade 12
        Pensando ansiosamente 13
        Comportando-se ansiosamente 14
        Encontrando a ansiedade em seu corpo 15
    Buscando Ajuda para Sua Ansiedade 15
        Combinando sintomas e terapias 16
        Escolhendo por onde começar 18
        Encontrando a ajuda certa 19

Capítulo 2: Examinando a Ansiedade: O que é Normal e o que Não É. 21
    Sabendo Quando a Ansiedade é uma Ajuda e Quando é um Obstáculo ... 22
    Apresentando os Sete Tipos de Ansiedade 23
        Transtorno de ansiedade generalizada: O resfriado da ansiedade 24
        Fobia social: Evitando as pessoas 25
        Transtorno de pânico: Muito além da ansiedade diária 26
        Agorafobia: Companheira do pânico 29

    Fobias específicas: Aranhas, cobras, aviões e outras coisas
     assustadoras..30
    Transtorno de estresse pós-traumático: Sentindo as consequências..32
    Transtorno obsessivo-compulsivo: De novo e de novo e de novo......34
  Vendo Como a Ansiedade Difere de Outros Transtornos.............................37

Capítulo 3: Selecionando Através do Cérebro e da Biologia . . . 39

  Examinando o Cérebro Ansioso...39
    Vendo como os circuitos do cérebro estão conectados.....................40
    Substâncias químicas comunicantes 40
  Preparando-se Para Fugir ou Lutar..41
  Imitando a Ansiedade: Drogas, Dieta e Doenças..44
    Explorando as drogas que imitam a ansiedade 44
    Ingerindo ansiedade em sua dieta...46
    Investigando impostores médicos da ansiedade 48

Capítulo 4: Eliminando os Obstáculos à Mudança 51

  Escavando as Raízes da Ansiedade...51
    São meus genes!..53
    Eu fui criado assim!...53
    É culpa do mundo! 54
  Encontrando Autoaceitação...55
  Pensando Duas Vezes sobre Mudança 57
  Decidindo Por Mãos à Obra 59
    Argumentando com seus argumentos..59
    Dando pequenos passos 60
  Vendo as Preocupações Irem e Virem..62
    Acompanhando seus medos..62
    Escrevendo sobre suas preocupações 64
  Conseguindo Ajuda dos Outros 65
    Buscando as terapias certas..66
    Buscando o terapeuta certo 66

Parte II: Combatendo a Ansiedade *69*

Capítulo 5: Tornando-se um Detetive do Pensamento 71

  Distinguindo Pensamentos de Sentimentos 72
    Bloqueando a tristeza...72
    Entrando em contato com seus sentimentos 74
    Entrando em contato com seus pensamentos 76
  Rastreando Seus Pensamentos, Gatilhos e Sentimentos.........................79
  Lidando com Seus Pensamentos: Terapia do Pensamento......................81
    Examinando as provas: O tribunal do pensamento 81
    Repensando o risco 83
  Desconstruindo Situações Preocupantes 85

Cultivando Pensamentos Calmos 91
    Considerando a perspectiva de um "amigo" 92
    Criando calma 92
    Afirmações afirmativas? 94

Capítulo 6: Tomando Cuidado com Palavras de Preocupação. . 97

Empilhando Galhos na Fogueira da Ansiedade 97
    Enfrentando palavras extremistas 99
    Deturpando com expressões "tudo ou nada", "preto no branco" 100
    Esbarrando em palavras condenadoras 101
    Concentrando-se nas palavras de vítima 102
Monitorando Suas Palavras de Preocupação 102
Refutando e Substituindo Suas Palavras de Preocupação 104
    Exorcizando suas palavras extremistas 104
    Contestando o "tudo ou nada" 105
    Julgando o juiz 106
    Vencendo as palavras de vítima 107

Capítulo 7: Destruindo Suas Suposições Inquietantes 109

Compreendendo as Suposições Inquietantes 110
Examinando os Esquemas Ansiosos 111
    Reconhecendo esquemas 111
    Avaliando suas suposições inquietantes 112
Desenvolvendo uma Crise de Esquemas Ansiosos 114
    Adquirindo suposições na infância 114
    Despedaçando suas suposições razoáveis 115
Desafiando Aquelas Suposições Desagradáveis: Uma Análise de
    Custo/Benefício 117
    Analisando a perfeição 117
    Organizando a aprovação 120
    Examinando a vulnerabilidade 121
    Calculando o controle 122
    Debatendo a dependência 122
    Desafiando seus próprios esquemas ansiosos 123
    Projetando Suposições Calmas e Equilibradas 124
    Moderando tendências perfeccionistas 125
    Equilibrando um viciado em aprovação 126
    Equilibrando a vulnerabilidade 127
    Relaxando o controle 128
    Diminuindo a dependência 129
Acima de Tudo: Seja Gentil Consigo Mesmo! 130

Capítulo 8: Enfrentando o Medo Com Um Passo de Cada Vez... 131

Exposição: Combatendo seus Medos 131
    Preparando-se com relaxamento 132

Entendendo seus medos 134
Construindo uma escadaria de medo 136
Imaginando o pior 137
Enfrentando seus medos (glup!) 138
Dominando Todos os Tipos de Medo 140
Travando uma guerra contra a preocupação: TAG 141
Lutando contra a fobia social e fobias específicas 143
Vencendo o pânico e a agorafobia 144
Enfrentando o transtorno de estresse pós-traumático 146
Sobrepujando um transtorno obsessivo-compulsivo 148
Esperando o Impossível 152

Capítulo 9: Considerando Medicamentos e Outras Opções de Tratamento Físico 153

Decidindo-se Sobre Medicamentos 154
As desvantagens dos medicamentos 154
As vantagens dos medicamentos 155
Entendendo as Opções de Medicamentos 156
Antidepressivos 157
Benzodiazepínicos 161
Tranquilizantes variados 163
Betabloqueadores 164
Antipsicóticos atípicos 164
Estabilizadores do humor 165
Algumas opções intrigantes de medicamentos 166
Procurando Suplementos 166
Viva as vitaminas! 169
Peneirando um monte de suplementos 170
Estimulando o Cérebro 171
Estimulação do nervo vago (ENV) 171
Estimulação cerebral profunda (DBS, do inglês Deep Brain
  Stimulation) 172
Estimulação magnética transcraniana (EMT) 172

Parte III: Despedindo-se da Batalha 173

Capítulo 10: Observando o Estilo de Vida 175

Amigos e Família — Ruim com Eles, Pior sem Eles 175
Ficando conectado aos outros 176
Delegando para ter tempo extra 177
Apenas diga "não" 177
Preparar... Exorcizar! 178
Não espere pela força de vontade — Siga em frente! 179
Exercitando seus exercícios 181
O ABC para Conseguir Seus Zs 182

Criando um oásis do sono 183
Seguindo algumas rotinas relaxantes 183
O que fazer quando o sono simplesmente não chega 186
Planejando Dietas Calmas 187
Apreciando porções pequenas e frequentes 187
Seguindo o senso comum nutricional 188

Capítulo 11: Relaxamento: A Solução de Cinco Minutos 189

Soprando a Ansiedade para Longe 190
Descobrindo seu padrão natural de respiração 191
Respirando como um bebê 192
Usando a respiração de pânico em situações de alto estresse 193
Relaxando Seu Corpo Todo 194
Sabendo o que esperar 195
Descobrindo a técnica muscular progressiva 195
Aplicando o Relaxamento em Situações Tensas 198
Relaxando através de Seus Sentidos 199
Sons para acalmar a fera selvagem 199
Conquistando pelo nariz 200
Massagem contra o estresse 201

Capítulo 12: Criando Calma em Sua Imaginação 203

Deixando Sua Imaginação Vagar 204
Imaginando o toque 205
Recordando sons 206
Relembrando gostos 207
Evocando cheiros 208
Pintando quadros em sua mente 209
Imagem Sensorial Completa 210
Relaxando na praia 210
Uma fantasia na floresta 211
Personalizando Suas Próprias Imagens 212

Capítulo 13: Aceitação Consciente 215

Aceitar a Ansiedade? Ei, Isso É que É Mudança! 216
Examinando de forma calma e imparcial 216
Tolerando a incerteza 218
Sendo paciente consigo mesmo 219
Deixando o Ego de Lado 220
Inflando e desinflando o balão da autoestima 220
Valorizando suas imperfeições 221
Conectando-se com o Aqui e Agora 223
Entrando em contato com o presente 225
Enterrando as preocupações sobre o futuro 226
Meditando conscientemente 227

Aceitando a Atenção Plena em Sua Vida 230
Saboreando a Espiritualidade 230

Parte IV: Mirando em Preocupações Específicas 233

Capítulo 14: Enfrentando uma Crise na Carreira e Adversidades Financeiras 235

Lidando de Frente com as Preocupações de Emprego 236
    Fortalecendo seu currículo 236
    Encontrando flexibilidade no horizonte de sua carreira 237
    Considerando carreiras com estabilidade 238
    Mantendo o foco correto 240
Fazendo o Balanço de Seus Recursos 240
    Calculando seu balancete financeiro 241
    Conhecendo seus ativos e passivos pessoais 242
Comprometendo-se com uma Nova Estratégia 242
    Definindo metas em curto prazo 243
    Planejando em longo prazo 244

Capítulo 15: Mantendo-se Firme Enquanto o Mundo Estremece 245

Avaliando Seus Riscos 246
    Analisando a probabilidade de morrer em um desastre natural 246
    Listando seus riscos pessoais 248
Preparando um Plano para Preocupações Realistas 249
Imaginando e Lidando com o Pior 251
    Repensando a incerteza e a ansiedade 252
    Repensando sua habilidade de enfrentar 252
    Atacando suas preocupações 254
Fazendo Sua Parte para Melhorar o Mundo 255
    Ajudando o meio ambiente 256
    Sendo voluntário em desastres 257

Capítulo 16: Mantendo-se Saudável 259

Entendendo a Conexão entre Preocupação e Saúde 259
Recalculando os Custos e Benefícios da Preocupação com Saúde 261
Listando os Riscos do Mundo Moderno 262
    Examinando as realidades evolutivas de doenças e tratamentos 263
    Comparando os riscos de saúde locais com os globais 264
    Tomando cuidado com afirmações exageradas 266
Fazendo um Inventário de Sua Saúde Pessoal 266
    Checando seu estilo de vida 266
    Aceitando seus riscos genéticos 267
Projetando um Plano de Ação em Saúde 268

Capítulo 17: Mantendo-se Longe do Perigo 269
Avaliando Seus Riscos Pessoais Reais..269
Maximizando Sua Prontidão 270
    Encarregando-se da segurança pessoal 270
    Evitando riscos desnecessários 271
Lidando com o Trauma 272
    Refletindo sobre o que aconteceu..273
    Expondo-se ao incidente 274
Aceitando um Certo Grau de Incerteza 275
    Optando por se colocar em situações de alto risco 275
    Vivenciando o perigo em lugares cotidianos..276

Parte V: Ajudando Outros com Ansiedade 279

Capítulo 18: Quando um Familiar ou Amigo Sofre de Ansiedade 281
Descobrindo se Seu Ente Querido Sofre de Ansiedade............................282
Conversando Juntos sobre a Ansiedade..284
    Ajudando sem se responsabilizar pelo fardo 285
    Evitando a culpa 285
    Quando a ajuda prejudica 285
Indicando o Caminho...288
    Orientando o caminho certo 289
Juntando Forças Contra a Ansiedade 293
Aceitando a Ansiedade com Amor 294

Capítulo 19: Reconhecendo a Ansiedade em Crianças 297
Separando o Normal do Anormal 297
Examinando os Transtornos de Ansiedade Mais Comuns na Infância 300
    Deixando os pais: Transtorno de ansiedade de separação 300
    Preocupando-se o tempo todo: Transtorno de ansiedade
        generalizada 302
Focando nas Fobias: Fobias Específicas...303
    Conectando-se com os outros: Fobia social 303
    Repetição ansiosa: Transtorno obsessivo-compulsivo 303
    Ansiedades raras entre as crianças..304

Capítulo 20: Ajudando as Crianças a Vencer a Ansiedade 307
Cortando a Ansiedade pela Raiz 307
    Experiências precoces de domínio 308
    Ajustando as emoções..309
    Tomando precauções por meio do estilo parental 311
Ajudando Crianças que Já Estão Ansiosas 313
    Ajudando a si mesmo antes..313

   Modelando relaxamento..314
   Conduzindo as crianças através da ansiedade 315
   Relaxando para reduzir a ansiedade..317
   Imaginando seu caminho para o relaxamento 320
  Exorcizando a ansiedade pelo exercício 320
   Obtendo Ajuda de Outros..321
   Com quem obter ajuda 322
   O que esperar na primeira sessão 323
   O que acontece na terapia?..323

Parte VI: A Parte dos Dez... 325

Capítulo 21: Dez Maneiras de Fazer a Ansiedade Parar Rapidamente 327

  Respirando Sua Ansiedade para Fora...327
  Falando com um Amigo 328
  Exercícios Aeróbicos..328
  Acalmando o Corpo 328
  Tomando Chá 329
  Desafiando Seu Pensamento Ansioso...329
  Ouvindo Música...329
  Encontrando Distrações 330
  Fazendo Sexo...330
  Permanecendo no Momento 330

Capítulo 22: Dez Maneiras para Lidar com Recaídas.......... 331

  Esperando a Ansiedade 331
  Contando as Andorinhas..331
  Examinando Por que a Ansiedade Voltou 332
  Consultando um Médico 332
  Revisitando o que Funcionou Antes 332
  Fazendo Algo Diferente 333
  Obtendo Ajuda...333
  Considerando Sessões de Reforço 334
  Examinando os Estágios da Mudança 334
  Aceitando a Ansiedade...335

Capítulo 23: Dez Sinais de que Você Precisa de Ajuda Profissional 337

  Tendo Planos ou Pensamentos Suicidas 338
  Sem Esperanças...338
  Lidando com a Ansiedade e a Depressão 338
  Tentando em Vão 339
  Conflitos em Casa 339
  Lidando com Problemas Graves no Trabalho.......................................339

Sofrendo de Obsessões ou Compulsões Graves 339
Compreendendo o Transtorno de Estresse Pós-traumático 340
Passando Noites Insones.. 340
Ficando Alto.. 340
Encontrando Ajuda 341

Apêndice: Recursos para Você 343
Livros de Autoajuda 343
Recursos para Ajudar Crianças 343
Acessando Sites para Descobrir Mais sobre Ansiedade............................. 344

Índice 345

Introdução

A ideia de um livro de autoajuda sobre ansiedade na série *Para Leigos* brotou no verão de 2001. Na época, ficamos imaginando como o público reagiria a um livro com um título como *Dominando a Ansiedade Para Leigos*. Será que os potenciais leitores se sentiriam inibidos ou insultados pelo título? Será que eles achariam que um livro assim seria condescendente e "leigo demais"?

Algumas pessoas responderam negativamente e alguns e-mails nos deixaram um pouquinho ansiosos. Descobrimos, como muitos, que as críticas machucam. Mas ficamos surpresos e satisfeitos com as respostas esmagadoramente positivas que recebemos da maioria dos leitores que entraram em contato conosco.

Pessoas de todo o mundo nos enviaram e-mails para dizer que descobriram que este livro era um dos mais completos e acessíveis sobre ansiedade que já tinham lido. Algumas nos disseram que, pela primeira vez, suas vidas já não eram dominadas pela ansiedade. Também ficamos emocionados ao descobrir que muitos conselheiros, terapeutas e psicólogos relataram que usaram o livro como suplemento para sessões de psicoterapia com seus pacientes ansiosos.

Quando nossos editores nos abordaram a respeito da atualização do *Dominando a Ansiedade Para Leigos,* paramos um pouco para pensar sobre o que tinha acontecido no mundo após termos escrito a primeira edição. Ao refletir sobre essa questão, percebemos que o mundo mudou muito nos nove anos desde que a primeira edição apareceu nas prateleiras. Temos mais coisas com que nos preocupar do que nunca. Devido a essas fontes de preocupação crescentes e emergentes, sentimos necessidade de incluir neste livro informações que as abordem.

Por exemplo, algumas áreas de segurança de aeroportos têm agora equipamentos que o mostram "virtualmente nu" ao entrar neles. Temos sofrido com o que é atualmente chamado de a Grande Recessão e, no momento da redação deste texto, não está claro para onde a economia mundial está se dirigindo. As pessoas se preocupam com a obtenção e a manutenção de empregos e com frágeis sonhos de aposentadoria. A globalização das economias e viagens fizeram com que a disseminação de pandemias fosse mais rápida e potencialmente mais mortal do que nunca. Preocupações ambientais têm aumentado; a brutalidade da Mãe Natureza tem frequentemente passado pelas telas de nossos computadores e TVs. A disseminação de armas nucleares continua e as preocupações com guerra, crimes e terror são abundantes. As crianças estão assustadas com histórias de abuso e violência na Internet e na TV, enquanto seus pais, preocupados cada vez mais, restringem suas vidas.

Então, o mundo de hoje nos dá muito com que nos preocupar como sempre aconteceu. Mas, assim como não queremos nos tornar vítimas do terror, não podemos deixar que nos tornemos vítimas da ansiedade. Esta encobre nosso pensamento e enfraquece nossa determinação de viver a vida ao máximo. Sabemos que um pouco de ansiedade é real e inevitável; no entanto, podemos evitar que ela domine nossas vidas. Mesmo sob pressão, podemos preservar um certo grau de serenidade, podemos manter nossa humanidade, vigor e entusiasmo pela vida. Podemos amar e rir.

Como acreditamos na nossa resiliência coletiva, abordamos a superação da ansiedade de forma bem-humorada e, às vezes, irreverente. Nossa mensagem é baseada em métodos sensatos e cientificamente comprovados. Mas nós não o entediamos com os detalhes científicos. Em vez disso, apresentamos uma série clara e contínua de estratégias para repelir a ansiedade e vencer a guerra contra a preocupação.

Sobre Este Livro

Temos três objetivos ao escrever este livro. Primeiro, queremos que você entenda exatamente o que é a ansiedade e as diferentes formas que ela pode tomar. Segundo, achamos que saber o que é bom e o que é ruim sobre a ansiedade é bom para você. Por fim, abordamos aquilo em que você provavelmente está mais interessado — descobrir as mais recentes técnicas para superar sua ansiedade e ajudar alguém que tenha ansiedade.

Diferentemente da maioria dos livros, você não precisa começar na página 1 e ler direto até o fim. Use o extenso sumário para escolher o que deseja ler. Não se preocupe em ler as partes em qualquer ordem em particular. Por exemplo, se você realmente não quer muita informação sobre quem, o quê, quando, onde e por quê da ansiedade e se você a tem, vá em frente e pule a Parte I. No entanto, nós o encorajamos a pelo menos folhear a Parte I, porque ela contém fatos e informações fascinantes, bem como ideias para começar.

Uma Mensagem Importante para Nossos Leitores

Desde a primeira edição de *Dominando a Ansiedade Para Leigos*, fizemos questão de comentar sobre o uso do humor nesses livros. Embora temas como ansiedade, depressão, transtorno obsessivo-compulsivo, transtorno de personalidade limítrofe sejam assuntos graves e dolorosos, acreditamos que o riso ajuda, assim como um pouco de água o remédio a descer, a mensagem a ser comunicada. Esperamos que você concorde.

Este livro pretende ser um guia para a superação de um estado mental ou distúrbio chamado ansiedade. Ele deve ser usado para dar apoio e informação a nossos leitores. Todos os que estão vivos sofrem de ansiedade, de tempos em tempos. Entretanto, se a sua ansiedade interfere grandemente em sua vida diária, restringe suas atividades e o priva do prazer, pedimos que você procure ajuda profissional em saúde mental.

Convenções Usadas Neste Livro

Nós usamos um monte de exemplos de casos para ilustrar nossos argumentos ao longo deste livro. Por favor, note que esses exemplos representam uma combinação de pessoas com vários tipos de transtornos de ansiedade. Nenhum dos exemplos é sobre pessoas reais que tenhamos atendido ou conhecido. Qualquer semelhança com uma determinada pessoa é pura coincidência. Colocamos em **negrito** os nomes das pessoas em nossos exemplos para indicar que um exemplo de caso está começando.

Os psicólogos usam muitos jargões e siglas. Fizemos nosso melhor para mantê-los em um mínimo, mas às vezes não conseguimos evitá-los. Quando usamos um termo novo, nós o colocamos em *itálico* e o definimos.

Nós também usamos texto em **negrito** para indicar palavras-chave em uma lista com marcadores ou para realçar as ações em passos numerados. Por fim, quando o direcionamos para um site para obter informações adicionais, ele está impresso em `monofonte`.

Só de Passagem

Você não só não precisa ler cada capítulo na ordem (ou, ainda, em qualquer ordem), como não precisa ler cada ícone ou box (o texto nos quadros cinzas). Nós tentamos lhe dar bastantes informações e fatos atuais sobre a ansiedade. Alguns podem não interessá-lo — portanto não fique muito ansioso em pulá-los.

Penso que...

Quem poderia escolher este livro? Supomos, provavelmente de maneira tola, que você ou alguém que ama sofre de algum tipo de problema com ansiedade ou preocupação. Mas também é possível que você simplesmente ache o tema da ansiedade interessante. Imaginamos que você possa estar curioso a respeito de uma variedade de estratégias úteis para escolher aquela que possa se ajustar a seu estilo de vida e personalidade. Por fim, você pode ser um profissional de saúde mental que está interessado em encontrar um recurso amigável para seus clientes que sofrem de ansiedade ou preocupação.

Como Este Livro Está Organizado

Dominando a Ansiedade Para Leigos, Tradução da 2ª Edição, está organizado em 6 partes e 23 capítulos. Agora, vamos falar um pouco sobre cada parte.

Parte I: Detectando e Expondo a Ansiedade

Nos dois primeiros capítulos, você descobre bastante sobre ansiedade — desde quem a tem até por que as pessoas ficam ansiosas. Nós explicamos os diferentes tipos de transtornos de ansiedade — eles não são todos iguais — e contamos quem é mais suscetível e por quê.

No Capítulo 3, analisamos os aspectos biológicos dos transtornos de ansiedade — desde o preço que eles cobram do corpo até os processos bioquímicos subjacentes envolvidos.

O Capítulo 4 ajuda a remover os obstáculos no caminho para a mudança. Você descobre os motivos mais comuns pelos quais as pessoas resistem a trabalhar em sua ansiedade e o que fazer se você se encontra paralisado.

Parte II: Combatendo a Ansiedade

Na Parte II, nós lhe damos um conjunto de estratégias específicas e comprovadas para combater e superar a ansiedade. Nós lhe mostramos estratégias para transformar pensamentos ansiosos em calmos. Você descobre como as palavras que usa podem aumentar a ansiedade e como a simples mudança de seu vocabulário a diminui.

Uma das melhores formas de atacar a ansiedade é agir. Nada de desânimo por aqui. Nós mostramos como encarar seus medos de frente e conquistá-los. Além disso, vamos dar uma olhada em como a medicação às vezes pode aliviar os transtornos de ansiedade. Nós também analisamos as alternativas biológicas mais recentes para reduzir a ansiedade.

Parte III: Despedindo-se da Batalha

Esses capítulos dão uma olhada em como lidar com a ansiedade de forma indireta. Alterações no estilo de vida, tais como conectar-se com os outros, exercitar-se, dormir o suficiente e manter uma dieta adequada ajudam. Aprender a relaxar por meio de exercícios respiratórios, musculares ou evocando imagens serenas podem aliviar a ansiedade passivamente.

O Capítulo 13 aborda de maneira atenta o gerenciamento da ansiedade. A atenção plena surgiu como uma abordagem com alta popularidade e com suporte empírico para melhorar o bem-estar emocional.

Parte IV: Mirando em Preocupações Específicas

A Parte IV é totalmente nova nesta edição do *Dominando a Ansiedade Para Leigos*. Os capítulos dessa parte focam em ansiedades a respeito de finanças, terrorismo, desastres naturais e saúde. Você não consegue viver uma vida significativa sem ter alguma preocupação com questões como essas. Essa parte lhe dá formas de se preparar para calamidades inesperadas e ideias sobre como aceitar as incertezas em um mundo incerto.

Parte V: Ajudando Outros com Ansiedade

O que você faz quando alguém que ama se preocupa demais? Em primeiro lugar, veremos como pode ajudar um adulto com ansiedade que seja importante para você. Como um treinador ou simplesmente um torcedor, você pode ajudar seu amigo ou membro da família a vencê-la. Nessa parte nova e ampliada do livro nós também lhe damos as ferramentas para entender as diferenças entre o medo normal e a ansiedade nas crianças. Também fornecemos algumas orientações simples para ajudar as crianças ansiosas. Além disso, falamos sobre quem buscar para obter ajuda com seu filho e o que esperar.

Parte VI: A Parte dos Dez

Se você está buscando uma solução rápida ou uma simples revisão, dê uma olhada nessas listas úteis. Você pode ler sobre dez maneiras de frear a ansiedade, dez formas de lidar com recaídas e dez sinais de que a ajuda profissional é necessária.

Por fim, o apêndice mostra uma lista de livros e sites da Web para obter mais informações sobre os tópicos que abordamos neste livro.

Ícones Usados Neste Livro

Os livros Para Leigos usam pequenas imagens nas margens, chamadas de *ícones*, para chamar sua atenção. Eis o que elas significam:

O ícone Cortando a Ansiedade representa uma determinada ação que você pode tomar para ajudar a se livrar da ansiedade.

O ícone Lembre-se aparece quando queremos sua atenção. Por favor, leia o texto associado a ele para obter informação crucial.

O ícone Dica alerta para informações ou esclarecimentos importantes.

Ícones de Cuidado aparecem quando você precisa ter cautela ou procurar ajuda profissional.

De Lá para Cá, Daqui para Lá

O *Dominando a Ansiedade Para Leigos*, Tradução da 2ª Edição, lhe oferece as melhores e mais atualizadas recomendações com base em pesquisas científicas sobre os transtornos de ansiedade. Se você quiser ajuda para controlar seus pensamentos negativos, vá para os Capítulos 5, 6 e 7. Você quer apenas relaxar? Experimente as técnicas do Capítulo 11. Se você está preocupado com seu trabalho e finanças, no Capítulo 14 fornecemos dicas para encontrar seu próximo emprego e economizar uns trocados. Se você praticar as técnicas e estratégias fornecidas ao longo do livro, é provável que você se sinta mais calmo. Para muitas pessoas, este livro deve ser um guia completo para o combate à agitação e ao medo.

No entanto, algumas formas persistentes de ansiedade precisam de mais cuidados e atenção. Se a sua ansiedade e preocupação o impedem significativamente de trabalhar ou se divertir, procure ajuda. Comece com o seu clínico geral para descartar causas físicas. Em seguida, consulte um profissional de saúde mental. A ansiedade pode ser vencida; não desista!

Parte I
Detectando e Expondo a Ansiedade

A 5ª Onda   Por Rich Tennant

"Acho que ela está melhorando. Ontem ela comprou três camisetas com a estampa 'A Vida é Boa'."

Nesta parte...

Exploramos os prós e os contras da ansiedade, discutindo a epidemia de ansiedade que está acontecendo e mostrando como ela afeta todo o corpo. Nesta parte, você pode encontrar todas as principais categorias de transtornos de ansiedade, juntamente com uma visão geral do que você pode fazer para reduzi-la. Você descobre como pode facilmente ficar paralisado no combate à sua ansiedade e nós lhe contamos como evitar que isso aconteça.

Capítulo 1
Analisando e Atacando a Ansiedade

Neste Capítulo

▶ Crescendo a todo vapor: a proliferação da ansiedade
▶ Pagando o preço pela ansiedade
▶ Compreendendo os sintomas de ansiedade
▶ Obtendo a ajuda de que você precisa

Dê uma volta pela rua e verá que cerca de uma dentre cada quatro pessoas que encontrar tem ou terá um transtorno de ansiedade. Quase a metade dessas pessoas vai lutar contra a ansiedade em um grau ou outro, embora elas possam não ter desenvolvido completamente nenhum transtorno desse tipo. A taxa de transtornos de ansiedade tem crescido por muitas décadas e não se vê seu fim.

O mundo observa com medo como catástrofes, terrorismo, colapso financeiro, pandemias, crimes e guerra ameaçam a segurança do lar e da família. A ansiedade cria caos nas casas, destrói relacionamentos, leva os trabalhadores a perder tempo de trabalho e impede as pessoas de viverem vidas plenas e produtivas.

Neste capítulo, você descobre como reconhecer os sintomas da ansiedade. Esclarecemos os custos da ansiedade — tanto pessoais quanto sociais. Fornecemos um breve panorama dos tratamentos apresentados em maiores detalhes nos capítulos seguintes. Você também obtém uma visão rápida de como ajudar alguém de quem goste, como seus filhos, caso sofram de ansiedade. Se você se preocupa demais ou se importa com uma pessoa que tenha sérios problemas com ansiedade, este livro está aqui para ajudá-lo!

Ansiedade: Todo Mundo Tem

A ansiedade envolve sentimentos de inquietação, preocupação, apreensão e/ou medo e é o mais comum de todos os chamados distúrbios mentais. Em outras palavras, você definitivamente não está sozinho caso tenha ansiedade não desejada. Os números têm crescido ao longo dos anos. Em nenhum momento da história a ansiedade afligiu mais pessoas do que atualmente. Por quê?

A vida nunca foi tão complicada como é hoje. A semana de trabalho tem aumentado em vez de diminuir. Gerenciar famílias desfeitas e misturadas cria estresses crescentes. As telas dos computadores e os noticiários trazem, em tempo real, os últimos horrores para sua sala de estar. Jornais, blogs, tweets e revistas registram crimes, guerras e corrupção. O terrorismo cruzou o mundo e alcançou novos níveis. Na mídia, o retrato dessas pragas modernas inclui imagens coloridas com detalhes vívidos sem precedentes. Temos que admitir, o medo vende.

Infelizmente, por mais que o mundo de hoje seja estressante e desperte ansiedade, apenas uma minoria de pessoas que sofre dessa doença busca tratamento. Isso é um problema, pois a ansiedade causa não só dor emocional e sofrimento, mas também tensão física e até mesmo morte, uma vez que ela cobra um preço alto do corpo. Às vezes, até contribui para o suicídio. Além disso, a ansiedade custa à sociedade, como um todo, algo em torno de bilhões de dólares.

Quando as pessoas falam sobre qual a sensação da ansiedade, você pode ouvir alguma ou todas as seguintes descrições:

- Quando meus ataques de pânico começam, sinto um aperto no meu peito. É como se eu estivesse me afogando ou sufocando, e começo a suar; o medo é esmagador. Sinto como se fosse morrer e tenho que me sentar porque posso desmaiar.
- Sempre fui tremendamente tímido. Quero ter amigos, mas sou envergonhado demais para ligar para alguém. Acho que qualquer pessoa para quem eu ligue vai pensar que não vale a pena conversar comigo.
- Acordo com preocupação todos os dias, mesmo nos fins de semana. Desde que perdi o emprego, me preocupo o tempo todo. Às vezes, quando estou muito mal, penso em ir dormir e nunca mais acordar.
- Desde que sofri um acidente, tenho pesadelos constantes e passam pela minha mente imagens de vidros quebrando, pneus guinchando e passageiros gritando. Fico tão apreensivo e irritável que mal consigo passar o dia.
- Tenho tanto medo de voar que, apesar de gostar de viajar, não consigo fazê-lo.
- Me preocupo tanto com germes e contaminação que lavo minhas mãos cerca de 30 vezes por dia – elas ficam em carne viva e sangrando, e simplesmente não consigo parar.

O sofrimento da ansiedade

Dois estudos descobriram uma relação crítica entre ansiedade e doença cardíaca. Uma pesquisa na Universidade de Duke dividiu os pacientes cardíacos em três grupos: um de exercícios, um de gerenciamento do estresse e um de cuidados usuais. Após cinco anos, o grupo de gerenciamento de estresse tinha menos problemas adicionais relacionados ao coração que os outros dois. Embora tenha sido um estudo pequeno, um pesquisador concluiu que o gerenciamento do estresse e da ansiedade é uma das ferramentas mais poderosas na luta contra a doença cardíaca. O outro estudo, publicado na edição de janeiro de 2002 do periódico *Stroke*, descobriu que homens que sofrem de ansiedade e depressão têm muito mais probabilidade de morrer de AVC do que aqueles sem esses problemas psicológicos.

Como você pode ver, a ansiedade acarreta todo tipo de pensamentos, comportamentos e sentimentos. Quando sua ansiedade começa a interferir no seu dia a dia, você precisa encontrar maneiras de tranquilizar seus medos e preocupações.

Listando os Custos da Ansiedade

Quem sofre de ansiedade tem que arcar com custos em termos emocionais, físicos e financeiros. Além disso, ela também traz uma carga financeira para todos. Estresse, preocupação e ansiedade destroem relacionamentos, trabalho e família.

O que a ansiedade lhe custa?

É óbvio que se você tem problema com ansiedade, experimenta o custo de sentimentos ansiosos e angustiados. A ansiedade faz com que se sinta péssimo e não é necessário que leia um livro para saber disso. Mas você sabia que a ansiedade não tratada também cobra um alto preço de outras maneiras? Esses custos incluem:

- **Um tributo físico:** Seu corpo pode ser afetado por aumento da pressão arterial, dores de cabeça tensionais e sintomas gastrointestinais. De fato, pesquisas recentes descobriram que certos tipos de transtornos de ansiedade crônica alteram a constituição das estruturas de seu cérebro.

- **Um custo para seus filhos:** Pais com ansiedade quase sempre têm filhos ansiosos. Isso é devido, em parte, à genética, mas também porque as crianças aprendem a partir da observação. Crianças ansiosas podem ser tão estressadas a ponto de não conseguirem prestar atenção na escola.

- **Gordura!:** A ansiedade e o estresse aumentam o hormônio conhecido como cortisol, que causa o armazenamento de gordura na área abdominal, aumentando assim o risco de doença cardíaca e de derrame. O estresse também leva a um aumento na alimentação.
- **Mais visitas ao médico:** Isso se dá porque aqueles com ansiedade frequentemente experimentam sintomas físicos preocupantes. Além disso, pessoas ansiosas geralmente se preocupam muito com sua saúde.
- **Problemas de relacionamento:** Pessoas com ansiedade normalmente se irritam com facilidade. Às vezes, elas se retraem emocionalmente ou fazem o oposto e se agarram de forma dependente a seus parceiros.
- **Inatividade:** Aquelas com transtornos de ansiedade faltam ao trabalho com mais frequência que as outras pessoas, geralmente como um esforço para abrandar temporariamente sua angústia.

Aumentando o custo para a sociedade

A ansiedade custa muitos bilhões de dólares em todo o mundo. Um relatório do governo dos EUA informa que ansiedade custa mais do que depressão, esquizofrenia ou qualquer outro problema emocional. O custo anual é estimado em mais de US$ 65 bilhões. O Reino Unido gastou, em 2002, 32 bilhões de libras (aproximadamente US$ 53 bilhões) com saúde mental, sendo que grande parte foi despendida com problemas relacionados à ansiedade. Países que não destinam muitos recursos para esse fim ainda incorrem em altos custos oriundos dos transtornos de ansiedade, que incluem:

- Diminuição da produtividade
- Custos com serviços de saúde
- Medicamentos

A diminuição da produtividade é por vezes devida a problemas de saúde agravados pela ansiedade. Porém, o prejuízo financeiro decorrente do tempo de inatividade e dos custos com saúde não incluem os dólares perdidos em consequência do abuso de substâncias para as quais se voltam muitos daqueles com transtornos de ansiedade a fim de lidar com seu distúrbio. Assim, direta e indiretamente, a ansiedade cobra um preço colossal tanto do ansioso como da sociedade em geral.

Reconhecendo os Sintomas da Ansiedade

Você pode não saber se sofre de ansiedade ou do transtorno dela decorrente. Isso é porque a ansiedade envolve uma ampla gama de sintomas. Cada pessoa experimenta uma constelação ligeiramente diferente desses sintomas. Eles determinam, em conjunto, o tipo de transtorno de ansiedade que você pode ter. Discutimos esses tipos detalhadamente no Capítulo 2.

Por enquanto, você deve saber que alguns sinais de ansiedade aparecem sob a forma de pensamentos ou crenças. Outras indicações desse distúrbio se manifestam como sensações corporais. Há, ainda, sintomas que aparecem em vários tipos de comportamentos ansiosos. Algumas pessoas experimentam sinais de ansiedade em todas as três formas, enquanto outras só percebem sua ansiedade em uma ou duas áreas.

Pensando ansiosamente

Pessoas com ansiedade geralmente pensam de maneiras diferentes das demais. Você provavelmente está pensando de forma ansiosa se tem:

- ✓ **Dependência de aprovação:** Se você se preocupa muito com o que as outras pessoas pensam a seu respeito, você é um viciado em aprovação.

Dê nome à fobia!

As fobias são dos tipos mais comuns de transtorno de ansiedade e nós as discutiremos em detalhes no Capítulo 2. *Fobia* é um medo excessivo e desproporcional de uma coisa ou situação relativamente inofensiva. Às vezes, a fobia apresenta algum risco, mas a reação da pessoa claramente excede ao perigo. Você conhece os nomes técnicos para as fobias? Trace setas do nome comum de cada uma até o nome técnico correspondente. Veja quantos você acerta. As respostas estão impressas de cabeça para baixo no fim do box.

Tenha cuidado caso você tenha *triscaidecafobia* (medo do número 13), porque estamos lhe dando 13 fobias para combinar!

Nome Técnico	Significa Medo Disso
1. Ofidiofobia	A. Envelhecer
2. Zoofobia	B. Dormir
3. Gerascofobia	C. A mente
4. Acrofobia	D. Imperfeição
5. Lacanofobia	E. Cobras
6. Hipnofobia	F. Medo
7. Atelofobia	G. Coisas novas
8. Fobofobia	H. Animais
9. Sesquipedalofobia	I. Coisas pequenas

(Continua)

(Continuação)

Nome Técnico	Significa Medo Disso
10. Neofobia	J. Espelhos
11. Psicofobia	K. Altura
12. Tapinofobia	L. Palavras longas
13. Eisoptrofobia	M. Legumes e verduras

Respostas: 1. E, 2. H, 3. A, 4. K, 5. M, 6. B, 7. D, 8. F, 9. L, 10. G, 11. C, 12. I, 13. J

- ✔ **Viver no futuro e prever o pior:** Quando faz isso, você pensa sobre tudo aquilo que está pela frente e pressupõe que o resultado será o pior possível.
- ✔ **Magnificação**: Pessoas que aumentam a importância de eventos negativos geralmente se sentem mais ansiosas do que as demais.
- ✔ **Perfeccionismo:** Se é um perfeccionista, você parte do princípio de que qualquer erro significa fracasso total.
- ✔ **Dificuldade de concentração:** Pessoas ansiosas relatam rotineiramente que têm dificuldades para focar seus pensamentos. A memória de curto prazo, por vezes, também sofre.
- ✔ **Pensamentos acelerados:** Pensamentos cruzam sua mente em um fluxo de preocupação e inquietação quase incontrolável.

Discutimos o pensamento ansioso em detalhes nos Capítulos 5, 6 e 7.

Comportando-se ansiosamente

Temos três palavras para descrever o comportamento ansioso — evitar, evitar e evitar. Pessoas ansiosas inevitavelmente tentam ficar longe das coisas que as fazem se sentir assim. Quer se trate de cobras, altura, multidões, autoestradas, festas, pagar contas, lembranças de épocas ruins ou falar em público, pessoas ansiosas buscam uma saída.

Em curto prazo, a fuga diminui a ansiedade e faz com que você se sinta um pouco melhor. No entanto, em longo prazo, ela, na verdade, mantém e aumenta a ansiedade. Nós lhe oferecemos maneiras de desarmar a fuga no Capítulo 8.

Um dos exemplos mais comuns e evidentes de fuga induzida pela ansiedade é a forma como as pessoas reagem às suas fobias. Você já viu a reação de uma pessoa com fobia de aranha quando se confronta com uma dessas criaturas? Geralmente, essas pessoas recuam apressadamente.

Encontrando a ansiedade em seu corpo

Quase todas as pessoas com ansiedade grave sentem uma gama de efeitos físicos. Essas sensações não ocorrem simplesmente em sua cabeça, elas são tão reais quanto este livro que você está lendo. As reações à ansiedade variam consideravelmente de pessoa para pessoa e incluem:

- Batimento cardíaco acelerado
- Um pico na pressão arterial
- Tontura
- Fadiga
- Distúrbio gastrointestinal
- Dores generalizadas
- Tensão ou espasmos musculares
- Transpiração

Esses são apenas os efeitos temporários que a ansiedade exerce sobre seu corpo. A ansiedade crônica não tratada também representa sérios riscos à sua saúde. Discutimos os efeitos gerais na saúde em maiores detalhes no Capítulo 2.

Buscando Ajuda para Sua Ansiedade

Como dissemos anteriormente neste capítulo, a maioria das pessoas simplesmente escolhe viver com ansiedade em vez de procurar ajuda. Algumas delas têm medo de que o tratamento não funcione ou que as faça usar remédios que poderão provocar os efeitos colaterais que tanto odeiam. Outras se afligem com os custos de buscar ajuda e ainda há aquelas que se preocupam com o fato de que lidar com a ansiedade aumentaria tanto seus medos que elas não conseguiriam suportar.

Bem, pare de adicionar preocupações às preocupações. Você pode reduzir significativamente sua ansiedade por meio de uma variedade de estratégias interessantes. Muitas delas não custam um único centavo e, se uma não funcionar, você poderá experimentar outra. A maioria das pessoas acha que pelo menos duas das abordagens que analisamos funcionam para elas. As seções seguintes fornecem uma visão geral das opções de tratamento e lhe dão alguma orientação sobre o que fazer se seus esforços de autoajuda forem insuficientes.

A ansiedade não tratada pode causar problemas de saúde em longo prazo e você não deve deixar de fazer algo para combatê-la.

Combinando sintomas e terapias

Os sintomas de ansiedade aparecem em três esferas diferentes, como segue (veja a seção anterior "Reconhecendo os Sintomas da Ansiedade" para obter mais detalhes sobre eles):

- **Sintomas de pensamento:** Os pensamentos que percorrem sua mente
- **Sintomas comportamentais:** As coisas que você faz em resposta à ansiedade
- **Sintomas somáticos:** Como seu corpo reage à ansiedade

O tratamento corresponde a cada uma dessas três áreas, como discutiremos nas três seções seguintes.

Terapias do pensamento

Um dos tratamentos mais eficazes para uma ampla gama de problemas emocionais, conhecido como *terapia cognitiva*, lida com a maneira com que você pensa, percebe e interpreta tudo o que é importante para você, incluindo:

- Seus pontos de vista sobre si mesmo
- Os eventos que acontecem com você na vida
- Seu futuro

Dez opções questionáveis

Este livro foi concebido para lhe dar ideias sobre como vencer a ansiedade. Tome cuidado com as coisas a seguir, que a fazem piorar:

- **Fuga:** Evitar o que o assusta faz a ansiedade piorar. Por exemplo, se você tem medo de dirigir em uma autoestrada e só usa as ruas laterais, isso agravará seu medo de dirigir em estradas movimentadas destinadas à alta velocidade.
- **Lamentar-se e queixar-se:** As pessoas adoram fazer isso, o que só piora as coisas.
- **Buscar reconforto:** Você se sente bem quando as pessoas o consolam, mas isso produz efeitos de curta duração e pode, na verdade, piorar a ansiedade.
- **Psicanálise:** Essa abordagem de terapia funciona para alguns problemas, mas não tem conseguido muito apoio no alívio da ansiedade.
- **Bebidas ou drogas ilícitas:** As substâncias podem aliviar a ansiedade por um curto espaço de tempo, mas, na verdade, em longo prazo elas a aumentam.

Capítulo 1: Analisando e Atacando a Ansiedade

- **Esforçar-se demais:** Se você se esforçar demais e se sentir ansioso a respeito de seu progresso, você só vai piorar as coisas; pegue um pouco mais leve.

- **Tomar bebidas à base de ervas:** Não há nada de errado em usá-las como um recurso em curto prazo, mas não conte com elas para curar seu problema.

- **Esperar por milagres:** Ter esperança é bom — milagres acontecem — mas não é uma boa ideia ficar sentado esperando que um milagre surja.

- **Tomar remédios como a única solução:** Alguns medicamentos ajudam, *algumas* vezes, *algumas* pessoas com *alguns* problemas de ansiedade. Mas as estratégias e terapias descritas neste livro provaram ser mais confiáveis e eficazes em longo prazo.

Quando as pessoas se sentem extraordinariamente ansiosas e preocupadas, elas, quase que inevitavelmente, distorcem seu modo de pensar sobre essas coisas. Essas distorções na verdade causam grande parte da sua ansiedade. No exemplo a seguir, Luana apresenta tanto os sintomas físicos quanto os cognitivos de ansiedade. Sua terapeuta escolhe uma abordagem cognitiva para ajudá-la.

> **Luana**, uma caloura da faculdade, fica fisicamente doente antes de cada prova. Ela vomita, tem diarreia e seu coração dispara. Além disso, imagina que erra em todas as provas, que será reprovada e, consequentemente, a faculdade vai dispensá-la. No entanto, sua nota mais baixa até agora foi um 7,5.
>
> A abordagem cognitiva que sua terapeuta utiliza ajuda Luana a apreender as previsões negativas e os resultados catastróficos que cruzam sua mente. Em seguida, ela é orientada a buscar evidências sobre seu verdadeiro desempenho e uma avaliação mais realista das chances de ser realmente reprovada.

Por mais simples que essa abordagem pareça, centenas de estudos descobriram que ela funciona bem para reduzir a ansiedade. A Parte II deste livro descreve várias técnicas de terapia cognitiva ou de pensamento.

Terapias comportamentais

Outra terapia altamente eficaz é conhecida como *terapia comportamental*. Como o nome sugere, essa abordagem lida com ações que você pode tomar e comportamentos que pode incorporar para aliviar sua ansiedade. Algumas ações são bastante simples, como se exercitar, dormir mais e administrar suas responsabilidades. Você pode obter boas ideias sobre essas ações no Capítulo 10.

Por outro lado, uma ação com foco na ansiedade e que pode parecer um pouco assustadora é a *exposição* – dividir seus medos em etapas pequenas e enfrentá-los, um de cada vez. Abordamos a exposição no Capítulo 8.

Algumas pessoas, com o aconselhamento de seu médico, escolhem tomar medicamentos para a ansiedade. Se você está considerando essa opção, certifique-se de ler o Capítulo 9 para ajudá-lo a tomar uma decisão fundamentada.

Terapias somáticas — acalmando a tempestade interior

A ansiedade desencadeia uma tempestade de sintomas físicos angustiantes, tais como palpitações cardíacas, distúrbios estomacais, tensão muscular, sudorese, tontura e assim por diante. Temos uma variedade de sugestões, incluindo técnicas de respiração e relaxamento, para ajudar a abrandar esse alvoroço. Você pode optar por fazer mudanças em seu estilo de vida (veja o Capítulo 10), experimentar as estratégias de relaxamento que abordamos nos Capítulos 11 e 12 ou empregar a atenção plena, uma abordagem que lhe ensina a se conectar com as experiências do momento presente (veja o Capítulo 13).

Escolhendo por onde começar

Organizamos este livro de forma que você possa começar a lê-lo em qualquer parte, mas você pode se perguntar se, em seu caso, um conjunto de estratégias funcionaria melhor do que outro. Embora não possamos prever com certeza o que funcionará melhor para você, temos um guia para ajudá-lo a escolher a abordagem que pode parecer mais compatível com seus esforços iniciais. Por outro lado, se você quer apenas ler o livro do início ao fim, está tudo bem.

No próximo questionário sobre ansiedade, marque todos os itens que se aplicam a você. Se marcar mais itens em uma categoria do que em outras, pode começar a ler o livro na parte que corresponde a ela. Por exemplo, os Capítulos 5, 6 e 7 são destinados especialmente aos pensadores e apresentam as terapias do pensamento, também conhecidas como *terapia cognitiva*; o Capítulo 8 é direcionado aos agentes e fornece os fundamentos da *terapia comportamental*. A Parte III tem foco nos sensíveis, que podem ganhar mais começando com estratégias para abrandar sensações corporais e sentimentos preocupantes através de relaxamento, dieta, exercícios, meditação, melhorar os hábitos de dormir e atenção plena. Se você marcar um número igual de itens em duas ou mais categorias, pergunte-se qual deles parece mais com você e comece por aí.

Pensadores (veja os Capítulos 5, 6 e 7)

___ Gosto de analisar os problemas.

___ Gosto de ponderar cuidadosamente os prós e os contras.

___ Gosto de lidar com fatos.

___ Gosto de ser lógico.

___ Gosto de planejar as coisas com antecedência.

Agentes (veja o Capítulo 8)

___ Se tenho um problema, ajo imediatamente.

___ Adoro fazer as coisas.

___ Sou enérgico.

___ Sou uma pessoa ativa.

___ Detesto ficar sentado sem nada para fazer.

Sensíveis (veja a Parte III)

___ Estou sempre ciente de qualquer desconforto em meu corpo.

___ Odeio o sentimento de ansiedade.

___ Adoro mergulhar nas artes.

___ A música fala comigo.

___ Adoro a sensação de uma massagem ou de um banho quente.

Encontrando a ajuda certa

Achamos que não é muito presunçoso supor que, como está lendo este livro, você ou alguém que conhece sofra de ansiedade, e é provável que queira enfrentá-la por conta própria. No fim das contas, este *é* um livro de autoajuda.

A boa notícia é que a autoajuda realmente funciona. Uma série de estudos dá suporte à ideia de que as pessoas podem lidar com problemas importantes e difíceis sem buscar os serviços de um profissional. Elas se beneficiam claramente da autoajuda, pois melhoram e permanecem bem.

É possível que, às vezes, os esforços de autoajuda não sejam suficientes. O Capítulo 23 fornece dez sinais cruciais que indicam uma provável necessidade de ajuda profissional. Veja o Capítulo 4 para obter informações sobre como encontrar o profissional certo para você.

Se precisa de consulta profissional, muitos terapeutas qualificados vão trabalhar com você em cima das ideias contidas neste livro. Isso se dá porque a maioria dos profissionais de saúde mental vai apreciar a natureza abrangente do material e o fato de que a maior parte das estratégias é baseada em métodos comprovados. Se o valor de uma determinada abordagem ainda precisa ser confirmado por pesquisas, tomamos cuidado de informá-lo disso.

Achamos que você se sairá muito melhor se der preferência às estratégias que comprovadamente funcionam e evitar as demais.

Nos Capítulos 18, 19 e 20 discutimos como ajudar um ente querido, criança ou adulto, que tenha ansiedade. Se estiver trabalhando com um amigo ou membro da família, você poderá querer ler tanto a Parte V como, talvez, mais deste livro. Às vezes, amigos e familiares podem ajudar aqueles que também estão trabalhando com um profissional e fazendo seus próprios esforços.

Quaisquer que sejam as fontes, técnicas ou estratégias, que você selecionar, superar a ansiedade será um dos desafios mais gratificantes que você já terá empreendido. A iniciativa pode assustá-lo no início e as coisas podem começar lentas e terem seus altos e baixos. Mas, se você insistir, acreditamos que encontrará uma forma de sair da areia movediça da ansiedade e ir em direção à terra firme da serenidade.

Capítulo 2

Examinando a Ansiedade: O que é Normal e o que Não É

Neste Capítulo
▶ Determinando se você tem um transtorno de ansiedade
▶ Examinando os tipos de ansiedade
▶ Expondo os imitadores da ansiedade

Sentimentos ansiosos brotam para a maioria das pessoas aqui e ali, e são completamente normais. Ansiedade é uma reação perfeitamente compreensível em determinadas situações. Por exemplo, se você está dirigindo em uma tempestade e seu carro começa a girar fora de controle, faz sentido sentir-se ansioso. Mas, às vezes, a ansiedade sinaliza algo mais sério.

Para ter uma ideia da diferença entre algo tão sério como um transtorno de ansiedade e uma reação normal, leia a seguinte descrição e imagine dez minutos na vida de Tereza.

> **Tereza** se sente inquieta e desloca seu peso de um pé para o outro. Caminhando um pouco mais, percebe um ligeiro aperto no peito; sua respiração se acelera; sente uma estranha mistura de agitação e tensão crescente. Ela se senta e faz tudo o que pode para relaxar, mas a ansiedade continua a se intensificar. Seu corpo de repente é sacudido para a frente, ela se agarra às laterais de seu assento e cerra os dentes para sufocar um grito. Parece que seu estômago vai sair pela garganta. Ela sente o coração disparar e seu rosto ruborizar. As emoções de Tereza estão fora de controle. Tontura, medo e uma sensação de afobação tomam conta dela. Os sentimentos vêm todos em ondas – um após o outro.

Você pode se perguntar o que há de errado com a pobre Tereza. Talvez ela tenha um transtorno de ansiedade. É também possível que esteja sofrendo um colapso nervoso. Talvez esteja ficando louca. Não, Tereza na verdade *queria* se sentir assustada e ansiosa!

Veja bem, ela estava em um parque de diversões. Entregou o bilhete para o atendente e se afivelou em uma montanha-russa. Depois disso, você provavelmente compreende o resto de sua experiência. Tereza não tem um transtorno de ansiedade, não está sofrendo um colapso nervoso nem está enlouquecendo. Como a história ilustra, os sintomas de ansiedade podem ser reações normais à vida.

Neste capítulo, vamos ajudá-lo a descobrir se você está sofrendo de um transtorno de ansiedade, ansiedade diária ou qualquer outra coisa. Examinamos mais detalhadamente todas as diferentes formas e sintomas de ansiedade. Em seguida, discutimos alguns dos outros distúrbios emocionais que muitas vezes acompanham a ansiedade.

Sabendo Quando a Ansiedade é uma Ajuda e Quando é um Obstáculo

Imagine uma vida sem ansiedade nenhuma. Que maravilha! Você desperta a cada manhã e não espera nada além de experiências agradáveis, não tem medo de nada. O futuro reserva apenas doce segurança e alegria.

Pense novamente. Sem ansiedade, quando o cara no carro à sua frente pisar no freio, sua reação será mais lenta e baterá nele. Sem preocupações com o futuro, sua aposentadoria pode acabar sendo desanimadora. A total ausência de ansiedade pode fazer com que você faça uma apresentação de trabalho sem estar preparado.

A ansiedade faz bem para você! Ela o prepara para a ação, mobiliza seu corpo para emergências, o avisa sobre o perigo. Fique *feliz* por ter um pouco de ansiedade. Ela o ajuda a não se meter em problemas.

A ansiedade representa um problema para você quando:

- **Leva um tempo desconfortavelmente longo ou acontece com muita frequência.** Por exemplo, se sente ansiedade na maioria dos dias por mais do que algumas semanas, você tem razão para se preocupar.
- **Ela interfere naquilo que você quer fazer.** Assim, se a ansiedade o acorda à noite, faz com que você cometa erros no trabalho ou o impede de ir aonde quer, ela está atrapalhando.

- ✔ **Ela ultrapassa o nível de risco ou perigo real.** Por exemplo, se você sente que seu corpo e mente são como uma avalanche prestes a enterrá-lo, mas tudo o que está fazendo é uma prova para a escola, sua ansiedade foi longe demais.
- ✔ **Você luta para controlar suas preocupações, mas elas continuam aparecendo.** Independentemente do que você faz, os pensamentos ansiosos surgem cada vez mais e mais.

Apresentando os Sete Tipos de Ansiedade

A ansiedade surge de várias formas. Essa palavra deriva do latim, *angere*, que significa estrangular ou sufocar. Uma sensação de asfixia ou aperto na garganta ou no peito é um sintoma comum de ansiedade. No entanto, a ansiedade também envolve outros sintomas, como sudorese, tremores, náuseas e palpitações cardíacas. Ela também pode envolver medos — o de perder o controle, o da doença ou da morte. Além disso, indivíduos com ansiedade excessiva evitam várias situações, pessoas, animais ou objetos em um grau desnecessário.

Psicólogos e psiquiatras compilaram a seguinte lista de sete grandes categorias de transtornos de ansiedade:

- ✔ Transtorno de ansiedade generalizada (TAG)
- ✔ Fobia social
- ✔ Transtorno do pânico
- ✔ Agorafobia
- ✔ Fobias específicas
- ✔ Transtorno de estresse pós-traumático (TEPT)
- ✔ Transtorno obsessivo-compulsivo (TOC)

Você não precisa de um diagnóstico completo para sentir que tem algum problema com ansiedade. Muitas pessoas sentem mais ansiedade do que desejam, mas não se encaixam completamente na categoria de ter um transtorno oficial.

Só um profissional de saúde mental tem competência para lhe dizer com certeza que tipo de ansiedade você tem, pois vários outros distúrbios podem ser parecidos.

Transtorno de ansiedade generalizada: O resfriado da ansiedade

Algumas pessoas se referem ao *transtorno de ansiedade generalizada* (TAG) como o resfriado dos transtornos de ansiedade, pois aflige mais pessoas em todo o mundo do que qualquer outro transtorno de ansiedade. O TAG envolve um estado de tensão e preocupação de longa duração, quase constante. Ter preocupações realistas não significa que você tem TAG. Por exemplo, se você se preocupa com dinheiro e acabou de perder o emprego, isso não é TAG, é um problema da vida real. Mas se você sempre se preocupa com dinheiro e seu nome é Bill Gates ou Warren Buffet, você só pode ter TAG!

Se sua ansiedade tem aparecido quase todos os dias durante os últimos seis meses, isso pode ser TAG. Você tenta parar de se preocupar, mas simplesmente não consegue, e costuma experimentar alguns dos seguintes problemas:

- Sente-se inquieto, muitas vezes irritado, impaciente, ansioso ou nervoso.
- Se cansa facilmente.
- Seus músculos ficam tensos, especialmente os de suas costas, pescoço ou ombros.
- Você tem dificuldade de concentração, adormecer ou manter o sono.

Nem todo mundo experimenta a ansiedade exatamente da mesma maneira. Algumas pessoas se queixam de outros problemas — tais como espasmos, tremores, falta de ar, sudorese, boca seca, dores de estômago, sentir-se instável, assustar-se facilmente e ter dificuldade de engolir — e não conseguem perceber que, na verdade, sofrem de TAG.

O perfil a seguir oferece um exemplo do que consiste a TAG.

> Em um metrô, **Bernardo** bate o pé de maneira nervosa. Ele dormiu apenas algumas horas na noite passada, se revirando na cama e remoendo sobre a economia. Tem certeza de que será o próximo a perder o emprego. Mesmo que seu chefe diga que ele está seguro, Bernardo não consegue parar de se preocupar pois acredita que pode acabar falido e sem teto.
>
> Suas costas o estão matando; ele encolhe os ombros tentando relaxar seus músculos tensos, se esforça para se concentrar no blog que está olhando e percebe que não consegue lembrar o que acabou de ler. Nota que sua camisa está úmida e acha que pode estar doente. Ele *está* doente — de preocupação.
>
> Bernardo está trabalhando firme na mesma empresa desde que se formou na faculdade, há seis anos. Seu trabalho é altamente técnico. A maioria dos executivos seniores depende de seu *know-how* tecnológico. Ele guarda uma boa quantidade de dinheiro para emergências. No

entanto, sua ansiedade aumentou no decorrer do ano passado a tal ponto que ele percebe que está cometendo erros. Ele não consegue pensar, se sente péssimo e está em um estado constante de aflição. Bernardo sofre de TAG.

A economia pode, às vezes, deixar qualquer um ansioso. Mas as preocupações de Bernardo parecem estar fora de proporção em relação à sua situação real. Não há sinal de que ele corra perigo de perder o emprego. Entretanto, sua extrema ansiedade pode, de fato, levá-lo a ficar em apuros no trabalho. Pessoas com ansiedade opressiva muitas vezes cometem erros por descuido devido a problemas de atenção e concentração. O TAG pega as preocupações diárias e aumenta o volume delas ao máximo.

Fobia social: Evitando as pessoas

Aqueles com *fobia social* têm medo da exposição ao julgamento público. Eles frequentemente temem atuar, falar, ir a festas, conhecer pessoas novas, participar de grupos, usar o telefone, preencher um cheque na frente dos outros, comer em público e/ou interagir com pessoas em posição de autoridade. Eles acham que essas situações são dolorosas porque esperam receber críticas humilhantes ou vergonhosas dos outros. Fóbicos sociais acreditam que são de alguma forma defeituosos e inadequados, bem como têm certeza de que vão estragar suas falas, derramar suas bebidas, apertar as mãos com as palmas suadas ou cometer muitas gafes e, portanto, sentem vergonha de si mesmos. Eles também se preocupam com o que os outros pensam a seu respeito — tanto que não escutam bem o suficiente para manter uma conversação.

Todo mundo se sente desconfortável ou nervoso de vez em quando, especialmente em situações novas. Por exemplo, se você tem sentido medos sociais há menos de seis meses, isso pode não ser fobia social. Um medo de socialização de curto prazo pode ser uma reação temporária a um novo estresse, tal como a mudança para um novo bairro ou o início de um novo emprego. No entanto, você pode ter fobia social se detectar os seguintes sintomas por um período prolongado:

- Você teme situações com pessoas desconhecidas ou em que pode ser observado ou avaliado de alguma forma.
- Quando forçado a uma situação social desconfortável, sua ansiedade aumenta de forma poderosa. Por exemplo, se você tem medo de falar em público, sua voz estremece e os joelhos tremem no momento que você começa seu discurso.
- Você percebe que seu medo é maior do que a situação realmente demanda. Por exemplo, se você tem medo de conhecer pessoas novas, é claro que sabe que nada de horrível vai acontecer, mas ondas de adrenalina e de terrível expectativa correrão por suas veias.

> ✔ Você evita situações assustadoras tanto quanto pode ou apenas as tolera com muita angústia.

Confira a seguir o ótimo exemplo de um fóbico social e veja se alguma coisa lhe parece familiar.

> **Xavier**, um solteiro de 35 anos de idade, quer um relacionamento sério. As mulheres consideram-no atraente e ele tem um emprego bem remunerado. Os amigos de Xavier o convidam para festas e outros eventos sociais em um esforço para ajudá-lo com as mulheres. Infelizmente, ele detesta a ideia de ir aos eventos. Xavier evoca uma série de boas desculpas para desistir do compromisso. No entanto, seu desejo de conhecer potenciais namoradas acaba ganhando. Sempre que imagina cenas de encontros com mulheres, ele sente uma expectativa intensa e ansiosa.
>
> Quando Xavier chega à festa, ele vai para o bar para acalmar sua ansiedade crescente. Suas mãos tremem enquanto ele pega seu primeiro drinque. Rapidamente tomando a bebida, ele pede outra na esperança de entorpecer suas emoções. Depois de uma hora bebendo sem parar, ele se sente muito mais corajoso. Interrompe um grupo de mulheres atraentes e despeja uma série de piadas que havia decorado para a ocasião. Então ele se aproxima de várias mulheres ao longo da noite, às vezes fazendo comentários galanteadores e sugestivos. Seu comportamento bêbado e tolo faz com que ele não consiga nenhum encontro. No dia seguinte, ele está constrangido e envergonhado.

Xavier tem fobia social. O abuso de drogas e álcool geralmente acompanha a fobia social porque as pessoas com esse transtorno se sentem desesperadas para aliviar seus sentimentos ansiosos. As drogas e o álcool oferecem uma solução rápida. Infelizmente, essa solução muitas vezes se transforma em um vício.

Transtorno de pânico: Muito além da ansiedade diária

É claro que todo mundo sente um pouco de pânico de tempos em tempos. Muitas vezes as pessoas dizem que sentem pânico a respeito de um prazo próximo, uma apresentação iminente ou a organização de uma festa. É provável que você ouça o termo sendo usado para descrever preocupações sobre acontecimentos tão mundanos como esses.

Mas as pessoas que sofrem de *transtorno de pânico* estão falando sobre fenômenos totalmente diferentes. Elas têm períodos de medo e ansiedade assustadoramente intensos. Se você nunca teve um ataque de pânico, acredite em nós, você não quer um. Os ataques costumam durar cerca de dez minutos e muitas pessoas que os têm acreditam plenamente que vão morrer quando ele ocorre. Não são exatamente os melhores dez minutos de suas vidas. Os

Capítulo 2: Examinando a Ansiedade

ataques de pânico normalmente incluem uma série de sintomas vigorosos e que chamam a atenção, tais como

- Batimento cardíaco irregular, rápido ou pesado
- Transpiração
- Uma sensação de asfixia, sufocamento ou falta de ar
- Vertigem ou sensação de desfalecimento
- Dor ou outro desconforto no peito
- Uma sensação de que os eventos são irreais ou uma sensação de destacamento
- Dormência ou formigamento
- Ondas de calor ou de frio
- Um medo de morte iminente, embora sem base na realidade
- Náuseas ou distúrbios estomacais
- Pensamentos de estar enlouquecendo ou perdendo completamente o controle

Os ataques de pânico começam com um evento que desencadeia algum tipo de sensação, como esforço físico ou variações normais nas reações fisiológicas. Esse evento desencadeador induz reações fisiológicas, tais como níveis aumentados de adrenalina. Nenhum problema até agora.

Mas o processo, que de outra maneira seria normal, dá errado no passo seguinte — quando a pessoa que sofre de ataques de pânico interpreta mal o significado dos sintomas físicos. Em vez de ver os sintomas físicos como normais, a pessoa com transtorno do pânico os vê como um sinal de que algo perigoso está acontecendo, tal como um ataque cardíaco ou derrame. Essa interpretação leva a um medo crescente e, portanto, a mais excitação física. Felizmente, o corpo consegue tolerar tais respostas físicas elevadas apenas por um tempo determinado, de forma que ele enfim se acalma.

Profissionais dizem que, para ser um transtorno de pânico estabelecido, os ataques de pânico devem ocorrer mais de uma vez. Pessoas com transtorno do pânico se preocupam quando o próximo ataque vai acontecer e se elas perderão o controle. Elas muitas vezes começam a mudar suas vidas, evitando certos lugares ou atividades.

A boa notícia: Muitas pessoas têm um único ataque de pânico e nunca mais têm outro. Portanto, não entre em pânico se você tiver um ataque desses. A história de Maria é um bom exemplo de um único ataque de pânico.

> **Maria** resolveu perder 10 quilos fazendo exercícios e cuidando da alimentação. Em sua terceira visita à academia, ela programou a esteira para o nível seis. Seu ritmo cardíaco acelerou quase que imediatamente. Alarmada, ela diminuiu o nível para três e começou a inspirar de forma rápida e curta, mas sentindo que não conseguia ar suficiente. Suando em bicas e se sentindo enjoada, ela parou a máquina e cambaleou

para o vestiário. Ela se sentou, mas os sintomas se intensificaram e sentiu seu peito apertar. Maria queria gritar, mas não conseguia inspirar ar suficiente. Ela tinha certeza de que ia desmaiar e esperava que alguém a encontrasse antes que morresse de um ataque cardíaco. Ela ouviu alguém e, de forma frágil, pediu ajuda. Uma ambulância a levou rapidamente para uma emergência nas proximidades.

Na emergência, os sintomas de Maria diminuíram e o médico explicou os resultados de seu exame. Ele disse que ela aparentemente sofrera um ataque de pânico e perguntou sobre o que poderia tê-lo desencadeado. Ela respondeu que estava se exercitando devido a preocupações com seu peso e saúde.

"Ah, isso explica tudo!", o médico tranquilizou. "Suas preocupações sobre a saúde deixaram-na hipersensível a qualquer sintoma físico. Quando seu ritmo cardíaco aumentou naturalmente na esteira, você ficou alarmada. Esse medo fez com que seu organismo produzisse mais adrenalina, o que, por sua vez, criou mais sintomas. Quanto mais sintomas você teve, mais seu medo e adrenalina aumentaram. Saber como isso funciona pode ajudá-la; espero que, no futuro, as variações físicas normais de seu corpo não a assustem. Seu coração está em ótima forma. Volte a se exercitar."

"Além disso, você pode experimentar algumas técnicas simples de relaxamento; vou pedir que a enfermeira venha e a informe sobre elas. Tenho todas as razões para acreditar que você não terá outro episódio como esse. Por fim, pode ser que você queira ler *Dominando a Ansiedade Para Leigos*, Tradução da 2ª Edição, dos Drs. Charles Elliott Smith e Laura Smith; é um ótimo livro!"

Maria não tem um diagnóstico de transtorno de pânico porque não teve mais de um ataque e pode ser que nunca mais venha a ter outro. Se ela acreditar no médico e aceitar seu conselho, da próxima vez que seu coração acelerar, ela provavelmente não se assustará tanto. Ela pode ainda usar as técnicas de relaxamento que a enfermeira lhe explicou.

Socorro! Estou morrendo!

Os sintomas de ataque de pânico, como dor no peito, falta de ar, náuseas e medo intenso, muitas vezes simulam ataques cardíacos. Alarmados, aqueles que experimentam esses episódios terríveis disparam em direção à emergência mais próxima. Então, depois de inúmeros exames voltarem negativos, médicos sobrecarregados dizem à vítima de um ataque de pânico de forma direta que "é coisa da sua cabeça". Muitos pacientes com ataques de pânico duvidam da opinião do médico e suspeitam fortemente que ele tenha deixado passar algo importante ou não o tenha descoberto.

> Na próxima vez que um ataque de pânico acontecer, é provável que suas vítimas retornem à emergência repetidas vezes para uma outra opinião. As visitas repetidas frustram as vítimas e a equipe da emergência. No entanto, uma simples intervenção psicológica de 20 ou 30 minutos na sala de emergência diminui drasticamente essas visitas. A intervenção é muito simples — apenas oferecer informação sobre o que é o transtorno e descrever algumas técnicas de relaxamento profundo para a pessoa tentar usar quando o pânico aparecer.

Agorafobia: Companheira do pânico

Aproximadamente metade das pessoas que sofrem de transtorno de pânico têm um problema associado a este: agorafobia. Diferentemente da maioria dos medos ou fobias, esse estranho distúrbio geralmente começa na idade adulta. Indivíduos com agorafobia vivem sob o terror de ficarem presos. Além disso, eles se preocupam em ter um ataque de pânico, vomitar ou ter diarreia em público. Evitam desesperadamente situações das quais não podem escapar facilmente e também temem lugares onde a ajuda não seja imediata, caso precisem dela.

O agorafóbico pode começar com um medo, tal como estar no meio de uma multidão, mas em muitos casos as situações temidas se multiplicam a tal ponto que a pessoa teme até mesmo sair de casa. Como a agorafobia une forças com o pânico, os medos em dose dupla de não obter ajuda e de se sentir enterrado e sem saída podem levar a um isolamento paralisante.

Você ou alguém que ama pode ter agorafobia se:

- ✔ Você se preocupa por estar em algum lugar de onde não pode sair ou não consegue ajuda no caso de algo ruim acontecer, como um ataque de pânico.
- ✔ Você tem medo de coisas cotidianas como sair de casa, estar em meio a grandes grupos de pessoas ou viajar.
- ✔ Devido à sua ansiedade, você evita tanto os lugares que teme que o medo passe a controlar sua vida e você se torne um prisioneiro dele.

Você pode ter preocupações sobre sentir-se preso ou ter ansiedade em relação a multidões e a sair de casa. Muitas pessoas sentem isso. Mas se sua vida segue sem grandes alterações nem restrições, você provavelmente não é agorafóbico.

Por exemplo, imagine que você estremeça diante do pensamento de entrar em grandes estádios. Vê imagens de multidões em um empurra-empurra, que fazem com que você caia sobre a grade, aterrissando lá embaixo, apenas para ser pisoteado pelo mundo de gente que não ouve seus gritos. Você pode ser capaz de levar toda uma vida feliz evitando estádios esportivos. Por outro lado, se você ama assistir a eventos esportivos ao vivo ou apenas tem um emprego como repórter esportivo, esse medo pode ser *muito ruim*.

A história de Patrícia, que vem a seguir, demonstra a ansiedade esmagadora que muitas vezes captura os agorafóbicos.

> **Patrícia** comemora seu aniversário de 40 anos sem ter tido problemas emocionais significativos. Passou pelos solavancos habituais na estrada da vida, como a perda de um dos pais, o déficit de aprendizagem de seu filho e um divórcio dez anos antes. Ela se orgulha de lidar com quaisquer cartas que a vida lhe dê.
>
> Ultimamente, se sente estressada quando faz compras no shopping, aos finais de semana, por causa das multidões. Ela encontra uma vaga de estacionamento no final de uma fileira. Quando entra no shopping, suas mãos suadas deixam uma mancha na porta giratória de vidro. Patrícia sente como se estivesse sendo esmagada pela multidão de compradores e se sente presa; está tão assustada que foge da loja.
>
> Ao longo dos próximos meses, seus medos se propagam. Apesar de terem começado no shopping, o medo e a ansiedade agora a dominam também em supermercados lotados. Posteriormente, o simples fato de dirigir no tráfego a assusta. Patrícia sofre de agorafobia. Se não for tratada, ela poderá acabar confinada em casa.

Muitas vezes, pânico, agorafobia e ansiedade atacam pessoas que, de outra forma, são livres de problemas emocionais graves e profundos. Se você sofre de ansiedade, não significa necessariamente que precisará de anos de psicoterapia. Você pode não gostar da ansiedade, mas não precisa achar que é louco!

Fobias específicas: Aranhas, cobras, aviões e outras coisas assustadoras

Muitos temores parecem ser inatos ao cérebro humano. Os homens e mulheres das cavernas tinham boas razões para temer cobras, estranhos, alturas, escuridão, espaços abertos e a visão de sangue, pois havia possibilidade de as cobras serem venenosas, os estranhos serem inimigos, uma pessoa cair de uma altura, a escuridão abrigar perigos desconhecidos, espaços abertos deixarem uma tribo primitiva vulnerável a ataques de todos os lados e a visão de sangue sinalizar uma crise, até mesmo a possível morte. O medo abastece a cautela e previne danos. Aqueles com esses medos tiveram uma chance maior de sobrevivência do que os ingenuamente corajosos.

É por isso que muitos dos medos mais comuns hoje em dia refletem os perigos do mundo de milhares de anos atrás. Ainda hoje, faz sentido identificar com cautela uma aranha antes de pegá-la. Entretanto, às vezes o medo chega a um nível incapacitante. Você pode ter uma *fobia específica* se:

Capítulo 2: Examinando a Ansiedade

- Tem medo exagerado de uma situação ou objeto específico.
- Sente, imediatamente, uma ansiedade excessiva quando se encontra em uma situação assustadora. Sua ansiedade *pode* incluir sudorese, batimentos cardíacos acelerados, desejo de fugir, aperto no peito ou garganta ou imagens de coisas terríveis acontecendo.
- Sabe que o medo é irracional. No entanto, crianças com fobias específicas nem sempre sabem que sua fobia é irracional. Por exemplo, elas podem realmente achar que *todos* os cães mordem (veja o Capítulo 19 para obter mais informações sobre fobias específicas em crianças).
- Evita o objeto ou a situação temida tanto quanto pode.
- Como seu medo é tão intenso, você chega a ponto de alterar seu comportamento diário no trabalho, em casa ou nos relacionamentos. Assim, seu medo é um inconveniente para você e talvez para outros e ele restringe sua vida.

Quase dois terços das pessoas têm medo de alguma coisa. A maioria acha que esses medos não interferem significativamente em sua vida cotidiana. Por exemplo, se você tem medo de cobras, mas não encontra muitas delas por aí, então seu medo não pode realmente ser considerado uma fobia. No entanto, se o seu medo de cobras faz com que seja impossível para você andar em seu bairro, ir a um piquenique ou desfrutar de outras atividades, então ele pode ser uma fobia específica.

A seguinte descrição da vida de Fred é um retrato perfeito do que alguém com uma fobia específica atravessa.

> **Fred** se arrasta por oito lances de escadas todas as manhãs para chegar a seu escritório e diz a todos que ama o exercício. Quando Fred passa pelos elevadores no caminho para a escada, seu coração bate fortemente e surge nele uma sensação de catástrofe. Fred se imagina sendo encaixotado dentro do elevador — as portas se fecham e não há escapatória. Em sua mente, a cabine do elevador sobe em cabos enferrujados, faz solavancos repentinos para cima e para baixo, cai livremente e se espatifa no porão.
>
> Fred nunca teve uma experiência como essa de sua fantasia, nem ninguém que ele conhece passou por algo parecido. Fred nunca apreciou elevadores, mas ele só começou a evitá-los nos últimos anos. Parece que quanto mais tempo fica sem usá-los, seu medo aumenta. Ele costumava se sentir bem em escadas rolantes, mas agora se percebe evitando-as também. Algumas semanas atrás, no aeroporto, ele não teve alternativa senão usar a escada rolante. Ele conseguiu subir, mas ficou tão assustado que teve que se sentar por um tempo depois de ter chegado ao segundo andar.

> ## Top dez: medos
>
> Várias pesquisas e levantamentos coletam informações sobre o que as pessoas mais temem. A lista a seguir é a nossa compilação dos medos mais comuns. Você tem algum desses?
>
> 10. Cachorros
> 9. Ficar sozinho à noite
> 8. Trovão e relâmpago
> 7. Aranhas e insetos
> 6. Ficar preso em um espaço pequeno
> 5. Voar
> 4. Roedores
> 3. Altura
> 2. Fazer um discurso
>
> E, finalmente, o medo número um: Cobras

Uma tarde, Fred desceu correndo as escadas depois do trabalho, atrasado para um compromisso. Ele escorregou e caiu, quebrando a perna. Agora, com o gesso, Fred enfrenta o desafio de sua vida — a perna quebrada o obriga a tomar o elevador para chegar a seu escritório. Fred tem uma fobia específica.

A história de Fred ilustra como uma fobia específica muitas vezes começa pequena e se espalha. Ela cresce gradualmente e afeta cada vez mais a vida de uma pessoa, ao longo do tempo.

Transtorno de estresse pós-traumático: Sentindo as consequências

Tragicamente, estupro, guerra, terrorismo, acidentes, brutalidade, tortura e desastres naturais fazem parte da vida. Você ou alguém que conhece pode ter passado por um trauma. Ninguém sabe ao certo por que, mas algumas pessoas parecem se recuperar desses eventos sem sintomas incapacitantes, enquanto muitas outras sofrem consideravelmente após sua tragédia, às vezes por toda a vida. *O transtorno de estresse pós-traumático (TEPT)* às vezes resulta de tais choques.

O trauma causa, frequentemente, pelo menos algumas reações emocionais e/ou físicas incômodas que passam a ocorrer com a pessoa durante algum tempo. Essas respostas podem aparecer imediatamente após o desastre ou, às vezes, surgem anos mais tarde. Esses sintomas são a maneira com que o corpo e a mente lidam com o que aconteceu e o processam. Se um evento extremamente infeliz ocorre, é normal reagir de maneira intensa.

Você pode ter TEPT se vivenciar ou presenciar um evento que perceba como potencialmente fatal ou que cause ferimentos graves e o faça sentir terror,

Capítulo 2: Examinando a Ansiedade 33

horror ou impotência. A fim de ter um diagnóstico de TEPT, é preciso que ocorram *três tipos de problemas*:

✔ **Você revive o evento** de uma ou mais maneiras:

- Tendo memórias indesejadas ou flashbacks durante o dia ou em sonhos
- Sentindo que o trauma está acontecendo novamente
- Experimentando reações físicas ou emocionais quando se lembra do evento

✔ **Você evita qualquer coisa que o faça se lembrar do trauma** e tenta suprimir ou entorpecer seus sentimentos de várias formas:

- Tentando parar de pensar ou de falar sobre o evento, porque fica perturbado
- Quando se lembra do que aconteceu
- Ficando longe de pessoas ou lugares que o fazem se lembrar do trauma
- Perdendo interesse pela vida ou se sentindo distante das pessoas
- Sentindo de alguma forma que você não tem um futuro longo
- Sentindo-se entorpecido ou afastado

✔ **Você se sente cauteloso e agitado** de várias maneiras:

- Assustando-se com mais facilidade
- Perdendo a paciência rapidamente e sentindo-se irritado
- Sentindo-se incapaz de se concentrar tão bem quanto antes
- Dormindo mal

O diagnóstico do TEPT é complicado. Se você suspeita que possa tê-lo, deve procurar ajuda profissional. Por outro lado, você pode perceber que tem alguns desses sintomas, mas não o diagnóstico completo. Se assim for e se seu problema parece brando e não interfere em sua vida, você pode querer tentar resolvê-lo por conta própria, durante algum tempo. Mas procure ajuda se você não se sentir melhor após um curto período.

O exemplo de Victor ilustra como é viver com TEPT. Victor luta diariamente contra seus demônios.

> **Victor** estava atrasado para o trabalho. Ele começou a longa jornada de seu carro para seu escritório no Pentágono e ouviu o alto motor de um avião bem acima. Ficou chocado ao ver quão baixo o avião estava

voando. Quando deu por si, havia sido jogado ao chão por uma forte explosão e uma rajada de vento. Ele se lembra de pessoas correndo para fora do prédio, gritando e chorando, e de alguns feridos. Victor não consegue se recordar muito dos detalhes daquele dia. Ele foi informado de que o fato de ter chegado atrasado certamente salvou sua vida. Muitos amigos e colegas de trabalho não tiveram a mesma sorte.

Victor acredita que deveria ser mais grato, pois se machucou um pouco, fisicamente. Porém, seus ferimentos emocionais foram extensos. Victor tem problemas para dormir e tenta bloquear as lembranças daquele dia horrível, mas elas parecem inundar seu cérebro. Ele não consegue se concentrar e sente que está em outro mundo, separado dos outros. Isso o impediu de continuar indo trabalhar e fez com que se aposentasse prematuramente.

Victor tem TEPT. Como ocorre com muitas outras pessoas que têm o transtorno, ele testemunhou um acontecimento horrível com que sua mente não sabe como lidar. Muitos veteranos de guerra que retornam do serviço ativo sofrem de TEPT. O tratamento pode ser muito eficaz. Veja o Capítulo 8 para saber sobre as estratégias.

Transtorno obsessivo-compulsivo: De novo e de novo e de novo

O *transtorno obsessivo-compulsivo (TOC)* causa estragos incríveis na vida das pessoas porque frustra e confunde não só as pessoas que sofrem desse distúrbio, mas, também, suas famílias e entes queridos. Se não tratado, é provável que dure a vida toda. Mesmo com o tratamento, os sintomas podem voltar; essa é a má notícia. Felizmente, tratamentos altamente eficazes estão disponíveis. Para mais informações, leia o nosso livro *Obsessive-Compulsive Disorder For Dummies* (Wiley).

Distinguindo entre obsessões e compulsões

Uma pessoa com TOC pode ter comportamentos que incluem uma obsessão, uma compulsão ou ambas. Então, qual a diferença entre obsessões e compulsões?

Obsessões são imagens importunas, perturbadoras e repetitivas, impulsos ou pensamentos que surgem na mente. Por exemplo, um homem religioso pode ter um pensamento incitando-o a gritar obscenidades durante uma missa na igreja, uma mãe cuidadosa pode ter pensamentos intrusivos de causar danos ao bebê. Felizmente, as pessoas com TOC não têm esses tipos de pensamentos, mas as obsessões assombram aquelas que as têm. A maioria das pessoas que têm TOC sabe que suas obsessões não são totalmente realistas, mas parecem não conseguir parar de acreditar nelas.

Compulsões são ações repetitivas ou estratégias mentais realizadas para reduzir temporariamente a ansiedade ou angústia. Às vezes, um pensamento obsessivo causa ansiedade e em outros momentos ela se relaciona com algum evento ou situação temida que desencadeia a compulsão.

Por exemplo, uma mulher pode lavar as mãos, literalmente, centenas de vezes por dia a fim de reduzir sua ansiedade sobre os germes; um homem pode ter um elaborado ritual noturno de tocar certos objetos, alinhar a roupa de uma maneira específica, arrumar sua carteira ao lado de suas chaves em uma posição especial, empilhar seus trocados, ir para a cama precisamente de uma maneira correta e ler um trecho da Bíblia antes de apagar a luz. Se fizer qualquer parte do ritual de maneira inferior à "perfeita", ele se sentirá obrigado a começar tudo de novo, até que acerte. Caso contrário, ele pensará que não conseguirá dormir e que algo ruim poderá acontecer com aqueles com quem se importa.

A Tabela 2-1 apresenta algumas obsessões e compulsões comuns experimentadas por aqueles com TOC.

Tabela 2-1   Obsessões e Compulsões Comuns

Obsessões	*Compulsões*
Preocupação com contaminação, como a de sujeira, germes, radiação e produtos químicos	Lavagem ou limpeza excessiva das mãos devido ao medo obsessivo de contaminação
Dúvidas sobre ter se lembrado de desligar o fogão, trancar as portas e assim por diante	Verificação repetida para ver se o fogão está desligado, as portas estão trancadas e assim por diante
Imagens sexuais pervertidas que causam vergonha ou pensamentos que incitam a se comportar de uma maneira socialmente inaceitável	Contar ou repetir frases ou orações para evitar a realização de atos vergonhosos
Pensamentos indesejados de ferir alguém	Repetir rituais muitas vezes, como tocar as coisas em uma determinada sequência
Preocupações sobre morte, azar e catástrofes	Evitar certos números, palavras e lugares associados à morte e ao azar
Preocupações de que tudo deve ser "desse jeito"	Organizar itens em padrões específicos, em ordem alfabética ou em alguma ordem simétrica

Vendo TOC onde não há

Você pode se lembrar de ir a pé para a escola com seus amigos e evitar as rachaduras na calçada. Se você pisasse em uma, talvez alguém ralhasse: "se você pisar em uma rachadura, sua mãe vai cair dura!" Às vezes, você caminhava sozinho para a escola, aquele mesmo pensamento lhe vinha à mente e o fazia evitar pisar nas rachaduras. Obviamente, você sabia que pisar em uma rachadura não faria com que sua mãe caísse dura. Então, não pisar em rachaduras quase se qualifica como uma compulsão. Isso ocorre porque você pode tê-lo feito várias vezes, sabendo que não evitaria que nada de ruim acontecesse. Se você fazia isso simplesmente como um jogo e não se incomodava muito, evitar as rachaduras não era grande coisa e não era TOC. Além disso, crianças muitas vezes têm o pensamento mágico ou supersticioso que costumam superar depois de crescidas.

Por outro lado, se alguma parte de você realmente acreditava que sua mãe poderia sofrer se você pisasse em uma rachadura e isso algumas vezes o impediu de ir à escola, você provavelmente teve uma compulsão estabelecida. Muitas pessoas verificam as trancas mais de uma vez, voltam algumas vezes para certificar-se de que a cafeteira está desligada ou contam os degraus ou passos desnecessariamente. Você pode dizer que realmente tem um problema quando fazer essas coisas começa a tomar muito tempo e a interferir nos relacionamentos, trabalho ou vida cotidiana.

A história de Lisa retrata alguém com TOC que se preocupa com contaminação. Como muitas pessoas com esse distúrbio, seus medos têm alguma chance de se tornarem reais, mas ela exagera muito nos riscos.

> **Lisa** gosta de uma casa limpa e arrumada. Na faculdade, ela acabou ficando em um dormitório individual porque não conseguia suportar a bagunça dos outros alunos. Agora, casada e com um bebê novo, Lisa passa horas limpando e arrumando a casa; seu marido não parece se importar. Ele trabalha muito e gosta de chegar em uma casa arrumada, com uma refeição quente.
>
> A televisão de Lisa geralmente está ligada durante o dia, enquanto ela limpa e cuida do bebê. Ela primeiro ouve o canal a cabo de notícias falar de um possível surto de gripe. A morte de uma criança em um estado próximo a assusta e ela começa a ficar obcecada com uma pandemia mundial. Acredita que, higienizando sua casa, vai evitar que o vírus infecte sua família. Lisa encomenda seus mantimentos e material de limpeza pela Internet para evitar sair de casa, temendo uma contaminação. Ela agora passa a maior parte do dia limpando, exceto quando está alimentando o bebê. Seu marido, começando a se preocupar, pergunta-lhe se talvez não esteja se tornando um pouco ansiosa demais em relação aos germes.

Como muitas pessoas com TOC, o medo de germes de Lisa começa com uma tendência normal em ser limpa e arrumada. No entanto, o TOC assume sua vida quando ela não consegue limpar o suficiente e se preocupa constantemente em ficar gripada.

Vendo Como a Ansiedade Difere de Outros Transtornos

Os sintomas de ansiedade às vezes viajam com outros companheiros, de modo que você pode tê-la junto com outros transtornos emocionais. Na verdade, cerca de metade das pessoas com esses transtornos desenvolve depressão, especialmente se seu distúrbio não é tratado. Reconhecer a diferença entre ansiedade e outros problemas emocionais é importante porque os tratamentos diferem um pouco.

- **Depressão:** A depressão pode parecer como se a vida estivesse em câmera lenta. Você perde o interesse em atividades que antes lhe davam prazer; sente-se triste. Muito provavelmente, você se sente cansado e dorme irregularmente. Seu apetite pode diminuir e seu desejo sexual enfraquecer. Similar à ansiedade, você pode ter dificuldade de se concentrar ou planejar com antecedência. Mas ao contrário dela, a depressão mina seu entusiasmo e motivação.

- **Transtorno bipolar:** Se tem transtorno bipolar, você alterna entre altos e baixos. Às vezes, sente que está no topo do mundo, acredita que suas ideias são extraordinariamente importantes e precisa dormir muito pouco, por vários dias seguidos. Você pode se sentir mais especial do que as outras pessoas, pode investir em esquemas de risco, fazer compras de forma imprudente, envolver-se em aventuras sexuais ou perder seu bom senso de outras maneiras. Também pode começar a trabalhar freneticamente em projetos importantes ou perceber as ideias fluindo por sua mente. Então, de repente, você desaba. Seu humor azeda e a depressão começa.

- **Psicose:** A psicose não só pode fazer com que você se sinta ansioso, mas os sintomas também perturbam sua vida profundamente. Ela entrelaça alucinações na vida cotidiana. Por exemplo, algumas pessoas ouvem vozes falando com elas ou veem figuras sombrias quando ninguém está por perto. Os delírios, uma outra característica da psicose, também distorcem a realidade. Delírios psicóticos comuns incluem acreditar que a CIA ou os ETs estão monitorando seu paradeiro. Outros delírios envolvem crenças grandiosas e exageradas, tais como pensar que você é Jesus Cristo ou que você tem uma missão especial para salvar o mundo.

Se você acha que ouve o telefone tocar quando está secando o cabelo ou quando está no chuveiro, quando na verdade não está, você não é psicótico. A maioria das pessoas ocasionalmente ouve ou vê coisas insignificantes que não existem. A psicose se torna uma preocupação somente quando essas percepções o desviam da realidade. Felizmente, transtornos de ansiedade não levam à psicose.

✔ **Abuso de substâncias:** Quando as pessoas se tornam dependentes de drogas ou álcool, a abstinência pode criar grave ansiedade. Os sintomas disso incluem tremores, sono interrompido, sudorese, batimento cardíaco aumentado, agitação e tensão. No entanto, se esses sintomas só aparecerem como resposta a uma recente suspensão do uso da substância, eles não constituirão um transtorno de ansiedade.

Aqueles com transtornos de ansiedade às vezes abusam de certas substâncias em uma tentativa equivocada de controlá-lo. Se acha que isso se aplica a você, tenha muito cuidado com o uso de drogas ou álcool. Converse com seu médico se ficou preocupado.

Capítulo 3
Selecionando Através do Cérebro e da Biologia

Neste Capítulo

▶ Examinando o cérebro ansioso
▶ Explorando o que a ansiedade faz com o corpo
▶ Descobrindo os impostores da ansiedade

Muitas pessoas com ansiedade descrevem sintomas físicos desconfortáveis que acompanham suas preocupações. Elas podem sentir palpitações cardíacas, náusea, tontura, sudorese ou tensão muscular. Esses sintomas evidenciam que a ansiedade é verdadeiramente um transtorno tanto da mente quanto do corpo.

Neste capítulo, analisamos algumas das raízes biológicas da ansiedade, bem como as consequências do estresse crônico sobre a saúde. Em seguida, falamos sobre medicamentos ou alimentos que podem realmente fazer com que você se sinta ansioso. Por fim, discutimos como algumas doenças podem causar ou simular ansiedade.

Examinando o Cérebro Ansioso

O cérebro absorve informações sobre o mundo através da visão, paladar, olfato, audição e tato. Analisando-o constantemente, em busca de um sentido para as coisas, ele integra informações do passado com o presente e planeja as ações a serem tomadas. A maioria das pessoas considera que o cérebro, quase sempre, faz um ótimo trabalho. Mas para aquelas com ansiedade crônica, há algo errado.

Bilhões de células nervosas (*neurônios*) residem no cérebro. Elas estão organizadas em uma variedade de estruturas ou circuitos complexos. Algumas dessas estruturas estão particularmente envolvidas na produção de sentimentos de ansiedade, medo e estresse. Essas estruturas cerebrais se comunicam umas com as outras através do envio de mensageiros químicos, conhecidos como *neurotransmissores,* que vão e voltam entre si.

Nas seções seguintes, vamos explicar como o cérebro interpreta a informação e qual o papel que as substâncias químicas nele contidas têm em sua ansiedade.

Vendo como os circuitos do cérebro estão conectados

Pense no cérebro como tendo muitos circuitos interligados. Um circuito envolve o *sistema límbico* e os *lobos frontais*. O sistema límbico (particularmente a *amígdala*) registra o perigo e as ameaças e dá origem a respostas que são reflexos do medo. Os lobos frontais usam o pensamento e a razão para processar as informações que entram. Por exemplo, o sistema límbico poderia disparar alarmes de forma reflexa ao ver uma cobra. No entanto, os lobos frontais podem sinalizar para que o sistema se acalme à medida que processa o fato de que a cobra está numa gaiola de vidro.

Nos transtornos de ansiedade, tanto o sistema límbico quanto os lobos frontais (ou ambos) podem não funcionar corretamente. Assim, o sistema límbico pode desencadear frequentes reações de medo com muita facilidade ou os lobos frontais podem deixar de usar a lógica para acalmar os temores desencadeados por esse sistema. Quando o cérebro sinaliza perigo, o corpo responde se preparando para a ação. A próxima seção explica os aspectos químicos do medo.

Substâncias químicas comunicantes

Os neurotransmissores ajudam as células nervosas a comunicar os sentimentos, medos, emoções, pensamentos e ações através de uma intrincada orquestração. Quatro grandes sistemas neurotransmissores e algumas de suas funções incluem:

- **O sistema noradrenérgico**, que produz a adrenalina e a noradrenalina. Também estimula os órgãos necessários à resposta "lute ou fuja" (veja a seção seguinte).
- **O sistema colinérgico**, que ativa os neurotransmissores noradrenérgicos e facilita a formação de lembranças.
- **O sistema dopaminérgico**, que está envolvido no movimento e também relacionado aos sentimentos de prazer e recompensa. Perturbações da dopamina causam problemas de atenção, motivação e vigília e parecem ser muito importantes no desenvolvimento de respostas de medo.
- **O sistema serotonérgico**, que está relacionado ao humor, ansiedade e agressividade.

Capítulo 3: Selecionando Através do Cérebro e da Biologia   **41**

Conforme esses neurotransmissores pulsam através de seu cérebro, os circuitos cerebrais envolvidos no medo e na ansiedade se acendem. Seu corpo então responde com um alerta de todo o sistema conhecido como a resposta de lute ou fuja.

Preparando-se Para Fugir ou Lutar

Quando o perigo se apresenta, você, em um reflexo, se prepara para ficar e lutar ou correr como se nunca tivesse corrido antes. Seu corpo se mobiliza para o perigo de maneiras complexas e fantásticas. A Figura 3-1 lhe dá uma ideia.

Seu corpo responde às ameaças preparando-se para a ação de três maneiras diferentes: fisicamente, mentalmente e comportamentalmente.

- **Fisicamente:** O cérebro envia sinais através de seu sistema nervoso para entrar em alerta máximo. Ele diz às glândulas suprarrenais para aumentar a produção de adrenalina e noradrenalina. Esses hormônios estimulam o corpo de várias maneiras. Seu coração bate mais rápido e você começa a respirar mais rapidamente, enviando mais oxigênio para seus pulmões, enquanto o sangue flui para os maiores músculos, preparando-os para lutar ou fugir do perigo.

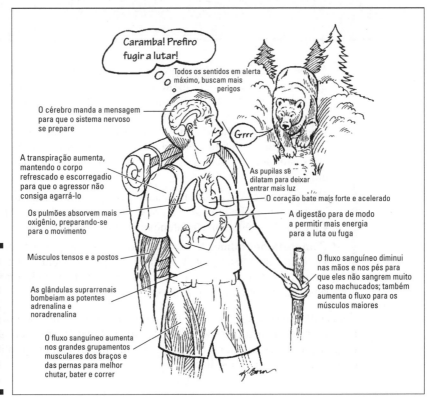

Figura 3-1: Quando submetido ao perigo, seu corpo se prepara para fugir ou ficar e lutar.

> ## Estresse e resfriado
>
> Pesquisas mostraram que o modo como as pessoas percebem as coisas — possivelmente mais do que realmente estão acontecendo — afeta o sistema imunológico e a tendência para pegar resfriados.
>
> O psicólogo, Dr. Sheldon Cohen, e seus colegas conduziram pesquisas sobre o papel do estresse na suscetibilidade ao vírus do resfriado comum. Em um de seus estudos anteriores, Dr. Cohen pediu que voluntários descrevessem seus níveis de estresse meses antes. Ele então expôs os participantes ao vírus do resfriado. Aqueles que haviam relatado estresse alto pegaram resfriados em taxas bem maiores do que os demais voluntários.
>
> Um estudo mais recente, publicado no periódico *Health Psychology* (2008), descobriu que a percepção das pessoas sobre sua situação socioeconômica, relatada por elas mesmas, também previu quem ficaria doente com um resfriado após exposição ao vírus. Aquelas que se sentiram em uma situação inferior ficaram doente com mais frequência do que as outras. Curiosamente, as medidas objetivas da condição socioeconômica não previram tão bem quem ficaria resfriado. Assim, parece que o que importa é a percepção das pessoas sobre sua situação socioeconômica e não a posição propriamente dita.
>
> Esses estudos mostram que o corpo e a mente têm uma relação complicada. Outra pesquisa coerente com essa ideia, mostra que o estresse também retarda a cicatrização, diminui a eficácia de vacinações e aumenta a inflamação. Em outras palavras, a forma como as pessoas pensam sobre as coisas que lhes acontecem afeta fortemente seus corpos.

A digestão desacelera para preservar energia para enfrentar o desafio e as pupilas dilatam para melhorar a visão. O fluxo de sangue diminui nas mãos e nos pés para minimizar a perda de sangue em caso de ferimentos e para manter o suprimento do mesmo para os músculos grandes. A transpiração aumenta para manter o corpo resfriado e isso faz com que você fique escorregadio de modo que os agressores não consigam pegá-lo. Todos os seus músculos se tensionam para entrar em ação.

- **Mentalmente:** Você automaticamente esquadrinha seus arredores intensamente. Sua atenção centra-se na ameaça por perto. Na verdade, você não consegue prestar atenção em mais nada.
- **Comportamentalmente:** Agora você está pronto para correr ou lutar. Você precisa dessa preparação diante do perigo. Quando tem que se encarregar de um urso, um leão ou um guerreiro, é melhor ter todos seus recursos em alerta máximo.

Com certeza, no mundo de hoje, não é muito provável que você vá encontrar leões e ursos. Infelizmente, seu corpo reage muito facilmente com a mesma preparação para enfrentar o trânsito, cumprir prazos, falar em público e lidar com outras preocupações diárias.

Quando os seres humanos não têm nada contra o que lutar ou de que fugir, toda aquela energia precisa ser liberada de outras maneiras. Assim, você pode sentir o desejo de se remexer movendo os pés e as mãos. Você pode se sentir assustado, repreender ou gritar, impulsivamente, com aqueles a seu redor.

A maioria dos especialistas acredita que sentir esses efeitos físicos da ansiedade de forma frequente e crônica não lhe faz bem nenhum. Vários estudos sugeriram que ansiedade e estresse crônicos contribuem para uma série de problemas físicos, tais como perturbações do ritmo cardíaco, pressão arterial elevada, síndrome do intestino irritável, asma, úlceras, distúrbios estomacais, refluxo ácido, espasmos musculares crônicos, tremores, dor crônica nas costas, dores de cabeça tensionais, um sistema imunológico enfraquecido e até mesmo a perda de cabelo. A Figura 3-2 ilustra o preço da ansiedade crônica no corpo.

Antes que você fique muito ansioso, por favor, perceba que a ansiedade crônica contribui para muitos desses problemas, mas não sabemos ao certo se é uma das principais causas deles. No entanto, um número suficiente de estudos sugeriu que a ansiedade ou o estresse pode piorar esses transtornos para justificar levar a ansiedade crônica a sério. Em outras palavras, preocupe-se, mas não entre em pânico.

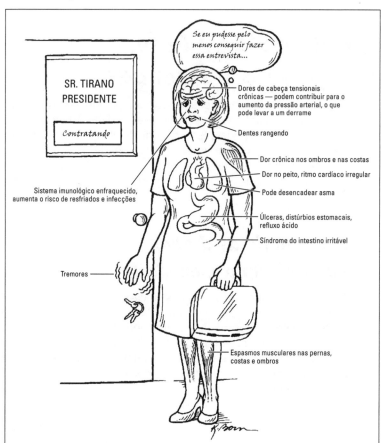

Figura 3-2: Os efeitos crônicos da ansiedade.

> ### Protegendo-se das diabetes
>
> Como se o sofrimento da ansiedade crônica não fosse suficiente, o excesso de estresse pode desferir outro golpe: pessoas com estresse de longa duração são significativamente mais propensas a desenvolver diabetes tipo 2. Isso não surpreende porque o estresse aumenta os níveis de glicose (açúcar) na corrente sanguínea.
>
> Pesquisadores da Universidade Duke realizaram um estudo com mais de 100 indivíduos e descobriram que, quando o gerenciamento do estresse foi acrescentado aos cuidados de adultos com diabetes, seus níveis de açúcar no sangue caíram. Essas técnicas não eram complexas nem demoradas. Na verdade, muitas delas são as que você pode ler neste livro.
>
> O resultado surpreendente desse estudo foi que os níveis de glicose daqueles que descobriram como se acalmar diminuíram tanto quanto se esperava caso os sujeitos estivessem tomando uma droga extra para controle das diabetes. Então, se você não tem diabetes, proteja-se por meio da superação da ansiedade, e se você a tem, saiba que pensamentos calmos podem ajudá-lo a controlar a doença.

Imitando a Ansiedade: Drogas, Dieta e Doenças

Acreditar que está sofrendo de ansiedade quando isso não é verdade é tão comum quanto os transtornos de ansiedade. Medicamentos com prescrição médica podem ter uma série de efeitos colaterais, alguns dos quais reproduzem certos sintomas da ansiedade. Às vezes, o que você come ou bebe pode fazê-lo se sentir ansioso. Algumas doenças também produzem sintomas que imitam os sinais de ansiedade. Analisamos esses imitadores nas seções seguintes.

Explorando as drogas que imitam a ansiedade

A indústria farmacêutica relata as categorias dos medicamentos mais amplamente prescritos a cada ano. Para mostrar quão facilmente os efeitos colaterais dos medicamentos podem se assemelhar aos sintomas de ansiedade, listamos, na Tabela 3-1, dez dos tipos mais amplamente prescritos de drogas e seus efeitos colaterais que mimetizam a ansiedade. Esses medicamentos têm muitos outros efeitos secundários que não mencionamos aqui.

Tabela 3-1   Angústia no Armário de Remédios

Nome da Droga ou Categoria	Finalidade	Efeitos Colaterais Semelhantes à Ansiedade
Inibidores da enzima conversora de angiotensina (IECAs)	Reduzir a pressão arterial	Impotência, tontura, insônia, náusea, vômitos, fraqueza
Medicamentos antiartríticos e anti-inflamatórios	Tratar artrite e dor	Fadiga, ansiedade, tontura, nervosismo, insônia, náusea, vômitos, sudorese, tremores, confusão, falta de ar
Antiulcerantes	Tratamento de úlceras	Tontura, ansiedade, confusão, dor de cabeça, fraqueza, diarreia, rubor, sudorese, tremores
Benzodiazepínicos	Tratar a ansiedade	Tontura, dor de cabeça, ansiedade, tremores, estimulação, insônia, náusea, diarreia
Betabloqueadores	Reduzir a angina e pressão arterial elevada, tratar a disritmia	Tontura, diarreia, náusea, palpitações, impotência, desorientação
Bloqueadores do canal de cálcio	Estabilizar a angina e reduzir a pressão arterial elevada	Tontura, rubor, palpitações, diarreia, distúrbios estomacais, insônia, ansiedade, confusão, sensação de desfalecimento, fadiga
Codeína	Aliviar a dor e controlar a tosse não produtiva	Agitação, tontura, náusea, diminuição do apetite, palpitações, rubor, inquietação
Inibidores seletivos da recaptação da serotonina (ISRS)	Tratamento da depressão, ansiedade e bulimia	Dor de cabeça, insônia, ansiedade, tremores, tontura, nervosismo, fadiga, concentração fraca, agitação, náusea, diarreia, diminuição do apetite, sudorese, ondas de calor, palpitações, impotência, contrações
Estatinas	Redução do colesterol	Dor de cabeça, tontura, diarreia, náusea, cãibras, tremores
Medicamentos de substituição da tireoide	Tratamento do hipotireoidismo	Urticária, dor no peito, batimento cardíaco irregular, nervosismo, falta de ar

> ## Angústia sem prescrição
>
> Um dos ingredientes mais comuns nos medicamentos sem prescrição médica para resfriados é a pseudoefedrina, um descongestionante popular e eficaz que estimula o corpo de forma parecida com a adrenalina. Eu, Dr. Charles Elliott, me especializei no tratamento de transtornos do pânico e ansiedade. Alguns anos atrás, tive um resfriado forte e tosse que duraram mais tempo que o normal. Eu me tratei com o medicamento sem prescrição mais forte que pude achar. Além disso, tomei, durante o dia, uma quantidade de remédio um pouco maior do que aquela prescrita na bula, para que eu pudesse atender os clientes sem tossir. Um dia, notei um batimento cardíaco extraordinariamente rápido e dificuldade na respiração. Perguntei-me se estava tendo um ataque de pânico. Não parecia possível, mas os sintomas eram óbvios. Será que eu poderia ter pego um transtorno de pânico de meus clientes?
>
> Não exatamente. Percebi que talvez eu tivesse tomado uma dosagem muito forte do remédio para resfriado contendo pseudoefedrina. Parei de tomar a medicação, os sintomas desapareceram e nunca mais voltaram.
>
> Então, cuidado com os medicamentos sem prescrição. Leia as instruções cuidadosamente. Não tente ser seu próprio médico, como eu fiz!

Interessante, não é mesmo? Até medicamentos para o tratamento da ansiedade podem produzir efeitos colaterais semelhantes a ela. É lógico que a maioria das pessoas não apresenta tais efeitos colaterais com esses medicamentos, mas eles acontecem. Se você estiver tomando uma ou mais dessas drogas e sentir-se ansioso, verifique com seu médico.

Além disso, vários medicamentos sem prescrição às vezes têm efeitos colaterais que mimetizam a ansiedade. Estes incluem remédios para resfriado, broncodilatadores (para asma) e descongestionantes. Há, também, muitos tipos de aspirina contendo cafeína que podem produzir sintomas de ansiedade se consumidos em excesso. Esses medicamentos podem causar inquietação, palpitações cardíacas, tensão, falta de ar e irritabilidade.

Ingerindo ansiedade em sua dieta

O estresse e a ansiedade muitas vezes fazem com que as pessoas tenham compulsão por alimentos e substâncias prejudiciais à saúde, que podem levar a um aumento da ansiedade em longo prazo. No Capítulo 10, discutimos os alimentos que podem ajudar a acalmar seu humor e aliviar sua ansiedade. Aqui vamos falar sobre como evitar alimentos ou bebidas que podem piorar os problemas com ansiedade.

Capítulo 3: Selecionando Através do Cérebro e da Biologia

O ovo ou a galinha: Síndrome do intestino irritável

A síndrome do intestino irritável (SII) é uma doença comum que envolve uma variedade de problemas relacionados entre si e que geralmente incluem cólicas ou dores abdominais, diarreia e/ou constipação. Eles ocorrem em pessoas que não têm conhecimento de nenhum problema em seus sistemas digestivos. Os médicos disseram à maioria de seus pacientes, durante muitos anos, que a síndrome do intestino irritável era causada pelo estresse, preocupação e ansiedade.

Em 1999, Catherine Woodman, médica, e colegas descobriram que em pacientes com SII havia um gene mutante com mais frequência do que naqueles que não sofriam desse mal. Curiosamente, o mesmo gene nocivo também aparece mais frequentemente em indivíduos com transtorno do pânico. Outras possíveis causas físicas para a SII podem ter a ver com a comunicação ruim entre os músculos e os nervos do cólon.

Foram descobertos vários medicamentos que diminuem alguns dos piores sintomas da SII. Além disso, as técnicas de relaxamento, biofeedback e aquelas para lidar com ansiedade e estresse ensinadas na psicoterapia também melhoram os sintomas da SII. Portanto, nesse momento, ninguém realmente sabe até que ponto a SII é causada por causas físicas, ansiedade ou estresse. Entretanto, é mais provável que a mente e o corpo interajam de formas importantes que nem sempre podem ser separadas.

Observe se você tem sensibilidades especiais a determinados tipos de alimentos. Sempre que você se sentir irritado ou especialmente ansioso, sem alguma razão em particular, pergunte a si mesmo o que você comeu nas últimas horas. Tome nota por algumas semanas. Apesar de as sensibilidades alimentares geralmente não serem uma das principais causas de ansiedade, algumas pessoas têm reações adversas a certos alimentos, tais como nozes, trigo, laticínios, mariscos ou soja. Se suas anotações dizem que isso se aplica a você, evite esses alimentos!

Limite o consumo ou evite o álcool, pois ele pode fazê-lo se sentir tenso, a longo prazo. Quando consumido em pequenas quantidades, o álcool pode fazer com que você relaxe, o que leva muitas pessoas a tentar se automedicar embebedando-se. Entretanto, pessoas com transtornos de ansiedade facilmente se viciam nessa droga. Além disso, se consumido em excesso, o álcool pode levar a uma variedade de sintomas semelhantes aos da ansiedade. Por exemplo, depois de uma noite de bebedeira, o álcool pode deixá-lo se sentindo mais ansioso, porque ele sai rapidamente do sistema e o corpo pede mais. Esse desejo pode levar à dependência, ao longo do tempo.

A cafeína também pode causar problemas. Algumas pessoas parecem se dar bem com expressos triplos, mas outras ficam acordadas a noite toda, totalmente agitadas. Se você é sensível aos efeitos da cafeína, tome cuidado, pois ela se esconde na maioria das bebidas energéticas bem como no chocolate.

Falando de bebidas energéticas, estas às vezes contêm quantidades excepcionalmente grandes não apenas de cafeína, mas também de outros estimulantes. Você verá ervas estimulantes como a taurina, guaraná (carregada de cafeína), ginseng e ginkgo biloba, entre outras. Os efeitos adversos relatados incluem nervosismo, insônia, perturbações do ritmo cardíaco e convulsões. Se você tem ansiedade em excesso, não deve ficar engolindo essas misturas.

Por fim, muitas pessoas ficam nervosas após a ingestão de muito açúcar. Observe as crianças em festas de aniversário ou no Dia das Bruxas. Adultos podem ter a mesma reação. Além disso, o açúcar é ruim para seu corpo de diversas formas, tais como picos no nível de glicose no sangue e contribuição para a síndrome metabólica (uma condição que, muitas vezes, eleva a pressão arterial e causa diabetes).

Investigando impostores médicos da ansiedade

Alguns tipos de doenças e condições médicas podem criar sintomas semelhantes à ansiedade. É por isso que recomendamos, energicamente, que você visite seu médico, especialmente se estiver sofrendo de uma ansiedade significativa pela primeira vez. Seu médico pode ajudá-lo a descobrir se você tem um problema físico, reação a um medicamento, problema de ansiedade de base emocional ou alguma combinação destes. A Tabela 3-2 lista algumas condições médicas que produzem sintomas de ansiedade.

Ficar doente também pode causar ansiedade. Por exemplo, se receber um diagnóstico grave de doença cardíaca, câncer ou uma doença crônica progressiva, você poderá desenvolver ansiedade sobre como lidar com as consequências do que lhe foi informado. As técnicas que lhe damos para lidar com a ansiedade ao longo deste livro também podem ajudá-lo a administrar esse tipo de ansiedade.

Tabela 3-2 Impostores Médicos

Condição Médica	O que É	Sintomas Semelhantes à Ansiedade
Hipoglicemia	Nível baixo de glicose no sangue; às vezes associada a outros transtornos ou pode ocorrer sozinha. Uma complicação comum das diabetes.	Confusão, irritabilidade, tremores, sudorese, batimentos cardíacos acelerados; fraqueza, sensação de frio e umidade
Hipertireoidismo	Quantidade em excesso de hormônio da tireoide. Múltiplas causas.	Inquietação, nervosismo, sudorese, fadiga, perturbações no sono, náuseas, tremores, diarreia
Outros desequilíbrios hormonais	Diversas condições associadas com flutuações nos níveis hormonais, como a tensão pré-menstrual (TPM), menopausa ou pós-parto. Sintomas altamente variáveis.	Irritabilidade, tensão, dores de cabeça, alterações de humor, comportamento compulsivo, fadiga, pânico
Lúpus	Uma doença autoimune em que o sistema imunológico do doente ataca certos tipos de suas próprias células.	Ansiedade, falta de concentração, irritabilidade, dores de cabeça, batimentos cardíacos irregulares, memória prejudicada
Prolapso da válvula mitral	A válvula mitral do coração não se fecha corretamente, permitindo que o sangue flua de volta para o átrio esquerdo. Muitas vezes confundido com ataques de pânico durante o diagnóstico.	Palpitações, falta de ar, fadiga, dor no peito, dificuldade para respirar
Síndrome de Ménière	Um distúrbio no ouvido interno que inclui vertigem, perda de audição, zumbido e outros barulhos no ouvido.	Vertigem que inclui sensações anormais associadas ao movimento, tonturas, náuseas, vômitos e sudorese

Capítulo 4
Eliminando os Obstáculos à Mudança

Neste Capítulo
- Descobrindo de onde vem sua ansiedade
- Analisando a resistência
- Observando as preocupações irem e virem
- Obtendo a ajuda correta

É provável que, se está lendo este livro, você quer fazer algo a respeito de sua própria ansiedade ou ajudar alguém que ama. Se esse é o caso, você deve saber que às vezes as pessoas iniciam o caminho em direção à mudança com as melhores intenções, mas, ao seguirem adiante, subitamente encontram condições escorregadias, perdem a aderência, derrapam e deslizam para fora da estrada.

Este capítulo lhe dá maneiras de jogar sal e areia sobre a superfície escorregadia e continuar seguindo em frente. Em primeiro lugar, explicamos de onde vem a ansiedade. Quando você compreende as origens da ansiedade, pode mover-se da autorrepreensão à autoaceitação, permitindo-se, dessa forma, dirigir sua energia para atividades mais produtivas e não para maltratar a si mesmo. Em seguida, lhe mostramos as outras grandes barreiras que bloqueiam o caminho em direção à mudança. Damos-lhe estratégias efetivas para mantê-lo seguro no caminho da superação da ansiedade. Finalmente, se você precisa de algum apoio externo, damos sugestões sobre como encontrar ajuda profissional.

Escavando as Raízes da Ansiedade

A ansiedade não surge do nada; em vez disso, ela surge tipicamente de uma combinação de três principais fatores contributivos. Os vilões fundamentais subjacentes à ansiedade são:

- **Genética:** Sua herança biológica
- **Cuidados parentais:** A maneira como você foi criado
- **Trauma:** Eventos terríveis que às vezes acontecem

Estudos mostram que daquelas pessoas que sofrem um trauma inesperado, apenas uma minoria acaba com uma ansiedade grave. Isso porque a ansiedade surge de uma combinação de causas — talvez genes e trauma, trauma e cuidados parentais ou mesmo todos os três fatores podem se juntar para provocar ansiedade. Algumas pessoas parecem ser imunes ao desenvolvimento de ansiedade, mesmo assim é possível que a vida lhes desfira um golpe que desafie suas habilidades de lidar com as coisas de forma inesperada. Na história a seguir, Bonnie mostra como alguém pode demonstrar resiliência por muitos anos e, ainda assim, ser levada a perder o controle em decorrência de um único evento traumático.

> **Bonnie** consegue crescer em uma zona de guerra de drogas sem desenvolver sintomas terrivelmente angustiantes. Uma noite, balas zunem pela janela de seu quarto e uma delas atinge seu abdômen. Ela demonstra uma resiliência surpreendente durante sua recuperação. Certamente, deve ter alguns genes fortes antiansiedade e talvez uns pais muito bons para poder resistir com sucesso a uma experiência dessas. Contudo, quando é estuprada, aos 16 anos de idade, desenvolve transtorno de estresse pós-traumático (TEPT; veja o Capítulo 2 para mais informações). Bonnie não suportou mais esse trauma.

Assim, como o exemplo de Bonnie ilustra, você nunca pode saber, com absoluta certeza, a exata causa da ansiedade de alguém. No entanto, se examinar a relação que a pessoa teve com os pais quando era criança, a história familiar e os diversos eventos em sua vida (tais como acidentes, guerra, doença e assim por diante), é provável que tenha boas ideias sobre a razão da ansiedade vir a causar problemas mais tarde. Se você tem ansiedade, pense a respeito sobre quais as possíveis causas de seus problemas.

Que diferença faz saber de onde vem sua ansiedade? Sua superação não requer absolutamente nenhum conhecimento de sua origem. As soluções pouco mudam caso você tenha nascido com ansiedade ou a adquirido mais tarde.

A vantagem de identificar a origem de sua ansiedade está em ajudá-lo a perceber que ela não é algo que você tenha causado a si mesmo. Ela se desenvolve em razão de um número de motivos muito bons e sólidos, que são analisados nas próximas seções. A pessoa que tem ansiedade não é culpada.

Culpa e autorrepreensão apenas esgotam suas energias. Elas sugam os recursos e mantêm seu foco distante do esforço necessário para desafiar a ansiedade. Perdoar e aceitar a si mesmo produzem resultados opostos, pois energizam e até motivam seus esforços (abordamos essas ideias mais adiante, neste capítulo).

São meus genes!

Se você sofre de preocupações e tensão excessivas, analise o resto de sua família. Dentre aqueles que possuem um transtorno de ansiedade, cerca de um quarto de seus parentes sofrem junto com eles. Dessa forma, seu Tio Ralph pode não lutar contra a ansiedade, mas sua Tia Melinda ou sua irmã Charlene talvez possam.

Talvez você seja capaz de argumentar que Tio Ralph, Tia Melinda ou sua irmã Charlene tiveram que viver com a Vovó, que deixa qualquer um ansioso. Em outras palavras, eles viveram em um ambiente que provocava ansiedade. Talvez não tenha nada a ver com seus genes.

Muitos pesquisadores estudaram irmãos e gêmeos que viveram juntos e verificaram que os genes têm um papel importante em como as pessoas experimentam e enfrentam a ansiedade. Conforme o previsto, gêmeos idênticos são muito mais parecidos um com o outro em termos de ansiedade do que gêmeos bivitelinos ou outros irmãos e irmãs. Porém, mesmo se você nasceu com uma predisposição genética à ansiedade, outros fatores – tais como meio ambiente, colegas e como seus pais o criaram – entram na mistura.

Eu fui criado assim!

É fácil culpar os pais por quase tudo o que o aflige. Eles normalmente fazem o melhor que podem. Criar filhos é uma tremenda tarefa. Então, na maioria dos casos, os pais não merecem tanta culpa quanto recebem. Contudo, são responsáveis pela maneira como você foi criado na medida que isso pode ter contribuído para suas angústias.

Três estilos de cuidados parentais parecem fomentar a ansiedade nas crianças:

- **Superprotetores:** Esses pais protegem seus filhos de cada estresse ou mal imaginável. Se seus filhos tropeçam, eles os apanham antes que sequer atinjam o solo. Quando os filhos ficam frustrados, eles consertam o problema. Não é de surpreender que as crianças não consigam descobrir como tolerar o medo, a ansiedade ou a frustração.
- **Supercontroladores:** Esses pais administram detalhadamente cada atividade dos filhos. Eles controlam cada detalhe desde como eles devem brincar até o que devem vestir ou como resolver problemas aritméticos. Desencorajam a independência e fertilizam a dependência e a ansiedade.

- **Respondentes inconsistentes:** Os pais desse grupo dão a seus filhos regras e limites irregulares. Um dia, quando seus filhos têm problemas com os deveres de casa, eles respondem com compreensão. Porém, explodem quando os filhos pedem ajuda. Essas crianças não conseguem descobrir a conexão entre seus próprios esforços e uma consequência previsível. Assim, elas sentem que possuem pouco controle sobre o que acontece na vida. Não é surpresa que se sintam ansiosas.

Se você reconhece seu próprio estilo de cuidado parental em alguma dessas descrições e acha que seu comportamento pode estar afetando seu filho, vá ao Capítulo 20 para ver como pode ajudar seu filho a superar sua ansiedade.

É culpa do mundo!

O mundo de hoje se move em um ritmo mais rápido do que nunca e as horas trabalhadas na semana aumentam gradualmente, em vez de acontecer o contrário. A vida moderna é tão cheia de complexidades quanto de perigos. Talvez seja por isso que profissionais de saúde mental vejam mais pessoas com problemas relacionados à ansiedade do que antes. Quatro tipos específicos de acontecimentos podem desencadear um problema com ansiedade, mesmo em alguém que nunca tenha sofrido disso em outra ocasião:

- **Ameaças inesperadas:** Previsibilidade e estabilidade neutralizam a ansiedade; incerteza e caos a estimulam. Por exemplo, Calvin trabalha muitas horas para ter uma vida decente. No entanto, usa quase todo seu salário para viver, sobrando pouco para poupar. Um acidente em uma parte escorregadia da calçada o deixa incapacitado por seis semanas e ele não tem licença médica suficiente para cobrir sua ausência. Agora, ele se preocupa de modo obsessivo com sua capacidade para pagar as contas. Mesmo quando retorna ao trabalho, preocupa-se mais do que nunca com a próxima armadilha financeira que o aguarda.

- **Exigências crescentes:** Ter muita responsabilidade empilhada em seu prato pode deixá-lo ansioso. Jake, inicialmente, pensa que nada é melhor que uma promoção quando seu supervisor lhe oferece uma oportunidade única de dirigir a nova divisão de desenvolvimento e pesquisa de alto risco. Jake nunca esperou uma posição tão alta ou a duplicação de seu salário tão cedo em sua carreira. Claro, novas obrigações, expectativas e responsabilidades vêm junto com o pacote. Jake começa agora a se inquietar e fica preocupado. E se ele não estiver à altura do desafio? A ansiedade começa a dominar sua vida.

- **Eliminadores de confiança:** Críticas e rejeições inesperadas certamente podem provocar ansiedade. Tricia está no topo do mundo, tem um bom trabalho e sente-se extasiada com seu casamento cuja data está se aproximando. Entretanto, ela fica atordoada quando seu noivo desiste de casar. Agora, se preocupa incessantemente por achar que existe algo de errado com ela; talvez nunca venha a ter a vida que imaginou para si mesma.

Capítulo 4: Eliminando os Obstáculos à Mudança

> ✓ **Trauma aterrorizante:** Ninguém nunca quer passar por uma experiência terrível nem arriscar sua vida. Infelizmente, coisas desagradáveis acontecem. Acidentes terríveis, atos de terrorismo, pandemias, desastres naturais, ferimentos de batalha e violência têm acontecido por séculos e achamos que sempre acontecerão. Problemas graves com ansiedade normalmente surgem após essas tragédias. Dessa forma, sobreviventes de tsunamis muitas vezes apresentam, durante anos, ansiedade residual ou TEPT (veja os Capítulos 2 e 8) em razão da natureza totalmente inesperada do evento.

Encontrando Autoaceitação

Volta e meia vemos nossos clientes tensos e preocupados sofrerem com outra fonte desnecessária de dor. Sua ansiedade já é ruim o suficiente, mas eles também se castigam *porque* têm ansiedade. Tais maus-tratos envolvem julgamentos críticos e severos. Se você age assim consigo mesmo, sugerimos que tente a abordagem a seguir para a autoaceitação.

Comece fazendo uma lista de todas as prováveis causas de seus problemas com ansiedade. Primeiro, liste qualquer possível contribuição genética que você consiga pensar sobre seus parentes que talvez sofram de ansiedade. Em seguida, examine se seus pais porventura modelaram a ansiedade ou a introduziram em você em consequência de um estilo de cuidados parentais severo ou imprevisível. Então, examine acontecimentos em seu mundo desde o passado mais distante até o mais recente que possam ter sido altamente estimulantes de ansiedade. Finalmente, depois de listar os prováveis culpados de sua angústia, faça a si mesmo algumas perguntas, tais como as seguintes:

> ✓ Pedi para ter ansiedade?
>
> ✓ Houve algum momento em minha vida em que eu realmente quis me sentir ansioso?
>
> ✓ Sou o principal culpado por minhas preocupações?
>
> ✓ Qual percentual de culpa posso realmente apontar para mim mesmo em oposição aos genes, cuidados parentais e acontecimentos, tanto velhos quanto novos?
>
> ✓ Se alguns amigos meus tivessem problemas com ansiedade, o que eu lhes diria?
>
> - Pensaria que eles são culpados?
> - Pensaria tão mal a respeito deles quanto penso sobre mim mesmo?
>
> ✓ Pensar mal a respeito de mim mesmo me ajuda a superar minha ansiedade?
>
> ✓ Se eu decidisse parar de me maltratar, teria mais energias para lidar com meus problemas?

Essas questões podem ajudá-lo a seguir em direção à autoaceitação e a descobrir que ter ansiedade não tem nada a ver com seu merecimento ou valor enquanto ser humano. Então, você talvez possa pegar um pouco mais leve consigo mesmo, o que recomendamos bastante. Veja, as pessoas, às vezes, são duras consigo mesmas, mas tratar-se mal crônica e impiedosamente é outra história. Se você achar que é totalmente incapaz de parar de se tratar mal, talvez deva procurar ajuda profissional (veja a seção relativa a esse assunto, no final deste capítulo). Você pode ler mais sobre autoaceitação no Capítulo 13.

A história de Gary ilustra como examinar as causas de sua ansiedade; responder àquelas importantes questões pode ajudá-lo a adquirir autoaceitação.

Gary desenvolveu transtorno do pânico. Seus ataques de náuseas, vertigens e pensamentos de que está ficando louco aumentaram recentemente. Ele sente vergonha de que alguém mais tenha esse problema. Ele procura ajuda quando começa a ter ataques de pânico em seu trabalho. Diz a seu psicólogo que um homem de verdade jamais teria esse tipo de problema. Seu psicoterapeuta ajuda Gary a ser mais indulgente consigo mesmo. Ele pede a Gary para escrever as causas de sua ansiedade e lhe diz para examinar, minuciosamente, sua vida e trazer o máximo possível de contribuições à sua ansiedade. A Tabela 4-1 mostra o que Gary escreveu.

Ansiedade entre os ricos e famosos

Muitos de nossos clientes parecem pensar que são as únicas pessoas no mundo que lutam contra a ansiedade. Mas nós os informamos que milhões de americanos sofrem desse distúrbio. Talvez você não se sinta tão sozinho se considerar algumas das pessoas famosas ao longo da história que sofreram de um ou mais dos vários transtornos de ansiedade discutidos neste livro.

Segundo dizem, Albert Einstein e Eleanor Roosevelt sofriam de medo de situações sociais. Além disso, Charles Darwin acabou por se tornar quase um eremita em razão de sua agorafobia incapacitante (veja o Capítulo 2). Robert Frost também combatia a ansiedade.

O bilionário Howard Hughes tinha muitos problemas emocionais – entre eles, aparentemente, um caso grave de transtorno obsessivo-compulsivo (veja o Capítulo 2). Hughes insistia que enviassem para ele três cópias de uma revista. Quando entregues, Hughes removia a revista do meio com suas mãos cobertas por um lenço de papel. Em seguida, ele instruía um assistente a queimar as outras duas revistas. Além disso, Hughes tinha outras compulsões bizarras que envolviam o preparo de sua comida, o manuseio de objetos e a higiene.

Por fim, uma pesquisa na internet lhe mostra que centenas de celebridades supostamente sofrem de vários tipos de graves problemas com ansiedade. Use uma ferramenta de busca e digite "pessoas famosas e ansiedade". Você ficará surpreso com o que vai encontrar.

Tabela 4-1 — As Causas da Ansiedade de Gary

Possíveis Influências Genéticas	Cuidados Parentais	Eventos: Velhos e Novos
Minha Tia Mary quase nunca sai de casa. Talvez ela sinta algo parecido com o que eu tenho.	Bem, meu pai tinha um temperamento bastante imprevisível. Eu nunca sabia quando ele ia explodir.	Quando eu tinha 6 anos de idade, nós sofremos um acidente de carro terrível e passei três dias no hospital. Eu estava muito assustado.
Minha mãe é muito nervosa.	O humor de minha mãe variava bastante. Eu nunca sabia como ela ia reagir quando eu lhe pedia alguma coisa.	Minha escola primária ficava numa vizinhança horrível. As gangues dominavam. Eu tinha que ficar atento em cada esquina.
Minha prima Margarite parecer ser muito tímida. Talvez ela tenha muita ansiedade.		Meu primeiro casamento terminou quando peguei minha mulher me traindo. Apesar de eu confiar em minha nova esposa, preocupo-me demais com sua fidelidade.
Meu irmão se preocupa o tempo todo. Ele parece totalmente estressado.		Há dois anos, fui diagnosticado com diabetes. Preocupo-me bastante com minha saúde.

Ao examinar as causa de sua ansiedade e fazer a si mesmo as perguntas listadas anteriormente nesta seção, Gary caminha dos maus-tratos a si mesmo para a autoaceitação. Agora, ele está pronto para superar sua ansiedade.

Pensando Duas Vezes sobre Mudança

É claro que ninguém gosta de se sentir ansioso, tenso e nervoso e, às vezes, a ansiedade chega a tal ponto que sufoca os recursos pessoais e a capacidade de se lidar com ela. Ansiedade crônica e grave frequentemente serve como prelúdio a uma séria depressão. É óbvio que qualquer um que esteja vivenciando esse tormento agarraria a chance de fazer algo a respeito.

Com boas intenções, as pessoas compram livros de autoajuda, comparecem a workshops e até mesmo buscam terapia. Elas têm plena intenção de realizar mudanças significativas em suas vidas. Mas você já foi a uma academia de ginástica em Janeiro? Está cheia de novos e entusiasmados membros. Em meados de Março, as academias voltam ao normal. Assim como muitas resoluções de Ano Novo, o ímpeto inicial de mudança muitas vezes desaparece. O que acontece com toda aquela determinação? De um modo geral, as pessoas acham que simplesmente perderam sua força de vontade. Na verdade, pensamentos perturbadores surgem em suas mentes e roubam suas motivações. Elas começam a pensar que não têm tempo nem dinheiro ou que podem entrar em forma mais tarde. Tais pensamentos as seduzem a abandonar seus objetivos.

Pensamentos a respeito de abandonar sua busca pela superação da ansiedade podem abalar seus esforços em algum momento. Nesse caso, o primeiro passo envolve a identificação dos pensamentos que estão percorrendo sua mente. A seguir, você deve combater esses pensamentos contraproducentes; a seção seguinte lhe mostra as estratégias para fazer exatamente isso. Mas antes, no estilo do apresentador de talk-show David Letterman, aqui estão nossas dez principais desculpas para ficar parado:

- **Número 10:** Ansiedade não é realmente um grande problema para mim. Pensei que fosse quando comprei este livro, mas minha ansiedade não é tão ruim quanto as de algumas pessoas sobre as quais andei lendo. Talvez não seja grande coisa.
- **Número 9:** Se eu tentar e falhar, farei papel de bobo. Meus amigos e família pensarão que fui idiota por tentar.
- **Número 8:** Minha ansiedade parece muito sufocante para ser combatida. Não sei se seria capaz de lidar com o estresse adicional de pensar sobre isso.
- **Número 7:** Tenho medo de tentar e não chegar a lugar algum. Isso faria com que eu me sentisse ainda pior do que se não fizesse nada; me sentiria um fracassado.
- **Número 6:** Sentimentos não podem realmente ser controlados. Você estará apenas enganando a si mesmo se pensar de outra forma. Você sente o que sente.
- **Número 5:** Farei algo a respeito de minha ansiedade quando me sentir motivado. Agora, não me sinto assim de verdade. Tenho certeza de que a motivação virá, devo apenas esperar por ela.
- **Número 4:** Quem eu seria sem minha ansiedade? Isso é justamente quem eu sou, uma pessoa ansiosa, esse sou eu.
- **Número 3:** Não acredito que realmente possa mudar. Afinal, fui assim minha vida toda. De qualquer forma, livros como este não funcionam.
- **Número 2:** Estou muito ocupado para fazer alguma coisa a respeito de minha ansiedade. Essas atividades parecem exigir tempo. Nunca poderia encaixá-las em minha agenda agitada.
- **E a razão número 1 pela qual as pessoas permanecem paradas:** Sou muito ansioso para fazer qualquer coisa a respeito de minha ansiedade. Sinto-me pior sempre que penso em confrontá-la.

Leia nossa lista acima diversas vezes. Pense a respeito de cada desculpa e circule qualquer uma que lhe pareça familiar ou razoável. Concordar com qualquer uma dessas impedirá seu progresso. Agora, temos algumas maneiras para você desafiar essas desculpas, não importa quão razoáveis elas pareçam.

Decidindo Por Mãos à Obra

Se quaisquer de nossas dez principais desculpas para ficar parado (veja a seção anterior) fizerem sentido para você, então sua decisão de superar a ansiedade não é firme. Aqueles pensamentos podem sabotar suas melhores intenções. Não subestime o poder deles.

As próximas seções lhe mostram algumas estratégias para ajudá-lo a transformar suas intenções em ações.

Se você começar a perder sua motivação ou crença em sua habilidade de fazer algo a respeito de sua ansiedade, volte a esta seção! Ela pode ajudá-lo a retomar o caminho.

Argumentando com seus argumentos

Pense na possibilidade de começar uma agenda para executar vários exercícios deste livro. Quer você use uma agenda, arquivo de computador ou de papel, divida uma página em duas colunas. Chame a coluna da esquerda de "Desculpas" e a da direita de "Argumentos Contra Minhas Desculpas". Sob "Desculpas" escreva cada uma das dez principais desculpas (veja a seção anterior "Pensando Duas Vezes sobre Mudança") que se aplicam a você. Em seguida, como uma forma de obter argumentos contra suas desculpas, faça a si mesmo as seguintes perguntas:

- Minhas desculpas supõem que uma catástrofe esteja se aproximando?
- Estou exagerando na verdade?
- Posso encontrar alguma evidência que contestaria minha desculpa?
- Posso pensar em pessoas às quais minha desculpa não se aplica? E se não se aplica a elas, por que se aplicaria a mim?
- Estou tentando prever o futuro com pensamentos negativos quando ninguém pode conhecê-lo?

Usando essas perguntas para guiar seus esforços, anote os melhores argumentos que puder para refutar suas desculpas. O exemplo a seguir, de Miguel, mostra como ele atacou uma de suas desculpas mais teimosas para não mudar.

> **Miguel** sofre de ansiedade e resistiu a lidar com esse problema durante anos. Ele lista suas principais desculpas para não fazer nada e usa as perguntas acima para desenvolver argumentos contra elas. Desenvolve motivos para cada uma de suas desculpas. A Tabela 4-2 mostra o que ele escreveu para aquela que considera sua desculpa mais atraente.

Miguel descobriu que argumentar contra suas desculpas finalmente lhe deu a coragem para começar a provocar mudanças. Você pode fazer o mesmo.

Tabela 4-2	A Desculpa de Miguel versus Os Argumentos Contra Sua Desculpa
Desculpa para Ficar Parado	**Argumentos Contra Minha Desculpa**
Sentimentos não podem realmente ser controlados. Você está apenas enganando a si mesmo se pensar de outra forma. Você sente o que sente.	As evidências me dizem que realizei outras mudanças em minha vida. Muitas pessoas fazem terapia por alguma razão; certamente isso as faz se sentirem melhores ou não haveria um zilhão de terapeutas no mundo. Meu melhor amigo superou sua ansiedade, então por que eu não posso?

Dando pequenos passos

Se você acha que a ideia de lidar com sua ansiedade é simplesmente muita coisa com que lidar, pode estar lutando contra a desculpa número 8 para ficar parado (veja a seção anterior "Pensando Duas Vezes sobre Mudança"): "Minha ansiedade parece muito sufocante para ser combatida. Não sei se eu seria capaz de lidar com o estresse adicional de pensar sobre isso". Nesse caso, você talvez possa começar colocando um pé na frente do outro — dando passos pequenos.

Pare de insistir na tarefa inteira. Por exemplo, se você imaginar todos os passos que terá que dar nos próximos cinco anos, estará prevendo uma incrível quantidade de passos. Centenas, se não milhares, de quilômetros esperam por você. A simples imagem de todos aqueles quilômetros pode estressá-lo.

Você pode, como muitas pessoas, acordar cedo em alguns dias tendo listas enormes de coisas que precisa fazer na semana seguinte. Credo! Uma sensação de derrota surge e você começa a sentir vontade de ficar na cama pelo resto do dia. A apreensão substitui o entusiasmo. Se, por outro lado, você limpar sua mente de todos os compromissos e concentrar-se apenas no primeiro item de sua lista, sua angústia provavelmente diminuirá, pelo menos um pouco.

A fim de dar pequenos passos, é uma boa ideia escrever seu objetivo final, de um modo geral. Por exemplo, talvez você deseje em algum momento ser capaz de fazer um discurso de uma hora para uma multidão sem ser dominado pelo medo, ou talvez você queira ser capaz de vencer seu medo de alturas pegando um bondinho para o topo de uma montanha.

Sente-se, planeje sua meta final e então, estabeleça uma que não seja tão elevada para servir como degrau — uma meta intermediária. Depois, estabeleça uma ação sua que seria necessária para realizar esse objetivo. Se sua meta intermediária parecer realizável, você poderá começar por ela. Caso contrário, decomponha-a em metas ainda menores, até mesmo pequenos passos. Não importa quão pequeno seja seu primeiro passo. Qualquer coisa que mova você um pouco na direção correta pode fazê-lo começar e aumentar sua confiança com um passo de cada vez. Eis como Paula executou esse plano.

Perseverando através dos altos e baixos

Um grupo de psicólogos conduziu uma ampla pesquisa sobre como as pessoas enfrentam importantes mudanças, tais como parar de fumar, perder peso e superar dificuldades emocionais. Eles descobriram que a mudança não é um processo linear e incluiu vários estágios.

Pré-contemplação: Nesse estágio, as pessoas ainda nem pensaram em fazer algo a respeito de seu problema. Elas talvez neguem ter qualquer tipo de dificuldade.

Contemplação: As pessoas começam a pensar sobre atacar seu problema. Mas, nesse estágio, parece que fazer qualquer coisa a respeito está fora de alcance.

Preparação: Na preparação, as pessoas desenvolvem um plano para a mudança. Elas reúnem recursos e estabelecem resoluções.

Ação: O trabalho de verdade começa e o plano passa a ser executado.

Manutenção: É a hora de resistir. As pessoas devem segurar firme para evitar escorregões. Durante essa fase, quer-se desenvolver um plano para lidar com eventos problemáticos tanto esperados quanto inesperados.

Término: A mudança tornou-se hábito, tanto que a recaída é menos provável de acontecer e um trabalho posterior não é particularmente necessário.

Esses estágios parecem uma linha reta desde a pré-contemplação até o término, mas o que esses psicólogos descobriram é que as pessoas pulam pelos estágios de diversas formas. Podem ir da contemplação à ação sem terem feito a preparação adequada. Outras podem alcançar o nível de manutenção e desistir de seus esforços, voltando ao nível da pré-contemplação.

Muitas pessoas bem-sucedidas na mudança pulam para frente e para trás nesses estágios várias vezes antes de finalmente atingirem suas metas. Então, não fique desanimado se isso acontecer com você. Mantenha seu foco em sua meta e recomece seus esforços se escorregar. Sim. Tente, tente e tente de novo.

Paula tem fobia social. Ela não suporta a ideia de comparecer a atividades sociais. Sente que, no momento em que se junta a um grupo, todos os olhos se focam nela, o que dispara sua ansiedade até o céu. Ela quer mudar desesperadamente. Mas a ideia de comparecer a grandes festas ou atividades da empresa a aterroriza. Veja a Tabela 4-3 para ver como Paula decompôs a tarefa em pequenos passos.

Paula descobriu que começar com um breve telefonema para uma amiga ajudou-a a se mover. Dali, ela seguiu para o próximo passo e continuou. Algumas pessoas acham que decompor tarefas em vários pequenos passos ajuda, especialmente para metas descomunais. Veja o Capítulo 8 para mais informações sobre como agir contra a ansiedade em passos graduais.

Tabela 4-3	Os Pequenos Passos de Paula em Direção ao Sucesso
Metas	*Decomposição de Ações Passo a Passo*
Meta final	Ir a uma grande festa, ficar até o final e falar com várias pessoas, sem medo.
Meta intermediária	Ir a uma pequena festa, ficar um pouco e falar com algumas pessoas, ainda que sentindo um pouco de medo.
Pequena meta	Ir a um encontro social relativo ao trabalho, ficar 30 minutos e falar com, pelo menos, uma pessoa, apesar de alguma ansiedade.
Primeiro pequeno passo	Ligar para uma amiga e chamá-la para almoçar, apesar da ansiedade.

Vendo as Preocupações Irem e Virem

Às vezes, parece que a ansiedade nunca irá embora. Acreditar que você não possui controle sobre ela e que o estresse toma conta de você a cada segundo é fácil. Essa seção o ajuda a perceber que a ansiedade de fato possui idas e vindas. Nós mostramos como você pode tirar alguns minutos para escrever seus sentimentos todos os dias, descarregar um pouco de sua ansiedade e, possivelmente, melhorar sua saúde. Também o ajudamos a compreender que o progresso, assim como a ansiedade, tem idas e vindas.

Acompanhando seus medos

Um dos melhores primeiros passos que você pode dar para vencer a ansiedade é simplesmente observá-la todos os dias de algumas formas diferentes. Por que você faria isso? Afinal, você já sabe muito bem que está ansioso. Observar suas preocupações é uma boa ideia porque dá início ao processo de mudança. Você descobre importantes padrões, gatilhos e insights sobre sua ansiedade.

Observar a ansiedade cumpre diversas funções úteis. Em primeiro lugar, o monitoramento o força a estar consciente de suas emoções. Evitar e fugir de emoções incômodas apenas faz com que elas aumentem. Em segundo lugar, você verá que sua ansiedade aumenta e diminui ao longo do dia — o que não é tão perturbador quanto pensar que ela domina cada momento de sua vida. É provável que você descubra que registrar seus graus de ansiedade pode ajudá-lo a assumir o comando e se sentir mais no controle do que está acontecendo dentro de você. Finalmente, monitorar o ajuda a ver como está progredindo em seus esforços para dominar sua angústia.

Monitore sua ansiedade em um caderno por algumas semanas. Observe padrões ou diferenças de intensidade. Carregue esse caderno com você e tente fazer anotações na mesma hora, a cada dia. Em uma escala de um a dez, sendo dez para o pânico total e um para a calma completa, classifique o nível de ansiedade que você experimenta em torno da mesma hora pela manhã, de novo à tarde e, depois, à noite. A história de Virginia mostra como pode ser útil monitorar a ansiedade.

Virginia se queixa para seus amigos de que é a pessoa mais nervosa do planeta e que está perto de um colapso nervoso. Recentemente, seu pai passou por uma cirurgia no coração e seu marido perdeu o emprego. Virginia se sente completamente fora de controle e diz que sua ansiedade nunca tem fim. Quando seu conselheiro sugere que comece a monitorar sua ansiedade, ela lhe diz: "Você deve estar brincando; não preciso fazer isso. Posso lhe dizer agora mesmo que estou ansiosa o tempo todo. Não há folga." Ele insiste para que ela vá em frente e tente assim mesmo. A Tabela 4-4 mostra o que Virginia anotou em sua primeira semana de monitoramento.

Tabela 4-4   Os Níveis de Ansiedade Diários de Virginia

Dia	*Manhã*	*Tarde*	*Noite*	*Média diária*
Domingo	4	6	8	6
Segunda-feira	6	7	9	7,3
Terça-feira	5	6	6	5,7
Quarta-feira	4	5	7	5,3
Quinta-feira	3	8	8	6,3
Sexta-feira	5	9	9	7,7
Sábado	3	5	5	4,3
Média	**4,3**	**6,6**	**7,4**	**6,1**

Virginia descobre algumas coisas. Em primeiro lugar, nota que sua ansiedade é rotineiramente menos intensa pela manhã, aumenta à tarde e chega ao máximo à noite. Com apenas uma semana de registros, ela não consegue discernir se sua ansiedade está diminuindo, aumentando ou permanecendo estável. Entretanto, ela nota que está se sentindo um pouco melhor simplesmente porque sente que está começando a assumir o controle de seu problema. Ela também percebe que alguns dias são melhores do que outros e que sua ansiedade varia em vez de sufocá-la o tempo todo.

Escrevendo sobre suas preocupações

Milhões de pessoas mantêm um diário em algum momento de suas vidas. Algumas fazem os registros diários como um hábito vitalício. Manter um diário sobre os eventos emocionalmente significativos da vida traz vantagens surpreendentes.

- Registros em diários parecem reduzir o número de visitas que as pessoas fazem aos médicos em razão de queixas de dores físicas.
- A escrita aumenta a produção de células T que são benéficas ao sistema imunológico.
- Manter um diário sobre eventos emocionais melhorou as notas de um grupo de estudantes universitários comparativamente àqueles que escreveram sobre assuntos triviais.
- Recentemente, trabalhadores desempregados que escreveram a respeito do trauma de perderem seus empregos encontraram novos trabalhos mais rapidamente do que aqueles que não escreveram.

Jogando fora o livro de regras

Não há regras para escrever um diário. Você pode escrever sobre qualquer coisa, em qualquer lugar, a qualquer hora. No entanto, se você quiser todos os benefícios de se escrever um diário, nós o encorajamos a escrever a respeito de sentimentos e eventos emocionalmente importantes de sua vida. Escreva sobre qualquer coisa que o preocupe durante o dia e/ou de problemas passados. Dedique um pouco de tempo a isso.

O poder da psicologia positiva

O campo da psicologia esteve focado em emoções negativas durante a maior parte do século 20. Os psicólogos estudaram depressão, ansiedade, esquizofrenia, transtornos comportamentais e muitas outras doenças. Apenas recentemente a psicologia examinou os benefícios das emoções positivas, as características de pessoas felizes e os componentes do bem-estar. As pessoas que se sentem gratas normalmente dizem que também estão felizes.

Um estudo publicado no *Journal of Social and Clinical Psychology* (2000, volume 19) dividiu as pessoas em três grupos. O primeiro deles escreveu apenas sobre os problemas da vida diária. Os pesquisadores pediram ao segundo que escrevesse sobre eventos emocionalmente neutros. O terceiro fez registros sobre experiências pelas quais se sentiam gratos. Todos os grupos desempenharam essa tarefa somente uma vez por semana, durante dez semanas. No fim da experiência, o grupo que escreveu sobre gratidão se exercitava mais, tinha menos queixas de dores físicas e seus membros se sentiam mais otimistas do que aqueles dos outros grupos. É surpreendente que uma tarefa tão fácil e simples possa ser tão benéfica.

Escrever sobre traumas do passado pode trazer um alívio considerável. Contudo, se achar que a tarefa o inunda com pesar ou ansiedade opressivos, você provavelmente achará útil buscar ajuda profissional.

Contando suas bênçãos: Um antídoto para ansiedade

Escrever a respeito de sentimentos angustiantes é um grande começo. Contudo, se você quer mais retorno para seu investimento, dedique alguns minutos extras e escreva a respeito daquilo pelo que você se sente grato a cada dia. Por quê? Porque emoções positivas ajudam a contrabalançar as negativas. Escrever sobre sua boa sorte e bênçãos melhora o humor, aumenta o otimismo e pode beneficiar sua saúde.

À primeira vista, você pode achar que tem muito pouco pelo que ficar grato. A ansiedade pode facilmente obscurecer sua visão. Sua mãe alguma vez já mandou que você limpasse seu prato por causa das "crianças famintas na África"? Por mais que pensemos que forçar as crianças a comer seja uma má ideia, o ponto de vista de considerar aqueles menos afortunados tem valor. Tire um tempo para ponderar sobre pessoas e acontecimentos positivos em sua vida.

- **Gentilezas:** Pense sobre aqueles que foram gentis com você.
- **Educação:** Obviamente, você sabe ler; isso é uma bênção comparada com os milhões em todo o mundo sem chance de ter uma educação.
- **Alimentação:** Você provavelmente não está passando fome, enquanto (como sua mãe deve ter notado) milhões estão.
- **Lar:** Você vive em uma caixa de papelão ou tem um teto sobre sua cabeça?
- **Prazer:** Você pode cheirar as flores, ouvir os pássaros cantar ou tocar o pelo macio de um animal de estimação?

Sobram fontes de possíveis agradecimentos — liberdade, saúde, companheirismo e assim por diante. Todo mundo tem uma lista diferente.

O cérebro tende a focar no que está errado ou é ameaçador em nossas vidas. Notar e ativamente valorizar o que está certo ajuda a contrabalançar essa tendência e fará com que você se sinta melhor.

Conseguindo Ajuda dos Outros

Se seus problemas com ansiedade estão interferindo em sua vida de forma significativa, você provavelmente deverá trabalhar com um profissional de saúde mental além de ler este livro. Nas seções seguintes, lhe dizemos que tipo de tratamento deve buscar e lhe damos um conjunto de perguntas que pode fazer a um terapeuta em potencial antes de começar o tratamento.

Buscando as terapias certas

Profissionais de saúde mental oferecem uma ampla variedade de tratamentos. Nós estudamos exaustivamente as pesquisas a respeito do que funciona nos casos de transtorno de ansiedade para que você não tenha que fazê-lo. Os estudos mostram, *consistentemente*, que dois tratamentos se destacam como os mais eficazes para esse tipo de problema — terapia cognitiva e terapia comportamental, assim como uma combinação das duas (conhecida como *terapia cognitivo-comportamental* ou *TCC*):

- **A terapia cognitiva** foca em lhe ensinar novas maneiras de *pensar*. As pessoas com ansiedade muitas vezes possuem distorções na maneira como percebem acontecimentos e essa abordagem ajuda a corrigir tais distorções. Por exemplo, uma cliente ansiosa pode estar superestimando os riscos envolvidos em voar. Uma abordagem cognitiva a ajudaria a descobrir que os riscos são pequenos o suficiente para animá-la a enfrentar seu medo. Veja os Capítulos 5, 6 e 7 para uma completa discussão sobre como a terapia cognitiva pode ser aplicada a seus problemas com ansiedade.

- **A terapia comportamental** opera sobre a premissa de que mudar a maneira como você *age* ou *se comporta* muda o modo como se sente a respeito das coisas que acontecem em sua vida. Usando o exemplo anterior da mulher com medo de voar, um terapeuta comportamental provavelmente a ajudaria a passar por uma série de passos relacionados a voos, tais como ver filmes sobre viagens de avião, ir ao aeroporto e, por fim, reservar passagem e pegar um avião. O Capítulo 8 examina como fazer com que os princípios da terapia comportamental se relacionem com sua ansiedade.

Outras terapias funcionam para outros tipos de problemas e algumas também funcionam para ansiedade. Mas nada se mostrou capaz de superar a terapia cognitiva, a comportamental ou a combinação delas (TCC) nos casos de transtornos de ansiedade.

Remédios também têm seu papel no tratamento de alguns transtornos de ansiedade. Contudo, nós normalmente não recomendamos que você os use como sua única estratégia. Veja o Capítulo 9 para uma discussão sobre as vantagens e desvantagens da medicação para ansiedade.

Buscando o terapeuta certo

Além de saber a terapia certa, você precisa saber por quem procurar. Comece certificando-se de que o terapeuta que você busca possui licença para oferecer serviços de saúde mental, seja como conselheiro, psiquiatra, enfermeiro psiquiátrico, psicólogo ou assistente social. Fontes para encontrar um desses profissionais licenciados incluem associações profissionais locais (como aquelas estaduais de psicologia, associações estaduais de conselheiros e assim por diante), seu clínico geral, seu plano de saúde ou amigos de confiança e familiares que possam recomendar alguém.

Depois de encontrar alguém que pareça se ajustar ao que você procura, certifique-se de fazer as seguintes perguntas:

- ✔ Quanto você cobra pelos serviços, será que meu plano de saúde cobre esse valor?
- ✔ Quais são seus horários?
- ✔ A partir de quando você pode me atender?
- ✔ Qual sua experiência no tratamento de transtornos de ansiedade?
- ✔ Você usa uma abordagem cognitiva ou comportamental no tratamento da ansiedade?
- ✔ Você está disposto a trabalhar em conjunto com meu médico?

Você deve se sentir à vontade ao falar com seu terapeuta. Depois de algumas sessões, você deve achar que foi ouvido e compreendido e que seu terapeuta tem uma empatia e preocupação legítimas com seu bem-estar. Não hesite em perguntar sobre a natureza de seu plano de tratamento — ele deve fazer sentido para você. A maioria dos terapeutas leva algumas semanas o conhecendo antes de formular um plano completo. Se você se sentir desconfortável por qualquer razão, procure uma segunda opinião de outro terapeuta. As pesquisas mostram que a maneira como você se sente a respeito da relação com seu terapeuta faz uma grande diferença no resultado da terapia.

Parte II
Combatendo a Ansiedade

A 5ª Onda
Por Rich Tennant

"Bom, papai, se você está se sentindo deprimido, por que não assiste um pouco de TV? Vamos ver, tem 'Assassinos Silenciosos', 'Quando os Filhotes Atacam' e 'Guerra dos Mundos'."

Nesta parte...

Discutimos uma das terapias mais eficazes para a ansiedade e lhe mostramos os métodos para controlar pensamentos que a provocam, junto com formas de transformar pensamentos ansiosos em pensamentos mais calmos. Em seguida, você vê como as palavras que usa para pensar sobre si mesmo e sobre o mundo podem intensificar a ansiedade. A boa notícia é que você pode substituir suas palavras de preocupação por uma linguagem mais razoável. Ao fazê-lo, sua ansiedade diminui.

Em seguida, descrevemos as suposições inquietantes que fundamentam muitos pensamentos ansiosos. Você descobre quais aquelas que o perturbam e como pode fazer algo a respeito delas. Também mostramos como lutar contra a ansiedade mudando seu comportamento. Essa parte termina com uma análise das estratégias médicas e biológicas para o tratamento da ansiedade.

Capítulo 5

Tornando-se um Detetive do Pensamento

Neste Capítulo
▶ Entendendo a conexão pensamento/sentimento
▶ Monitorando seus pensamentos ansiosos
▶ Repensando pensamentos ansiosos
▶ Criando pensamentos agradáveis

*O*s pensamentos influenciam suas emoções, de forma poderosa, ao mesmo tempo em que estas também influenciam seus pensamentos. A fim de combater a ansiedade, você precisa estar ciente tanto de seus pensamentos quanto de seus sentimentos.

A seguinte história real e de nossas vidas ilustra quão profundamente os pensamentos influenciam a maneira como as pessoas se sentem.

> Algum tempo atrás, fizemos um cruzeiro para recompensar-nos por ter completado um projeto importante. Uma noite, nos sentamos nas cadeiras no deque para desfrutar de um pôr do sol fabuloso: brilhantes nuvens, vermelho e laranja se fundiam no profundo mar azul. O vento aumentou muito levemente e o navio balançou suavemente. Sentamo-nos relaxados, calmamente apreciando a vista e o movimento que lembrava o de um berço. Refletimos que, durante nossa vida, raramente tínhamos nos sentido tão em paz.
>
> O anúncio do tempo feito pelo capitão interrompeu nosso tranquilo estado de espírito. Desculpando-se pelo inconveniente, ele nos informou que, por causa de um furacão, teria que seguir um caminho ligeiramente diferente e poderíamos sentir o mar agitado. Ainda assim, ele nos assegurou que a tempestade não apresentava nenhuma ameaça.
>
> A brisa de repente ficou fria e as nuvens que até então eram espetaculares pareciam ameaçadoras. O suave ondular que havia nos relaxado agora gerou nervosismo. No entanto, nada a respeito do céu ou do mar mudou em relação aos momentos anteriores.

Nossos pensamentos nos arremessaram de um relaxamento feliz para uma ansiedade crescente. Apertamos nossos casacos e comentamos que o tempo parecia horrível e talvez fosse melhor entrar de volta.

Não há dúvida de que nossos pensamentos ou a forma como interpretamos o tempo afetaram muito a maneira como nos sentimos. Um estado de êxtase relaxado se transformou em ansiedade nervosa, embora o clima propriamente dito não tivesse mudado.

Neste capítulo, vamos mostrar como se tornar consciente de seus sentimentos e pensamentos, bem como dos acontecimentos que os conectam. O objetivo é se tornar um detetive do pensamento, capaz de desvendar aqueles que contribuem para a ansiedade. Mostramos-lhe como recolher provas e levar seus pensamentos a julgamento e o ajudamos a perceber aqueles que facilmente desencadeiam sua ansiedade. Também lhe damos técnicas comprovadas para transformar seus pensamentos ansiosos em calmos.

Distinguindo Pensamentos de Sentimentos

Os psicólogos sempre indagam seus clientes para descobrir como se sentem a respeito de acontecimentos recentes em suas vidas. Frequentemente, os clientes respondem com o que eles *pensam* sobre os acontecimentos em vez de como se *sentem*. Outros sabem como se sentem, mas ficam estupefatos quando chegam ao que estão pensando. Na próxima seção, discutimos por que as pessoas muitas vezes acabam perdendo o contato com seus sentimentos, pensamentos ou ambos. Em seguida, discutiremos como ajustar seus pensamentos e sentimentos.

Bloqueando a tristeza

Muitas vezes, as pessoas têm dificuldade para identificar e rotular seus sentimentos e emoções, especialmente os negativos. Na verdade, isso faz sentido por duas razões.

Primeiro, as emoções normalmente machucam. Ninguém quer sentir tristeza, dor, ansiedade ou medo profundo. Uma solução simples é *evitar* os sentimentos por completo e muitas maneiras criativas de evitar a emoção estão disponíveis. Infelizmente, a maioria desses métodos pode ser destrutiva:

O preço de se ignorar seus sentimentos

Em *E O Vento Levou*, Scarlet O'Hara diz repetidas vezes: "Pensarei nisso amanhã. Afinal de contas, amanhã será outro dia". Que solução fácil e agradável para tempos difíceis — tirar o problema do caminho. Mas estamos descobrindo mais sobre os custos de evitar e reprimir as emoções.

De acordo com pesquisadores da Universidade Adelphi e da Universidade de Michigan, as pessoas que se declaram mentalmente saudáveis ao longo dos anos, contrariando outras evidências que mostram não são, têm batimentos cardíacos e pressão arterial mais altos em resposta ao estresse do que pessoas que admitem suas dificuldades emocionais ou aquelas que verdadeiramente não têm problemas no momento. Estudos também mostram que quando as pessoas escrevem diariamente sobre suas emoções, seu sistema imunológico melhora. Incrível.

- **Vício de trabalhar:** Algumas pessoas trabalham o tempo todo para não pensar sobre o que as perturbam.
- **Alcoolismo e abuso de drogas:** Quando as pessoas se sentem mal, entorpecer suas emoções com drogas e álcool oferece um auxílio emocional temporário e artificial; é claro que, fazê-lo de maneira habitual pode levar à dependência, problemas de saúde e, às vezes, até mesmo à morte.
- **Negação e repressão:** Uma estratégia para não sentir é se enganar, fingindo que nada está errado. Pensa-se muitas vezes que a negação é um processo consciente enquanto a repressão é feita fora da consciência das pessoas, mas o resultado é praticamente o mesmo.
- **Busca de sensações:** Atividades de alto risco, como promiscuidade sexual e jogo compulsivo, podem afastar a angústia por um tempo.
- **Distração:** Atividades esportivas, entretenimento, hobbies, televisão, navegar na Internet e muitas outras podem encobrir sentimentos ruins. Ao contrário das estratégias anteriores, a distração pode ser uma coisa boa. É somente quando é usada em excesso, para encobrir e evitar os sentimentos, é que ela se torna problemática.

A segunda razão pela qual identificar, expressar e rotular os sentimentos seja uma dificuldade tão grande para as pessoas é porque elas são ensinadas desde cedo que "não devem" ter determinados sentimentos. Pais, professores, amigos e parentes bombardeiam as crianças com mensagens "não sinta". Veja os seguintes exemplos de mensagens "não sinta" que você provavelmente já ouviu antes:

- Meninos grandes não choram, não seja um bebê!
- Você não deveria se sentir assim!
- Supere isso!
- Não deve doer tanto assim.
- Não seja um ratinho assustado.
- Pare de chorar ou vou te dar um motivo para isso!

Não é de se espantar que tantas pessoas sejam descritas como "tendo perdido o contato com seus sentimentos". O problema com a tendência habitual de evitar os sentimentos é que você não descobre como lidar com o problema subjacente nem como resolvê-lo. A evitação crônica cria um certo tipo de baixo nível de estresse que se acumula ao longo do tempo.

Entrando em contato com seus sentimentos

Perceber suas emoções pode ajudá-lo a obter conhecimento e a descobrir como lidar com elas de forma mais eficaz. Se não sabe quais são seus sentimentos, quando acontecem e o que os provoca, você não pode fazer muito para mudá-los.

Para ilustrar os problemas com a identificação de sentimentos, nos concentramos no Dr. Guedes e seu paciente, Marcelo, que está tendo dificuldades em seu casamento.

Dr. Guedes: Como se sentiu quando sua esposa disse que você era irresponsável?

Marcelo: Eu acho que ela estava completamente errada.

Dr. Guedes: Sei. Mas como você se *sentiu* sobre o que ela disse?

Marcelo: Ela é no mínimo tão irresponsável quanto eu.

Dr. Guedes: Acho que isso é possível. Mas, novamente, quais foram seus *sentimentos*, sua reação emocional ao que ela disse? Você ficou ansioso, até mesmo com raiva ou chateado?

Marcelo: Bem, não pude acreditar que ela poderia me acusar daquilo.

Dr. Guedes: Será que deveríamos tirar um momento para ajudá-lo a entrar em contato com seus sentimentos?

Talvez Marcelo esteja extremamente ansioso e preocupado de sua mulher deixá-lo, ou ele pode estar zangado com ela. Pode ser que sua crítica pungente o tenha machucado. Seja qual for o sentimento, tanto Marcelo quanto Dr. Guedes poderiam descobrir muita coisa ao saber qual emoção acompanha seu aborrecimento.

Capítulo 5: Tornando-se um Detetive do Pensamento

Esse exemplo mostra que as pessoas nem sempre sabem como descrever o que estão sentindo. Se isso acontece com você, tudo bem. Percebemos que algumas pessoas estão cientes de seus sentimentos e sabem muito bem quando estão sentindo um mínimo que seja de ansiedade ou preocupação. Se você é uma dessas pessoas, sinta-se livre para ignorar ou apenas ler rapidamente o resto desta seção.

Se precisa se tornar mais consciente de seus sentimentos, você pode começar imediatamente. Tire um momento agora para avaliar seu humor. Em primeiro lugar, observe sua respiração. É rápida e superficial ou lenta e profunda? Verifique sua postura. Você está relaxado ou há alguma parte de seu corpo em uma posição desconfortável. Observe todas as sensações físicas. Conscientize-se de sensações de tensão, inquietação, aperto, tonturas ou peso. Não importa o que você encontre, apenas repouse com as sensações por um tempo. Então se pergunte qual *sentimento* capta a essência dessas sensações. Claro que, neste momento, você pode não ter nenhum sentimento forte. Se assim for, sua respiração está ritmada e sua postura relaxada. Mesmo que seja esse o caso, perceba como é a sensação de estar calmo. Em outras ocasiões, observe suas sensações mais fortes.

Palavras de sentimentos descrevem sua reação física e mental aos eventos.

O vocabulário a seguir descreve sentimentos de ansiedade. A próxima vez que você não conseguir encontrar as palavras certas para descrever como se sente, uma dessas poderá ajudá-lo a começar.

Amedrontado	Perturbado
Agitado	Horrorizado
Ansioso	Assustado
Apreensivo	Aterrorizado
Inseguro	Autoconsciente
Intimidado	Instável
Irrequieto	Tenso
Nervoso	Apavorado
Obcecado	Tímido
Desorientado	Desconfortável
Em pânico	Incomodado
Atemorizado	Preocupado

Temos certeza de que deixamos passar algumas dezenas de possibilidades na lista de palavras acima e talvez você tenha um jeito próprio para descrever sua ansiedade. Ótimo. O que nós o encorajamos a fazer é começar a prestar atenção a seus sentimentos e sensações corporais. Pode ser que você queira dar uma olhada nessa lista várias vezes e se perguntar se sentiu alguma dessas emoções recentemente. Tente não julgar seus sentimentos, eles podem estar tentando lhe dizer algo.

Sentimentos ruins apenas causam problemas quando você se sente repetidamente mal, de forma crônica, na ausência de uma ameaça clara. A ansiedade e o medo também têm uma função positiva: eles alertam seu corpo e sua mente para o perigo e o preparam para reagir (veja o Capítulo 3 para mais informações sobre o conceito de luta ou fuga). Por exemplo, se o King Kong bate à sua porta, a adrenalina inunda seu corpo e o mobiliza para lutar ou correr, como se sua vida dependesse disso, porque ela, de fato, depende! Isso é bom para situações como essa. Mas se você se sente como se o King Kong estivesse batendo regularmente à sua porta e ele não está nem pela vizinhança, seus sentimentos de ansiedade lhe causam mais mal do que bem.

Esteja o King Kong batendo ou não à sua porta, identificar sentimentos de ansiedade, medo ou preocupação pode ajudá-lo a lidar com eles de maneira muito mais eficaz do que evitá-los. Quando sabe o que está acontecendo, você pode se concentrar no que fazer a respeito de seu contratempo com mais facilidade do que quando não sabe de nada.

Entrando em contato com seus pensamentos

Assim como algumas pessoas não sabem bem o que estão sentindo, outras têm dificuldade de saber o que estão pensando quando estão ansiosas, preocupadas ou estressadas. Como os pensamentos têm uma poderosa influência sobre os sentimentos, os psicólogos gostam de perguntar a seus clientes o que eles estavam pensando quando começaram a se sentir chateados. Às vezes, os clientes descrevem sentimentos em vez de pensamentos. Por exemplo, Dr. Borges teve o seguinte diálogo com Susana, uma cliente com ansiedade severa:

Dr. Borges: Quando seu supervisor a repreendeu, você disse que se sentiu em pânico. Que pensamentos passaram por sua mente?

Susana: Bem, eu me senti péssima. Não conseguia suportar.

Dr. Borges: Eu sei, deve ter sido realmente horrível. Mas estou curioso sobre que pensamentos passaram por sua cabeça. O que você disse para si mesma sobre os comentários de seu supervisor?

Susana: Senti meu coração batendo forte em meu peito. Acho que, na verdade, não tive realmente nenhum pensamento.

Dr. Borges: Isso é possível. Às vezes, nossos pensamentos nos escapam por um momento. Mas eu me pergunto se você pensar nisso agora, o que esses comentários significaram para você? O que você acha que aconteceria?

Susana: Estou tremendo agora, só de pensar nisso.

Capítulo 5: Tornando-se um Detetive do Pensamento

Assim como ilustramos neste exemplo, as pessoas nem sempre sabem o que está acontecendo em suas cabeças quando se sentem ansiosas. Às vezes, você pode não ter pensamentos claros e identificáveis quando se sente preocupado ou estressado. Isso é perfeitamente normal.

O desafio é descobrir o que o evento estressante *significa* para você. Isso vai lhe dizer quais são seus pensamentos. Considere o exemplo anterior. Susana pode ter se sentido em pânico porque temia perder seu emprego, ela também pode ter pensado que a crítica do supervisor significou que ela era incompetente. A reprimenda do chefe também pode ter provocado lembranças de seu pai abusivo. Saber que pensamentos estão por trás dos sentimentos pode ajudar tanto o Dr. Borges quanto Susana a planejar o próximo passo.

Tocando em seus gatilhos

Você nem sempre consegue saber o que está acontecendo em sua mente quando se sente ansioso. Para descobrir, precisa primeiro identificar a *situação* que precedeu seu aborrecimento. Concentre-se no que tinha acabado de acontecer momentos antes de seus sentimentos incômodos. Talvez você tenha:

- Aberto sua correspondência e descoberto que o saldo de seu cartão de crédito estava altíssimo
- Ouvido alguém dizer algo que o incomodou
- Lido o boletim escolar e constatado o desempenho ruim de seu filho
- Ficado pensando por que seu parceiro chegou em casa tão tarde
- Subido na balança e visto um número do qual você não gostou
- Percebido que estava com o peito apertado e que seu coração estava disparado sem nenhum motivo aparente

Por outro lado, às vezes um acontecimento desencadeador de ansiedade pode nem ter acontecido ainda. Você pode estar à toa e *pá* – uma avalanche de ansiedade o atropela. Outras pessoas acordam às 4h da manhã com preocupações marchando em suas mentes. Qual é o gatilho, então? Bem, pode ser uma imagem ou um medo de todos os tipos de eventos futuros. Veja os seguintes exemplos de pensamentos e imagens desencadeadores de ansiedade:

- Eu nunca vou ter dinheiro suficiente para a aposentadoria.
- Será que eu desliguei o fogão antes de sair da casa?
- Nós nunca vamos terminar de escrever esse livro a tempo!
- Ninguém vai gostar do meu discurso amanhã.
- E se eu for demitido na semana que vem?
- E se o meu parceiro me deixar?

Quando você ficar chateado ou ansioso, tire um momento para refletir. Pergunte-se o que acabou de ocorrer ou que pensamentos ou imagens atravessaram sua mente antes de você perceber a ansiedade. Bingo! Você verá o que terá desencadeado seus sentimentos. Depois de ver como capturar seus pensamentos ansiosos, na próxima seção, vamos mostrar-lhe como juntar os pensamentos e os sentimentos.

Capturando seus pensamentos ansiosos

Se conhece seus sentimentos e os gatilhos para eles, você está pronto para se tornar um detetive do pensamento. As emoções são poderosamente influenciadas pelos pensamentos. Um acontecimento pode servir como gatilho, mas não é ele que o leva diretamente à sua ansiedade. Isso decorre do *significado* que o evento tem para você, que é refletido por seus pensamentos.

Por exemplo, suponha que sua esposa esteja 45 minutos atrasada para chegar em casa do trabalho. Você pode ter pensamentos *ansiosos:*

- Talvez ela tenha sofrido um acidente.
- Ela provavelmente está tendo um caso.

Você pode ter pensamentos diferentes que não causem tanta ansiedade:

- Adoro passar tempo só com as crianças.
- Gosto de ter um tempo sozinho para trabalhar em projetos da casa.
- O tráfego deve estar muito ruim hoje à noite.

Alguns pensamentos criam ansiedade; outros fazem você se sentir bem; outros, ainda, não estimulam muito sentimento. É importante capturar seus pensamentos e ver como eles desencadeiam ansiedade e se conectam a seus sentimentos. Se você não tem certeza de quais pensamentos estão em sua cabeça quando está ansioso, você pode fazer algo para encontrá-los.

Primeiro, concentre-se no gatilho da ansiedade — o evento ou a imagem que parecia dar início às coisas. Pense nisso por um momento, não se apresse. Então faça a si mesmo algumas perguntas sobre o gatilho. A lista a seguir, do que chamamos de *perguntas prestando-atenção-à-sua-mente*, pode ajudá-lo a identificar seus pensamentos ou o significado que o evento tem para você:

- Especificamente, o que acho desagradável a respeito desse evento?
- O que poderia acontecer de pior?
- Como esse evento pode afetar minha vida?
- Como isso pode afetar a maneira com que os outros me veem?
- Isso me faz lembrar de algo de meu passado que me incomodou?
- O que meus pais diriam sobre esse evento?
- Como isso poderia afetar a maneira com que me vejo?

A história de André ilustra como as perguntas sobre um evento desencadeador pode ajudar a esclarecer a natureza de como os pensamentos influenciam os sentimentos.

> **André** ama seu trabalho. Ele gerencia sistemas computacionais e faz o design de páginas da Web para pequenas empresas em sua comunidade. André acredita em proatividade e costuma visitar seus clientes só para ver se as coisas estão correndo sem problemas. Uma sexta-feira, André para em um dos escritórios de advocacia para o qual está trabalhando e vê três carros de polícia estacionados na porta da frente. Seu coração dispara e ele transpira de forma abundante pela simples visão da polícia. Ele sente medo, mas não sabe ao certo o que está pensando.

A fim de captar o que está acontecendo em sua cabeça, ele responde a algumas das perguntas prestando-atenção-à-sua-mente:

> ✔ **Especificamente, o que acho desagradável a respeito desse evento?**
>
> Algo violento pode estar acontecendo; sempre tive medo da violência.
>
> ✔ **Como esse evento pode afetar minha vida?**
>
> Eu poderia ser morto.
>
> ✔ **Como isso pode afetar a maneira com que os outros me veem?**
>
> As outras pessoas vão pensar que sou um covarde bobo.
>
> ✔ **Como isso poderia afetar a maneira com que me vejo?**
>
> Tal como o covarde que eu sempre achei que fosse.

André apenas viu três carros de polícia na frente de um escritório de advocacia. Você consegue ver aonde a mente dele levou esse evento? Embora ocorra violência no local de trabalho, esse evento permite que se tenha muitas outras interpretações que, na verdade, são as mais prováveis. No entanto, André precisa saber quais pensamentos passam por sua cabeça, quando se sente ansioso, bem como se será capaz de mudar a forma como responde a eventos como esses.

Quando você trabalhar com as perguntas prestando-atenção-à-sua-mente, use sua imaginação. Faça um brainstorm e não se apresse. Apesar de o exemplo de André não responder a todas as perguntas, você pode achar útil respondê-las.

Rastreando Seus Pensamentos, Gatilhos e Sentimentos

Monitorar seus pensamentos, sentimentos e tudo aquilo que desencadeia sua ansiedade prepara o caminho para a mudança. Essa estratégia simples o ajuda a focar em seu padrão pessoal de estresse e preocupação. O próprio ato de prestar atenção traz à luz seu processo de pensamento. Esse esclarecimento o leva a obter uma nova perspectiva.

Tente usar um gráfico de terapia do pensamento como o da Tabela 5-1 para conectar seus pensamentos, sentimentos e gatilhos de ansiedade. Quando você monitorar os gatilhos, inclua o dia, hora, local, pessoas envolvidas e o que estava acontecendo. Quando você registrar seus pensamentos ansiosos, use as perguntas prestando-atenção-à-sua-mente na seção "Capturando seus pensamentos ansiosos", anteriormente, neste capítulo. Por fim, anote seus sentimentos ansiosos e sensações físicas e classifique a severidade desses sentimentos. Use l para representar ansiedade quase nula e 100 para indicar a ansiedade mais grave que se possa imaginar (mais ou menos como você se sentiria se 100 cascavéis de repente aparecessem serpenteando em seu quarto!).

Para mostrar como usar o gráfico, nós o preenchemos com as anotações que André fez, por alguns dias, após o início da terapia para sua ansiedade decorrente da violência.

Tabela 5-1	Gráfico de Terapia do Pensamento		
Gatilhos de Ansiedade	*Pensamentos Ansiosos*	*Sentimentos e Sensações*	*Classificação*
Terça-feira pela manhã, no caminho para o trabalho, ouvi uma sirene de polícia ao longe.	Fiquei preocupado que uma perseguição perigosa estivesse acontecendo atrás de mim.	Ansioso, com medo, coração disparado	75
No trabalho, na quarta-feira, ouvi um estampido agudo.	Sobressaltei-me e pensei que uma arma tivesse sido disparada ou que algo horrivelmente destrutivo tivesse acontecido.	Nervoso e assustado	70
Tive que atravessar um estacionamento escuro na sexta-feira à noite.	Imaginei que seria assaltado por alguém que surgiria detrás de quase todos os carros pelos quais eu passava.	Tenso, respiração rápida	65

Você pode usar essa simples técnica para monitorar seus sentimentos, pensamentos e gatilhos ansiosos. Basta desenhar seu próprio gráfico de terapia do pensamento usando os títulos da Tabela 5-1. Registre e procure os padrões. Às vezes, apenas o fato de tornar-se consciente de seus sentimentos, pensamentos e gatilhos pode reduzir sua ansiedade.

Capítulo 5: Tornando-se um Detetive do Pensamento

Se registrar seus pensamentos, sentimentos e gatilhos o deixa mais ansioso, tudo bem, é comum. Muitas outras técnicas deste livro devem ajudar, principalmente aquelas para desafiar seus pensamentos, neste capítulo. Mas se as técnicas deste livro não o ajudarem, considere a possibilidade de procurar ajuda profissional.

Embora o monitoramento possa produzir informações úteis que reduzam um pouco sua ansiedade, você, como a maioria das pessoas, pode precisar de um pouco mais de ajuda. A próxima seção mostra como atacar seus pensamentos ansiosos e torná-los controláveis.

Lidando com Seus Pensamentos: Terapia do Pensamento

Quando você tiver captado no papel o modo como são seus pensamentos ansiosos, você estará pronto para as próximas etapas. Na verdade, temos três estratégias simples para atacar seus pensamentos ansiosos:

- **Recorrer ao tribunal do pensamento:** Leve seus pensamentos para o tribunal e analise as provas.
- **Repensar o risco:** Recalcule a probabilidade de seus pensamentos ansiosos tornarem-se realidade — a maioria das pessoas superestima as probabilidades.
- **Imaginar o pior dos casos:** Reexamine sua capacidade de lidar — se, de fato, o pior realmente acontecer. A maioria das pessoas subestima seus recursos de enfrentamento.

Rastrear os pensamentos e eventos ansiosos é um passo importante na detenção da ansiedade. Mas a terapia do pensamento leva esses pensamentos para a prisão, autua-os, leva-os a julgamento e joga-os na cadeia. Nós mostramos como fazer isso nas seções seguintes.

Examinando as provas: O tribunal do pensamento

Os pensamentos que o levam a seus sentimentos de ansiedade provavelmente existem há muito tempo. A maioria das pessoas considera seus pensamentos como verdadeiros. Elas não os questionam. Você pode se surpreender ao descobrir que muitos de seus pensamentos não se sustentam sob escrutínio. Se reunir e examinar as evidências cuidadosamente, você poderá descobrir que seus pensamentos repousam sobre uma base de areia.

Tenha em mente que recolher provas quando você está se sentindo realmente ansioso nem sempre é fácil de fazer. Nesses momentos, é difícil considerar que seus pensamentos podem ser imprecisos. Quando esse for o caso, será melhor esperar até que você se acalme antes de procurar pelas provas. Em outros momentos, você poderá ser capaz de encontrar evidências de imediato se sua ansiedade não estiver muito fora de controle.

Para avaliar a validade de seus pensamentos, você deve primeiro anotar um pensamento desencadeador de ansiedade, que você tira do gráfico de terapia do pensamento cuja criação foi descrita na seção anterior "Rastreando Seus Pensamentos, Gatilhos e Sentimentos". Em seguida, deve recolher provas que embasem a probabilidade de seu pensamento ser verdadeiro ou que contestem essa possibilidade. Use as seguintes perguntas para chegar a provas contestadoras:

- ✔ Já tive pensamentos como esses em outras ocasiões? Minhas terríveis previsões se tornaram realidade?
- ✔ Tenho experiências que poderiam contradizer meus pensamentos de alguma forma?
- ✔ Essa situação é realmente tão horrível como estou fazendo parecer?
- ✔ Quanta preocupação terei com essa questão daqui a um ano?
- ✔ Penso que isso vai acontecer só porque estou me sentindo ansioso e preocupado? Estou baseando minha conclusão principalmente em meus sentimentos ou em alguma prova verdadeira?
- ✔ Estou supondo algo sem qualquer evidência sólida para meu pensamento negativo?

Os sentimentos são sempre válidos para representar seu estado de espírito, mas não evidenciam pensamentos ansiosos. Por exemplo, se você se sentir extremamente ansioso ao fazer uma prova, não é a ansiedade que indica como você vai se sair nela.

Essas perguntas para reunir evidências podem ajudá-lo a descobrir provas contra seus pensamentos ansiosos ou aflitivos, porque uma mente ansiosa já conhece aquilo que embasa pensamentos ansiosos.

Para ver como isso funciona, dê uma olhada nas anotações de André na Tabela 5-2. Ele estava com medo de alguém machucá-lo e tirou conclusões precipitadas sem ter provas para embasá-las. Primeiro, preencheu as provas que sustentavam seu pensamento ansioso, coisa que achou fácil de fazer. Em seguida, usou as perguntas para reunir evidências nesta seção para listar as provas contra seus pensamentos ansiosos na segunda coluna da tabela.

Tabela 5-2	Examinando as Evidências
Pensamento Ansioso: Acho que provavelmente serei assaltado aqui.	
Evidências Embasando Meus Pensamentos Ansiosos	*Evidências Contra Meus Pensamentos Ansiosos*
As pessoas de fato são assaltadas, todos os dias!	Tenho esse pensamento o tempo todo e nunca se tornou verdade. É possível, mas não provável.

Capítulo 5: Tornando-se um Detetive do Pensamento

Pensamento Ansioso: Acho que provavelmente serei assaltado aqui.	
Evidências Embasando Meus Pensamentos Ansiosos	**Evidências Contra Meus Pensamentos Ansiosos**
Está escuro aqui.	Já andei no escuro centenas de vezes sem ser assaltado.
Meus pais sempre me alertaram sobre os perigos do mundo.	Não tenho prova real de que esse estacionamento seja perigoso; afinal de contas, é um bairro bom!
Sinto-me frágil e vulnerável.	Só o fato de eu sentir algo não o torna real.

Depois de completar a tarefa, André faz um novo julgamento sobre seu pensamento ansioso. Ele percebe que a prova que o embasa não resiste a um exame minucioso e entende que seus medos excedem os riscos reais envolvidos. Decide tomar aulas de autodefesa apenas para relaxar de seu constante estado de alerta (o que os psiquiatras chamam de *hipervigilância*).

Pense em preencher seu próprio gráfico para que possa examinar as evidências cuidadosamente. Utilize os mesmos cabeçalhos das colunas e formato mostrados na Tabela 5-2. Seja criativo e sugira quantas provas você puder, a favor e contra seus pensamentos ansiosos.

Se você precisar de ajuda para gerar ideias, não se esqueça de usar as perguntas listadas anteriormente nesta seção para reunir evidências.

Decida se você realmente acha que seus pensamentos ansiosos são consistentes. Se não forem, é melhor começar a levá-los menos a sério e sua ansiedade poderá cair alguns pontos.

Ainda que listar seus pensamentos ansiosos e examinar as evidências apenas uma vez possam ser úteis, a prática amplia o efeito. É preciso ter prática para dominar qualquer nova habilidade. Quanto mais tempo você passar fazendo isso e quanto mais vezes você listar seus pensamentos ansiosos em relação à prova real, maior será o benefício obtido. Muitos de nossos clientes acham que fazer esses gráficos regularmente, durante três ou quatro meses, alivia uma quantidade considerável de seus sentimentos negativos.

Repensando o risco

Outra forma importante de desafiar seus pensamentos ansiosos é observar como você avalia a probabilidade de um evento vir a ocorrer. Quando se sente ansioso, como muitas pessoas, você pode *superestimar a probabilidade* de eventos indesejáveis acontecerem de verdade. É fácil de se fazer. Por exemplo, quando foi a última vez que você ouviu um boletim de notícias relatando que ninguém tinha sido mordido por uma cobra naquele dia ou que meio milhão de aeronaves decolou e pousou, e nenhuma delas caiu? Não é de se espantar que as pessoas superestimem os desastres. Como as catástrofes chamam nossa atenção, nos focamos em acontecimentos dramáticos e não nos rotineiros. É por isso que é útil pensar sobre as probabilidades reais e objetivas de sua catástrofe vir a ocorrer.

Pensamentos são apenas pensamentos; submeta-os a um teste de realidade.

Quando você se perceber fazendo previsões negativas sobre o futuro — tais como a festa na qual você não vai se divertir, suas chances de não passar em uma prova ou a probabilidade de que vai acabar na ruína financeira — faça a si mesmo as seguintes perguntas de reavaliação de risco:

- Quantas vezes eu previ esse resultado e quantas vezes ele realmente ocorreu?
- Qual a frequência com que isso acontece com as pessoas que conheço?
- Se alguém que conheço fizesse essa previsão, eu concordaria?
- Estou supondo que isso vai acontecer só porque tenho medo de que aconteça ou há uma chance razoável de que isso realmente acontecerá?
- Será que as pessoas me pagam para prever o futuro?
- Tenho alguma experiência de meu passado que sugeriria que meu prognóstico sombrio é improvável de acontecer?

Além de fazer essas perguntas, procure, sempre que possível, pelas evidências estatísticas no que se refere a seus medos. Claro, nem sempre você conseguirá encontrar estatísticas que o ajudem. No entanto, as respostas às perguntas anteriores irão ajudá-lo a reavaliar o risco real e a parar de fazer previsões catastróficas sobre o futuro de modo habitual.

Quais são as chances?

Em um dia qualquer, as chances de ser atingido por um raio é de 1 em 250 milhões e as de ser morto de alguma outra maneira ao longo de sua vida são as seguintes:

- Por um cão: Cerca de 1 em 700.000
- Por uma cobra, lagarto ou aranha venenosa: Cerca de l em 700.000
- No transporte aéreo ou espacial: Cerca de 1 em 5.000
- Por uma arma de fogo: Cerca de 1 em 202
- Em um acidente de carro: Cerca de 1 em 81

Observe como as possibilidades reais não correspondem muito bem ao que as pessoas mais temem. Muitas delas têm medo de tempestades, cobras, aranhas e voar em aviões mais do que dirigir um carro ou ser morta por uma arma de fogo. Não faz muito sentido, não é? Por fim, devemos observar que suas chances individuais podem variar. Se ficar, regularmente, ao relento durante as tempestades, segurando seus tacos de golfe no ar, suas chances de ser atingido por um raio são um pouco mais altas que a média.

A história a seguir mostra como Denis superestima a probabilidade de um resultado horrível.

> **Denis** pega, de forma rude, a frigideira de sua esposa, Linda, e se dirige a ela rispidamente: "Eu termino de dourar a carne. Vá em frente e ponha a mesa". Seu comportamento rude fere os sentimentos de Linda, mas ela sabe quão ansioso ele fica quando recebe visitas para o jantar. Denis agarra firmemente a frigideira sobre o fogão, checando a cor da carne com cuidado. Ele se sente irritado e ansioso, "sabendo" que o jantar vai dar errado. Pensa que a carne está muito dura e que os legumes parecem empapados por terem cozinhado demais. O estresse é contagioso e, no momento em que as visitas chegam, Linda compartilha as preocupações dele.

Que resultado Denis prevê? Quase todas as vezes em que ele e Linda recebem visitas, Denis acredita que a comida que preparam será terrível, seus convidados ficarão horrorizados e ele será humilhado. As probabilidades desse resultado não podem ser encontradas em uma tabela nem em um livro. Então, como Denis pode avaliar as probabilidades de forma realista? Claro, ele responde às perguntas de reavaliação de risco e começa a mudar seus pensamentos.

Ao fazer isso, Denis percebe que ele e sua esposa nunca arruinaram um jantar, embora ele tenha previsto isso inúmeras vezes antes. Além disso, ele testou sua segunda previsão de que seus convidados se sentiriam horrorizados se o jantar desse errado. Lembrou que uma vez ele e Linda participaram de um churrasco onde a carne foi queimada a ponto de ficar intragável. Todos expressaram solidariedade genuína e compartilharam histórias sobre seus próprios desastres culinários. Eles acabaram pedindo uma pizza e consideraram essa como uma das noites mais agradáveis que tiveram em muito tempo. Os anfitriões, longe de serem humilhados, deleitaram-se com o calor de uma boa companhia.

Desconstruindo Situações Preocupantes

Ainda que haja evidência da improbabilidade dos acontecimentos que teme acontecerem, você pode estar pensando que coisas ruins, de fato, ocorrem. Relâmpagos caem; chefes distribuem avaliações ruins; aviões caem; alguns dias são "dias de cão"; navios afundam; as pessoas tropeçam e outras riem delas; algumas perdem seus empregos; amantes terminam.

O mundo nos dá motivos de sobra para preocupação. Recalcular as probabilidades verdadeiras muitas vezes ajuda. Mas você ainda pode estar paralisado com a preocupação "e se" — e se o objeto de sua preocupação realmente acontecer? Primeiro vamos mostrar como lidar com preocupações menores, do dia a dia, e depois abordamos os piores casos.

Pequenos abacaxis

Com o que as pessoas se preocupam? Na maioria das vezes, com abacaxis pequenos e irrelevantes. Em outras palavras, com resultados que, embora desagradáveis, dificilmente se qualificariam como uma ameaça à vida. Entretanto, essas pequenas hipóteses conseguem gerar quantidades extraordinárias de apreensão, estresse e preocupação.

Leia o que está preocupando Geraldo, Samuel e Carol. Suas histórias ilustram as preocupações comuns que levam as pessoas a se sentir muito ansiosas.

> **Geraldo** se preocupa com muitas coisas. Na maioria das vezes, ele tem receio de cometer um erro social. Antes de festas, fica obcecado com o que vestir. Será que vai parecer muito arrumado ou muito casual? Vai saber o que dizer? E se disser algo estúpido e as pessoas rirem? Como você pode imaginar, Geraldo se sente péssimo em eventos sociais. Quando se aproxima de um grupo, sente como se tivessem apontado um holofote para ele e todos na sala o estivessem encarando. Ele imagina que as pessoas não só se concentram apenas nele, mas que elas também o julgam negativamente.

> **Samuel** se preocupa tanto quanto Geraldo, mas só tem um conjunto diferente de preocupações. É obcecado com a ideia de que vai perder o controle e terá que fugir de onde estiver. Se está sentado em uma sala de aula, se pergunta se vai ficar tão ansioso a ponto de ter que sair e, claro, presume que todo mundo saberá por que ele saiu e todos pensarão que há algo terrivelmente errado com ele. Se está em um shopping center lotado, tem medo de "perder a cabeça" e começar a gritar e ficar fora de controle.

> **Carol** é uma jornalista que tem ansiedade quase todos os dias. Sente pressão em seu peito quando cada prazo se aproxima e morre de medo do dia em que não conseguir entregar sua matéria a tempo. Para piorar as coisas, às vezes ela tem bloqueio de escritor e, por 15 ou 20 minutos, não consegue pensar na próxima palavra para digitar, enquanto o relógio avança e o fim do prazo se aproxima. Ela já viu colegas perderem seus empregos por terem consistentemente deixado de cumprir seus prazos e ela teme encontrar o mesmo destino um dia. É difícil para Carol parar de pensar em seus prazos.

O que Geraldo, Samuel e Carol têm em comum? Primeiro, todos eles têm ansiedade, estresse e tensão consideráveis. Eles se preocupam quase todos os dias de suas vidas. Não conseguem imaginar o horror de lidar com a possibilidade de que seus medos se tornem realidade. Mas, mais importante, eles se preocupam com os eventos que acontecem todo o tempo e com os quais as pessoas conseguem lidar.

Capítulo 5: Tornando-se um Detetive do Pensamento

Geraldo, Samuel e Carol subestimam sua própria capacidade de enfrentamento. O que aconteceria se Geraldo derramasse algo em uma festa e as pessoas a seu redor notassem? Será que ele cairia no chão, incapaz de se mover? Será que as pessoas apontariam e ririam dele? Dificilmente. Ele provavelmente enrubesceria, ficaria constrangido e limparia a bagunça. A festa e a vida de Geraldo seguiriam em frente. Ainda que algumas pessoas rudes rissem dele, a maioria esqueceria o incidente e certamente não o veria de forma diferente.

Samuel entra em pânico diante da possibilidade de ser dominado por seus sentimentos. Teme ter que sair correndo de onde estiver e parecer bobo ao fazê-lo. O fato de isso nunca ter acontecido não o impede de se preocupar.

Carol, por outro lado, tem uma preocupação maior. A pior das hipóteses para ela envolve a perda de seu emprego. Isso parece grave. O que faria se perdesse o emprego?

Sempre que tiver preocupações pequenas ou médias, você poderá usar as seguintes *perguntas de enfrentamento* para descobrir sua verdadeira capacidade para enfrentá-las. As respostas a essas perguntas o ajudam a lidar com seus piores medos.

1. **Já lidei com algo assim no passado?**
2. **Em que extensão isso vai afetar minha vida daqui a um ano?**
3. **Conheço pessoas que enfrentaram algo assim, mas como elas fizeram isso?**
4. **Conheço alguém a quem poderia recorrer para pedir ajuda ou apoio?**
5. **Consigo pensar em uma nova possibilidade criativa que poderia resultar desse desafio?**

Carol, que se preocupava em perder seu emprego, recorreu a essas perguntas para ajudá-la a se reconciliar com seus medos e respondeu da seguinte forma:

1. Já lidei com algo assim no passado?

Não, nunca perdi um emprego antes. Essa primeira pergunta não me ajuda a descobrir melhores maneiras de enfrentar o problema, mas ela me permite ver a possibilidade de que tenho superestimado os riscos de perder meu emprego.

2. Em que extensão isso vai afetar minha vida daqui a um ano?

Se eu perdesse o emprego, provavelmente teria alguns problemas financeiros por um tempo, mas tenho certeza de que poderia encontrar outro.

3. Conheço pessoas que enfrentaram algo assim, mas como elas fizeram isso?

Bem, minha amiga Janete perdeu o emprego há alguns meses. Ela recebeu seguro-desemprego e pediu uma pequena ajuda a seus pais. Agora tem um novo emprego do qual realmente gosta.

4. Conheço alguém a quem poderia recorrer para pedir ajuda ou apoio?

Odeio fazer isso, mas meu irmão sempre me ajudaria se eu realmente precisasse.

5. Consigo pensar em uma nova possibilidade criativa que poderia resultar desse desafio?

Quando penso nisso, realmente odeio esses prazos diários do jornal. Tenho um certificado de licenciatura. Levando em consideração que há falta de professores agora, eu poderia dar aulas de Inglês no ensino médio e ter os verões livres. O melhor de tudo é que eu poderia aproveitar os verões para escrever o romance que sempre sonhei. Talvez eu largue meu trabalho agora e faça isso!

É incrível como fazer essas perguntas a si mesmo pode muitas vezes eliminar as consequências catastróficas que você associa com seus abacaxis imaginários. Responder a essas perguntas pode ajudá-lo a ver que você pode lidar com a grande maioria de suas preocupações — pelo menos com abacaxis pequenos a médios. Mas e os abacaxis realmente grandes? Você conseguiria lidar com desastres reais?

Na pior das hipóteses

Os medos de algumas pessoas envolvem questões que vão muito além de constrangimento social ou perda financeira temporária. As piores hipóteses são de doença grave, morte, terrorismo, desastres naturais, deformação, deficiências graves e perda de um ente querido. Como você poderia lidar com uma dessas situações? Nós não lhe diremos que seria fácil, porque não seria.

A mãe e a avó de **Mariana** morreram de câncer de mama. Ela sabe que suas chances de que isso se repita nela são maiores do que para a maioria das pessoas. Quase todos os dias de sua vida adulta ela se preocupa com sua saúde. Insiste em fazer exames mensais e toda dor de estômago, fadiga ou dor de cabeça se transforma em um tumor imaginário.

Seu estresse preocupa tanto sua família quanto seu médico. Primeiro, ele a ajuda a ver que ela está superestimando seu risco. Ao contrário de sua mãe e avó, Mariana faz mamografias anuais e realiza regularmente o autoexame. Não só isso, mas ela se exercita regularmente e se alimenta com uma dieta muito mais saudável do que aquela de sua mãe ou avó.

Capítulo 5: Tornando-se um Detetive do Pensamento   89

Mariana tem uma chance real de ter câncer de mama. Como ela poderia lidar com essa hipótese tão grave? Você pode se surpreender ao descobrir que as mesmas perguntas usadas para lidar com abacaxis pequenos podem ajudá-lo a lidar com a pior das hipóteses. Dê uma olhada em como Mariana respondeu nossas cinco questões de enfrentamento:

1. Já lidei com algo assim no passado?

Infelizmente, sim. Ajudei minha mãe quando ela estava indo para a quimioterapia. Foi horrível, mas me lembro de rir com ela quando seu cabelo caiu. Entendo que a quimioterapia não é tão ruim como costumava ser. Nunca me senti mais perto de minha mãe do que nessa época. Resolvemos muitas questões importantes.

2. Em que extensão isso vai afetar minha vida daqui a um ano?

Bem, se eu realmente tiver câncer de mama, ele terá um efeito dramático em minha vida daqui a um ano. Pode ser que eu ainda esteja em tratamento ou me recuperando de cirurgia.

Essas duas primeiras perguntas focam Mariana na possibilidade de ter câncer. Mesmo que ela fique obcecada e se preocupe com isso, a intensidade da ansiedade impediu que ela sequer ponderasse como ela lidaria com o câncer se ele realmente acontecesse. Embora ela certamente odeie a ideia de quimioterapia ou cirurgia, depois que imagina a possibilidade, ela percebe que provavelmente conseguiria lidar com elas.

Quanto mais você evitar o medo, mais terrível ele se tornará.

3. Conheço pessoas que enfrentaram algo assim, mas como elas fizeram isso?

Claro, minha mãe morreu de câncer de mama. Mas, durante os três últimos anos de sua vida, ela desfrutou de cada momento. Se aproximou de todos os filhos e fez muitos novos amigos. É engraçado, mas agora que penso nisso, acho que ela foi mais feliz naquela época do que em qualquer outro momento de que consigo me lembrar.

4. Conheço alguém a quem poderia recorrer para pedir ajuda ou apoio?

Sei de um grupo na cidade que apoia pessoas com câncer. Além disso, meu marido e minha irmã fariam qualquer coisa por mim.

5. Consigo pensar em uma nova possibilidade criativa que poderia resultar desse desafio?

Nunca pensei no câncer como um desafio, era uma maldição. Mas acho que percebo agora que posso escolher ficar ansiosa e preocupada com isso ou apenas cuidar de mim e viver a vida plenamente. Se eu realmente tiver câncer, espero que possa ajudar outras pessoas, como minha mãe fez, e vou usar o tempo que tenho de uma forma positiva. Além disso, há uma boa chance de que eu possa vencer o câncer. Essas chances aumentam o tempo todo com os avanços da medicina. Enquanto isso, vou me certificar de não esperar até meus últimos dias para me aproximar de minha família.

Quando você tem ansiedade a respeito de algo horrível acontecendo, é importante parar de evitar o fim da história; vá até ele. Quanto mais você evitar ponderar sobre o pior, maior o medo ficará. Descobrimos, em nosso trabalho, que, repetidas vezes, nossos clientes criam estratégias de enfrentamento para a pior das hipóteses, até para as coisas sérias. Reflita sobre o caso de George.

> **George** tem medo de voar. Quando recalcula os riscos de fazê-lo, percebe que são baixos. Ele diz: "Sei que é relativamente seguro e isso ajuda um pouco, mas ainda fico com medo". Recentemente, George recebeu uma promoção. Infelizmente o novo cargo exige um número considerável de viagens. O pior pesadelo de George é o de que o avião cairá. George faz a si mesmo nossas perguntas de enfrentamento e as responde da seguinte maneira:

> **1. Já lidei com algo assim no passado?**
>
> Não, obviamente nunca estive em um acidente de avião antes.
>
> **2. Em que extensão isso vai afetar minha vida daqui a um ano?**
>
> Não muito, eu estaria morto!
>
> **3. Conheço pessoas que enfrentaram algo assim, mas como elas fizeram isso?**
>
> Não. Nenhum de meus amigos, parentes ou conhecidos já esteve em um acidente de avião.
>
> **4. Conheço alguém a quem poderia recorrer para pedir ajuda ou apoio?**
>
> Obviamente não. Quero dizer, o que eles poderiam fazer?
>
> **5. Consigo pensar em uma nova possibilidade criativa que poderia resultar desse desafio?**
>
> Como? Nos poucos minutos que eu teria durante a queda, duvido que muitas possibilidades criativas me viessem à mente.

Humm. George não parece ter aproveitado muito nossas perguntas de enfrentamento, não é? Elas trazem muitos benefícios a um pequeno número de casos extremos. Para essas situações, temos as *perguntas definitivas de enfrentamento* abaixo, seguidas pelas respostas de George:

1. **O que há nessa eventualidade que faz com que você pense que não conseguiria lidar com ela nem suportá-la de forma alguma?**

   Ok, consigo imaginar dois acidentes de avião diferentes. Em um deles, o avião explodiria e eu provavelmente sequer saberia o que aconteceu. No outro, algo aconteceria com o motor e eu passaria por muitos minutos de terror absoluto. É disso que eu realmente tenho medo.

2. **É possível que você conseguisse realmente lidar com isso?**

   Será que eu conseguiria lidar com isso? Acho que eu nunca pensei nisso antes; parecia muito assustador para cogitar. Se eu realmente me colocar no avião, provavelmente ficaria me agarrando ao assento, talvez até mesmo gritando, mas acho que não duraria muito tempo. Penso que poderia suportar quase qualquer coisa por pouco tempo. Pelo menos, se eu caísse com um avião, sei que minha família seria bem cuidada. Quando realmente penso nisso, por mais desagradável que pareça, acho que conseguiria lidar com esse fato. Eu teria que lidar.

A maioria das pessoas tem medo de morrer, em certa medida — mesmo aquelas com fortes convicções religiosas (o que pode ajudar) raramente recebem bem esse pensamento. No entanto, a morte é uma experiência universal. Embora a maioria das pessoas prefira um fim rápido e sem dor durante o sono, muitas mortes não são tão fáceis.

Se um modo particular de morte o assusta, contemplá-lo ativamente funciona melhor do que tentar bloqueá-lo para fora de sua mente. Se você fizer isso, é provável que descubra que, assim como George, você pode lidar com isso e aceitar quase qualquer eventualidade.

Se você perceber que está ficando excepcionalmente ansioso ou perturbado por tal contemplação, a ajuda profissional pode ser útil.

Cultivando Pensamentos Calmos

Pensamentos ansiosos captam sua atenção. Eles mantêm sua mente racional como refém e exigem como resgate toda sua calma e serenidade. Assim, quando você tem pensamentos ansiosos, tem que examinar as evidências, reavaliar as probabilidades e rever sua verdadeira capacidade de enfrentamento, isso o ajuda a persegui-los e destruí-los (veja as seções anteriores para orientações).

Outra opção é fazer com que a entrada de pensamentos ansiosos seja barrada por outros, que sejam calmos. Você pode realizar essa tarefa usando uma das três técnicas. Pode tentar o que chamamos de perspectiva do amigo, pode construir pensamentos novos e calmos para substituir os antigos e ansiosos ou pode tentar afirmações positivas.

Considerando a perspectiva de um "amigo"

Às vezes, as estratégias simples fazem maravilhas. Essa pode ser uma delas. Quando seus pensamentos ansiosos mantêm a maior parte de sua mente racional como refém, você ainda tem um amigo de reserva que pode ajudá-lo a encontrar uma nova perspectiva. Onde? Dentro de si mesmo.

Experimente essa técnica quando você estiver totalmente sozinho — isto é, exceto pelo seu amigo interno. Imagine de verdade que um bom amigo está sentado à sua frente e fale em voz alta. Imagine que ele tenha exatamente o mesmo problema que você. Não se apresse e realmente tente ajudá-lo. Faça um brainstorm com ele. Você não precisa chegar a soluções imediatas nem perfeitas. Busque todas as ideias que puder, mesmo que pareçam tolas a princípio — pode ser que levem a uma solução criativa. Essa abordagem funciona porque o ajuda a se afastar das emoções esmagadoras que bloqueiam o pensamento bom e racional. Não descarte essa estratégia só por causa de sua simplicidade!

O exemplo de João demonstra essa técnica em ação.

> **João** se preocupa com suas contas. Ele tem uma fatura de cartão de crédito de alguns milhares de dólares. O seguro de seu carro vence em algumas semanas e ele não tem dinheiro para pagar. Quando João pondera sobre sua preocupação, acha que talvez vá à falência, seu carro será apreendido e ele acabará perdendo sua casa. Sente que não tem opções e que sua situação é desesperadora. João perde o sono por causa de sua preocupação. A ansiedade bloqueia sua capacidade de raciocinar e analisar seu dilema.
>
> Agora, sugerimos que João ajude um velho amigo. Nós lhe pedimos para imaginar que seu amigo, Ricardo, que está sentado em uma cadeira em frente a ele, está em apuros financeiros e precisa de conselhos sobre o que fazer. Ricardo teme que vá perder tudo se não arranjar algum dinheiro para pagar o seguro de seu automóvel. Pedimos que João dê algumas ideias para Ricardo.
>
> Surpreendentemente para João, mas não para nós, ele arranja uma infinidade de boas ideias. Ele diz a Ricardo, "Fale com o seu corretor de seguros sobre a possibilidade de pagar mensalmente em vez de a cada seis meses. Você também pode obter um empréstimo com seu cartão de crédito. Além disso, não existe uma oportunidade de fazer alguns trabalhos extras? Fale com um consultor de crédito. Será que algum parente seu não poderia emprestar algumas centenas de dólares para você? Em longo prazo, você precisa diminuir aos poucos a dívida do cartão de crédito e economizar em suas despesas".

Criando calma

Outra maneira de criar pensamentos calmos é observar aqueles que são ansiosos e desenvolver uma perspectiva mais racional. A chave dessa abordagem é colocá-los no papel. Deixá-los em sua cabeça não traz tantos benefícios.

Essa estratégia não se iguala ao mero pensamento positivo, porque não o ajuda a criar uma alternativa Poliana — isto é, um pensamento que é fantasiosamente otimista. Certifique-se de que sua perspectiva racional seja algo em que você possa pelo menos acreditar em parte. Em outras palavras, seu lado emocional pode não engolir totalmente seu ponto de vista alternativo de primeira, mas o novo ponto de vista deve ser algo que uma pessoa razoável acharia crível.

Sua tarefa será mais fácil se você já tiver submetido seu pensamento ansioso ao exame das provas, à reconsideração do risco e à reavaliação de seus recursos de enfrentamento para lidar com as piores hipóteses que imaginou, como descrevemos nas seções anteriores.

A Tabela 5-3 fornece alguns exemplos de pensamentos ansiosos e suas alternativas racionais. Também fornecemos uma perspectiva Poliana que *não* achamos que seja útil.

Tabela 5-3   Desenvolvendo uma Perspectiva Racional

Pensamentos Ansiosos	Alternativa Racional	Perspectiva Poliana
Se eu usar gravata e ninguém mais o fizer, vou parecer idiota.	Se mais ninguém usar gravata, algumas pessoas certamente notarão. Entretanto, elas não vão criar caso por isso. Mesmo que algumas pessoas o façam, isso realmente não vai importar para mim daqui a algumas semanas.	Todo mundo vai achar que eu estou ótimo de qualquer forma!
Se eu tirar um C na prova, serei humilhado. Tenho que ser o melhor da turma. Não poderia suportar não ser o melhor.	Se eu tirar um C, certamente não ficarei feliz. Mas ainda tenho uma boa média e uma considerável chance de conseguir uma bolsa de estudos. Vou me esforçar mais na próxima vez. Adoraria estar entre os melhores da turma, mas a vida vai seguir bem se eu não conseguir esse resultado.	Não há como não tirar um A. Eu devo e vou tirar.

(Continua)

Parte II: Combatendo a Ansiedade

Tabela 5-3 *(Continuação)*

Pensamentos Ansiosos	Alternativa Racional	Perspectiva Poliana
Se eu perder meu emprego, em uma questão de semanas, estarei falido.	Se eu perder meu emprego, terei um pouco de dificuldades. Entretanto, tenho boas chances de encontrar outro. E minha esposa se ofereceu para aumentar seu período de trabalho para ajudar caso eu precise que ela trabalhe mais.	Eu nunca perderia meu emprego!
Prefiro subir 20 lances de escada a pegar esse elevador. A ideia das portas se fechando me aterroriza.	Já era hora de eu enfrentar esse medo, porque a probabilidade de um elevador cair é minúscula. Pegar o elevador é bastante assustador, mas talvez eu possa começar subindo ou descendo uns poucos andares e continuar sozinho daí.	Preciso deixar de ser frouxo. Eu vou entrar nesse negócio e vou levá-lo ao topo!

Nós lhe mostramos a perspectiva Poliana porque é importante não usá-la. Você pode achar que o último exemplo da perspectiva Poliana — superar seu medo em um instante — parece maravilhoso. Achamos que seria ótimo se funcionasse dessa forma. O problema com essa abordagem é que você faz uma amardilha para o fracasso, caso tente. Imagine alguém realmente apavorado com elevadores tentando entrar no elevador e levá-lo ao último andar de uma vez. Muito provavelmente, a pessoa faria isso essa única vez, se sentiria aterrorizada e agravaria o medo.

Seja gentil consigo mesmo, vá devagar ao confrontar seus pensamentos ansiosos e seus medos.

Afirmações afirmativas?

O campo da saúde mental tem uma longa tradição de achar que as pessoas devem usar afirmações para melhorar seu bem-estar emocional. Stuart Smalley, um personagem interpretado por Al Franken, no programa *Saturday Night Live* (Estados Unidos), costumava se olhar no espelho e dizer: "Sou bom o suficiente, sou inteligente o suficiente e, ora bolas, as pessoas gostam de mim". Será que essa abordagem para administrar as emoções realmente ajuda?

Capítulo 5: Tornando-se um Detetive do Pensamento

Muitas pessoas acreditam no valor positivo das autoafirmações. No entanto, um estudo de 2009, publicado na revista *Psychological Science*, sugere que afirmações positivas podem na verdade causar danos a algumas pessoas. Embora os médicos que conduziram esse estudo tenham descoberto que pessoas com alta autoestima parecem se sentir melhor depois de repetirem autoafirmações positivas, aquelas com baixa autoestima relataram sentir-se piores depois de fazerem isso. Esse resultado pode ser devido ao fato de que autoafirmações positivas parecem ser inacreditáveis e sem ligação com a realidade para pessoas que têm opiniões muito fracas sobre si mesmas.

Então, se estiver tentado a usar as autoafirmações positivas, recomendamos que você se certifique de criar declarações que pareçam razoavelmente críveis para você. Boas declarações muitas vezes incluem lembretes para enfrentar ou para se acalmar. Alguns de nossos favoritos são:

- Relaxe.
- Com o tempo, eu consigo passar por isso.
- Preciso persistir.
- Eu não tenho que ser perfeito.
- Erros não são terríveis.
- Inspire e expire lentamente.
- No ano que vem (ou no mês que vem), isso não vai importar.

A repetição não ajuda a informação a entrar em você e a parecer como se fosse parte sua. Certifique-se de que qualquer coisa que você repita para si mesmo lhe pareça razoável.

Capítulo 6

Tomando Cuidado com Palavras de Preocupação

Neste Capítulo

▶ Reconhecendo palavras desencadeadoras de ansiedade
▶ Compreendendo como a linguagem cria ansiedade
▶ Monitorando palavras desagradáveis
▶ Substituindo por expressões calmas

Pense em todo o falatório mental que acontece em sua cabeça. Você costuma exagerar? Você se critica? Prevê resultados horrorosos? Por exemplo, se seu computador apresenta defeito, você fica bravo consigo mesmo, prevê que não vai conseguir fazer nada e supõe que o dia certamente está arruinado? Essas conversas internas podem provocar um redemoinho de ansiedade.

Este capítulo o ajuda a descobrir que palavras contribuem para sua ansiedade. Elas existem sob diversas formas e categorias, e lhe mostramos como persegui-las. Em seguida, oferecemos estratégias para encontrar termos e expressões alternativas para dominar sua ansiedade desnecessária.

Empilhando Galhos na Fogueira da Ansiedade

"Paus e pedras podem quebrar meus ossos, mas palavras nunca vão me machucar." Talvez você já tenha ouvido esse ditado quando era criança. Os pais sempre tentam aliviar os sentimentos magoados de seus filhos com esse dito, mas isso geralmente não funciona porque as palavras têm poder sim. Elas podem assustar, condenar e machucar.

Essas já machucariam bastante se viessem apenas de outras pessoas. Mas aquelas que você usa para descrever a si mesmo, seu mundo, suas ações e seu futuro podem ter um impacto ainda maior em você do que as que ouve dos outros. O exemplo de Jonas e sua esposa, Bianca, ilustra esse assunto. O que começa como uma simples conversa entre marido e mulher leva a muita ansiedade e estresse marital.

> A esposa de **Jonas**, **Bianca**, que está um pouco preocupada com a pressão arterial de seu marido, menciona, durante o café da manhã, que parece que ele engordou um pouco. "É mesmo?", Jonas pergunta.
>
> "Talvez só um pouquinho; não é nada demais. Eu só me preocupo com sua saúde", ela responde.
>
> Ao longo das próximas horas, Jonas começa a remoer o que sua mulher lhe dissera. "Sou um *porco*... Ela está *completamente enojada de mim*... Ela *nunca* mais vai querer fazer sexo comigo de novo... Perder peso é *impossível* para mim... Estou *certo* de que ela vai me largar; isso seria *insuportável*".
>
> À tarde, Jonas sente ansiedade e tensão intensas. Ele está tão perturbado que se retrai e fica amuado pelo resto do dia. Bianca sabe que algo está errado e se preocupa que ele esteja perdendo o interesse nela.

O que aconteceu? Primeiro, Bianca fez uma declaração bastante branda para Jonas. Em seguida, em vez de pedir algum esclarecimento à Bianca, Jonas se martelou com uma mistura de palavras desencadeadoras de ansiedade — *porco*, *completamente enojada*, *nunca*, *impossível*, *certo* e *insuportável*. A mente de Jonas inundou-se de palavras poderosas que distorceram grosseiramente a intenção original de Bianca. Seus pensamentos internos já não tinham mais qualquer ligação com a realidade.

As palavras de preocupação que você usa inflamam facilmente sua ansiedade e raramente são embasadas por provas ou pela realidade. Elas se tornam maus hábitos que as pessoas usam de maneira involuntária. No entanto, temos boas notícias, pois o hábito da palavra desencadeadora de ansiedade pode ser vencido, como qualquer outro.

As palavras de preocupação existem em quatro grandes categorias. Nas seções a seguir, examinaremos cada uma delas, cuidadosamente, com você:

- **Extremista:** Palavras que exageram ou transformam um acontecimento pequeno em uma catástrofe.
- **Tudo ou nada:** Polos opostos sem nada entre eles.
- **Reprovadoras, autoritárias e rotuladoras:** Avaliações severas e insultantes.
- **Vítima:** Subestimando sua capacidade de enfrentamento.

Enfrentando palavras extremistas

É incrível como escolher certas palavras para descrever eventos pode literalmente fazer uma tempestade em um copo d'água. As palavras extremistas aumentam de modo grosseiro ou exageram situações perturbadoras. Ao fazer isso, elas pioram as emoções negativas. Leia sobre Emília, que transforma uma pequena batida em uma catástrofe.

> **Emília,** saindo de uma vaga de estacionamento apertada no mercado, ouve o barulho de metal arranhando metal. Seu para-choque dá uma pancada no painel lateral de um carro SUV, do último modelo, estacionado perto do seu. Emília pisa no freio, põe o câmbio na posição parada e salta do carro para inspecionar o estrago — um talho de 10 centímetros.
>
> Usando seu celular, ela liga para seu marido, **Rômulo**. Histérica, ela chora: "aconteceu um acidente *horrível*. Eu *destruí* o outro carro. Eu me sinto *péssima; não dá para aguentar*". Rômulo tenta acalmar sua mulher e corre do trabalho para encontrar Emília. Quando ele chega, não se surpreende ao descobrir que os danos são bem menores. Ele está bem consciente do hábito que Emília tem de usar palavras exageradas, mas isso não quer dizer que ela não esteja desconcertada, pois está. Nem ela nem Rômulo percebem que a linguagem dela acende o estopim para sua reação emocional.

A maior parte da linguagem problemática de Emília se enquadra na categoria de palavras extremistas, tais como: *atormentador, apavorante, terrível, devastador, desastroso, horrível* e *insuportável*.

É claro que a realidade pode ser horrível, apavorante e claramente terrível. Seria difícil descrever o Holocausto, o 11 de Setembro ou uma pandemia mundial em termos mais brandos. No entanto, muitas vezes, palavras extremistas como essas remodelam a realidade. Pense em quantas vezes você ou as pessoas que conhece usam essas palavras para descrever eventos que, embora certamente desagradáveis, dificilmente podem ser descritos como catastróficos.

A vida apresenta desafios. Perda, frustração, aborrecimento e dor aparecem de modo rotineiro como convidados irritantes e indesejáveis. Você pode tentar bani-los de sua vida, mas seus melhores esforços não vão evitar que eles deem uma passada rápida — importunos como sempre. Quando eles chegam, você tem duas opções. Uma é ampliá-los e dizer a si mesmo quão *horríveis, terríveis, insuportáveis* e *intoleráveis* eles são. Mas quando faz isso, você só consegue intensificar sua ansiedade e angústia. Sua outra opção é pensar em termos mais realistas (veja a seção "Exorcizando suas palavras extremistas" mais adiante, neste capítulo, para saber mais sobre opções realistas).

Deturpando com expressões "tudo ou nada", "preto no branco"

Pegue qualquer fotografia em preto e branco. Olhe com cuidado e você verá muitos tons de cinza que provavelmente dominam a foto. A maioria das fotos contêm muito pouco preto ou branco puros. Chamar uma foto de preta e branca simplifica demais e deixa de capturar a complexidade e a riqueza da imagem. Assim como chamar uma fotografia de preta e branca deixa de fora muitos dos detalhes, descrever um acontecimento em termos pretos e brancos deixa de considerar toda a extensão da experiência humana. Como uma fotografia, pouco da vida está em preto e branco.

Entretanto, as pessoas facilmente usam uma linguagem que simplifica demais. Essa abordagem "tudo ou nada" intensifica os sentimentos negativos, como fazem as palavras extremistas. O exemplo a seguir mostra como categorizar a vida em termos de "tudo ou nada" pode levar a sentimentos desagradáveis.

> **Tomás** põe de lado seu jornal, incapaz de se concentrar, e diz à sua esposa que acha melhor ir andando: "Eu não consegui pregar os olhos na noite passada. Estou *totalmente* pirado com a minha cota de vendas esse mês. Eu *nunca* vou conseguir. *Não tem jeito*. As vendas secaram *totalmente* com a economia mais lenta, mas o chefe tem tolerância *zero* para circunstâncias atenuantes. Tenho *certeza* de que ele vai pegar no meu pé. Será *absolutamente* impossível achar outro emprego se ele me demitir".

Tomás distorce a realidade ao declarar que ele *nunca* vai conseguir bater a cota de vendas, o que faz com que sua ansiedade aumente. Ao longo do processo, ele se concentra nas coisas negativas em vez de buscar soluções positivas. Se Tomás estiver perdido em busca de outras palavras "tudo ou nada", ele pode pegar algumas emprestadas da seguinte lista: *tudo, sempre, contínuo, completo, constante, todo mundo, para sempre, invariavelmente, ninguém, nenhum...* você já entendeu.

Poucas coisas (além da morte, impostos e mudanças) acontecem com absoluta certeza. Você pode se lembrar de pedir a seus pais para chegar em casa um pouco mais tarde. Apostamos que você dizia a eles que *todo mundo* ficava na rua até mais tarde que você. Em caso positivo, você o fez por uma boa razão, esperando que as palavras *todo mundo* fortalecessem seu argumento. No entanto, seus pais provavelmente percebiam sua manobra. Às vezes, todos simplificam demais; nossa língua tem muitas palavras para distorcer a realidade (um antídoto para o "tudo ou nada" está na seção "Contestando o "tudo ou nada"", mais adiante).

Esbarrando em palavras condenadoras

Você *tem que* ler esse livro de forma mais cuidadosa do que tem lido. Não apenas isso, mas você *deveria* ter lido mais até o momento. E você *deveria* ter levado os exercícios mais a sério. Você é um *burro patético*. Que *vergonha*!

Isso é apenas uma brincadeira.

Que autores repreenderiam seus leitores dessa forma? Não conseguimos pensar em nenhum. Esse tipo de crítica é abusiva. As pessoas reagem com assombro quando testemunham pais humilhando seus filhos ao chamá-los de *idiotas* ou *nojentos*. Muitas pessoas considerariam igualmente abusiva uma professora que chama seus alunos de *imbecis* e que descreve seus esforços como *horrorosos* ou *patéticos*. Esse tipo de crítica severa dificilmente é inspiradora; a repreensão cruel esmaga a determinação.

Muitas pessoas, contudo, falam consigo mesmas dessa maneira ou ainda pior. Algumas ouvem um fluxo constante de comentários críticos correndo por suas mentes. Você pode ser seu pior crítico. Muitas pessoas pegam a voz crítica que ouviram na infância e elas mesmas a usam, muitas vezes exagerando a crítica durante o processo. As palavras que criticam estão disponíveis em três variedades, embora elas se sobreponham e, às vezes, uma determinada palavra pode pertencer a mais de uma categoria:

- **Reprovações:** Esses são julgamentos severos sobre si mesmo ou o que você faz. Por exemplo, quando comete um erro humano e o chama de fracasso absoluto, você está julgando suas ações em vez de apenas descrevê-las. Palavras como *ruim, inadequado, idiota, patético* ou *desprezível* são reprovações.
- **Comandos:** Essa categoria contém palavras que ditam regras absolutas e inflexíveis sobre seu comportamento ou seus sentimentos. Se diz a si mesmo que *deveria* ou *tem que* executar uma ação em particular, você está ouvindo um instrutor militar interno que não tolera nenhum desvio do rigoroso conjunto de regras.
- **Rótulos:** Por fim, os rótulos de autocrítica são a cereja do bolo. Palavras como *perdedor, monstro, porco, imbecil* e *fracasso* vêm à mente como rótulos perturbadores que as pessoas às vezes colocam sobre si mesmas como uma etiqueta com o nome usada em um escritório.

Veja o caso de Sérgio, que cometeu um pequeno erro no seu talão de cheques e se lança em uma ladainha de autocríticas.

> **Sérgio,** ao conferir seu talão de cheques, descobre que, por descuido, deixou de anotar um cheque alguns dias atrás. Aflito e preocupado com a possibilidade de que esse cheque seja devolvido, ele pensa: "eu *deveria* ter sido mais cuidadoso. É *patético* que alguém com um mestrado possa fazer algo tão *estúpido*. *Tenho que* saber das coisas. Sou um *imbecil*, sinto

nojo de mim mesmo e não *devo* nunca, jamais, cometer esse tipo de erro novamente".

No momento em que termina de se maltratar, Sérgio se sente mais ansioso e até um pouco deprimido. Seu erro o leva a fazer os três tipos de condenação: julga seu erro como estúpido, diz que não deveria ter permitido que isso acontecesse e se declara um imbecil quando isso acontece. Não é à toa que Sérgio se sente ansioso quando mexe com seu talão de cheques. Ironicamente, a ansiedade aumentada faz com que seja mais provável cometer erros.

Veja a seção posterior "Julgando o juiz" para conhecer formas de substituir essas palavras por uma linguagem mais positiva.

Concentrando-se nas palavras de vítima

Talvez você conheça a história de "*A Pequena Locomotiva*" de Watty Piper, sobre o trem que precisava subir uma ladeira íngreme. O autor do livro sabiamente optou por não fazer o trenzinho dizer: "eu acho que *não consigo*; nunca serei capaz de fazer isso; esse morro é impossível".

O mundo parece um lugar muito mais assustador quando você costuma pensar em si mesmo como uma vítima das circunstâncias. Certas palavras podem servir como um sinalizador para esse tipo de pensamento, como as que vitimizam: *não consigo, indefeso, frágil, desamparado, impossível, impotente, incapacitado, oprimido, fraco* e *vulnerável*.

As palavras de vítima desmoralizam. Elas não oferecem nenhuma esperança e, sem isso, há pouca razão para a ação positiva. Quando as vítimas se acham indefesas, elas se sentem vulneráveis e com medo.

No entanto, as pessoas que se descrevem como vítimas desfrutam de algumas vantagens: não se sentem compelidas a fazer muito a respeito dos reveses que enfrentam; as outras pessoas expressam solidariedade por elas e algumas se oferecem para cuidar delas. Essas vantagens, entretanto, tornam-se autodestrutivas em longo prazo. Para ajudar a si mesmo a superar a mentalidade de vítima, pule para a seção "Vencendo as palavras de vítima", mais adiante.

Monitorando Suas Palavras de Preocupação

Você provavelmente não percebe quantas vezes usa as palavras de preocupação dentro de sua cabeça. Como essas palavras contribuem para o estresse e a ansiedade, é uma boa ideia realizar um checape no uso que você faz delas. Você pode começar por sintonizar-se com sua *autofala*, que

Capítulo 6: Tomando Cuidado com Palavras de Preocupação

funciona como um locutor esportivo, lance a lance em sua mente. Pegue um bloco de notas pequeno e leve-o com você por alguns dias. Ouça o que você diz para si mesmo quando se sente estressado ou preocupado. Dedique alguns minutos para escrever o falatório interno.

Agora, procure por palavras de preocupação em seu monólogo interno. Você pode descobrir que usa algumas palavras de preocupação que não listamos e algumas delas podem se encaixar em mais de uma categoria. Tudo bem. Basta procurar pelos temas relevantes. Sublinhe-os e depois os coloque nas seguintes categorias gerais:

- **Extremista:** Palavras que exageram ou fazem algo parecer catastrófico.
- **Tudo ou nada:** Polos opostos sem nada entre eles.
- **Reprovadoras, autoritárias e rotuladoras:** Avaliações severas e insultantes.
- **Vítima:** Palavras que subestimam sua capacidade de enfrentamento.

No exemplo a seguir, Francisco descobre quão predominante é o uso que faz de palavras de preocupação:

> **Francisco,** um mecânico talentoso, é promovido a supervisor da loja. A pontualidade, atenção ao detalhe e perfeccionismo refletem a elevada ética de trabalho de Francisco, mas, infelizmente, sua mania de perfeição vai longe demais. Ele é obcecado pela qualidade do trabalho de seus funcionários e verifica tudo diversas vezes. A fim de sentir como se estivesse fazendo seu trabalho corretamente, ele passa a trabalhar 60 horas ou mais por semana. Sua pressão arterial começa a subir e seu médico lhe diz que ele precisa reduzir seu estresse e sua ansiedade. Então Francisco adquire uma cópia do *Dominando a Ansiedade Para Leigos*, Tradução da 2ª Edição, e decide tentar monitorar e prender suas palavras de preocupação. Isso é o que ele escreve, sublinhando cada palavra de preocupação que detecta:
>
> A carga horária é <u>terrível</u>. É <u>impossível</u> manter o ritmo; estou <u>sobrecarregado</u>. Mas eu <u>deveria</u> ser capaz de fazer tudo. Serei um <u>fracasso</u> <u>absoluto</u> se não conseguir realizar o trabalho. Como sou o chefe, <u>tenho que</u> ser responsável por todos os trabalhadores. Se ninguém faz seu trabalho, sou <u>totalmente</u> responsável. Se alguém comete um erro, preciso estar ciente. <u>Não consigo suportar</u> a ideia de um cliente insatisfeito. Quando alguém reclama, parece uma <u>calamidade</u>. Me sentirei um <u>perdedor</u> e um <u>imbecil</u> se não puder fazer as coisas direito.

Francisco categoriza as palavras de preocupação que descobre da seguinte maneira:

- **Palavras extremistas:** *Calamidade, terrível, não consigo suportar*
- **Palavras "tudo ou nada":** *Totalmente, absoluto*

Parte II: Combatendo a Ansiedade

> ✔ **Palavras reprovadoras, autoritárias e rotuladoras:** *perdedor, imbecil, deveria, tenho que, fracasso*
> ✔ **Palavras de vítima:** *sobrecarregado, impossível*

Francisco fica surpreso ao ver quantas palavras de preocupação salpicam sua mente. Ele promete tentar substituir suas palavras radicais por outras mais moderadas. As próximas seções mostram como corrigir sua própria linguagem interna.

Refutando e Substituindo Suas Palavras de Preocupação

Pergunte a si mesmo como você realmente quer se sentir. Poucas pessoas gostam de ficar ansiosas, preocupadas e estressadas. Quem escolheria esses sentimentos? Então talvez você concorde que prefere sentir-se calmo e sereno em vez de tenso.

Uma boa maneira de começar a se sentir melhor é mudar suas palavras de preocupação. No entanto, não é provável que você pare de utilizá-las apenas porque nós lhe dissemos que elas criam ansiedade. Isso porque você ainda pode pensar que essas palavras descrevem você e/ou seu mundo de forma precisa. Muitas pessoas passam a vida sem questionar sua autofala, simplesmente aceitando que as palavras se igualam à realidade.

Para refutar a precisão da sua conversa interna, pense em fazer uma pequena mudança em sua filosofia. Ela requer um questionamento da ideia de que pensamentos, linguagem e palavras automaticamente captam a verdade. Em seguida, substitua essa ideia por uma nova: usando a lógica e a coleta de provas para estruturar sua realidade (o Capítulo 5 tem mais informação sobre isso). Ao mesmo tempo, tenha em mente que seu objetivo é se sentir mais calmo.

Nas seções seguintes, analisamos cada categoria de palavras de preocupação e mostramos como substituí-las por outras que representem a situação com mais precisão.

Exorcizando suas palavras extremistas

Muitas vezes, quando as pessoas usam palavras extremistas, tais como *intolerável, angustiante, horrível, terrível, desesperador* e *medonho*, sua intenção é a de descrever acontecimentos cotidianos. Quando você ouvir a si mesmo usando essas palavras, submeta-as a uma análise lógica.

Por exemplo, poucos acontecimentos na vida são insuportáveis. Afinal, você conseguiu passar por cada momento difícil em sua vida até agora ou não estaria vivo e lendo este livro. Muitas circunstâncias fazem você se sentir muito mal, mas de alguma forma, você lida com elas; a vida continua.

Quando pensa em termos extremos, tais como *insuportável, intolerável, não consigo suportar isso, terrível* e *desastroso,* você perde a esperança. A crença em sua capacidade de lidar e seguir em frente diminui. Veja se suas experiências desagradáveis são descritas mais precisamente de uma maneira diferente:

- Difícil, mas não insuportável
- Desconfortável, mas não intolerável
- Desagradável, mas não devastadora
- Perturbadora, mas não penosa

Lembre-se de seu objetivo de se sentir mais calmo. Quando você suprime a linguagem exagerada de seu vocabulário, suas emoções também são suprimidas, pois descrições moderadas suavizam suas reações. Representações menos extremas o levam a acreditar em sua capacidade de enfrentamento. Os seres humanos têm um reservatório surpreendente de resiliência. Você cultiva sua capacidade de sobrevivência e de solução de problemas quando tem esperança.

Contestando o "tudo ou nada"

As pessoas usam palavras "tudo ou nada", tais como *nunca, sempre, absoluto, para sempre, incessante* e *constante* porque elas são rápidas e fáceis e acrescentam vigor emocional. Mas esses termos têm desvantagens traiçoeiras: forçam seu pensamento para extremos e suas emoções acabam seguindo o mesmo caminho. Além disso, palavras "tudo ou nada" prejudicam o enfrentamento e a solução de problemas.

Raramente a coleta cuidadosa de evidência dá embasamento ao uso de palavras "tudo ou nada". Muitas pessoas usam as palavras "tudo ou nada" para prever o futuro ou para descrever o passado. Por exemplo: "eu *nunca* serei promovido" ou "você *sempre* me critica". Esteja você falando para si ou para outra pessoa, essas palavras dificilmente produzem calma nem descrevem o que aconteceu ou o que é provável que aconteça no futuro. Portanto, tente permanecer no presente. A Tabela 6-1 ilustra a transição entre as palavras "tudo ou nada" e aquelas que são calmas, que coletam evidências e que o mantêm *no presente, sem distorção.*

Tabela 6-1	Mudando para o Presente
"tudo ou nada"	*No Presente sem Distorção*
Eu *nunca* serei promovido.	Neste momento, não sei se serei promovido. Entretanto, farei tudo que puder para fazer com que isso aconteça.
Você *sempre* me critica.	Agora, sua crítica faz com que eu me sinta mal.
Eu *sempre* entro em pânico quando estou em meio a uma multidão.	Agora, não tenho certeza se entrarei em pânico na próxima vez em que estiver em uma multidão. Posso me apavorar ou não. Caso aconteça, não é a pior coisa do mundo e não morrerei por isso

Julgando o juiz

Palavras que julgam, comandam ou rotulam, tais como *deveria*, *deve*, *tolo*, *fracasso*, *indigno* e *monstro*, infligem uma dor e vergonha desnecessárias a seus destinatários. Você pode ouvir essas palavras de outras pessoas ou de seu próprio crítico interno.

Rótulos e reprovações descrevem uma pessoa como um todo, mas as pessoas geralmente as usam para descrever uma ação específica. Por exemplo, se cometer um erro, você pode dizer para si mesmo: "eu não posso acreditar que pude ser tão *idiota*!". Se fizer isso, você acabou de fazer uma avaliação global de todo o seu ser baseado em uma única ação. Isso é útil? Obviamente que não é preciso e, o mais importante, a reprovação não o leva a se sentir calmo e sereno.

Como os outros tipos de palavras de preocupação, os comandos não inspiram motivação nem melhoram um desempenho. Ainda assim, as pessoas usam essas palavras para esse propósito. Elas pensam que dizer "eu *devo* ou *tenho que*" vai ajudá-las, mas é mais provável que essas palavras façam com que se sintam culpadas ou ansiosas. A autorrepreensão apenas aumenta a culpa e a ansiedade, que, inevitavelmente, mínguam tanto a motivação quanto o desempenho.

Tente substituir suas palavras reprovadoras, autoritárias e rotuladoras por alternativas mais racionais, precisas e suportáveis. Veja os seguintes exemplos:

- **Reprovadora:** Obtive uma pontuação patética em meu teste de admissão na universidade. Devo ser idiota.

    Alternativa racional: Não foi o resultado que eu queria, mas posso estudar mais e obter outro.

- **Autoritária:** Devo ter um casamento feliz; deveria tolerar o que for preciso para mantê-lo feliz.

✔ **Alternativa racional:** Por mais que quisesse ter um casamento feliz, eu estava bem antes de conhecer minha esposa e posso aprender a ficar bem novamente se for preciso. Ser feliz no casamento é apenas minha preferência e não tenho controle total sobre o resultado — é preciso duas pessoas, afinal de contas.

Vencendo as palavras de vítima

As palavras de vítima, tais como *fraco, impotente, vulnerável, oprimido* e *indefeso,* o colocam em um buraco profundo, além de preenchê-lo com uma sensação de medo e vulnerabilidade. Elas fazem com que você sinta como se fosse impossível encontrar uma saída e que a esperança permanece fora de seu alcance. Assim como com outras palavras de preocupação, só raramente elas transmitem a verdade absoluta.

No entanto, as palavras de vítima podem se tornar o que se conhece como profecias autorrealizadoras. Se você *acha* impossível alcançar um objetivo, é provável que não consiga chegar lá. Se você *acha* que é fraco, não vai se valer de seus recursos de enfrentamento. Como alternativa, pense na lógica de suas palavras de vítima. Existe alguma coisa que você possa fazer para remediar ou pelo menos melhorar seu problema?

Reúna provas para refutar as palavras de vítima que aparecem em sua autofala. Pergunte a si mesmo se você já conseguiu lidar com uma situação semelhante antes. Pense em um amigo, um conhecido ou qualquer pessoa que tenha conseguido lidar com um fardo igual ao seu de forma bem-sucedida.

Depois de considerar a lógica e as provas, pergunte se as palavras de vítima o fazem se sentir melhor, mais calmo ou menos ansioso. Se a resposta for negativa, substitua essas palavras por outras, como nos exemplos a seguir:

✔ **Vítima:** Tenho uma doença fatal e sou totalmente impotente para fazer algo a esse respeito.

Alternativa racional: Tenho uma doença que, de fato, é muitas vezes fatal. No entanto, posso explorar cada possibilidade, desde novos tratamentos experimentais até aqueles alternativos. Se isso não funcionar, ainda posso encontrar um sentido para o resto de minha vida.

✔ **Vítima:** Sinto-me esmagado pela dívida, impotente e não tenho outras opções além de declarar falência.

Alternativa racional: Tenho uma dívida considerável. Todavia, eu poderia ir a uma agência de consultoria de crédito, especializada em renegociação de taxas de juros e pagamentos. Também posso obter um segundo emprego, de meio expediente, e ir pagando as contas. Se, no fim de tudo, eu tiver que declarar falência, poderei restabelecer meu crédito, lentamente.

Capítulo 7

Destruindo Suas Suposições Inquietantes

Neste Capítulo

▶ Compreendendo como algumas crenças o tornam ansioso
▶ Descobrindo suas suposições inquietantes
▶ Desafiando suas crenças ansiosas
▶ Substituindo suas convicções preocupantes

Algumas pessoas amam discursar para multidões, outras tremem à simples ideia de falar em público. Já notou como as pessoas respondem a críticas? Algumas as rejeitam, outras ficam zangadas e ainda há aquelas que ficam extremamente constrangidas. Enquanto uma pessoa pode ficar ansiosa com o tráfego, aviões ou saúde, outra fica assim com as finanças e há, ainda, a que tem ansiedade apenas por ficar perto de insetos. Poucas pessoas raramente ficam ansiosas por tudo.

Este capítulo explica por que pessoas diferentes respondem ao mesmo evento de maneiras diversas. Nós lhe mostramos como certas crenças ou suposições sobre si mesmo e o mundo o fazem ter uma determinada reação a respeito do que acontece. Essas crenças são também chamadas *esquemas*. Uma forma de pensar sobre esses esquemas ou crenças é encará-los como lentes ou vidros através dos quais você vê. Como você sabe, às vezes as lentes podem ser turvas, sujas, enfumaçadas, quebradas, distorcidas, cor-de-rosa ou límpidas. Algumas lentes do esquema tornam as pessoas assustadas ou ansiosas quando veem seu mundo através delas. Nós as chamamos de *esquemas ansiosos* ou *suposições inquietantes*.

Nós lhe mostramos como certos esquemas ansiosos causam preocupações e ansiedade excessivas. Essas crenças vêm principalmente de suas experiências de vida — o que não significa que você seja imperfeito. Claro, como discutido no Capítulo 3 e em outros lugares, todos os aspectos da ansiedade são também influenciados por fatores biológicos. O questionário contido neste capítulo o ajuda a descobrir como suposições podem inquietá-lo ou provocar ansiedade. Nós fornecemos maneiras para desafiar esses esquemas ansiosos.

Substituir suas suposições inquietantes por *esquemas tranquilizantes* pode reduzir sua ansiedade.

Consideramos os termos *esquemas ansiosos* e *suposições inquietantes* como equivalentes, mas gostamos de misturá-los porque nos entediamos com facilidade.

Compreendendo as Suposições Inquietantes

Um *esquema* é algo que você presume estar correto sem questionar. Você não pensa sobre tais suposições ou esquemas e, em vez disso, pressupõe que são verdades básicas. Por exemplo, você provavelmente acredita que o outono vem depois do verão e que uma pessoa que lhe dá um sorriso é amigável enquanto alguém que olha zangado não é. Você supõe, sem pensar, que uma luz vermelha significa pare e uma verde significa siga. Suas suposições fornecem um mapa para guiá-lo pela vida de uma forma rápida e eficaz.

Isso não é necessariamente uma coisa ruim. Seus esquemas o guiam por seus dias com menos esforço. Por exemplo, a maioria das pessoas supõe que seus salários chegarão mais ou menos numa hora certa. Essa suposição permite que elas façam planos para o futuro, paguem contas e evitem preocupações desnecessárias. Se elas não pensassem assim, teriam que verificar, constantemente, com seus chefes ou departamentos financeiros para confirmar a entrega tempestiva de seus cheques, o que irritaria todos os envolvidos. Infelizmente, o esquema de espera do salário é quebrado quando os trabalhos estão escassos ou as dispensas aumentam. É compreensível que aqueles que recebem seus salários regularmente se sintam bastante ansiosos quando isso não ocorre.

Da mesma forma, quase todas as pessoas possuem suposições (ou esquemas) sobre comida. Elas assumem que podem consumir com segurança a comida vendida no mercado — apesar de matérias ocasionais a respeito de lojas que oferecem comidas estragadas. Por outro lado, pode-se supor que não haja muita segurança para o consumo de comestíveis vendidos em uma esquina de um país do terceiro mundo. Muitos turistas evitam esses alimentos mesmo se eles estiverem bons, de fato. Assim, embora as pessoas ajam em seus esquemas e suposições, elas não estão sempre certas ao fazerem isso.

Como você pode ver, às vezes os esquemas deixam de fornecer informações úteis. Eles podem até mesmo distorcer a realidade de tal forma que provocam uma angústia considerável. Por exemplo, antes de dar uma palestra, você pode tremer, agitar-se e suar. Pode se preocupar com tropeçar sobre suas palavras, deixar cair suas anotações ou, pior ainda, desmaiar de medo. Ainda que essas coisas tenham raramente acontecido quando deu palestras anteriormente, você sempre supõe que acontecerão dessa vez. Esse pavor do constrangimento provém de um esquema ansioso.

Esquemas ansiosos supõem o pior a respeito de você ou do mundo — e normalmente estão incorretos.

Quando ativadas, suposições inquietantes causam ansiedade e preocupações. Infelizmente, a maioria das pessoas nem sequer sabe que possui esses esquemas. Portanto, tais suposições podem não ser contestadas por muitos anos ficando, assim, livres para estimular a ansiedade.

Examinando os Esquemas Ansiosos

Talvez você esteja curioso sobre se possui algum esquema ansioso. As pessoas normalmente nem sequer sabem se têm essas crenças perturbadoras e, assim, não as questionam. Desafiar suposições inquietantes deve começar com o conhecimento daquelas que você possui. Nas seções seguintes, nós identificamos cinco esquemas ansiosos e fornecemos um questionário para ajudá-lo a determinar se você sofre de algum deles.

Reconhecendo esquemas

Descobrimos, em nosso trabalho com clientes, que cinco principais esquemas ansiosos os incomodam:

- **Perfeccionismo**: Os perfeccionistas supõem que devem fazer tudo corretamente ou terão falhado completamente e as consequências serão devastadoras. Eles ruminam sobre detalhes menores.
- **Aprovação**: Viciados em aprovação supõem que devem obter a aprovação dos outros, a qualquer custo para si mesmos. Eles não suportam críticas.
- **Vulnerabilidade**: Aqueles afligidos pela suposição de vulnerabilidade sentem-se à mercê das forças da vida. Preocupam-se o tempo todo sobre possíveis desastres.
- **Controle**: Aqueles com a suposição de controle sentem que não podem confiar nem contar com ninguém a não ser consigo mesmos. Eles sempre querem ser o motorista — nunca o passageiro.
- **Dependência**: Aqueles com a suposição de dependência sentem que não podem sobreviver por conta própria e buscam a ajuda dos outros.

Esses esquemas ansiosos exercem uma influência poderosa na maneira como você responde às circunstâncias. Por exemplo, imagine que a maioria dos comentários que você receba em uma análise de performance no trabalho seja bastante positiva, mas uma frase descreva um problema menor. Cada esquema causa uma reação diferente:

- **Se você possui o esquema perfeccionista,** se repreende severamente por sua falha e nem enxerga os comentários positivos.
- **Se você possui o esquema de aprovação,** fica obcecado se seu chefe ainda gosta de você.
- **Se você possui o esquema de vulnerabilidade,** acredita que está prestes a perder seu emprego e, depois, sua casa e seu carro.
- **Se você possui um esquema de controle,** acha que trabalhar para outra pessoa faz com que você se sinta sem controle e impotente.
- **Se você possui o esquema de dependência,** busca o apoio e a ajuda dos outros. Pede a seus colegas de trabalho para intervirem em seu favor junto ao chefe.

Vários indivíduos reagem de maneira completamente diferente ao mesmo evento, dependendo de quais sejam suas suposições. Apenas imagine a reação de alguém que possua vários desses esquemas ao mesmo tempo. Uma frase em uma análise de performance pode dar início a uma enorme tempestade emocional de ansiedade e angústia.

Você pode ter um ou mais desses esquemas ou suposições criadoras de ansiedade em um nível ou outro. Responder ao questionário da seção seguinte o ajuda a descobrir que esquema ansioso você possui, se é que tem algum.

Avaliando suas suposições inquietantes

Na Tabela 7-1, marque "V" na coluna se a frase ao lado for verdadeira em relação a você; marque "F" para aquela que for falsa. Por favor, não marque "V" nem "F" baseado simplesmente em como você acha que *deveria* ser e sim em como você realmente age e responde aos acontecimentos em sua vida.

Tabela 7-1		O Questionário de Esquemas Ansiosos
V	F	*Perfeccionismo*
		Se não sou bom em algo, é melhor não fazê-lo.
		Sinto-me horrível quando cometo um erro.
		Penso que se vale a pena fazer algo, isso deve ser feito com perfeição.
		Não suporto ser criticado.
		Não quero passar meu trabalho para ninguém até que esteja perfeito.
V	F	*Aprovação*
		Preocupo-me frequentemente com o que as outras pessoas pensam.
		Sacrifico minhas necessidades para agradar os outros.
		Odeio falar para um grupo de pessoas.

Capítulo 7: Destruindo Suas Suposições Inquietantes

V	F	**Aprovação**
		As pessoas não gostarão de mim se eu não for legal o tempo todo.
		Raramente consigo dizer não às pessoas.
V	**F**	**Vulnerabilidade**
		Fico preocupado se as coisas dão errado.
		Preocupo-me bastante com minha segurança, saúde e finanças.
		Sinto-me muitas vezes como uma vítima das circunstâncias.
		O futuro me preocupa muito.
		Sinto-me bastante impotente na maior parte do tempo.
V	**F**	**Controle**
		Odeio receber ordens de qualquer pessoa.
		Gosto de participar de tudo.
		Detesto deixar meu destino nas mãos de outros.
		Nada seria pior do que perder o controle.
		Saio-me muito melhor como líder do que como seguidor.
V	**F**	**Dependência**
		Não sou nada, a menos que alguém me ame.
		Nunca poderia ser feliz sozinho.
		Peço conselho sobre a maioria das coisas que faço.
		Preciso de muito apoio.
		Raramente faço coisas sem outras pessoas.

A maioria das pessoas marca um ou mais itens como verdadeiros. Portanto, não fique muito preocupado se você achar que várias declarações se aplicam a você. Por exemplo, quem não odeia ser constrangido? A maioria das pessoas se preocupa com o futuro, pelo menos um pouco.

Então, como saber se tem um problema com uma dessas afirmações? Você começa por analisar uma de cada vez. Se marcou um ou mais itens como verdadeiros, isso aumenta a possibilidade de que essa suposição cause algum problema para você. A quantidade de problemas depende de quanta angústia você sente.

Pergunte-se o que o faz se sentir especialmente ansioso. Tem a ver com um ou mais itens que você marcou como verdadeiros? Na hipótese afirmativa, você provavelmente luta com esse esquema ansioso. Abordamos cada um deles e como superá-lo mais adiante, neste capítulo.

Se muitas dessas suposições inquietantes se aplicam a você, não fique deprimido! Provavelmente terá desenvolvido seus esquemas ansiosos por boas razões. Você devia se parabenizar por começar a compreender o problema; esse é o primeiro passo para se sentir melhor.

Desenvolvendo uma Crise de Esquemas Ansiosos

Se você sente muita ansiedade, uma ou mais suposições inquietantes certamente lhe causam problemas. Mas é especialmente importante saber que você não está louco por tê-las! As pessoas adquirem esses esquemas de duas maneiras totalmente compreensíveis:

- Quando experiências na infância impedem o desenvolvimento de uma sensação razoável de segurança, aceitação ou aprovação.
- Quando acontecimentos chocantes e traumatizantes destroem suposições mantidas anteriormente.

As seções seguintes explicam em mais detalhes como essas experiências levam a esquemas ansiosos.

Adquirindo suposições na infância

Você talvez tenha sido um dos sortudos que passaram pela infância sentindo-se amados, aceitos e seguros. Talvez você tenha vivido em um lar com dois pais amorosos, um cão, um carro e uma cerca branca, ou talvez não. Você provavelmente não teve uma infância perfeita, muitas pessoas não têm. Na maior parte do tempo, seus pais provavelmente fizeram o melhor que puderam, mas eles eram humanos. Talvez tivessem temperamentos ruins ou problemas financeiros. É possível que tivessem vícios ou deixaram de cuidar de sua segurança da maneira devida. Por essas e muitas outras razões, você pode ter adquirido uma ou mais suposições inquietantes.

O exemplo a seguir ilustra a época da vida mais comum para o desenvolvimento de esquemas ansiosos: a infância.

> **Haroldo** desenvolveu sua suposição inquietante quando era criança. Sua mãe raramente lhe dava aprovação. Ela criticava duramente quase tudo o que ele fazia. Por exemplo, seu quarto nunca estava limpo o suficiente e suas notas nunca eram satisfatoriamente boas. Mesmo quando ele trazia um presente para sua mãe, ela lhe dizia que era da cor ou tamanho errado. Ele sentia que não podia fazer quase nada certo.
>
> Lenta, mas certamente, Haroldo adquiriu uma suposição inquietante — "Eu devo ser absolutamente perfeito ou serei um fracasso total". Ser perfeito é bastante difícil. Então, você pode imaginar porque ele agora se sente ansioso na maior parte do tempo.

Note que o esquema ansioso de Haroldo sobre perfeição não surgiu de um único e compacto evento. Em vez disso, uma série de críticas e correções construiu seu esquema de perfeição ao longo do tempo. Infelizmente, seu esquema continua a incomodá-lo quando adulto.

Não questione as suposições inquietantes que eventualmente possuir, acredite nelas sinceramente. Assim como Haroldo supõe que o céu é azul, ele acredita que ou é perfeito ou um completo fracasso. Quando Haroldo inicia um projeto, ele sente uma intensa ansiedade devido a seu mórbido medo de cometer um erro. A suposição inquietante de Haroldo é de um perfeccionismo doloroso, e isso o torna infeliz, mas ele não sabe por quê.

Despedaçando suas suposições razoáveis

Esquemas ansiosos com frequência surgem durante a infância (veja a seção anterior), mas nem sempre. Às vezes, o que parece ser um acontecimento comum, ainda que infeliz, pode levar a um esquema ansioso. O exemplo a seguir ilustra como a vida atual pode criar uma suposição inquietante.

> **Beto** sempre supôs, como a maioria das pessoas, que trabalhar bastante e poupar seu dinheiro lhe garantiriam futuro financeiro e aposentadoria seguros. Ele trabalhou na loja de serviços e peças para automóveis de sua família durante 25 anos. Segue o conselho de seu consultor financeiro e, aos 50 anos de idade, coloca metade de seu dinheiro no mercado de ações. A economia sofre um golpe terrível e a loja dispensa a maioria de seus empregados. Beto relutantemente aplica uma parte substancial de suas economias na manutenção de seu negócio. Então, o mercado de ações tem uma queda e Beto vê que seus ganhos duramente conquistados praticamente evaporaram. Finalmente, a loja fecha suas portas e Beto procura por emprego.
>
> Aos 50 anos, ele percebe que é pouco provável que encontre algo que pague o que ele costumava ganhar com o negócio da família. Em vez de buscar formas de desenvolver novas habilidades ou opções, ele senta desanimado, acompanhando o mercado de ações por várias horas, todo dia.
>
> Beto, antes seguro e autoconfiante, sente-se inseguro, preocupado e obcecado a respeito de sua situação financeira. Ele formou uma nova suposição — um esquema de vulnerabilidade focado no dinheiro. Ele se preocupa constantemente sobre como vai se sair financeiramente.

Beto tinha uma razão muito boa para agir dessa forma e, como a maioria das suposições inquietantes, seu esquema contém alguma verdade — você nunca sabe com certeza o que o futuro lhe trará. No entanto, assim como ocorre com todas as suposições inquietantes, o problema está no fato de Beto subestimar sua habilidade de adaptação e enfrentamento. Por essa razão, ele agora passa seus dias dedicado a uma obsessão improdutiva em vez de mudar seus objetivos e estilo de vida enquanto desenvolve novas habilidades e possibilidades.

Carros: Um meio de transporte perigoso?

Apesar de muitas pessoas superestimarem os riscos de dirigir um carro, você deve saber que isso realmente envolve perigos significativos. O National Safety Council (Conselho Nacional de Segurança) comparou a viagem de ônibus, aviões, trens e carros. As mortes em acidentes de carro excederam muito aquelas ocorridas por todos esses outros meios de transporte juntos. Soa assustador, não? Entretanto, as chances de morrer em seu carro não parecem tão ruins. Para cada 160 milhões de quilômetros rodados, há menos que uma fatalidade.

Talvez você se considere imune a excessivas quantidades de ansiedade, mas não pule tão rapidamente para essa conclusão. Na verdade, muitas pessoas que leem nossos livros são terapeutas ou conselheiros que possuem habilidades e ferramentas que os mantêm calmos na maior parte do tempo. Não obstante, esquemas ansiosos podem surgir para qualquer um a todo momento. A história real a seguir, sobre a Dra. Laura Smith (coautora deste livro), é um exemplo ilustrativo.

> Uma noite, a Dra. Smith sentou-se no salão de cabeleireiro. De repente, um ladrão surgiu exigindo que todos deitassem no chão, com o rosto para baixo, e entregassem suas joias e dinheiro. Ele brandia uma pistola Magnum 44 para enfatizar seu objetivo. Pouco depois do incidente, a Dra. Smith notou que havia adquirido a suposição inquietante de vulnerabilidade. Ela percebeu que passou a se preocupar com segurança muito mais do que antes. Começou a esquadrinhar nervosamente os estacionamentos e a saltar ao ouvir barulhos altos. Quando se viu acordando com pesadelos, soube que a suposição de vulnerabilidade estava criando problemas e que precisava fazer algo a respeito. Então, usou algumas das técnicas descritas neste livro, especialmente no Capítulo 8. Elas incluem voltar, gradualmente, à cena do crime, falar sobre ele e relaxar. Logo, seu esquema de vulnerabilidade começou a desaparecer. A propósito, faz quase dez anos e ela ainda vai ao mesmo salão de cabeleireiro.

Esquemas ansiosos podem começar quando você é muito jovem — talvez com apenas quatro ou cinco anos de idade — ou podem surgir muito mais tarde. De qualquer forma, eles causam problemas.

Desafiando Aquelas Suposições Desagradáveis: Uma Análise de Custo/Benefício

Depois de fazer nosso teste e descobrir sobre esquemas ansiosos nas seções anteriores, agora você tem uma ideia melhor sobre quais deles podem estar lhe dando problemas. Nos velhos tempos, muitos terapeutas lhe teriam dito que *insight* é suficiente. Nós discordamos. Finja que você acabou de fazer um exame oftalmológico e descobriu que sofre de miopia grave. Uau, você tem *insight*! Mas o que isso muda? Não muito. Você ainda anda por aí esbarrando nos móveis.

Você está prestes a conseguir uma receita para ver através de suas suposições problemáticas. Ela começa com uma análise de custo/benefício que prepara o caminho para fazer mudanças.

Talvez você pense que sua suposição perfeccionista é boa e apropriada. É possível que julgue que lucrou com seu perfeccionismo e que ele o ajudou a realizar mais em sua vida. Se for assim, por que você iria querer desafiá-lo ou mudá-lo? A resposta é simples. Você não iria querer.

Portanto, você precisa olhar fria e duramente para os custos, bem como para quaisquer benefícios possíveis do perfeccionismo. Fazer algo sobre seu perfeccionismo somente terá sentido se os custos superarem os benefícios. Depois de olhar para os exemplos nas próximas cinco seções, consulte "Desafiando seus próprios esquemas ansiosos" para obter instruções sobre como conduzir uma análise custo/benefício para seus problemáticos esquemas ansiosos pessoais.

Analisando a perfeição

O primeiro passo para a mudança é saber que esquemas ansiosos problemáticos o espreitam em sua mente. No entanto, apenas saber disso não vai levá-lo até lá. Você precisa se sentir motivado para fazer mudanças. Mudar exige esforço e, francamente, é muito difícil. A história sobre Priscila mostra alguém que tem o esquema de perfeição e como ela encontra a motivação para mudar sua suposição através de uma análise custo/benefício.

Priscila, uma advogada bem-sucedida, trabalha cerca de 70 horas por semana. Seu armário está cheio de tailleurs e ela usa seu perfeccionismo como um distintivo de honra. Priscila se exercita para manter sua boa forma e consegue comparecer aos eventos sociais certos. Aos 43 anos de idade, ela está no ápice de sua profissão. Muito ocupada para ter uma família própria, adora sua sobrinha de 9 anos de idade, a quem dá presentes generosos em feriados.

Priscila fica chocada quando seu médico lhe diz que sua pressão arterial está fora de controle e pergunta sobre o estresse em sua vida. Ela diz que não há nada com que ela não possa lidar. Ele pergunta sobre seus hábitos de sono e ela responde: "Que sono?".

Priscila está com problemas e nem mesmo sabe. Acredita que seu alto salário é devido a seus padrões rígidos e que não pode moderá-los nem um pouco.

Há pouca esperança de Priscila mudar seu esquema ansioso de perfeição, se ela não enfrentá-lo direta e abertamente. Seu médico sugere que ela procure um psicólogo, que a aconselha a fazer uma análise de custo/benefício de suas ideias de perfeição.

Essa análise começa com uma lista de todos os benefícios imagináveis de uma suposição inquietante. É importante incluir todos aqueles que sua imaginação possa reunir. Então, e somente então, você deve começar a pensar sobre os custos da suposição. Dê uma olhada na Tabela 7-2 para saber o que Priscila vê como benefícios do perfeccionismo.

Tabela 7-2 Análise de Custo/Benefício do Esquema Perfeccionista de Priscila: Parte 1

Benefícios	Custos
Minha renda é maior por causa de meu perfeccionismo.	
Raramente cometo erros.	
Sou muito respeitada por meu trabalho.	
Sempre me visto profissionalmente e tenho boa aparência.	
Outras pessoas me admiram.	
Sou um modelo para minha sobrinha.	

O carinho de Priscila por seu perfeccionismo não é de surpreender. Lhe é fácil preencher os benefícios em sua análise de custo/benefício, mas e os custos? Priscila provavelmente terá que fazer muito mais esforço para completar os custos, ela pode até ter que pedir ideias a outras pessoas. Agora, examine na Tabela 7-3 o que ela escreve depois de trabalhar na tarefa e consultar outras pessoas.

Tabela 7-3   Análise de Custo/Benefício do Esquema Perfeccionista de Priscila: Parte 2

Benefícios	Custos
Minha renda é maior por causa do meu perfeccionismo.	Não tenho muito tempo para me divertir.
Raramente cometo erros.	Estou ansiosa e talvez por isso minha pressão arterial esteja tão alta.
Sou muito respeitada pelo meu trabalho.	Não tenho muitos amigos.
Sempre me visto profissionalmente e tenho boa aparência.	Gasto muito tempo e dinheiro em roupas e maquiagem.
Outras pessoas me admiram.	Fico muito irritada quando as pessoas não estão em meu nível.
Sou um modelo para minha sobrinha.	Algumas pessoas me odeiam por meus padrões rigorosos e expectativas a respeito deles. Perdi diversas secretárias nos últimos seis meses.
	Quase nunca vejo minha sobrinha, porque estou sempre ocupada.
	Às vezes, bebo demais para relaxar.
	Na verdade, acho que meu foco no trabalho me impediu de encontrar uma relação significativa.
	Meu esquema faz com que eu demore porque não consigo fazer as coisas perfeitamente. Isso às vezes me faz perder prazos.

A análise custo/benefício ajuda a saber se você realmente quer desafiar suas suposições inquietantes. Você provavelmente concorda que o exemplo de Priscila mostra mais custos do que benefícios. Mas espere, ainda não terminou. O último passo é examinar, cuidadosamente, se você perderia todos os benefícios ao mudar a suposição.

Por exemplo, Priscila atribui seu alto salário à sua dedicação e longas horas de trabalho. Talvez ela esteja parcialmente certa, mas sua renda desapareceria se trabalhasse um pouco menos? Provavelmente, sua renda poderia diminuir um pouco, mas com menos ansiedade, ela poderia aumentar sua eficiência o suficiente para fazer a diferença. Se fosse menos irritável, ela seria capaz de manter sua equipe de secretárias e ganhar eficiência ali também. Será que Priscila realmente começaria a cometer mais erros se relaxasse seus padrões? Pesquisas sugerem que a ansiedade excessiva diminui o desempenho. Com relação à sua sobrinha, Priscila não está realmente recebendo o benefício que pensa porque não está por perto o suficiente para servir como um modelo eficaz. Finalmente, Priscila é mais temida do que admirada. Como você pode ver, muitas vezes os benefícios vindos de uma suposição desaparecem após uma inspeção rigorosa.

Ansiedade: Quanto é demais?

Um pouco de ansiedade parece melhorar o desempenho e reduzir os erros, pois canaliza atenção e esforços para a tarefa que se está desempenhando. Sem ansiedade, as pessoas não fazem as coisas seriamente nem se preparam o suficiente. No entanto, quando o perfeccionismo atinge patamares extremos, o mesmo acontece com a ansiedade e o desempenho cai. Quando em excesso, a ansiedade interfere na capacidade de se recordar informações previamente aprendidas e os erros se multiplicam. É por isso que as pessoas com esquemas de perfeição muitas vezes têm severa ansiedade de teste. Elas sabem o assunto, mas sua ansiedade faz com que esqueçam o que aprenderam antes. Seu medo da imperfeição causa o que temem.

Organizando a aprovação

Viciados em aprovação constantemente desejam ser admirados e aceitos pelos outros. Eles se preocupam com rejeição e críticas. Constantemente esquadrinham o rosto das pessoas em busca de qualquer sinal de desaprovação. Pessoas com esse esquema ansioso muitas vezes interpretam mal as intenções dos outros. No entanto, elas estão relutantes em abrir mão de seu esquema ansioso de aprovação. Isso porque temem que largar seu hábito de preocupação resulte em abandono ou rejeição.

> **Andréa**, uma estudante de pós-graduação em serviço social, tem de se encontrar a cada semana com seu orientador para a supervisão de seu estudo de caso. Ela tem pavor das sessões de supervisão, sempre temendo que seja criticada. Andréa faz por seus clientes qualquer coisa que ache que possam precisar — gastando horas de seu tempo, até mesmo executando tarefas para eles, se pedirem. Seu supervisor tenta dizer-lhe para evitar oferecer ajuda excessiva a seus clientes, dizendo que se esforçar para agradá-los não ajudará ninguém. Ela chora depois de ouvir os comentários de seu supervisor.
>
> No entanto, os piores temores de Andréa se relacionam às exigidas apresentações na frente dos colegas da pós-graduação. Antes de dar palestras, ela passa muito tempo no banheiro, sentindo-se mal. Durante animadas discussões em sua classe, Andréa permanece quieta e quase nunca toma partido. Ela é viciada em aprovação.
>
> Andréa caminha calmamente pela vida. As pessoas raramente a criticam. Não correndo riscos, ela evita constrangimentos; é bondosa e as pessoas gostam dela. O que há de errado nisso?
>
> Bem, uma análise de custo/benefício do esquema de aprovação de Andréa revela que as pessoas passam por cima dela. Também mostra que os colegas não conseguem apreciar quão brilhante ela é porque ela raramente fala em sala de aula. Andréa negligencia suas próprias necessidades e, às vezes, se

sente ressentida quando faz tanto pelos outros e eles fazem tão pouco para retribuir o favor. O vício de aprovação de Andréa não lhe dá o que espera. Claro, ela raramente recebe críticas, mas porque assume tão poucos riscos, nunca recebe a aprovação nem os elogios que realmente quer.

Examinando a vulnerabilidade

O esquema ansioso de vulnerabilidade aflige as pessoas com preocupações sobre sua segurança e sustento. Elas atravessam seus mundos em elevado e constante estado de alerta. Pessoas com esse esquema muitas vezes recebem um diagnóstico de Transtorno de Ansiedade Generalizada (veja o Capítulo 2). O exemplo a seguir ilustra alguém com o esquema de vulnerabilidade.

> **Pedro**, graduado em administração, recebe uma promoção que exige que se mude para a Califórnia, o que ele recusa porque teme cidades grandes e terremotos. Pedro vê a previsão do tempo e assiste ao noticiário antes de se aventurar a ir a qualquer distância de sua casa e evita dirigir se o rádio relata qualquer possibilidade de mau tempo. A preocupação de Pedro limita sua vida. Ele também se preocupa com sua saúde e costuma visitar seu médico, queixando-se de sintomas vagos, tais como náusea, dores de cabeça e fadiga. O médico de Pedro sugere que sua preocupação pode estar causando muitos de seus problemas físicos. Ele pede que Pedro preencha uma análise de custo/benefício de seu esquema de vulnerabilidade, que você pode ver na Tabela 7-4.

Tabela 7-4   Análise de Custo/Benefício do Esquema de Vulnerabilidade de Pedro

Benefícios	Custos
Mantenho-me seguro.	Preocupo-me o tempo todo.
Esforço-me para me manter saudável.	Às vezes, não consigo parar de pensar em minha saúde.
Fico longe do perigo.	Preocupo-me tanto com me machucar que nunca gostei de coisas que outras pessoas fazem, como esquiar ou viajar.
Sou mais cuidadoso do que a maioria das pessoas quanto à poupança para aposentadoria.	Preocupo-me tanto com o amanhã que esqueço de aproveitar o hoje.
Não corro riscos desnecessários.	Meu médico me diz que minha preocupação provavelmente prejudica a minha saúde mais do que qualquer coisa.
	Preocupo-me tanto que cometo erros.
	Minha preocupação arruína minha capacidade de valorizar o que é importante na vida.

Alguém tão entrincheirado como Pedro em seu esquema de vulnerabilidade certamente não vai desistir só por causa de sua análise custo/benefício. No entanto, essa análise faz a ficha cair, mostrando-lhe que sua suposição está lhe custando muito. O exercício o motiva a começar a pensar em fazer algumas coisas de forma diferente.

Calculando o controle

As pessoas que têm um esquema ansioso de controle só se sentem confortáveis quando seguram as rédeas. Temem que os outros não vão fazer o que é necessário para manter o mundo estável e seguro. Abrir mão do controle faz com que se sintam impotentes. Ao mesmo tempo, muitas pessoas com essa suposição temem perder o controle e se sentiriam em apuros se isso viesse a acontecer.

> **Paulo**, o chefe de uma divisão em sua empresa de engenharia, gosta de ordem em sua vida. Seus funcionários o conhecem como um capataz que controla minuciosamente. Paulo se orgulha do fato de que, embora peça muito, ele exige mais de si do que de seus empregados. Ele emite ordens e espera resultados imediatos. Sua divisão lidera a empresa na produtividade.
>
> Você pode pensar que Paulo está se dando bem. Certamente soa como se sua questão com o controle esteja sendo compensada generosamente. Mas procure mais e verá uma imagem diferente. Embora conhecida pela produtividade, sua divisão é vista como sem criatividade e supera todas as outras em pedidos de transferência. O custo real da suposição de controle de Paulo desaba quando, aos 46 anos de idade, ele sofre seu primeiro ataque cardíaco.

Paulo passou muitos anos se sentindo estressado e ansioso, mas nunca olhou atentamente para a questão. A busca de Paulo por controle rende-lhe o oposto do que ele quer. Finalmente, ele perde o controle de sua vida e da saúde.

Se o controle é uma de suas suposições inquietantes, faça uma análise de custo/benefício. Você não tem que ter o mesmo destino de Paulo.

Debatendo a dependência

Pessoas com um esquema de dependência se voltam para os outros quando as coisas ficam difíceis ou sempre que são muito fáceis. Elas não se sentem capazes. Acreditam que precisam dos outros para ajudá-las em qualquer dificuldade. Infelizmente, as pessoas com o esquema ansioso de dependência muitas vezes perdem aquelas de quem dependem mais. Por quê? Elas as esgotam. A próxima história sobre Daniel é típica.

> **Daniel** morava com seus pais até que, aos 31 anos de idade, casou-se com Dóris. Ele a conheceu online e, depois de apenas alguns encontros, decidiu casar com ela. Dóris parecia independente e segura, qualidades que Daniel almejava, mas não possuía. No início de seu relacionamento,

ela gostava da atenção constante de Daniel. Hoje, ele ainda liga para o trabalho dela três ou quatro vezes por dia, pedindo conselhos sobre trivialidades e, às vezes, buscando garantia de que ela ainda o ama. Se ela está cinco minutos atrasada, ele fica fora de si, pois sempre se preocupa que ela irá deixá-lo. Amigos de Dóris lhe dizem que não têm certeza se Daniel conseguiria ir ao banheiro sozinho. Ele acredita que não pode sobreviver sem ela. Depois que ele se demite de vários trabalhos porque "eles são muito difíceis", Dóris ameaça se divorciar. Daniel finalmente procura um terapeuta que faz com que ele faça uma análise de custo/benefício de seu esquema de dependência, como mostrado na Tabela 7-5.

Tabela 7-5   Análise de Custo/Benefício do Esquema de Dependência de Daniel

Benefícios	*Custos*
Busco pessoas para me ajudarem quando preciso.	Nunca descubro como lidar com problemas, tarefas, situações e pessoas difíceis.
Outras pessoas tomam conta de mim.	Às vezes, as pessoas se ressentem de ter que cuidar de mim.
A vida não é tão assustadora quando eu tenho alguém para me apoiar.	Minha esposa odeia que eu ligue para ela o tempo todo.
Não é minha culpa quando surgem os problemas ou os planos não dão certo.	Minha esposa fica zangada quando não tomo a iniciativa.
Nunca estou sozinho porque sempre me certifico de que há alguém por perto.	Posso afastar minha esposa se continuar a depender tanto dela.
Minha vida fica mais fácil quando outra pessoa cuida dos assuntos.	Às vezes, eu gostaria de cuidar de algo, mas acho que vou estragar tudo.
	Não descobri como comandar muito bem. Às vezes, me sinto como um filhinho da mamãe.

Não é provável que apenas essas afirmações façam com que Daniel desista de sua suposição defeituosa de dependência. Entretanto, uma análise de custo/benefício pode fornecer um impulso inicial. Uma mudança significativa custa tempo e trabalho.

Desafiando seus próprios esquemas ansiosos

Você pode realizar sua própria análise de custo/benefício. Veja a lista de suposições inquietantes na seção "Examinando os Esquemas Ansiosos", anteriormente, neste capítulo. Quais delas o perturbam? Se você ainda não tiver respondido ao Questionário de Esquemas Ansiosos da Tabela 7-1, faça isso agora e veja suas respostas. Você tende para a perfeição, busca a aprovação, vulnerabilidade, controle, dependência ou talvez possua uma combinação desses esquemas?

Em primeiro lugar, determine que esquema se aplica a você: se o questionário mostrar que sofre de mais de um esquema, selecione um. Em seguida, usando o formato da Tabela 7-5, preencha todos os benefícios que você puder imaginar para o seu esquema ansioso na coluna da esquerda. Depois, preencha os custos na coluna da direita. Consulte as análises de custo/benefício que Priscila, Pedro e Daniel (veja as Tabelas 7-3, 7-4, e 7-5, respectivamente) preencheram no início do capítulo.

Se você ficar travado ao preencher a coluna de custos, peça ajuda a um amigo ou parceiro em quem confie. Buscar ideias não significa necessariamente que você está agindo com base em uma suposição inquietante ou que você é excessivamente dependente. Às vezes, você só precisa da perspectiva de outra pessoa para enxergar o que sua ansiedade está lhe custando.

Quando você terminar sua análise de custo/benefício, examine novamente cada um dos benefícios. Pergunte a si mesmo se eles realmente desaparecerão se você mudar sua suposição inquietante. Priscila, a perfeccionista, acredita que seu salário é maior em decorrência de seu perfeccionismo, mas será que isso é verdade? Muitas pessoas relatam que cometem mais erros quando se sentem sob pressão. O perfeccionismo, no mínimo, causa pressão. Então, isso provavelmente não significa que os perfeccionistas ganhem mais dinheiro e cometam menos erros. Em igual medida, eles acabam não indo tão bem quanto podiam porque seu perfeccionismo faz com que cometam mais erros.

Quando você olha cuidadosamente os benefícios que, supostamente, recebeu, é provável que descubra, como Priscila, que eles não desaparecerão se você mudar sua suposição.

Da mesma forma, Andréa pensa que não ficará constrangida se não falar na classe. Porém, quando é obrigada a se apresentar em sala de aula, ela fica ainda mais assustada e envergonhada do que se tivesse corrido mais riscos antes. Evitar o que teme parece aumentar suas preocupações. Então, Andréa recebe uma dose dupla do que ela tão desesperadamente queria evitar.

Suposições inquietantes muitas vezes trazem um resultado oposto àquele que você quer. Elas causam preocupação e estresse e raramente lhe dão quaisquer benefícios verdadeiros. Se você vai desistir de suas suposições, é preciso substituí-las por uma perspectiva mais equilibrada.

Projetando Suposições Calmas e Equilibradas

Então, acha que tem que ser perfeito ou que todos devem gostar de você o tempo todo? Você sempre precisa estar no comando? Você sente que não consegue administrar a vida por conta própria? Às vezes você sente que

Capítulo 7: Destruindo Suas Suposições Inquietantes   **125**

o mundo é um lugar perigoso? Essas são as suposições inquietantes que despertam preocupação, estresse e ansiedade.

Outro problema com esses esquemas é que eles contêm um núcleo de verdade. Por exemplo, é bom sentir que as pessoas gostam de você e, às vezes, é bom estar no comando. Também há momentos em que todos nós precisamos depender dos outros. Essa porção de verdade faz com que as pessoas relutem em abandonar suas suposições.

A solução é encontrar novos esquemas equilibrados que possuam uma verdade ainda maior, mas as velhas suposições são como hábitos — difíceis de quebrar. Para tanto, é preciso encontrar um novo hábito para substituir o antigo. Também é necessária muita prática e autocontrole, mas isso não é tão difícil. Você só precisa de um pouco de persistência.

Nas seções seguintes, vamos examinar cada uma das suposições e ajudá-lo a ver como desenvolver uma alternativa mais razoável para substituir a antiga. Tente usar essas perspectivas razoáveis e equilibradas para responder às suas suposições inquietantes quando elas ocorrerem. Finalmente, depois de desenvolver uma nova suposição, tente agir de modo consistente com a nova crença.

Se acha que suas suposições inquietantes governam sua vida e lhe causam intensa ansiedade e sofrimento, talvez você queira consultar um psicólogo ou um profissional de saúde mental. Mas, primeiro, converse com seu médico de confiança para descartar causas físicas. Às vezes, a ansiedade tem uma base física e seu médico pode lhe dar uma recomendação depois que ela tiver sido examinada. Caso consulte um profissional, você ainda vai achar este livro útil, pois os especialistas em ansiedade estão, na maioria, familiarizados com as ferramentas que oferecemos e vão ajudá-lo a implementá-las.

Moderando tendências perfeccionistas

Os perfeccionistas acreditam que têm que ser os melhores em tudo o que fazem. Eles se sentem horríveis quando cometem erros e geralmente se abstêm de tentar fazer aquilo em que não sejam extraordinários. Felizmente, uma boa análise de custo/benefício muitas vezes pode ajudá-los a ver que o perfeccionismo cobra um preço terrível.

Mas ser o quê, além de perfeito? Algumas pessoas pensam que isso significaria ir ao outro extremo. Assim, essas pessoas supõem que se tornariam preguiçosas, sem nenhum tipo de critério, se não fossem perfeitas.

Se está preocupado em desistir de seu esquema perfeccionista, temos uma boa notícia. A alternativa não é o outro extremo! Você pode achar útil copiar, em um cartão, as seguintes declarações, que chamamos de "pontos de vista equilibrados". Você também pode querer pensar em suas próprias alternativas. Apenas certifique-se de que elas apontem para o meio-termo. Leve seu cartão com você como um lembrete para aqueles momentos em que você começa a ficar obcecado com o perfeccionismo.

- ✓ Gosto de fazer bem as coisas, mas é bobagem pensar que tenho que ser o melhor em tudo.
- ✓ Nunca serei bom em tudo e, às vezes, apenas tentar algo novo é muito divertido.
- ✓ Todos cometem erros e preciso lidar com isso quando os cometo.

Os segredos mortais do perfeccionismo

O perfeccionismo compensa... às vezes. É provável que um pouco de perfeccionismo melhore a qualidade de seu trabalho, esportes e outras atividades, contanto que você não o deixe sair do controle. O perfeccionismo é ruim quando fica muito exagerado? Pior do que você pode pensar. Os perfeccionistas frequentemente se tornam procrastinadores radicais só para evitar erros. Não apenas isso, eles desenvolvem com mais frequência vários tipos de transtornos de ansiedade, depressão, doenças físicas e distúrbios alimentares. O pior de tudo, parece que os adolescentes que sofrem de perfeccionismo têm uma taxa maior de suicídio.

Em outras palavras, se você acha, atualmente, que deve ser perfeito e fazer tudo certo, fracassará totalmente; tente pensar em termos menos radicais. Um esquema mais equilibrado é no sentido de que você gosta de fazer as coisas bem, mas *todos os seres humanos cometem erros e você também*. Você não quer estar acima do restante de nós humanos.

Colete provas que refutem a suposição de perfeccionismo. Por exemplo, pense sobre todas as pessoas que admira, mas que cometem erros. Você de repente as vê como imperfeitas, quando erram? Questionável. Use o mesmo padrão para si mesmo.

Equilibrando um viciado em aprovação

Viciados em aprovação querem desesperadamente ser amados todo o tempo. Eles sacrificam suas próprias necessidades a fim de agradar os outros. Posicionar-se a favor de si mesmos é difícil, porque com isso se corre o risco de ofender alguém. Quando criticados, mesmo injustamente, eles tendem a desmoronar.

Mas não é bom querer aprovação das pessoas? Tal como acontece com todos os esquemas ansiosos, é uma questão de grau. Levada muito longe, a suposição de aprovação pode arruinar sua vida.

Mas se você parar de se preocupar em obter a aprovação das pessoas, o que vai acontecer então? Vai acabar isolado, rejeitado e sozinho? A alternativa a ser agradável todo o tempo é falta de educação e arrogância?

Capítulo 7: Destruindo Suas Suposições Inquietantes **127**

Se abandonar seu vício em aprovação o preocupa, temos uma alternativa. Você pode querer levar essas ideias no bolso. Sinta-se livre para criar algumas por si próprio também.

- ✔ O que as outras pessoas pensam é importante, mas não crucial.
- ✔ Algumas pessoas não vão gostar de mim, não importa o que eu fizer; isso é verdade para todos.
- ✔ Preciso começar a prestar atenção às minhas necessidades, ao menos tanto quanto nas das outras pessoas.

Além disso, colete provas que refutem seu esquema ansioso de aprovação. Por exemplo, pense em pessoas de quem gosta e admira que conseguem falar o que pensam e cuidar de suas próprias necessidades. Por que você gosta delas? Não é provável que seja porque abaixam a cabeça para todos seus caprichos. Além disso, você provavelmente perderia o interesse em alguém que fizesse isso.

Se você se sente viciado em aprovação e supõe que deva ser aprovado pelos outros todas as vezes e a qualquer custo, adote uma perspectiva mais equilibrada. Claro, todo mundo gosta de ser querido, mas perceba que não importa o que você faça, algumas pessoas não vão gostar de você em determinados momentos. Tente pensar que suas necessidades importam e que aquilo que os outros pensam de você não define seu valor.

Equilibrando a vulnerabilidade

As pessoas que mantêm o esquema de vulnerabilidade se sentem inseguras e se preocupam constantemente com cada infortúnio concebível. Elas podem se preocupar com segurança, saúde, desastres naturais ou com o futuro; frequentemente se sentem como vítimas das circunstâncias da vida. Se acham impotentes para fazer algo sobre sua sorte. O mundo moderno, com constantes notícias sobre pandemias, catástrofes naturais, ruínas financeiras e terror, provavelmente aumenta a sensação de vulnerabilidade de todos. Não é de se surpreender que as taxas de ansiedade disparem (veja o Capítulo 1).

Pessoas com essa suposição não conseguem entender que se preocupar nunca impediu uma única catástrofe. A preocupação excessiva não pode ajudá-lo a se preparar para o azar inevitável nem para o infortúnio a que todos estão sujeitos.

Sugerir uma melhor alternativa pode mantê-lo razoavelmente seguro, sem toda essa preocupação. Se você quiser abandonar sua suposição de vulnerabilidade, tente levar essas ideias com você e usá-las como mantras, repetindo-as para si mesmo com frequência:

- Preciso ser razoavelmente precavido, mas devo parar de ser obcecado por segurança. Ninguém consegue ficar totalmente preparado para tudo o que possa acontecer.
- Irei ao médico para um exame físico anual, prestarei atenção à nutrição e aos exercícios e seguirei o conselho de meu médico. É inútil ficar me preocupando com minha saúde pois não há nada mais que eu possa fazer além disso.
- Alguns percalços infelizes são imprevisíveis e fora de meu controle. Preciso aceitar o fato de que coisas ruins acontecem; preocupação não é escudo.

Novamente, se você mantém a suposição de vulnerabilidade e sente que está à mercê das forças perigosas da vida, você pode querer adotar um ponto de vista mais equilibrado. Tente pensar que ninguém pode impedir as provações e sofrimentos impostos pela vida, mas que você normalmente pode enfrentá-los quando ocorrem. Colete provas sobre os muitos incidentes desagradáveis com os quais você foi capaz de lidar no passado. Por exemplo, quando você teve pressão alta, talvez tenha se exercitado ou tomado medicação para controlá-la. Você sofreu quando perdeu alguém de quem gostava, mas sobreviveu.

Relaxando o controle

Algumas pessoas sempre querem assumir o comando porque não suportam receber ordens. Quando fazem parte de um grupo, dominam a conversa. Elas sempre querem saber tudo o que acontece a seu redor, tanto em suas famílias quanto no trabalho; não sabem delegar bem. Algumas têm medo de voar porque não estão na cabine do piloto.

Ser um controlador é cansativo e também causa muita ansiedade. Talvez você tenha problemas com esse esquema ansioso. Muitas pessoas bem-sucedidas e inteligentes o têm e não é fácil abandonar essa suposição. Mas os custos para a saúde, bem-estar e relacionamentos são surpreendentes.

Assim como para todas as suposições inquietantes, temos uma visão alternativa e equilibrada que irá servi-lo melhor do que o controle jamais fez. Reveja nossas sugestões. Se você deve assumir o controle e reescrevê-las, tudo bem!

- Geralmente posso confiar em outras pessoas para fazer o que precisam. Não tenho que tomar conta de todo mundo e as pessoas provavelmente irão se ressentir se eu o fizer.
- Pedir ajuda ou delegar uma tarefa não é o fim do mundo e, algumas vezes, a delegação é muito mais eficiente.

Capítulo 7: Destruindo Suas Suposições Inquietantes **129**

> ✔ Não tenho que saber de todos os detalhes de tudo o que está acontecendo a fim de me sentir no comando. O desapego reduz o estresse.
>
> ✔ Deixar outros liderarem pode fazer com que eles se sintam melhor e tira uma carga de cima de mim.

Pense em um momento de sua vida quando outra pessoa estava no comando e as coisas correram muito bem. Em outras palavras, colete provas daquilo que funcionou quando você não tinha o controle.

Diminuindo a dependência

Pessoas com um esquema ansioso de dependência acreditam que não conseguem se virar por conta própria. Pedem conselhos quando realmente não precisam dele e procuram buscar a confirmação de que são amadas ou de que o que fizeram está certo. A ideia de não ter um relacionamento estreito as deixa aterrorizadas. Elas mal podem imaginar tentar viver sozinhas. Você provavelmente não encontrará alguém com uma suposição inquietante de dependência comendo sozinho num restaurante.

Muitos esquemas ansiosos ironicamente saem pela culatra. Pessoas excessivamente dependentes acabam por incomodar e irritar aquelas das quais dependem. Parceiros de pessoas dependentes muitas vezes se distanciam da relação depois que se cansam de adesão e desamparo constantes.

Se você luta contra a dependência, avalie alguns de nossos pensamentos alternativos. Escreva-os em um cartão e mantenha-os acessíveis para uma revisão frequente. Sinta-se livre para enfeitá-los ou criar alguns por conta própria.

> ✔ É bom ter alguém que me ama, mas posso sobreviver por conta própria e já o fiz no passado.
>
> ✔ Buscar conselhos pode ser útil; resolver um problema por conta própria é satisfatório.
>
> ✔ Prefiro estar com outras pessoas, mas posso descobrir como apreciar o tempo que passo sozinho.

Se você acredita na suposição imperfeita de dependência — que você não pode ficar bem por conta própria e que precisa de ajuda em todas as coisas que faz — tente pensar de uma forma mais razoável. Perceba que é bom ter alguém com quem contar, mas que você é capaz de praticar muitas ações independentes.

Colete provas de suas capacidades. Você coloca gasolina em seu próprio carro? Gerencia seu próprio talão de cheques? Vai trabalhar e volta por conta própria? Consegue se lembrar das vezes em que se saiu bem sem a ajuda de alguém? Perceber que executou uma ação independente com sucesso e lembrar que superou muitos pontos difíceis por conta própria podem aumentar sua confiança o suficiente para ajudá-lo a agir de forma mais independente no futuro.

Acima de Tudo: Seja Gentil Consigo Mesmo!

Em nosso trabalho com clientes, descobrimos que esses esquemas ansiosos são surpreendentemente comuns. Além disso, concluímos que muitas pessoas bem-sucedidas, que não têm sequer um transtorno de ansiedade totalmente desenvolvido, tendem a cair sob a influência de um ou mais desses esquemas. Portanto, é importante que você seja duro consigo mesmo por "estar sob a influência".

As origens de seus esquemas ansiosos poderiam estar em sua infância ou ser o resultado de um evento traumático. É possível que seus pais tenham bombardeado você com críticas e isso o levou a buscar aprovação. Talvez você tenha tido um acidente ou trauma infeliz que fez com que você se sentisse vulnerável. Seus pais podem não lhe ter dado cuidado e amor consistentes, levando-o a se sentir inseguro e, como resultado, você anseia por ajuda e carinho. Essas possibilidades representam apenas algumas de um número infinito de explicações para o desenvolvimento de suposições inquietantes. O ponto é que você não pediu seus esquemas problemáticos e chegou a eles honestamente.

Você iniciou a trajetória para superar a ansiedade. Vá devagar, sinta prazer na viagem e perceba que a mudança leva tempo e prática. Seja paciente com você mesmo.

Capítulo 8

Enfrentando o Medo Com Um Passo de Cada Vez

Neste Capítulo

▶ Descobrindo como funciona a exposição
▶ Encarando o medo através de sua imaginação
▶ Confrontando seus medos frente a frente
▶ Aplicando a exposição a seu problema de ansiedade específico

Quando a vida lhe oferecer limões, faça uma limonada. Esse conselho parece muito mais fácil de ser executado do que é. Pode ser difícil transformar uma situação para melhor depois de uma série de prejuízos. Passando para outra metáfora, todo mundo sabe que, quando se cai do cavalo, é melhor levantar, sacudir a poeira e dar a volta por cima. Mas nem sempre é tão fácil se levantar.

Este capítulo explica *como* você pode levantar, sacudir a poeira e, ainda, fazer uma limonada enquanto dá a volta por cima. Nós lhe mostramos como superar seus medos em passos controláveis. Você não precisa encará-los todos de uma vez, porque pode dar conta do recado dando pequenos passos. Este capítulo fornece uma receita chamada *exposição* para superar seu problema pessoal de ansiedade, com um passo de cada vez.

Exposição: Combatendo seus Medos

Nenhuma estratégia discutida neste livro funciona de forma mais eficaz na luta contra a ansiedade do que a exposição. Colocando de forma simples, ela implica em se colocar em contato direto com o que quer que o deixe ansioso. Bom, você pode achar isso um pouco ridículo.

Afinal de contas, pode ser que até mesmo pensar em encarar seus medos de frente o faça se sentir bastante ansioso. Compreendemos essa reação, mas, por favor, perceba que se você tem pavor de altura, a exposição não pede que você se debruce sobre a beira do Grand Canyon amanhã. Se você se preocupa em ter um ataque de pânico no meio de multidões, seu primeiro passo não será o de se sentar na arquibancada da próxima final de campeonato.

A exposição envolve um conjunto sistemático e gradual de passos com os quais você pode lidar à razão de um de cada vez. Você não sai do primeiro passo até que o domine e somente passa para o segundo quando se sente confortável com o primeiro. Cada novo passo traz ansiedade, mas não em uma quantidade esmagadora. A seção seguinte lhe mostra como criar um plano de exposição para seu próprio medo.

Se você se perceber adiando as recomendações contidas neste capítulo, leia o Capítulo 4 para juntar motivação e ultrapassar os obstáculos à mudança. Se ainda assim você achar essas ideias difíceis de serem encaradas, talvez você deva procurar a ajuda de um profissional.

Se sua ansiedade for grave, não tente a exposição porque precisará de orientação profissional. Se algum dos passos aumentar sua ansiedade a um nível extremo, pare qualquer tentativa adicional sem ajuda. Além disso, não tente se expor se você estiver em meio a uma crise ou tiver algum problema atual com álcool ou abuso de drogas.

Preparando-se com relaxamento

Antes de fazer qualquer coisa, sugerimos que você pratique o relaxamento. Leia os Capítulos 11 e 12 para obter uma análise detalhada sobre como fazer isso. Mas, por enquanto, você pode usar alguns métodos rápidos e simples.

Por que praticar o relaxamento? A exposição o deixa ansioso — não há como evitar. Descobrir como relaxar pode ajudá-lo a se sentir mais confiante no que diz respeito a como lidar com aquela ansiedade. O relaxamento pode ajudar a manter a ansiedade inevitável dentro de limites toleráveis.

Primeiro, sugerimos uma estratégia de respiração:

1. **Inspire pelo nariz, lenta e profundamente.**

2. **Segure a respiração, contando devagar até seis.**

3. **Expire por seus lábios, lentamente e contando até oito, enquanto faz um leve som sibilante ou de suspiro.**

   Esse som deve ser muito suave.

4. **Repita essa respiração dez vezes.**

Tente praticar essa respiração várias vezes ao longo do dia. Veja como ela faz você se sentir. Se não ajudá-lo a se sentir mais calmo, pare de fazê-la. Em vez disso, experimente nossa próxima sugestão, que contrai e relaxa os grupos musculares, um resumo do método discutido no Capítulo 11.

Capítulo 8: Enfrentando o Medo Com Um Passo de Cada Vez

Se você tiver algum problema físico, tal como dor na lombar, algum ferimento recente, cirurgia, espasmos musculares ou problemas graves de artrite, não use a próxima técnica. Você pode tentar, mas o faça suavemente e certifique-se de evitar tensionar o ponto de dor. Por fim, mesmo que você esteja em boas condições, não deve se deixar sentir dor quando contrair os músculos do modo que sugerimos.

1. **Encontre um lugar confortável para sentar ou deitar.**
2. **Afrouxe qualquer roupa apertada.**
3. **Puxe seus dedos do pé em direção a seus joelhos, mantenha as pernas juntas e aperte todos os músculos de suas pernas e nádegas.**
4. **Mantenha a tensão, contando até oito.**
5. **Agora, libere a tensão toda de uma vez.**
6. **Permita que o relaxamento chegue, lentamente, e substitua a tensão.**
7. **Observe a sensação de relaxamento por alguns instantes.**
8. **Em seguida, aperte os punhos, leve suas mãos até os ombros, murche a barriga e puxe as omoplatas para trás, como se você estivesse tentando fazer com que se toquem. Contraia todos os músculos entre a cintura e o pescoço.**
9. **Mantenha a posição por oito segundos.**
10. **Repita os Passos 5-7.**
11. **Por fim, tensione seu pescoço e os músculos faciais. Aperte seu rosto como se fosse transformá-lo em uma bola.**
12. **Mantenha a tensão por oito segundos.**
13. **Repita os Passos 5-7.**
14. **Sente-se durante alguns minutos, com os novos sentidos relaxados.**
15. **Se você ainda se sentir tenso, repita o procedimento mais uma vez.**

A maioria das pessoas acha que uma ou ambas as técnicas de respiração ou de tensionamento dos músculos as relaxam, mesmo que seja só um pouco. Se, por acaso, essas técnicas não conseguirem relaxá-lo ou até mesmo deixarem você mais ansioso, os Capítulos 11 e 12 podem lhe dar mais ideias. Leia esses capítulos cuidadosamente.

No entanto, mesmo se nenhuma técnica de relaxamento funcionar para você, isso não significa que a exposição não será eficaz. A exposição pode funcionar sozinha. Sem o relaxamento, basta prosseguir de forma especialmente lenta e cuidadosa.

Entendendo seus medos

É importante decompor o processo de exposição em etapas manejáveis. Mas, antes que você possa dividir seus medos em etapas, é de grande ajuda compreender a natureza do que faz com que você sinta medo. Tente as seguintes estratégias:

1. Escolha apenas uma de suas preocupações.

Por exemplo, você pode ter medo de uma das seguintes coisas:

- Espaços fechados

- Falência financeira

- Voar

- Ter um ataque de pânico (medo de um medo)

- Pessoas

2. Pense em todos os aspectos concebíveis de seu medo ou preocupação.

O que desencadeia seu medo? Inclua todas as atividades que envolvem o medo. Por exemplo, se você tem medo de voar, talvez também tenha de dirigir para o aeroporto ou de fazer a mala. Se tem medo de cães, você pode evitar andar perto deles e, provavelmente, não visita pessoas que têm cães. Anote onde quer que o medo comece. Pense em todos os resultados esperados e temidos. Inclua todos os detalhes, tais como as reações de outras pessoas e o ambiente.

3. Faça a si mesmo as seguintes perguntas e anote suas respostas:

- Como minha ansiedade começa?

- Que atividades evito?

- Quais são todas as coisas que teria que fazer se realmente encarasse meu medo de frente?

- Que outras situações são afetadas pelo meu medo?

- Eu me utilizo de algum recurso para encarar meu medo? Em caso positivo, quais são esses recursos?

- Que resultados ruins eu prevejo caso tivesse que enfrentar meu medo?

Capítulo 8: Enfrentando o Medo Com Um Passo de Cada Vez

Ao usar o formato de pergunta-resposta, você pode descrever aquilo de que tem medo. Use sua imaginação. Não deixe que a vergonha o impeça de incluir os aspectos mais sombrios e mais profundos de seus medos, mesmo se você achar que pode parecer bobagem para outra pessoa.

Se você perceber que está ficando ansioso ao responder às perguntas acima, use as técnicas de relaxamento da seção anterior para se acalmar.

A história de Letícia é um bom exemplo de como alguém completa esse exercício para enriquecer a compreensão de seus medos.

> **Letícia**, uma representante farmacêutica de 32 anos, recebe uma promoção, o que significa um grande aumento de salário e muitas viagens de avião. Durante sua entrevista, Letícia não menciona seu intenso medo de voar, esperando que, de alguma forma, ele simplesmente vá embora. Agora, dentro de três semanas, ela encarará seu primeiro voo e sua angústia a instiga a procurar ajuda.

Para sua sorte, Letícia adquire uma cópia de *Dominando a Ansiedade Para Leigos*, Tradução da 2ª Edição. Lê sobre exposição e conclui que é a melhor abordagem para seu problema. Para ver como Letícia completa a primeira tarefa — bem como compreender seu medo e todos os seus componentes — veja a Tabela 8-1.

Tabela 8-1	Do Que Tenho Medo
Como minha ansiedade começa?	O simples pensamento de voar me deixa ansiosa. Fico perturbada só por dirigir na mesma estrada que leva ao aeroporto.
Que atividades evito?	Já deixei de passar férias e fazer viagens com amigos e familiares, a fim de evitar os voos.
O que teria que fazer se realmente encarasse meu medo de frente?	Eu teria que fazer uma reserva, arrumar minha mala, dirigir até o aeroporto, passar pela segurança, ficar algum tempo na área de espera, ouvir meu voo sendo chamado e embarcar no avião. Então me sentaria e passaria pela decolagem. Finalmente, eu teria que suportar o voo.
Que outras situações são afetadas pelo meu medo?	Se eu não superar isso, nunca conseguirei minha promoção no trabalho. Não só isso, mas vou continuar a me sentir constrangida perto de amigos e familiares sempre que esse assunto vier à tona.

(Continua)

Parte II: Combatendo a Ansiedade

Tabela 8-1 *(Continuação)*

Eu me utilizo de algum recurso para encarar meu medo? Em caso positivo, quais são esses recursos?	Uma vez peguei um avião e passei mal do estômago porque tinha bebido muito para acalmar meus nervos.
Que resultados ruins eu prevejo caso tivesse que enfrentar meu medo?	Tenho medo de enlouquecer, vomitar nos passageiros perto de mim ou começar a gritar, e teriam que me controlar. Claro, o avião poderia cair e então eu morreria ou sofreria queimaduras e dores horríveis, sem poder sair do avião.

Você pode perceber que o medo de voar de Letícia consiste de diversas atividades, desde fazer uma reserva até sair do avião. Os resultados que ela prevê incluem uma gama de possibilidades desagradáveis.

Construindo uma escadaria de medo

A seção anterior o ajuda a compreender a natureza de seus medos. Depois de chegar a esse conhecimento, você está pronto para desmontar seu medo e construir uma escadaria. Eis como fazer isso:

1. **Faça uma lista de cada uma das coisas que teria que fazer caso tivesse que enfrentar seu medo totalmente, de uma vez por todas.**

   Veja a terceira pergunta da Tabela 8-1 para ter ideias.

2. **Classifique cada uma numa escala de 0 a 100.**

   Zero representa a ausência total de medo e 100 indica um medo que é inimaginavelmente intenso e totalmente debilitante.

3. **Organize os itens em uma escada começando por aquele com a menor classificação na parte inferior e terminando com o mais difícil, no topo da escada.**

   Trata-se de sua hierarquia de exposição (outro termo para a escadaria). Apenas o fato de fazer sua escadaria pode causar alguma ansiedade. Novamente, não se preocupe, você vai abordar um degrau de cada vez.

A Figura 8-1 mostra como Letícia ordenou sua escadaria do medo para voos.

Figura 8-1:
Como Letícia classifica seus medos em relação a voar.

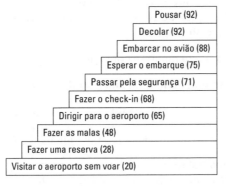

A escadaria de Letícia contém apenas dez degraus. Você pode querer desmembrar a tarefa em 15 ou 20 degraus. Por exemplo, Letícia poderia adicionar um ou dois degraus intermediários, tais como o planejamento de sua viagem ou estacionar na garagem do aeroporto.

Para uma fobia como a de Letícia, os degraus representam as tarefas que levam diretamente a seu medo final. Mas algumas pessoas têm diferentes tipos de ansiedade. Por exemplo, alguém com transtorno de ansiedade generalizada (TAG, veja o Capítulo 2) pode ter uma variedade de medos — de rejeição, de se machucar e preocupações com a desgraça financeira. A melhor escada do medo escolhe um deles e inclui tudo que lhe seja associado.

Então, agora você tem sua escadaria do medo. O que você faz em seguida? Escolhe entre os dois tipos de exposição — aquele que acontece em sua imaginação e o que sucede na vida real. De certo modo, você pode escolher seu veneno.

Imaginando o pior

Muitas vezes, a melhor maneira de começar a exposição é através de sua imaginação. Isso é porque imaginar seus medos geralmente produz menos ansiedade do que confrontá-los diretamente. Além disso, você pode usar sua imaginação quando seria impossível recriar seu medo real. Por exemplo, se você teme contrair uma doença, como hepatite C, expor-se de verdade ao vírus não seria uma boa ideia.

Você pode pensar que visualizar seus medos através de sua imaginação não vai deixá-lo ansioso. Entretanto, as pessoas, em sua maioria, acham que quando imaginam seus medos com riqueza de detalhes, seus corpos reagem. À medida em que os medos são gradualmente dominados em suas mentes, eles geralmente são reduzidos quando enfrentam o verdadeiro.

A exposição imaginária segue apenas alguns passos básicos:

1. **Antes de começar, tente ficar mais confortável usando uma das breves estratégias de relaxamento que descrevemos anteriormente, neste capítulo.**

   Consulte a seção "Preparando-se com relaxamento".

2. **Escolha o degrau mais baixo de sua escadaria de medo.**

3. **Imagine-se como se estivesse realmente enfrentando seu medo.**

   Letícia foi visitar o aeroporto, sem qualquer intenção de voar.

4. **Imagine quantos detalhes você puder sobre seu degrau do medo — as aparências, sons, cheiros e qualquer outra coisa que dê vida à sua experiência imaginária.**

   Se você tem dificuldade em imaginar a experiência, consulte o Capítulo 12 para ter ideias sobre como estimular sua imaginação.

5. **Depois que você tiver em sua mente uma boa imagem de como seria ter que se expor a seu medo, classifique sua ansiedade em uma escala de 0 a 100.**

6. **Mantenha a imagem em sua mente até que você sinta sua ansiedade diminuir significativamente.**

   É melhor esperar até que a classificação diminua pela metade ou mais. Ela vai diminuir bastante desde que você mantenha a exposição imaginária por tempo suficiente. Por exemplo, se você sofre de ansiedade em um nível de 60, fique pensando sobre a exposição até que ela caia para cerca de 30.

7. **Termine a sessão com uma técnica de relaxamento breve (veja o Passo 1).**

8. **Se a experiência imaginária foi fácil, você pode tentar o próximo degrau em sua escadaria de medo e talvez outro depois desse. Continue a prática diária.**

   Comece sempre pelo último degrau que você concluiu com êxito (em outras palavras, aquele em que seu nível de ansiedade caiu pela metade ou mais).

Enfrentando seus medos (glup!)

Apesar de normalmente recomendarmos começar com a imaginação, o tipo mais eficaz de exposição acontece na vida real. A estratégia funciona de maneira muito semelhante àquela da exposição imaginária; você decompõe seus medos em passos pequenos e organiza-os em uma escadaria, indo do menos problemático até o mais intensamente temido. Só que esses passos todos acontecem por meio de ação e não na sua imaginação, como referido na seção anterior. Pronto, é hora de encarar seus medos de frente. Glup!

Capítulo 8: Enfrentando o Medo Com Um Passo de Cada Vez

1. **Comece com um procedimento de relaxamento breve, como os que descrevemos na seção anterior, "Preparando-se com relaxamento".**

2. **Selecione um medo ou um grupo de preocupações com um tema similar.**

   Por exemplo, o medo da rejeição é um tema que envolve muita preocupação com a crítica e a avaliação por outras pessoas. Da mesma forma, a ansiedade a respeito de ferimentos corporais é um tema que envolve uma variedade de medos sobre segurança.

3. **Decomponha o medo em diversos passos consecutivos, com cada passo sendo ligeiramente mais difícil do que o anterior.**

4. **Dê um passo de cada vez e continue trabalhando em cada um até que sua ansiedade caia, geralmente em, pelo menos, 50 por cento.**

   Se a ansiedade começar a aumentar em um nível incontrolável, tente usar uma das técnicas de relaxamento breve previstas no Passo 1.

As dicas a seguir podem ajudá-lo a completar o processo de exposição:

- Recrute a ajuda de um amigo de exposição, mas somente se você tiver alguém em quem realmente confia. Essa pessoa pode lhe dar incentivo e apoio.

- Se for necessário, volte um pouco atrás. Não faça um recuo completo, a menos que você se sinta absolutamente fora de controle.

- Sua mente vai dizer: "Pare! Você não consegue fazer isso. Não vai dar certo, de qualquer maneira". Não dê ouvidos a esse falatório. Basta estudar as reações de seu corpo e perceber que elas não vão machucá-lo.

- Encontre uma forma de se recompensar por cada passo bem-sucedido que você der. Quem sabe permitir-se fazer uma compra desejada ou presentear-se de alguma outra forma. Por exemplo, você poderia colocar alguns trocados em uma caixa de sapatos cada vez que você completar uma etapa, com o objetivo de se recompensar com um presente maior depois que você fizer um grande progresso.

- Use um pouco de autofala positiva para ajudar a aplacar a ansiedade crescente, caso seja necessário. Consulte o Capítulo 5 para obter ideias.

- Entenda que, às vezes, você vai se sentir desconfortável. Encare esse desconforto como um progresso pois é parte de como você supera seus medos.

- Pratique, pratique, pratique.

- Não se esqueça de fazer um breve relaxamento antes e durante a exposição.

- ✓ Lembre-se de persistir em cada etapa até que sua ansiedade diminua. Compreenda que seu corpo não pode manter a ansiedade para sempre. Ela vai ceder se você lhe der tempo suficiente.
- ✓ Não espere uma cura instantânea. Prossiga em um ritmo razoável. Continue seguindo em frente, mas não espere dominar seu medo em poucos dias. Mesmo com a prática diária, a exposição pode levar vários meses.

Lembre-se de estabelecer metas realistas. Por exemplo, digamos que você tenha medo de aranhas — tanto que não consegue entrar em um cômodo sem buscar exaustivamente horrores escondidos. Você não precisa fazer exercícios de exposição a ponto de deixar tarântulas rastejarem ao longo de seus braços. Permita-se ficar satisfeito com a capacidade de entrar em cômodos sem a verificação desnecessária.

Tente evitar o uso de muletas para evitar expor-se totalmente aos degraus em sua escadaria de medo. Algumas das muletas populares que as pessoas usam incluem o seguinte:

- ✓ Beber álcool
- ✓ Tomar tranquilizantes, especialmente os benzodiazepínicos que discutimos no Capítulo 9
- ✓ Distrair-se com rituais, letras de músicas ou cantos
- ✓ Segurar em algo para evitar desmaiar
- ✓ Pedir que lhe assegure que tudo estará bem se você completar mais um degrau em sua escadaria

Todas essas muletas realmente interferem na eficácia da exposição. Mas se você realmente sente necessidade de usar uma delas, use-a o mínimo possível. Às vezes, um degrau intermediário razoável é usar primeiro letras ou cantos e, depois, fazer com que o próximo degrau seja a mesma atividade sem os cantos.

Em seus degraus posteriores, é bom abandonar até mesmo o relaxamento e a autofala como forma de dominar completamente seu medo.

Dominando Todos os Tipos de Medo

Confrontar seus medos diretamente é uma das formas mais poderosas de superá-los. Mas seu plano de exposição pode ficar diferente, dependendo do tipo específico de ansiedade que você tenha. Essa seção estabelece exemplos de planos para sete tipos de ansiedade. Você, sem dúvida, vai precisar individualizar esses planos para lidar com seu problema. No entanto, eles devem ajudá-lo a começar.

Você pode querer rever, em detalhes, as descrições dos sete principais tipos referidos no Capítulo 2. A lista a seguir oferece uma breve sinopse de cada categoria para as quais sugerimos a utilização de exposição na vida real:

- **Transtorno de ansiedade generalizada (TAG):** Estado crônico e de longa duração de tensão e preocupação.
- **Fobia social:** Medo de humilhação, rejeição ou julgamento negativo por outras pessoas.
- **Fobia específica:** Medo exagerado e intenso de algum objeto específico, um animal, aranhas, agulhas ou de uma situação, como estar em lugares altos (*acrofobia*).
- **Transtorno de pânico:** Medo de sofrer repetidos ataques de pânico em que você sente uma variedade de sintomas físicos, tais como sensação de desfalecimento, batimentos cardíacos acelerados ou náusea. Você pode também temer perder o controle, morrer ou enlouquecer.
- **Agorafobia:** Em geral esse problema acompanha o transtorno de pânico, mas nem sempre. Você se preocupa em sair de casa, o que faz com que você se sinta preso ou incapaz de obter ajuda caso precise. Pessoas com agorafobia muitas vezes evitam multidões, tráfego e até mesmo sair de casa.
- **Transtorno de estresse pós-traumático:** Esse problema acontece depois de uma experiência altamente ameaçadora e traumática. Os sintomas geralmente incluem flashbacks recorrentes, sensação de vivenciar o trauma novamente e evitar lembranças do evento.
- **Transtorno obsessivo-compulsivo:** Pensamentos repetitivos e indesejados surgem em sua mente e perturbam-no. Também pode envolver várias ações ou rituais que você faz repetidamente como uma maneira de evitar que algo de ruim aconteça. No entanto, essas ações não fazem muito sentido.

Travando uma guerra contra a preocupação: TAG

Pessoas com transtorno de ansiedade generalizada se preocupam com quase tudo. Como resultado dessa preocupação, elas geralmente acabam evitando uma série de oportunidades e outras tarefas da vida diária. Essas preocupações podem roubar o prazer e a alegria de suas vítimas.

A história de Marisa mostra como alguém com TAG combate suas preocupações com uma escadaria de medo.

> Os amigos de **Marisa** chamam-na de neurótica e seus filhos de "a guarda da prisão". Marisa se preocupa constantemente, mas sua maior preocupação é a segurança de seus gêmeos, de 16 anos. Infelizmente, a preocupação de Marisa a leva a restringir as atividades dos meninos, muito mais do que a maioria dos pais. Ela não permite que eles saiam de

casa depois de escurecer, o que os impede de participar de atividades extracurriculares. Marisa interroga-os a respeito de cada amigo novo. À medida em que os meninos crescem, eles se rebelam. Discussões e brigas dominam o jantar, mas o maior objeto de discórdia gira em torno de viajar sozinhos. Embora ambos estejam qualificados para fazer viagens, Marisa afirma que não podem até que tenham pelo menos 18 anos de idade.

Marisa se surpreende quando o orientador da escola a chama para discutir as preocupações de seus filhos. Ele se reúne com ela por algumas sessões e a ajuda a perceber que suas preocupações são exageradas. Ela sabe que tem um problema e decide encará-lo de frente.

Depois de ajudá-la a compreender que suas preocupações são excessivas, o orientador sugere que Marisa converse com outros pais em sua igreja para colocar as coisas em perspectiva. Ela descobre que a maioria dos pais permite que seus filhos de 16 anos participem de atividades noturnas supervisionadas, que viajem até mesmo para fora do país, se mantiverem boas notas.

Marisa constrói sua escadaria de medo, empilhando os degraus, desde o menos temido até o mais aterrorizante (veja a Figura 8-2). Ela classifica a ansiedade de cada degrau dentro de uma escala de 1 a 100 pontos. Então, ela classifica sua ansiedade novamente, depois de exposições repetidas. Ela não vai para o próximo degrau até que sua ansiedade diminua cerca de 50 por cento.

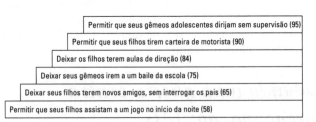

Figura 8-2: A escadaria de medo de Marisa, com as situações mais temidas no topo.

Apesar de mostrarmos apenas seis degraus, toda a escadaria de medo de Marisa consiste, na verdade, de 20 degraus. Ela tenta se certificar de que cada degrau esteja de cinco a dez pontos de ansiedade do anterior.

Se você tem TAG, escolha uma de suas diversas preocupações. Em seguida, construa sua própria escadaria de medo para abordar essa preocupação específica.

Capítulo 8: Enfrentando o Medo Com Um Passo de Cada Vez 143

Construa sua escadaria com degraus suficientes para que sejam pequenos. Se você achar que um degrau é intransponível, tente criar um intermediário. Caso não consiga fazer isso, tente ultrapassar o degrau difícil através de repetidas exposições imaginárias antes de enfrentá-lo na vida real.

Lutando contra a fobia social e fobias específicas

Você luta contra as fobias sociais e as específicas praticamente da mesma maneira. Pegue a situação, objeto, animal ou o que quer que seja temido e aborde-o por meio de degraus divididos. Mais uma vez, você constrói uma escadaria de medo que consiste em uma série de pequenos degraus. A história de Rubens é um bom exemplo de como a escadaria de medo pode ajudar alguém com uma fobia específica — medo de altura.

> **Rubens** encontra Diana através de um site de relacionamentos. Eles mandam mensagens um para o outro durante várias semanas. Finalmente, decidem se encontrar para tomar um café. Várias horas se passaram no que pareceram minutos para ambos e Rubens se oferece para caminhar com Diana até a casa dela.
>
> Enquanto ele segura a porta do restaurante para ela passar, o corpo dela esbarra no dele. Eles cruzam olhares e Rubens quase a beija bem ali na porta. Enquanto caminham em direção a seu prédio, ela pergunta: "você acredita em amor à primeira vista?" Rubens não hesita: "sim", responde ele, envolvendo-a em seus braços. O beijo é tão intenso que Rubens acha que ele poderia desmaiar na hora.
>
> "eu nunca tinha visto isso antes, em um primeiro encontro, mas acho que gostaria que você subisse até minha casa", diz Diana, enquanto acaricia o braço dele. "Tenho uma vista maravilhosa de toda a cidade da minha cobertura".
>
> Rubens olha para o prédio de 25 andares. Seu desejo diminui. "Ah, bem, tenho que ir buscar Mamãe, quero dizer, o gato no veterinário", ele gagueja. Diana, obviamente magoada e surpresa, responde rispidamente: "tudo bem. Eu realmente tenho que lavar minhas meias".
>
> Rubens decide combater sua fobia. Ele constrói uma escadaria de medo (veja a Figura 8-3) de degraus que começam na parte inferior e vão subindo até o mais temido, no topo.

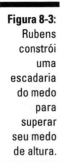

Figura 8-3: Rubens constrói uma escadaria do medo para superar seu medo de altura.

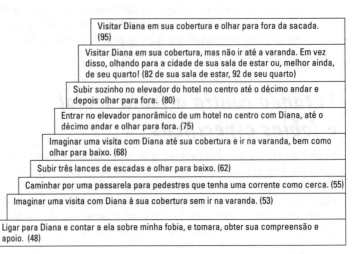

Visitar Diana em sua cobertura e olhar para fora da sacada. (95)
Visitar Diana em sua cobertura, mas não ir até a varanda. Em vez disso, olhando para a cidade de sua sala de estar ou, melhor ainda, de seu quarto! (82 de sua sala de estar, 92 de seu quarto)
Subir sozinho no elevador do hotel no centro até o décimo andar e depois olhar para fora. (80)
Entrar no elevador panorâmico de um hotel no centro com Diana, até o décimo andar e olhar para fora. (75)
Imaginar uma visita com Diana até sua cobertura e ir na varanda, bem como olhar para baixo. (68)
Subir três lances de escadas e olhar para baixo. (62)
Caminhar por uma passarela para pedestres que tenha uma corrente como cerca. (55)
Imaginar uma visita com Diana à sua cobertura sem ir na varanda. (53)
Ligar para Diana e contar a ela sobre minha fobia, e tomara, obter sua compreensão e apoio. (48)

Confessar seu problema para Diana é um passo que pode parecer sem relação com o medo de Rubens. No entanto, não admitir seu medo é evitação, o que apenas abastece o medo. Incluir quaisquer degraus que sejam conectados a seu medo é bom. Rubens também incluiu degraus em sua escadaria que o obrigam a usar sua imaginação para enfrentar seu medo. É bom fazer isso. Às vezes, os degraus imaginários podem ajudá-lo a dar o próximo passo comportamental.

Imaginar as etapas da vida real antes de realmente fazê-las não faz mal e provavelmente vai ajudar a prepará-lo para a realidade.

Vencendo o pânico e a agorafobia

Algumas pessoas têm o transtorno do pânico sem agorafobia, outras têm os dois e há outras, ainda, que têm agorafobia sem um histórico de transtorno do pânico. Se você tiver um ou ambos os problemas, pode abordá-los de maneira bastante semelhante. Isso se dá porque os ataques de pânico e a agorafobia geralmente possuem gatilhos previsíveis, que podem formar a base para sua escadaria de medo. A história de Tania descreve como alguém que tem transtorno do pânico com agorafobia constrói uma escadaria de medo.

> **Tania** experimenta seu primeiro ataque de pânico logo após o nascimento de seu bebê. Sempre um pouco tímida, ela começa a se preocupar que algo aconteça com ela mesma quando sai com o bebê. Tem medo de desmaiar ou perder o controle, deixando o bebê vulnerável a algum perigo.
>
> Seus ataques de pânico começam com uma sensação de nervosismo, palmas das mãos suadas e, depois, evoluem para uma respiração curta e rápida, batimentos cardíacos acelerados, tontura e uma sensação de

Capítulo 8: Enfrentando o Medo Com Um Passo de Cada Vez

pavor e desgraça. Passeios longe de casa desencadeiam seus ataques e quanto mais lotado o destino, mais provável é que ela sinta pânico. Seis meses após seu primeiro ataque, ela raramente sai de casa sem o marido.

Um dia, o bebê de Tania desenvolve uma febre grave e ela precisa levá-lo ao pronto-socorro. O pânico toma conta dela, que liga para o marido, freneticamente, mas ele está fora, em uma visita de negócios. Desesperada, ela liga para o 192 para que mandem uma ambulância, pela qual ela e o marido não podem pagar dentro de seu orçamento limitado.

Tania sabe que deve fazer algo a respeito de seu transtorno do pânico e sua companheira, a agorafobia. Ela constrói uma escadaria de medo (veja a Figura 8-4) com um conjunto de degraus, começando com o menos problemático e progredindo para a meta mais difícil.

Repare que a escadaria do medo de Tania contém um bom número de degraus entre o 80 e seu item do topo, com 98. Isso é porque ela precisa fazer com que cada degrau seja muito gradual para ter coragem de prosseguir. Ela poderia fazer os degraus ainda menores, se necessário.

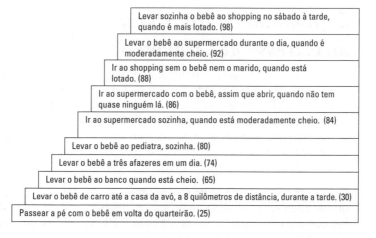

Figura 8-4: A escadaria de medo de Tania foca em seu transtorno de pânico e agorafobia.

Você pode decompor sua escadaria de medo em tantos pequenos degraus quanto forem necessários para que você evite sentir-se oprimido por subir um determinado degrau.

Outro tipo de exposição que visa especificamente a ataques de pânico envolve experimentar as sensações dos ataques propriamente ditos. Como se faz isso? Você repetida e intencionalmente provoca-os por meio de uma série de estratégias, da seguinte maneira:

- ✓ **Correr no lugar:** Isso acelera o batimento cardíaco, assim como fazem muitos ataques de pânico. Corra por pelo menos três a cinco minutos.
- ✓ **Girar em torno de si mesmo até que se sinta tonto:** Os ataques de pânico geralmente incluem sensações de tontura e desfalecimento.
- ✓ **Respirar através de um pequeno canudo de coquetel:** Essa estratégia induz sensações de não conseguir ar suficiente, o que também imita o pânico. Tente isso por uns bons 60 segundos de cada vez.
- ✓ **Colocar a cabeça entre os joelhos e se levantar de repente:** Você pode sentir tonturas ou vertigens.

Depois de experimentar essas sensações físicas repetidas vezes, você descobre que elas não o prejudicam. Você não vai ficar louco, ter um ataque cardíaco nem perder o controle. Exposições frequentes e prolongadas mostram à sua mente que as consequências não passam de sensações.

Não provoque essas sensações físicas se você tiver uma doença cardíaca grave ou qualquer outro problema físico que possa ser agravado pelo exercício. Por exemplo, se você tem asma ou uma lesão nas costas, algumas dessas estratégias são desaconselháveis. Verifique com seu médico se você tiver quaisquer dúvidas ou preocupações.

Enfrentando o transtorno de estresse pós-traumático

O transtorno de estresse pós-traumático (TEPT) ocorre com frequência após um evento traumático na vida de uma pessoa. Estamos observando um aumento de TEPT hoje em dia. Isso se dá em parte por causa de boas notícias — devido ao progresso nos cuidados médico, somos mais capazes de manter as pessoas vivas quando se deparam com guerras, terrorismo, acidentes, desastres naturais e violência. No entanto, o TEPT pode assombrar as pessoas durante anos depois que seus traumas ocorrem.

A ajuda às pessoas com TEPT será muito melhor se for dada por profissional que as orientem cuidadosamente através de sua escadaria de medo. Nós fornecemos um exemplo de escada para TEPT para efeitos de ilustração, mas não aconselhamos tentar fazê-lo sozinho.

As pessoas podem adquirir TEPT ao viver diretamente acontecimentos horríveis, com risco de vida ou até mesmo ao testemunhar tais eventos acontecendo com outras pessoas. A história de Amanda ilustra como alguém pode acabar com TEPT ao observar as consequências de um desastre natural.

> **Amanda**, uma jovem enfermeira das Filipinas, chega a New Orleans seis meses antes do Furacão Katrina atingir o local. Ela gosta de seu trabalho na unidade de terapia intensiva e faz amizade com as outras enfermeiras

Capítulo 8: Enfrentando o Medo Com Um Passo de Cada Vez

facilmente. Ela também se sente privilegiada por ser capaz de enviar o tão necessário dinheiro para sua família.

No dia do furacão, o hospital sobrevive ao vento e é inicialmente capaz de funcionar com a energia auxiliar. Mas quando as enchentes ocupam o andar térreo, a energia acaba. É quando o caos se instaura. A temperatura sobe rapidamente, passando dos 30° C, agravados pela umidade insuportável.

Os pacientes jorram em sua unidade. Ela vê pessoas com ossos expostos, queimaduras que cobrem 90 por cento de seus corpos, ferimentos horríveis de projéteis lançados pelos ventos do furacão e algumas pessoas que foram barbaramente atacadas por outros sobreviventes. Aqueles que estão conscientes gemem ou gritam em agonia. Há outros ainda que ficam imóveis, apenas se agarrando à vida. O número de pacientes supera a capacidade da equipe para atendê-los. O mau cheiro de corpos sujos, feridas abertas, carne queimada, fezes, urina e água de esgoto causam náuseas nela. Ela permanece em seu trabalho por três dias, sem dormir nem descansar.

Alguns meses depois, Amanda consulta um psicólogo para o tratamento de seus pesadelos, isolamento de outras pessoas, irritabilidade, imagens intrusivas que bombardeiam sua mente e por sua incapacidade de retornar ao trabalho. Ela está desesperada com medo de ser deportada, caso não consiga voltar ao trabalho. Seu psicólogo a diagnostica com TEPT e desenvolve uma escadaria de medo. Sua escadaria (veja a Figura 8-5) tem muitas imagens e cenas repulsivas. No entanto, ao ultrapassar os degraus, ela recupera, lenta mas certamente, muito de seu bem-estar emocional.

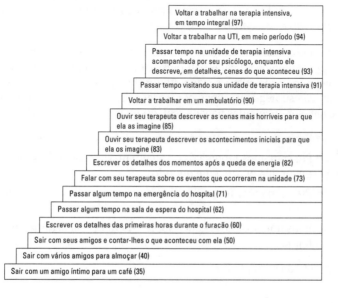

Figura 8-5: A escadaria de medo de Amanda inclui mais de uma dúzia de degraus.

Você deve saber que a Figura 8-5 é uma lista parcial dos itens com os quais Amanda lidou. Na verdade, ela passou por mais de 25 itens, um de cada vez. Note que alguns deles envolvem sair com os amigos e não parecem ter muito a ver com seu trauma. Isso se dá porque o TEPT frequentemente leva as pessoas a evitar mais do que apenas as lembranças do evento traumático em si — às vezes inclui evitar amigos e familiares. O tratamento para TEPT grave, como o de Amanda, muitas vezes leva mais tempo do que o tratamento de distúrbios de ansiedade mais brandos.

Sobrepujando um transtorno obsessivo-compulsivo

O transtorno obsessivo-compulsivo (TOC) às vezes oprime e domina a vida de uma pessoa e a ajuda de um profissional experiente é geralmente necessária para tratar esse transtorno. Apenas tente executar por conta própria as estratégias que descrevemos nesta seção se os seus problemas com TOC forem relativamente brandos. Mesmo assim, você pode querer recrutar um amigo ou um parceiro para ajudá-lo. Além disso, você pode querer ler *Obsessive-Compulsive Disorder For Dummies* (Wiley), que também escrevemos.

O Capítulo 2 discute esse transtorno que, muitas vezes, começa com pensamentos obsessivos e indesejáveis que criam ansiedade. As pessoas com esse problema tentam, então, aliviar o distúrbio causado por seus pensamentos por meio da prática do primeiro de uma série de atos compulsivos. Infelizmente, parece que o alívio obtido a partir desses atos apenas alimenta o ciclo vicioso e faz com que ele continue.

Portanto, para o transtorno obsessivo-compulsivo, a exposição é apenas o primeiro passo. Então, você deve fazer algo ainda mais difícil — evitar as ações compulsivas, que trazem alívio à ansiedade. Essa estratégia é chamada *exposição e prevenção de resposta* (*ou EPR*).

O primeiro passo, a exposição, trata do componente obsessivo do TOC — pensamentos imagens e impulsos temidos. A exposição é muitas vezes imaginária (consulte a seção anterior "Imaginando o pior"). Essa talvez seja a única estratégia que você pode usar se suas obsessões não podem ou não devem ser encenadas na vida real, como nos exemplos a seguir:

- ✓ Pensamentos que lhe dizem para violar suas crenças religiosas pessoais
- ✓ Pensamentos repetitivos de algum mal se abatendo sobre um membro da família ou um ente querido
- ✓ Preocupações frequentes sobre ser queimado vivo em um incêndio em casa
- ✓ Pensamentos indesejados sobre ter câncer ou alguma outra doença temida

Proceda da seguinte forma:

Capítulo 8: Enfrentando o Medo Com Um Passo de Cada Vez

1. **Liste seus pensamentos e imagens angustiantes e, então, classifique cada um pela quantidade de sofrimento que causa.**

2. **Em seguida, selecione o pensamento que cause menos angústia e fique remoendo-o, repetidamente, *ad nauseam*, até que sua angústia diminua, pelo menos, 50 por cento.**

   Às vezes, é útil ouvir muitas vezes uma descrição gravada de sua obsessão.

3. **Em seguida, avance para o próximo item de sua lista que cause um pouco mais de desconforto. Continue assim até chegar ao topo da lista.**

Essa abordagem é completamente oposta ao que as pessoas com TOC costumam fazer com suas obsessões indesejadas. Normalmente, elas tentam varrer os pensamentos persistentes para fora de suas mentes no momento em que aparecem, mas isso só funciona por um breve momento, e mantém o ciclo.

Dê tempo suficiente à exposição imaginária — mantenha os pensamentos e imagens em sua cabeça até que sua ansiedade reduza, pelo menos, 50 por cento antes de passar para o próximo item.

Se você também sofre de atos compulsivos ou evitação devido a pensamentos obsessivos, agora é hora para o segundo passo, mais difícil — prevenção de resposta. Mais uma vez, faça uma escada ou hierarquia de eventos e situações temidas que você normalmente evita: uma escadaria de medo. Em seguida, prossiga, colocando-se em cada uma dessas situações, mas não se permita realizar o ato compulsivo.

Por exemplo, se você teme a contaminação por sujeira e terra, vá a uma praia, brinque e construa castelos de areia, ou vá ao jardim, plante flores e não se permita lavar as mãos. Permaneça na situação até que sua angústia diminua em 50 por cento. Se não diminuir tanto assim, fique pelo menos 90 minutos e tente não desistir até que um mínimo de um terço da sua angústia vá embora. Não passe para o próximo item até conquistar aquele em que está trabalhando.

Embora o uso de procedimentos de relaxamento com tentativas iniciais de exposição seja uma boa ideia, você não deve usá-los com prevenção de respostas para o TOC à medida que progride. Isso porque uma das lições cruciais é que sua ansiedade diminuirá se e somente se você der tempo suficiente à exposição. Além disso, algumas pessoas com TOC realmente começam a usar o relaxamento como um ritual compulsivo em si. Assim, tudo bem se você quiser praticar um pouco de relaxamento para ansiedades não relacionadas a seu TOC, mas não o use com exposição e prevenção de resposta.

Preparando-se para a exposição e prevenção de resposta

Antes da exposição e prevenção da resposta, pode ser que você ache útil mudar seus rituais compulsivos de maneira que comecem a romper e modificar a influência que exercem sobre você. Alguns dos métodos para iniciar esse ataque às compulsões são:

- Retardar a execução de seu ritual assim que sentir o impulso. Por exemplo, se você tem uma forte compulsão de limpar as maçanetas e os telefones com desinfetante, tente adiá-la por pelo menos 30 minutos. No dia seguinte, tente retardar por 45 minutos o início de sua ação por impulso.

- Executar sua compulsão em um ritmo muito mais lento do que o habitual. Por exemplo, se você se sentir compelido a organizar os itens em uma linha perfeita, vá em frente e organize-os, mas disponha-os com uma lentidão penosa.

- Mudar sua compulsão de alguma forma. Se for um ritual, altere o número de vezes que você o faz. Se envolve uma sequência de verificação de todas as trancas das portas da casa, tente fazê-la em uma ordem completamente diferente da habitual.

Observando a exposição e prevenção de resposta em ação

A história de Cíntia mostra como alguém com TOC começa a enfrentar seus medos à razão de um passo de cada vez.

> **Cíntia** é incessantemente obcecada com a ideia de pegar alguma doença de sujeira, germes e pesticidas. Sempre que imagina ter entrado em contato com qualquer um destes, mesmo que num grau mínimo, ela se sente obrigada a lavar as mãos, cuidadosamente, primeiro com sabão contendo pedra-pomes para raspar a camada suja da pele e, depois, com sabão antibacteriano para matar os germes. Infelizmente, esse ritual deixa suas mãos rachadas, doloridas e sangrando. Quando sai em público, ela usa luvas para esconder os danos autoinfligidos. Não só isso, mas ela está descobrindo que sua lavagem de mão consome quantidades crescentes de tempo. Seus 15 minutos de intervalo no trabalho são curtos demais para completar seu ritual de lavagem das mãos. Cíntia finalmente decide fazer algo a respeito de seu problema quando seu supervisor no trabalho lhe diz para fazer pausas mais curtas. Cíntia se prepara para seus exercícios de exposição e prevenção de resposta fazendo o seguinte, primeiro por uma semana:
>
> • Atrasa a lavagem das mãos por 30 minutos quando sente o impulso. Depois, passa a atrasá-la por 45 minutos.
>
> • Muda a lavagem, usando um tipo diferente de sabão e começando com o álcool em vez de terminar com ele.

Capítulo 8: Enfrentando o Medo Com Um Passo de Cada Vez   *151*

Cíntia fica surpresa ao descobrir que essas mudanças fazem com que seu impulso por lavar as mãos fique um pouco menos frequente, mas ele não desaparece e continua a causar um sofrimento considerável. Ela precisa reunir coragem para fazer a exposição e prevenção de resposta.

Primeiro, ela se aproxima de Dolores, uma amiga de confiança, para obter ajuda. Ela conta a Dolores sobre seu problema e lhe pede para orientá-la ao longo dos exercícios, através de apoio e incentivo. Então, ela faz uma escadaria de medo para sua exposição e prevenção de resposta, que inclui tocar os "doze condenados" mostrados na Figura 8-6.

Dolores ajuda Cíntia com sua escadaria de medo, ao fazer com que ela comece com a etapa mais fácil: tocar em um receptor de telefone que alguém tenha usado. Ela faz com que Cíntia faça isso várias vezes e a incentiva a resistir à necessidade de lavar as mãos. Depois de uma hora e meia, a necessidade de lavar cai significativamente. No dia seguinte, Dolores faz com que Cíntia passe para o próximo degrau.

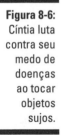

Figura 8-6: Cíntia luta contra seu medo de doenças ao tocar objetos sujos.

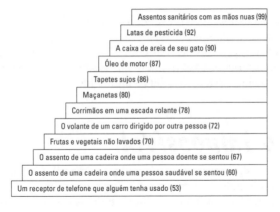

Assentos sanitários com as mãos nuas (99)
Latas de pesticida (92)
A caixa de areia de seu gato (90)
Óleo de motor (87)
Tapetes sujos (86)
Maçanetas (80)
Corrimãos em uma escada rolante (78)
O volante de um carro dirigido por outra pessoa (72)
Frutas e vegetais não lavados (70)
O assento de uma cadeira onde uma pessoa doente se sentou (67)
O assento de uma cadeira onde uma pessoa saudável se sentou (60)
Um receptor de telefone que alguém tenha usado (53)

A cada dia elas atacam um novo degrau se Cíntia tiver sido bem-sucedida no dia anterior. Cíntia inicialmente empaca quando chega a tocar a caixa de areia do gato. Dolores diz que não vai "fazer" com que Cíntia a toque, mas ela acha que isso poderia ajudá-la. Em outras palavras, ela a incita. A caixa de areia do gato exige muitas tentativas. Finalmente, Cíntia consegue tocá-la e permanecer com ela. No entanto, leva um total de três horas de repetidas tentativas para, finalmente, tocar a caixa de areia várias vezes, por até dez minutos de cada vez, para que sua ansiedade chegue à metade.

Às vezes, a exposição e a prevenção de resposta demoram um pouco, portanto, separe tempo de sobra. No caso de Cíntia, os dois últimos itens não exigiram tanto esforço porque, aparentemente, a compulsão tinha sido tão enfraquecida por seu trabalho anterior que perdeu um pouco do poder sobre Cíntia.

Aumentando a aposta

Depois que completa sua escadaria de medo, Cíntia toma mais uma iniciativa: enfrenta os degraus mais difíceis novamente. Mas, dessa vez, pede a Dolores para descrever cenas de Cíntia adoecendo e morrendo, lentamente, em decorrência de alguma doença temida por causa de sua contaminação, enquanto Cíntia está, de fato, fazendo a tarefa de exposição.

Chamamos isso de "aumentando a aposta". Essa iniciativa lhe dá a oportunidade de praticar sua exposição, enquanto se bombardeia com seus piores medos. Por que cargas-d'água você gostaria de fazer isso? Principalmente porque isso reduz o domínio que esses medos têm sobre você. Claro, isso é verdade *se, e somente se,* você mantiver a exposição por tempo suficiente, juntamente com o resultado temido retratado em sua mente.

Se você não conseguir fazer isso facilmente por conta própria ou com um amigo, por favor peça ajuda a um profissional. Certifique-se de que ele esteja bem familiarizado com o uso de exposição e prevenção de respostas para o TOC (nem todos estão).

Se ficar parado na exposição e prevenção de resposta, você deve explorar cuidadosamente os Capítulos 5, 6 e 7. Preste atenção especial à seção sobre repensar o risco. Em geral, as pessoas com TOC superestimam a probabilidade de resultados catastróficos caso ponham fim às suas compulsões e esses capítulos podem ajudá-lo a recalcular as probabilidades.

Esperando o Impossível

Ocasionalmente, as pessoas vêm a nós pedindo uma solução rápida para seus problemas de ansiedade. É como se achassem que temos uma varinha mágica que podemos passar por elas para melhorar tudo. Isso seria tão bom, mas não é a realidade.

Outras pessoas esperam que, com ajuda, elas se livrarão de toda a ansiedade — outro equívoco. Alguma ansiedade ajuda a prepará-lo para a ação, avisa-o do perigo e mobiliza seus recursos (veja o Capítulo 3). *As únicas pessoas que estão completamente livres da ansiedade estão inconscientes ou mortas.*

Superar a ansiedade exige esforço e algum desconforto. Nós não temos nenhuma maneira de contornar isso. Não há varinha mágica. Mas sabemos que aqueles que abraçam o desafio, fazem o esforço e sofrem o desconforto são recompensados com redução da ansiedade e aumento da confiança.

Capítulo 9
Considerando Medicamentos e Outras Opções de Tratamento Físico

Neste Capítulo
- Decidindo tomar ou não medicamentos
- Conhecendo as opções de medicamentos que estão disponíveis
- Examinando os suplementos
- Descobrindo algumas possibilidades estimulantes

As últimas décadas têm testemunhado uma explosão de novos conhecimentos sobre emoções, doença mental e química cerebral. Cientistas reconhecem mudanças no cérebro que acompanham muitos distúrbios psicológicos. Drogas novas e antigas tratam desses desequilíbrios químicos e seu uso traz vantagens e desvantagens.

Este capítulo o ajuda a tomar uma decisão certa sobre se deve ou não usar medicação* para sua ansiedade. Nós lhe damos informações sobre as drogas mais amplamente prescritas e alguns de seus efeitos colaterais mais comuns. Só você, após consultar seu médico, pode determinar o que é melhor para ajudá-lo. Em seguida, falamos sobre suplementos para a ansiedade que não precisam de prescrição médica. Mais importante, compartilhamos com você as últimas informações sobre sua eficácia e o alertamos sobre possíveis perigos e desvantagens. Finalmente, nós chamamos sua atenção para alguns dos métodos que envolvem a estimulação do cérebro para aqueles cuja ansiedade é grave e resistente aos padrões de tratamentos.

N.E.: Não utilize medicamentos sem prescrição médica.

Decidindo-se Sobre Medicamentos

Decidir sobre medicar sua ansiedade traz uma série de questões a serem consideradas e não pode ser tomada de forma leviana. Você deve consultar-se com um terapeuta bem como com seu médico. Antes de decidir sobre medicamentos, pergunte a si mesmo o que você tem feito para aliviar sua ansiedade. Você já desafiou seus pensamentos e crenças ansiosos (veja o Capítulos 5, 6 e 7)? Já encarou seus medos de frente (veja o Capítulo 8)? Já pensou sobre mudanças de estilo de vida, estratégias de relaxamento ou técnicas de atenção plena (veja a Parte III)?

Com algumas exceções importantes, que analisamos neste capítulo, recomendamos que você experimente várias abordagens psicológicas antes de acrescentar a medicação. Por quê? Pense no seguinte:

- Algumas pesquisas sugerem que certos medicamentos podem realmente interferir na eficácia em longo prazo dos melhores tratamentos para a ansiedade. Isso se aplica especialmente às técnicas concebidas para enfrentar fobias e medos diretamente através da exposição.
- Se você primeiro tentar estratégias psicológicas, poderá descobrir que não precisa de medicação. Muitas ferramentas que recomendamos para cortar a ansiedade têm o potencial de consolidar a mudança em longo prazo, bem como de afetar sua vida inteira, de forma positiva.
- Estudos mostram que a terapia cognitivo-comportamental (as estratégias cujos tipos discutiremos ao longo deste livro) ajuda a prevenir a recaída. Muitas pessoas que tomam medicação sozinha experimentam uma rápida recorrência dos sintomas quando param de tomar os remédios, por qualquer motivo.

As desvantagens dos medicamentos

Você precisa refletir sobre ambos os lados de qualquer decisão importante. Os medicamentos têm um lado positivo e um negativo, sendo que este inclui:

- **Vício:** Alguns medicamentos podem levar à dependência física e/ou mental. Parar de usá-los poderá ser difícil ou mesmo perigoso se não for feito corretamente (no entanto, ao contrário do que algumas pessoas pensam, estão disponíveis muitos medicamentos que não têm potencial de causar dependência).
- **Efeitos em longo prazo:** Realmente não temos boas informações sobre possíveis efeitos em longo prazo com alguns dos mais recentes medicamentos. Alguns deles podem levar a problemas graves, tais como diabetes e tremores.

- **Aversões filosóficas:** Algumas pessoas apenas sentem fortemente que não gostam de tomar medicamentos; isso é bom, mas só até certo ponto.
- **Gravidez e amamentação:** Apenas algumas drogas são recomendadas para mulheres grávidas ou lactantes. Os efeitos potenciais sobre o bebê ou feto são muito arriscados na maioria das situações.
- **Efeitos colaterais:** Muitos medicamentos apresentam diversos efeitos colaterais, tais como distúrbios gastrointestinais, dores de cabeça, tontura, boca seca e disfunção sexual. Trabalhe com seu médico para encontrar o remédio certo — uma droga que alivie sua ansiedade e não lhe cause efeitos colaterais muito incômodos — isso pode levar algum tempo.

As vantagens dos medicamentos

Às vezes, o uso de medicamentos faz sentido. Ao pesar os prós e os contras, sugerimos que você dê uma boa olhada nos benefícios que eles podem oferecer:

- Quando uma depressão grave acompanha a ansiedade, a medicação pode, às vezes, oferecer um alívio mais rápido, principalmente quando a pessoa se sente desesperada, impotente ou suicida.
- Quando a ansiedade interfere em sua vida, a medicação pode oferecer alívio mais rapidamente do que a terapia ou mudanças no estilo de vida. Tais interferências incluem:
    - Ataques de pânico que ocorrem com frequência e causam visitas dispendiosas ao pronto-socorro.
    - A ansiedade tão severa que você para de ir trabalhar ou perde importantes eventos da vida.
    - Compulsões e obsessões (veja o Capítulo 2) que se apoderam de sua vida e consomem grandes períodos de tempo.
- Os medicamentos podem oferecer alívio se você já tiver experimentado as recomendações deste livro, consultado um terapeuta qualificado e, ainda assim, sofrer com ansiedade em excesso.
- Se seu médico lhe diz que seu nível de estresse deve ser controlado rapidamente em decorrência de sua pressão arterial elevada, esse remédio para pressão arterial pode, em alguns casos, reduzir também seu estresse, além de somar alguns anos à sua vida.
- Um breve regime, com a medicação correta, pode ajudá-lo a superar um evento repentino e traumático. Os traumas que acontecem com a maioria das pessoas incluem:
    - A morte repentina de um ente querido
    - Um acidente inesperado
    - Doenças graves

- Um desastre financeiro inesperado
- Um desastre natural, tal como um furacão ou terremoto
- Ser vítima de um crime grave
- Ser vítima de terrorismo

Entendendo as Opções de Medicamentos

Hoje em dia, os médicos possuem uma ampla variedade de medicamentos para o tratamento de transtornos de ansiedade. Novas drogas e aplicações surgem o tempo todo. Não espere que nossa lista abranja cada medicação possível para ansiedade. Além disso, nossa análise não tem a intenção de substituir o aconselhamento médico profissional.

Se você decidir perguntar a seu médico sobre medicamentos, não esqueça de discutir as seguintes questões cruciais, caso se apliquem a você. Comunicar-se com seu médico sobre essas considerações pode ajudar a evitar consequências ruins. Certifique-se de avisar seu médico se você:

- Está grávida ou planeja engravidar
- Está amamentando
- Ingere álcool
- Toma algum remédio sob prescrição
- Toma algum remédio sem prescrição
- Toma suplementos de ervas
- Tem alguma condição médica séria
- Já teve alguma reação ruim a medicamentos no passado
- Tem alguma alergia
- Toma pílula anticoncepcional (alguns medicamentos para ansiedade reduzem a eficácia da pílula)

A maioria das drogas prescritas para ansiedade pertence a uma das seguintes categorias. Além de algumas opções intrigantes de medicamentos, discutimos as seguintes:

- Antidepressivos
- Benzodiazepínicos (ansiolíticos)
- Tranquilizantes variados
- Betabloqueadores
- Antipsicóticos atípicos
- Estabilizadores do humor

Você pode notar que algumas dessas categorias parecem um pouco estranhas. Por exemplo, antidepressivos (geralmente usados para tratar depressão) e betabloqueadores (comumente prescritos para hipertensão) não parecem grupos de medicamentos para o tratamento da ansiedade. Mas nós lhe mostramos que eles exercem um papel importante em certos tipos de ansiedade.

Antidepressivos

Medicamentos antidepressivos têm sido usados, por muitas décadas, para o tratamento da ansiedade. Isso é interessante porque a ansiedade e a depressão costumam ocorrer juntas. Os dois problemas parecem ter alguma semelhança em relação a suas bases biológicas. Os antidepressivos aumentam a disponibilidade de diferentes neurotransmissores ou mensageiros químicos no cérebro. Os antidepressivos mais frequentemente prescritos aumentam os níveis de serotonina, que ajuda a regular o humor, a ansiedade e a capacidade de controlar os impulsos.

Inibidores seletivos da recaptação da serotonina (ISRS)

Os médicos prescrevem os ISRSs para todos os tipos de transtornos de ansiedade (veja o Capítulo 2 para obter uma descrição dos transtornos de ansiedade). Os ISRSs aumentam os níveis do neurotransmissor serotonina crucial nas sinapses nervosas ao inibir a reabsorção de serotonina para dentro das células nervosas. Você deve saber que os ISRSs ainda têm efeitos colaterais significativos, mas tendem a ser mais brandos do que os tipos anteriores de antidepressivos e alguns diminuem com o tempo.

Os efeitos colaterais dos ISRSs podem incluir sedação, distúrbios estomacais, dores de cabeça, tontura, ganho de peso, insônia, agitação, irritabilidade, problemas sexuais, comportamentos estranhos e, até mesmo, pensamentos suicidas. Fale com o profissional que os prescreveu para você sobre quaisquer efeitos colaterais. Busque ajuda imediatamente se você sentir impulsos suicidas.

Os ISRSs podem interagir com outras drogas e, em casos raros, podem causar interações com risco de vida. Certifique-se de informar seu médico sobre todos os medicamentos ou suplementos sem prescrição médica que você está tomando.

Veja a Tabela 9-1 para uma lista dos ISRSs populares.

Tabela 9-1		ISRSs Populares
Nome Comercial	*Nome Genérico*	*Comentários*
Celexa	Citalopram	Menos efeitos colaterais que os outros ISRSs
Lexapro	Escitalopram	Similar ao Celexa; pode funcionar mais rápido que outros ISRSs
Luvox	Fluvoxamina	Pode ser sedativo; geralmente prescrito para ansiedade. Fumo e bebida diminuem sua eficácia.
Paxil	Paroxetina	Sedativo; é comum ganho de peso. Muitos têm problemas para descontinuar o uso.
Prozac	Fluoxetina	Estimulante; pode às vezes aumentar a ansiedade.
Zoloft	Sertralina	Estimulante; uma boa opção para aqueles com doenças cardíacas.

Antidepressivos atípicos

Essa classe de antidepressivos visa à serotonina e a outros neurotransmissores que têm vários tipos de efeitos. Alguns deles aumentam a energia e a vigilância, enquanto outros afetam as experiências de prazer, atenção e motivação. A Tabela 9-2 lista esses medicamentos em ordem alfabética, dentro de suas respectivas categorias.

Tabela 9-2		Antidepressivos atípicos	
Categoria	*Nome Comercial*	*Nome Genérico*	*Comentários*
Inibidor da recaptação da serotonina e noradrenalina (IRSN)	Cymbalta	Duloxetina	Aprovados pelo FDA para tratamento de transtorno depressivo grave e transtorno de ansiedade generalizada (TAG). Também é usado para tratar dor neuropática periférica diabética e fibromialgia.
	Efexor	Venlafaxina	Aprovados pelo FDA para o tratamento da TAG, ansiedade social, transtorno do pânico e transtorno depressivo grave.
	Pristiq	Desvenlafaxina	Um ISRS mais recente aprovado pelo FDA para o tratamento do transtorno depressivo severo, mas pode ser prescrito para diferentes transtornos de ansiedade.

Categoria	Nome Comercial	Nome Genérico	Comentários
Inibidores de recaptação e antagonista da serotonina-2 (IRASs)	Desyrel	Trazodona	Utilizado principalmente como um auxílio para o sono, pois as dificuldades de sono muitas vezes acompanham os transtornos de ansiedade.
	Serzone	Nefazodona	Supostamente eficaz para TAG e fobias sociais. Tem a vantagem de trabalhar mais rapidamente do que a maioria dos antidepressivos.
Antidepressivo noradrenérgico e específico serotoninérgico (ANES)	Remeron	Mirtazapina	Eficaz para o tratamento de transtornos depressivos severos, TAG, transtorno do pânico, transtorno obsessivo-compulsivo (TOC), e pós-traumático (TEPT). Como o Serzone, ele funciona mais rapidamente que os ISRSs e causa relativamente poucos problemas sexuais.
Inibidor de recaptação de noradrenalina (IRN)	Welbutrin	Bupropiona	Mais comumente prescrito para depressão ou como auxílio para deixar de fumar; entretanto, relatos dispersos indicam que pode ser útil para tratar ansiedade social e outros problemas relacionados à ansiedade.
			Paradoxalmente, agitação e ansiedade são efeitos colaterais comuns: certifique-se de informar seu médico caso você sinta um aumento de angústia com esta medicação.

Antidepressivos Tricíclicos

Os médicos costumam tentar tratar a ansiedade com os medicamentos antidepressivos mais recentes discutidos nas duas seções anteriores. No entanto, quando essas medicações não dão conta do serviço, às vezes os antidepressivos tricíclicos funcionam. Eles podem levar de duas a doze semanas para alcançar a eficácia máxima.

Algumas pessoas experimentam temporariamente uma ansiedade *aumentada* com medicamentos tricíclicos. Quase 30 por cento dos pacientes param de tomar esse tipo de remédio em grande parte por conta dos efeitos colaterais que podem aumentar a ansiedade e a agitação.

É por isso que muitos médicos prescrevem medicamentos para transtornos de ansiedade iniciando com uma dose baixa e aumentando lentamente, conforme necessário. Em outras palavras, eles prescrevem uma dose inicial muito baixa para que seu corpo se ajuste ao remédio, com efeitos colaterais mínimos, e aumentam a dosagem aos poucos, a fim de minimizar as reações negativas. Assim, é possível que demore um pouco para alcançar uma dose eficaz, mas será mais fácil para você constatar se será capaz de tolerar a medicação.

Ainda que sejam cuidadosamente administrados, os medicamentos tricíclicos podem causar efeitos colaterais consideráveis, incluindo tontura, ganho de peso, boca seca, visão turva e constipação. Alguns desses efeitos diminuem ao longo do tempo, mas muitos deles persistem mesmo após várias semanas. Os tricíclicos perderam parte de sua popularidade para os ISRSs mais novos que descrevemos anteriormente porque estes têm menos desses irritantes efeitos colaterais.

Os medicamentos tricíclicos comuns incluem Tofranil, Tryptanol, Adapin, Pamelor e Anafranil (prescritos especialmente para transtorno obsessivo-compulsivo [TOC] e transtorno do pânico, porque têm um mecanismo de ação sobre o cérebro diferente dos outros medicamentos tricíclicos).

Inibidores da MAO

Os inibidores da MAO são o tipo mais antigo de medicação antidepressiva. Eles funcionam ao permitirem que neurotransmissores cruciais permaneçam disponíveis no cérebro, para regular o humor de forma eficaz. São utilizados com pouca frequência porque acarretam sérios efeitos colaterais.

Tomar inibidores da MAO e consumir alimentos com tiramina pode causar um aumento perigoso da pressão arterial provocando um acidente vascular cerebral ou morte. Infelizmente, muitos alimentos, como abacates, cerveja, queijo, salame, vinho, soja e tomate contêm tiramina.

> ### Salvando sua vida sexual?
>
> Muitos medicamentos para o tratamento da ansiedade, bem como da depressão, interferem na excitação e na capacidade de atingir o orgasmo. Os piores criminosos nesse grupo de medicamentos são os ISRSs. Muitas pessoas que os tomam estão tão contentes com a redução de sua ansiedade que hesitam em reclamar com seus médicos sobre esse efeito colateral. Outras são envergonhadas demais para trazer o assunto à tona.
>
> Você deve saber que esse efeito colateral é extremamente comum e que, sem dúvida, seu médico já ouviu muitos pacientes relatarem esse problema. Então, vá em frente e converse com seu médico — não há necessidade de constrangimento. Certos medicamentos têm uma tendência menor que outros para causar esse efeito colateral, de forma que seu médico pode recomendar uma troca. Como alternativa, medicamentos como o Viagra podem ser usados para tratar diretamente alguns dos efeitos colaterais sexuais. Ao falar com seu médico, você pode explorar as melhores opções.

No entanto, os inibidores da MAO podem ser eficazes quando outros antidepressivos não funcionaram. Se seu médico lhe receitar um deles, ele provavelmente terá uma boa razão para fazê-lo. Observe, entretanto, o que você come e peça a seu médico uma lista completa de alimentos a serem evitados, incluindo aqueles na lista anterior. Os inibidores da MAO incluem Nardil, Parnate e Marplan.

Benzodiazepínicos

Mais conhecido como tranquilizantes, os benzodiazepínicos surgiram há mais de 40 anos. À primeira vista, pareciam os medicamentos perfeitos para uma série de problemas de ansiedade. Ao contrário dos antidepressivos, eles funcionam rapidamente, muitas vezes reduzindo os sintomas dentro de 15 a 20 minutos. Além disso, eles podem ser tomados apenas conforme a necessidade, ao ter que lidar com uma situação especialmente desencadeadora de ansiedade, como confrontar-se com uma fobia, fazer um discurso ou ir a uma entrevista de emprego. Os efeitos colaterais tendem a ser menos preocupantes do que aqueles associados aos antidepressivos. Durante 20 anos ou mais, após seu aparecimento, eles foram vistos como mais seguros que os barbitúricos, com um risco menor de overdose. Tornaram-se, rapidamente, o tratamento padrão para a maioria dos transtornos de ansiedade e parecem funcionar através do reforço de uma substância no cérebro, que bloqueia a excitabilidade das células nervosas. O que poderia ser melhor?

Bem, acontece que os benzodiazepínicos têm alguns problemas. Nada é perfeito, afinal. A dependência ou o vício é um risco significativo. Tal como acontece com muitos vícios, a abstinência de benzodiazepínicos pode ser difícil e até mesmo perigosa. Além disso, se você parar de tomá-los, sua ansiedade quase sempre retornará. Mediante a abstinência, é possível que ocorra uma ansiedade de rebote mais grave do que aquela vivenciada antes de tomar a droga.

Os benzodiazepínicos também são associados ao aumento do risco de queda entre os idosos o que, muitas vezes, resulta em fraturas de quadril. Além disso, um relatório recente sugeriu que eles também podem dobrar o risco de envolvimento em um acidente de automóvel.

Esse risco aumenta de forma rápida quando os benzodiazepínicos são tomados em combinação com álcool. Na verdade, eles são particularmente problemáticos para aqueles que têm um histórico de abuso de substâncias. As pessoas que são viciadas em drogas de uso recreativo ou álcool facilmente se tornam viciadas nessas medicações e se expõem a um risco maior ao combinar álcool com seu remédio.

Prescrever benzodiazepínicos para aqueles que sofreram um trauma recente parece lógico e humano. De fato, esses medicamentos têm o potencial de melhorar o sono e reduzir tanto a excitação quanto a ansiedade. No entanto, um estudo publicado no *Journal of Clinical Psychopharmacology* descobriu que a administração precoce e prolongada de benzodiazepínicos, após um trauma, na verdade pareceu aumentar a taxa de um transtorno de estresse pós-traumático (TEPT) desenvolvido posteriormente (veja o Capítulo 2 para obter mais informações sobre TEPT).

Também parece lógico supor que a combinação de benzodiazepínicos com algumas das várias mudanças no comportamento ou no pensamento que podem reduzir a ansiedade (veja os Capítulos 5, 6, 7 e 8) contribui para uma combinação útil que poderia produzir um resultado melhor do que usar cada abordagem sozinha. No entanto, estudos realizados pelo psicólogo Dr. Michael Otto, no Massachusetts General Hospital, descobriram que o risco de recaída é maior quando esses medicamentos são combinados com mudanças no pensamento e no comportamento. Em longo prazo, parece que, para a maioria das pessoas, aprender estratégias para lidar com sua ansiedade é melhor do que simplesmente buscar soluções farmacológicas — especialmente no que diz respeito aos benzodiazepínicos.

Apesar disso, os benzodiazepínicos continuam sendo uma das abordagens mais populares para o tratamento de transtornos de ansiedade, especialmente entre clínicos gerais que não têm formação específica em psiquiatria. Em parte, isso pode ser devido ao baixo perfil de efeitos colaterais dos fármacos. Esses medicamentos podem, por vezes, desempenhar um papel importante, em especial no estresse e na ansiedade agudos e de curto prazo, bem como para aqueles a quem outros medicamentos não ajudaram. Nós apenas recomendamos fortemente cautela com o uso desses agentes. A seguir, estão

Capítulo 9: Considerando Medicamentos e Opções de Tratamento Físico 163

alguns dos benzodiazepínicos mais comumente prescritos, listados pelo nome comercial, com os nomes genéricos entre parênteses:

- Lorax (lorazepam)
- Centrax (prazepam)
- Rivotril (clonazepam)
- Psicosedin (clordiazepóxido)
- Serax (oxazepam)
- Valium (diazepam)
- Frontal (alprazolam)

Tranquilizantes variados

Alguns tranquilizantes variados são quimicamente não relacionados com os benzodiazepínicos e, portanto, parecem funcionar de forma bem diferente.

Você deve saber que, além da seguinte lista de tranquilizantes variados, há outros tipos disponíveis. Além disso, estão sendo desenvolvidas novas drogas antiansiedade muito interessantes e algumas estão em fase de ensaios clínicos. Há, dentre elas, drogas que são de ação rápida e ainda podem ter menor efeito colateral indesejável do vício, que foi encontrado com os benzodiazepínicos.

Por enquanto, listamos dois medicamentos antiansiedade (com seus nomes genéricos entre parênteses) que seu médico pode prescrever:

- **Buspar (buspirona):** Esse medicamento pertence a uma classe de compostos químicos conhecida como *azaspirodecanedionas* (que, na verdade, são bem menos assustadores do que seu nome). O modo exato como o Buspar funciona é desconhecido. Ele tem sido mais estudado para o tratamento de transtorno de ansiedade generalizada (TAG), mas pode ter valor para o tratamento de vários outros problemas relacionados à ansiedade, tais como fobia social e TEPT, entre outros. Pode não ser tão útil para ataques de pânico como outros medicamentos. Embora sejam necessários amplos indícios para descartar um potencial de dependência, a crença atual é de que a probabilidade do Buspar produzir dependência é bastante baixa.
- **Prurizin, também comercializado como Hixizine (hidroxizina):** Esse medicamento é um anti-histamínico, bem como um tranquilizante. É usado para tratar vários tipos de problemas relacionados à ansiedade e tensão, bem como reações alérgicas, como urticária e erupções. De ação rápida, essa droga faz efeito em 30 minutos.

Betabloqueadores

Como a ansiedade pode aumentar a pressão arterial, talvez não seja surpreendente que alguns medicamentos para o tratamento da hipertensão também reduzam a ansiedade. O principal entre estes são os chamados betabloqueadores que bloqueiam os efeitos da norepinefrina. Assim, eles controlam muitos dos sintomas físicos da ansiedade, tais como agitação, tremores, taquicardia e rubor. No tratamento da ansiedade, sua utilidade é limitada principalmente a fobias específicas, tais como ansiedade social e a de desempenho. Eles são altamente populares entre os músicos profissionais, que muitas vezes as utilizam para reduzir sua ansiedade de desempenho antes de um concerto ou audição importantes. Dois betabloqueadores, Inderal e Atenol, são mais frequentemente prescritos para esses fins:

- **Inderal (propranolol):** Geralmente, o Inderal é usado para o alívio em curto prazo do medo do palco, discurso em público, ansiedade de testes e social. Muitas vezes é administrado em dose única, antes de uma performance.
- **Atenol (atenolol):** Esse medicamento geralmente acarreta menos efeitos colaterais que o Inderal e tem resultados mais duradouros. O Atenol também é frequentemente administrado em dose única, antes de uma performance.

Antipsicóticos atípicos

Os chamados *medicamentos antipsicóticos atípicos* não são geralmente prescritos para transtornos de ansiedade. São atípicos no sentido de que, ao contrário dos anteriores, o risco de acarretarem certos efeitos colaterais graves é menor e podem ser usados para tratar uma gama muito mais ampla de problemas do que apenas a *psicose,* um distúrbio na capacidade de perceber a realidade corretamente. Os antipsicóticos atípicos focam em um neurotransmissor diferente do que os ISRSs e, por vezes, são utilizados em combinação com estes. Quando usados para tratar problemas relacionados à ansiedade, esses medicamentos são geralmente prescritos em doses muito mais baixas do que quando usados para transtornos psicóticos.

Ao ver essa categoria, você pode facilmente ter pensado: "ei, eu sou ansioso; não sou louco". De fato, a psicose é uma doença mental grave que muitas vezes envolve o pensamento desordenado, alucinações, delírios e outras distorções graves da realidade. Então, você pode se perguntar por que os medicamentos destinados a tratar a psicose não têm nada a ver com o tratamento da ansiedade. Aqueles que sofrem apenas de ansiedade raramente experimentam o tipo de pensamento bastante confuso que os psicóticos têm.

Esses medicamentos são prescritos principalmente para pessoas que têm ansiedade grave e difícil de tratar ou que sofrem de outros transtornos mentais, junto com ansiedade. Eles geralmente não são prescritos, a menos que outras formas de tratamento tenham sido infrutíferas porque produzem alguns efeitos secundários especialmente angustiantes. Os mais temidos são conhecidos por efeitos colaterais extrapiramidais (EPS — Extrapyramidal Side Effects), que podem incluir uma ampla variedade de problemas, tais como

- Movimentos musculares anormais, incontroláveis e irregulares do rosto, boca e, às vezes, de outras partes do corpo
- Uma sensação intensa de agitação
- Rigidez muscular
- Espasmos ou contrações musculares prolongadas
- Andar arrastado

Esses efeitos EPS parecem ocorrer com menos frequência com os medicamentos antipsicóticos atípicos mais recentes, ao contrário daqueles mais antigos e tradicionais. Como o risco de EPS é relativamente baixo, aqueles com transtornos de ansiedade graves que não obtiveram resultados satisfatórios com mudanças no comportamento ou no pensamento (veja os Capítulos 5, 6, 7 e 8) nem com o uso de outros medicamentos podem cogitar do uso dessas novas ferramentas antiansiedade.

No entanto, como o risco existe, aqueles com problemas de ansiedade relativamente mais brandos provavelmente querem evitá-los.

Outro efeito colateral perturbador com muitos desses antipsicóticos atípicos é uma mudança no metabolismo que aumenta o risco de ganho de peso e pode acabar levando a diabetes. Como ocorre com a maioria dos medicamentos para a ansiedade, esses devem ser evitados durante a gravidez ou amamentação. Consulte seu médico para conhecer as melhores alternativas.

Eis aqui quatro medicações antipsicóticas, com seus nomes genéricos entre parênteses. Outros medicamentos estão em desenvolvimento.

- Risperdal (risperidona)
- Abilify (aripiprazol)
- Zyprexa (olanzapina)
- Seroquel (quetiapina)
- Geodon (ziprasidona)

Estabilizadores do humor

Os estabilizadores do humor geralmente são prescritos para outras condições. No entanto, quando tratamentos padrão não funcionam, os médicos às vezes acreditam que eles são úteis para tratar a ansiedade de seus pacientes. As pessoas que sofrem de alterações de humor, como aquelas com transtorno bipolar, geralmente se beneficiam com essa classe específica de drogas. Os medicamentos incluídos nessa categoria são o Depakote (ácido valproico), Carbolitium (lítio), Lamictal (lamotrigina), Neurontin (gabapentina), Tegretol (carbamazepina) e Topamax (topiramato).

Algumas opções intrigantes de medicamentos

A busca por opções de medicamentos antiansiedade leva a alguns lugares inesperados. A lista a seguir descreve alguns deles.

- **Atensina (clonidina)** é um medicamento normalmente usado para tratar hipertensão, por relaxar os vasos sanguíneos. Parece aliviar alguns sintomas de TEPT, especialmente em crianças. Entretanto, efeitos colaterais graves têm sido relatados.

- **D-cicloserina**, um antibiótico usado para tratamento contra a tuberculose crônica, também parece ajudar as pessoas a extinguir seus medos mais rápida e completamente quando estão fazendo tipos de terapia de exposição (veja o Capítulo 8). Tomar essa droga enquanto enfrenta os medos pode permitir que a pessoa acelere o processo de desaprender o medo original e o paciente só precisa tomar o medicamento durante algumas poucas sessões de terapia.

- **Metilenodioximetanfetamina (MDMA)**, também conhecido como a droga de rua ecstasy, foi descoberta como uma facilitadora do tratamento de exposição para pessoas com TEPT. Os estudos são promissores, mas preliminares. O ecstasy parece ter um efeito positivo sobre o humor e a empatia.

Durante a terapia, ele é administrado sob supervisão médica — nós não encorajamos nossos leitores a experimentar isso em casa.

- A **oxitocina** é um outro tratamento interessante para a fobia social e que é administrado logo antes de o cliente começar uma sessão de terapia cognitiva comportamental. A oxitocina, um hormônio que ocorre naturalmente e é liberado por homens e mulheres durante o orgasmo, é ministrada através de spray nasal. A oxitocina não vai lhe dar um orgasmo se administrada dessa forma, mas pesquisadores da Universidade de Zurique, na Suíça, descobriram que pessoas com fobia social que recebem algumas aplicações nasais de oxitocina se sentem mais confiantes e abertos à terapia.

Procurando Suplementos

Os suplementos dietéticos incluem vitaminas, aminoácidos, minerais, enzimas, metabólitos ou plantas medicinais que supostamente melhoram sua saúde e/ou funções do seu corpo. Tais suplementos existem em muitas formas diferentes — cápsulas, pós, comprimidos, chás, líquidos e grânulos. Você pode comprar suplementos pela Internet, em sua drogaria local, em um mercado ou em uma loja de alimentos saudáveis. Os benefícios alegados dos suplementos incluem sistema imunológico fortalecido, sono melhor, ossos mais fortes, resposta sexual aumentada, curas de câncer e superação da ansiedade.

Capítulo 9: Considerando Medicamentos e Opções de Tratamento Físico

As pessoas muitas vezes procuram suplementos porque supõem que eles são mais seguros do que medicamentos. Isso não é necessariamente verdade. Os suplementos não são considerados drogas nos Estados Unidos e, portanto, não estão sujeitos ao mesmo nível de controle da maioria dos medicamentos. Antes de um medicamento sob prescrição poder chegar ao mercado, o fabricante deve realizar estudos clínicos para estabelecer a segurança, eficácia, posologia e possíveis interações prejudiciais com outros medicamentos. A Food and Drug Administration (FDA) nos EUA não exige ensaios clínicos para estabelecer a segurança das ervas. Em vez disso, depois que um suplemento chega ao mercado, a única maneira de ele ser removido é se um número suficiente de consumidores sofrer efeitos colaterais sérios e se queixarem às agências certas, o que pode desencadear uma investigação da FDA e uma eventual decisão de retirar a erva das prateleiras das lojas. No Brasil, a Anvisa (Agência Nacional de Vigilância Sanitária) é o órgão responsável por esse tipo de controle sobre os medicamentos.

Outro problema sério com os suplementos é que os vendedores não treinados costumam fazer recomendações para seu uso. Felizmente, profissionais de saúde que também estão interessados e são treinados para o uso seguro e eficaz de suplementos podem ajudar. Por outro lado, a utilidade do conselho dado por vendedores varia muito. A história de Dolores não é tão incomum.

> Um vendedor jovem e saudável sorri para **Dolores,** quando ela entra na loja de alimentos saudáveis. Dolores lhe diz que gostaria de encontrar um remédio natural para ajudá-la a se acalmar. Ela relata dificuldade de concentração, sono de má qualidade e sempre sentir-se nervosa. O jovem concorda e sugere um regime de vitaminas e suplementos para fortalecer sua resistência ao estresse, melhorar sua concentração e aliviar seus sintomas de ansiedade.
>
> Tirando frascos das prateleiras, ele lhe diz: "algumas vitaminas B para te fortalecer; C para combater infecções. Aqui estão alguns aminoácidos — L-lisina e tirosina — e um composto, 5-HTP. Minerais: zinco, cálcio, potássio e magnésio. As algas Kelp nutrem. Melatonina para o sono. Ah sim, talvez um SAM-e para melhorar o seu humor. Agora as ervas: lúpulo, maracujá, valeriana, erva-cidreira, camomila e kava kava. Agora, tome esses pelo menos uma hora antes de comer. Coma carboidratos com esses, não proteínas. Esse aqui deve ser tomado antes de dormir."
>
> A conta dá US$ 214 e Dolores vai para casa se sentindo um pouco oprimida. Um dia, no trabalho, após tomar uma dúzia de comprimidos, ela corre para o banheiro e vomita. Uma amiga, preocupada, pergunta o que está fazendo com que ela passe mal. Dolores lhe fala sobre todos os suplementos que está tomando. A amiga sugere que Dolores procure a ajuda de um médico naturopata; ela explica que esses profissionais passam por um programa de treinamento de quatro anos, em tempo integral e devem passar por uma prova rigorosa.

Dolores visita um médico naturopata, que a aconselha a se livrar da maioria de suas compras, dando lugar a uma vitamina múltipla e um suplemento de ervas. Ele também discute diversas estratégias de relaxamento, séries de exercícios e livros de autoajuda. Dentro de algumas semanas, Dolores se sente como uma nova pessoa.

O exemplo de Dolores pode parecer radical. No entanto, o negócio dos suplementos é altamente rentável. Vendedores bem-intencionados raramente possuem formação médica.

Dolores, na verdade, teve sorte em comparação com Heitor, cuja história aparece a seguir. Heitor não só experimenta suplementos de ervas, mas os mistura com um medicamento com prescrição e álcool, resultando em uma situação muito perigosa.

É dia de pagamento e os amigos de **Heitor** o convidam para tomar umas cervejas. "Claro", ele diz. "Não posso ficar muito tempo, mas umas cervejas me fariam bem; tá sendo uma semana difícil". Beliscando alguns aperitivos, Heitor termina duas cervejas ao longo de uma hora e meia. Ele cambaleia um pouco, quando levanta do banco do bar, e o garçom pergunta se ele está bem. Heitor assegura-lhe de que está sóbrio. Afinal, ele só tomou duas cervejas.

Dirigindo para casa, Heitor passa para a faixa da esquerda por um momento, mas dá uma guinada e volta. Só então, ouve um carro buzinando atrás dele. Alguns momentos depois, vê as luzes da polícia piscando. Confuso, ele para. Heitor não passa em um teste de sobriedade, mas o do bafômetro registra em 0,03 o nível de álcool no sangue de Heitor, bem abaixo do limite legal. O que está acontecendo?

Heitor se queixou recentemente a seu médico sobre estar se sentindo estressado em seu trabalho. Ele lhe prescreveu uma dose baixa de um medicamento antiansiedade e advertiu que Heitor não o tomasse demais, pois poderia ser viciante se ele não fosse cuidadoso. Heitor achou que o medicamento foi útil, o acalmando um pouco, mas o remédio não resolveu totalmente o problema. Um amigo recomendou que experimentasse duas ervas. Heitor achou que seria uma maneira ótima e natural para intensificar o medicamento prescrito e que as ervas certamente não fariam mal. Para aumentar a pontuação de Heitor, ele combinou duas ervas para alívio da ansiedade, um medicamento sob prescrição e álcool — e teve sorte que a polícia pediu que ele encostasse. Heitor poderia ter acabado em um grave acidente, machucando a si mesmo ou a outros.

Não se esqueça de que o consumo de álcool, mesmo moderado, combinado com agentes antiansiedade, pode intensificar os efeitos sedativos podendo causar uma incapacidade significativa e até mesmo a morte. *Tenha cuidado!*

Capítulo 9: Considerando Medicamentos e Opções de Tratamento Físico

A busca por plantas medicinais úteis

As pessoas têm usado remédios de ervas há milhares de anos. Alguns deles funcionam. Na verdade, um número significativo de medicamentos de prescrição médica é derivado de ervas. Você pode querer experimentar algumas ervas para sua ansiedade. Recomendamos que você leia com cuidado a literatura sobre cada erva para fazer uma escolha com conhecimento antes de comprá-las de um vendedor bem conceituado. Sempre informe seu médico sobre quais ervas ou suplementos você está tomando.

- **Erva de São João:** Essa planta tem sido usada desde a antiguidade para fins medicinais. Estudos mostram que é tão eficaz para a depressão leve quanto alguns antidepressivos. Pesquisas sobre a Erva de São João são insuficientes para recomendá-la como um tratamento para a ansiedade. Tenha cuidado: ela pode intensificar os efeitos do sol e levar a queimaduras solares.

- **Kava kava:** Os habitantes de ilhas no Pacífico Sul consumiam kava kava tanto para o prazer quanto para a cura. Eles normalmente a utilizavam para tratar uma série de moléstias, incluindo a obesidade, sífilis e gonorreia. Os ilhéus também a usavam para relaxamento, insônia e redução da ansiedade. A kava kava tem sido amplamente utilizada na Europa para ansiedade, embora o uso varie de uma região para outra. Estudos mostram que ela tem um efeito positivo sobre a ansiedade, embora ele seja modesto. No entanto, alguns países proibiram a kava kava devido a seu potencial relatado, mas aparentemente raro, de causar problemas de fígado.

- **Valeriana:** A valeriana é uma erva nativa da Europa e da Ásia. A palavra vem do termo latino que significa *bem-estar*. Ela tem sido indicada para problemas digestivos, insônia e ansiedade. Como muitas ervas, é amplamente usada na Europa, mas está ganhando popularidade nos Estados Unidos.

Muitos outros remédios herbais para ansiedade são anunciados como métodos seguros e eficazes. Mas cuidado, a maioria dessas ervas não foi submetida a um exame minucioso de eficácia ou segurança. Sugerimos que você as evite, pois muitos outros agentes e estratégias redutores de ansiedade funcionam sem efeitos colaterais perigosos. Por outro lado, não achamos que você precise ficar sobressaltado demais por tomar um pouco de chá de ervas de tempos em tempos. A maioria dessas bebidas contêm quantidades relativamente pequenas do ingrediente ativo e, provavelmente, representam uma ameaça pequena.

Viva as vitaminas!

O estresse crônico sobrecarrega o corpo. Os resultados de vários estudos ligam transtornos de humor à falta de vitaminas e deficiências especialmente graves podem tornar sua ansiedade pior. Por isso, alguns especialistas recomendam um bom suplemento multivitamínico.

As vitaminas e minerais podem curar sua ansiedade? Isso não é provável. No entanto, eles podem ajudar a manter seu corpo em melhor forma para lidar com as tensões que surgem em seu caminho. Apenas tome cuidado para não ingerir grandes quantidades. Até mesmo vitaminas podem produzir efeitos tóxicos, se tomadas em altas doses.

Peneirando um monte de suplementos

Se você pesquisar na Internet e nas lojas locais de alimentos saudáveis, você provavelmente conseguirá encontrar mais de uma centena de suplementos anunciados como antídotos para a ansiedade. Mas eles funcionam? Apenas alguns de que temos conhecimento. Os suplementos a seguir conseguiram, pelo menos, um pouquinho de provas para embasar seu valor como possíveis ferramentas para cortar a ansiedade:

- **Melatonina:** Alcançando um pico por volta da meia-noite, esse hormônio ajuda a regular o ritmo do sono no corpo. Em particular, ele trata do problema de adormecer na hora certa (conhecido como o início do sono), em contraste com aquele de acordar de manhã cedo e não conseguir voltar a dormir. A melatonina sintética, tomada no início da noite, algumas horas antes de dormir, pode aliviar esse tipo específico de insônia, um problema comum entre aqueles que têm excesso de ansiedade.

    É possível que surjam efeitos colaterais como tonturas, irritabilidade, fadiga, dor de cabeça e depressão em níveis baixos, mas os efeitos colaterais em longo prazo não são muito conhecidos no momento. Evite dirigir ou beber álcool quando tomar melatonina.

    Se tem uma doença autoimune ou se está deprimido, você provavelmente deve evitar a melatonina.

- **SAM-e:** Com alegações de aliviar a dor e a rigidez da osteoartrite e fibromialgia, esse aminoácido existe naturalmente no corpo. Também pode ajudar a tratar depressão e ansiedade. No entanto, as pesquisas sobre esse suplemento continuam limitadas. O SAM-e parece aumentar os níveis de serotonina e dopamina no cérebro, o que poderia, teoricamente, aliviar a ansiedade.

    Possíveis efeitos colaterais como distúrbios gastrointestinais, nervosismo, insônia, dor de cabeça e agitação podem surgir, mas, novamente, pouco se sabe a respeito desses efeitos em longo prazo.

    Não tome SAM-e se você tem transtorno bipolar ou depressão grave. O SAM-e pode contribuir para a mania, que é um estado eufórico perigoso que muitas vezes inclui um discernimento fraco e comportamentos de risco.

Capítulo 9: Considerando Medicamentos e Opções de Tratamento Físico

- **5-HTP:** Esse suplemento popular é um composto que aumenta os níveis de serotonina no cérebro. A serotonina desempenha um papel crítico na regulação do humor e da ansiedade. Também existem algumas evidências de que o 5-HTP pode aumentar os analgésicos naturais do cérebro, as *endorfinas*. Infelizmente, foram realizadas apenas pesquisas limitadas sobre esse suplemento e elas sugerem que o 5-HTP pode reduzir um pouco a ansiedade.

  Não tome 5-HTP se você também estiver tomando outro antidepressivo. Também o evite se tiver tumores ou doença cardiovascular.

- **Ácidos graxos Ômega-3:** Encontrados em sementes de linhaça, abacate, soja e peixe, demonstrou-se que esses ácidos melhoram o humor para aqueles com depressão. A evidência de sua utilidade para a ansiedade é menos consistente, mas há provas suficientes de que ter bastante ácidos graxos ômega 3 no corpo melhora a saúde cardiovascular. Então, pense em tomar esses suplementos (certifique-se de que eles são purificados para eliminar toxinas como o mercúrio).

Muitos praticantes da medicina alternativa também recomendam, frequentemente, o suplemento ácido gama-aminobutírico (GABA). Ele pode ter um leve efeito tranquilizante, mas existem poucos dados disponíveis para fundamentar essa alegação.

Estimulando o Cérebro

Pessoas com casos graves de ansiedade muitas vezes tentam muitos tratamentos diferentes. Infelizmente, alguns casos não se resolvem ou nem mesmo melhoram com tratamentos padrão como psicoterapia ou medicação. Para essas pessoas, novos avanços na ciência e tecnologia podem oferecer a esperança de melhora ou mesmo uma cura para seu sofrimento. Você deve estar ciente, contudo, de que a eficácia dessas novas abordagens ainda não foi firmemente estabelecida. Elas realmente devem ser consideradas como um último recurso no momento.

Estimulação do nervo vago (ENV)

O nervo vago envia informações do sistema digestivo, coração e pulmões por todo o cérebro. A ansiedade é geralmente vivenciada por todos esses sistemas, com sintomas que vão desde distúrbios estomacais até respiração acelerada e sentimentos de medo ao pensar que algo ruim possa acontecer. A ENV foi desenvolvida como um tratamento para pessoas com epilepsia. Um dispositivo que envia impulsos elétricos para o nervo vago é implantado no peito.

Mais tarde, descobriu-se que esse tratamento ajuda as pessoas com depressão grave. Muitos daqueles que experimentaram alívio tanto de crises de epilepsia como de depressão também observaram diminuição na ansiedade. Por essa razão, foram conduzidos alguns estudos utilizando a ENV em casos resistentes ao tratamento de ansiedade. Os resultados são promissores, mas é necessário muito mais pesquisa. Por enquanto, a ENV é uma alternativa apenas para aqueles que tiveram muitos fracassos em tratamento de ansiedade severa.

Embora os efeitos colaterais graves sejam raros, a ENV pode causar dor no local da incisão, rouquidão da voz, dor de garganta e fraqueza muscular facial.

Estimulação cerebral profunda (DBS, do inglês Deep Brain Stimulation)

Nesse procedimento, um estimulador elétrico é implantado cirurgicamente no peito com eletrodos entrando profundamente no cérebro. Esse tratamento foi utilizado pela primeira vez para ajudar pessoas com mal de Parkinson, uma doença neurológica progressiva que afeta os movimentos. As pessoas com Parkinson notaram uma melhora no humor quando a DBS foi iniciada.

Agora, a FDA aprovou o uso da DBS em TOC muito grave, resistente ao tratamento do TOC (veja o Capítulo 2). Esse tratamento inovador parece ter ajudado alguns com TOC severo e crônico.

Os efeitos colaterais da DBS podem incluir sangramento no cérebro, problemas de movimento e delírio. No momento, o tratamento deve ser considerado apenas para casos extremos.

Estimulação magnética transcraniana (EMT)

A EMT envolve a indução de um campo magnético no couro cabeludo, enviando uma corrente elétrica numa bobina. Esse tratamento não requer implante cirúrgico e, por isso, os efeitos colaterais são menos perigosos do que os tratamentos que envolvem cirurgia. No entanto, pesquisas sobre o uso bem-sucedido dessa técnica para aqueles com transtornos de ansiedade são bastante escassas.

A EMT tem sido utilizada principalmente para tratar a depressão. Estudos sobre EMT são um tanto quanto inconsistentes. Como eles variam em relação à força do campo magnético, à colocação da bobina e à duração do tratamento, é difícil comparar e contrastar os resultados. Muitos deles ainda são necessários para que a EMT seja recomendada para ajudar as pessoas com ansiedade.

Parte III
Despedindo-se da Batalha

A 5ª Onda — Por Rich Tennant

"O paciente está claramente vivenciando uma dificuldade para alcançar o nível final e profundo de sono tranquilo."

Nesta parte...

Você verá como lidar com a ansiedade de forma mais indireta, com uma abordagem calma e passiva. Nós lhe mostraremos como as conexões com outras pessoas, exercícios de relaxamento, técnicas de respiração, bons hábitos de sono e nutrição adequada ajudam a abrandar os sentimentos ansiosos.

Você também descobrirá por que a escolha de uma abordagem de atenção plena quanto à ansiedade está emergindo como uma forma estimulante e empiricamente validada de superá-la. A atenção plena o ajuda a aceitar os riscos e as incertezas inevitáveis da vida com um sereno desapego.

Capítulo 10

Observando o Estilo de Vida

Neste Capítulo

▶ Descobrindo o que é realmente importante
▶ Exercitando as maluquices da ansiedade
▶ Dormindo para a ansiedade passar
▶ Criando uma dieta calmante

*V*ocê leva uma vida atarefada, com muita coisa para fazer em pouco tempo? Compra o jantar para você e seus filhos no drive-through mais próximo no caminho entre o treino de futebol e sua casa? Fica acordado à noite pensando sobre tudo o que precisa fazer? Seu estilo de vida frenético provavelmente o leva à falta de sono, de exercícios e dieta ruim. Você sabe que deveria estar cuidando melhor de si mesmo, o que faz com que se sinta estressado e ansioso, aumentando o problema.

Neste capítulo, descrevemos três estratégias eficientes para acalmar sua vida: permanecer conectado aos outros, delegar e dizer "não". Também o ajudamos a encontrar a motivação para levar o exercício para sua vida. Lhe mostramoscomo obter o melhor descanso possível e o que fazer antes de dormir de forma a ajudar seu sono. Por fim, damos uma olhada em algumas dicas de melhores hábitos alimentares para aplacar os sentimentos ansiosos.

Amigos e Família — Ruim com Eles, Pior sem Eles

Há dias em que as pessoas de sua vida proporcionam todo o amor e apoio que você poderia desejar. Elas se oferecem para fazer coisas para você, escutam seus problemas e o confortam quando as coisas dão errado. Porém, em outros dias, essas mesmas pessoas fazem com que você deseje poder ir para uma ilha deserta por algumas semanas. Elas fazem exigências descabidas e dependem excessivamente de você — reclamando de problemas que elas mesmas criaram e fazendo com que você se sinta estressado e esgotado. As três seções a seguir discutem os prós e os contras das pessoas em sua vida e oferece sugestões sobre como tirar o máximo proveito de seus relacionamentos.

Ficando conectado aos outros

Apesar de a família e amigos terem potencial para causar estresse e aborrecimentos, numerosos estudos demonstraram que bons relacionamentos íntimos aumentam consideravelmente o sentimento de bem-estar das pessoas. Ficar conectado com as pessoas compensa em termos de uma melhora substancial da saúde mental e física. As conexões parecem ainda fornecer alguma proteção contra as deteriorações mentais que, muitas vezes, acompanham a velhice.

Então recomendamos que você foque nos laços de amizade, comunitários e familiares. Aqui estão algumas ideias para fazer isso:

- Certifique-se de fazer contato com seus amigos pessoalmente — não apenas lhes mandando e-mail ou mensagens de texto.
- Faça refeições em família sempre que possível — não precisa ser nada mais extravagante do que pedir pizza.
- Seja voluntário em uma sociedade protetora dos animais, escola ou hospital mais próximo.
- Ligue para um amigo com quem você não conversa há algum tempo.
- Caminhe por seu bairro e se apresente para as pessoas que encontrar.
- Ofereça-se para ajudar os membros de sua família na organização de um evento ou algum outro projeto.

Você entendeu a ideia: ficar conectado não precisa levar muito tempo nem custar dinheiro, mas exige esforço. Isso compensa, não só para você mas também para seus amigos, família e comunidade.

As pessoas com ansiedade social podem achar essas atividades difíceis. Se for esse o seu caso, trabalhe sua ansiedade social antes, tal como descrito nos Capítulos 5 a 9.

Uma conexão envolve você e, pelo menos, uma outra pessoa. Então, quando se aproxima de outra pessoa, você pode estar fazendo tão bem a ela quanto a si mesmo.

O quê? Você está dizendo que não tem tempo para se conectar com amigos e familiares? Damos soluções para esse problema nas duas próximas seções.

Delegando para ter tempo extra

Muitas pessoas com ansiedade sentem que devem sempre assumir a responsabilidade por seu trabalho, pelo cuidado de sua família e por sua casa. A menos que estejam participando de tudo, elas receiam que as coisas não sejam feitas. Se alguém assume uma tarefa, elas temem que o resultado fique aquém de seus padrões.

No entanto, se a vida tornou-se esmagadora e muito estressante, aprender a delegar pode ser sua única opção. Ao exigir demais de si mesmo, você corre o risco de ficar doente, mal-humorado e com mais ansiedade. Delegar algumas coisas geralmente funciona muito melhor do que você pensa.

Aqui estão algumas possibilidades para sua lista de delegações:

- Corra o risco de deixar seu parceiro lavar a roupa e cozinhar um pouco.
- Contrate um serviço de limpeza uma vez por mês (ou mais frequentemente, se você puder pagar).
- Passe uma tarde de domingo preparando grandes quantidades de algumas refeições que possam ser congeladas e consumidas durante a próxima semana ou pouco depois.
- Recrute a família para passar uma hora por semana em um esforço de limpeza conjunto e frenético.
- Contrate um serviço mensal de jardinagem.
- Utilize serviços bancários e pagamento de contas online — poupa mais tempo do que você pensa!

Entendemos que algumas dessas ideias custam dinheiro; nem sempre tanto quanto você pensa, mas, ainda assim, elas custam algo. Em parte, é uma questão do valor que o dinheiro tem em sua lista de prioridades. Pese o dinheiro em relação ao tempo para as coisas que você valoriza.

No entanto, nem todas as famílias podem cogitar essas opções. Você pode notar que não são todas essas opções que implicam em encargos financeiros. Seja criativo. Peça que seus amigos, colegas de trabalho e familiares lhe deem ideias sobre como delegar; isso pode mudar sua vida.

Pense em duas tarefas que você pode delegar a outra pessoa. Elas não precisam custar dinheiro — apenas aliviar uma ou mais obrigações de uma maneira que economize tempo.

Apenas diga "não"

Temos mais uma ideia: diga "não". Se está ansioso, você pode ter problemas para defender seus direitos. A ansiedade muitas vezes impede as pessoas de expressar seus sentimentos e necessidades. Quando isso acontece, o ressentimento se junta à ansiedade e leva à frustração e à raiva. Além disso, se você não consegue dizer "não", outras pessoas podem, proposital ou inadvertidamente, se aproveitar de você. Seu tempo e sua vida já não lhe pertencem mais.

Em primeiro lugar, perceba as situações em que você concorda sem vontade de fazê-lo. Isso acontece principalmente no trabalho, com a família, com amigos ou com estranhos? Quando as pessoas lhe pedirem para fazer alguma coisa, tente o seguinte:

- **Legitime o pedido ou desejo da pessoa.** Por exemplo, se alguém pergunta se você se importaria de colocar alguma coisa no correio em seu caminho do trabalho para casa, diga: "Entendo que seria mais conveniente para você se eu colocasse isso no correio". Isso lhe dará mais tempo para pensar se você realmente quer fazê-lo.
- **Depois que você decidir dizer "não", olhe nos olhos da pessoa que fez o pedido.** Você não precisa se apressar em sua resposta.
- **Dê uma breve explicação, principalmente se for um amigo ou membro da família.** No entanto, lembre-se que você realmente não deve uma explicação a ninguém por recusar seu pedido, é apenas uma questão de educação. Você pode dizer que gostaria de ajudar, mas que simplesmente não é possível, ou você pode simplesmente declarar que realmente preferiria não fazê-lo.
- **Deixe claro que você não pode ou não quer fazer o que lhe foi pedido.** Dizer "não" é um direito humano fundamental.

Quando você diz "não" a chefes ou familiares, eles podem ficar temporariamente descontentes com você. Se você perceber que está reagindo exageradamente em relação ao desagrado deles, pode ser devido a uma suposição inquietante ou esquema ansioso. Consulte o Capítulo 7 para mais informações.

Preparar... Exorcizar!

Por favor, desculpe nosso trocadilho: não o estamos aconselhando a tentar exorcizar demônios e nem a fazer truques de mágica, mas, como uma boa faxina, o exercício pode limpar as teias de aranha e expulsar os pensamentos nebulosos e a inércia que podem acompanhar a ansiedade.

O exercício reduz a ansiedade. Quanto mais tempo e esforço você empregar — esteja você nadando, correndo, andando, trabalhando no jardim ou na sua casa, jogando squash ou tênis, ou até mesmo subindo escadas — menos ansioso você estará. O exercício infunde um novo senso de confiança enquanto sopra para longe a nuvem da ansiedade. Com exercícios o suficiente, você vai sentir sua atitude mudando de negativa para positiva.

Algumas pessoas com ansiedade ficam um pouco impulsionadas e compulsivas. Não exagere em nosso conselho sobre se exercitar! Sim, quanto mais, melhor, mas só até certo ponto. Se seu exercício começar a roubar tempo de outras atividades importantes, você pode estar exagerando.

O exercício reduz a ansiedade de diversas formas:

- ✓ Ajuda a livrar seu corpo do excesso de adrenalina, que aumenta a ansiedade e a excitação.
- ✓ Aumenta a produção de *endorfinas* de seu corpo — substâncias que reduzem a dor e criam uma sensação natural e suave de bem-estar.
- ✓ Ajuda a liberar a tensão muscular e as frustrações.

Claro, todo mundo já sentiu que deveria se exercitar mais. A maioria das pessoas percebe que o exercício tem algum tipo de benefício para a saúde, mas nem todas sabem quão extenso esse benefício pode ser. Pesquisadores descobriram que o exercício diminui a ansiedade, o colesterol ruim, a pressão arterial, a depressão e a dor crônica. Também diminui os riscos de várias doenças, tais como as cardíacas e alguns cânceres. Por fim, o exercício melhora seu sistema imunológico, equilíbrio, flexibilidade, agilidade mental e sensação de bem-estar.

Uau! Com tantos efeitos positivos sobre a ansiedade, saúde e bem-estar, por que não está todo mundo se exercitando? Milhões de pessoas se exercitam. Infelizmente, milhões não. As razões são simples e também complexas. Na maior parte, as pessoas chegam a uma encruzilhada quando se trata de encontrar a motivação para se exercitarem e, especialmente, para manterem os exercícios. Elas se queixam de não terem tempo e de estarem muito constrangidas, muito velhas, muito gordas e muito cansadas para fazer exercícios. Mas, se nossa lista de benefícios o atrai, a próxima seção "Não espere pela força de vontade — Siga em frente!" pode ajudá-lo a reunir motivação. Então, como sabemos o que você vai pensar em seguida — "Não tenho tempo para me exercitar!" — oferecemos uma lista de maneiras para encaixar exercícios em sua programação que acaba com qualquer desculpa.

Antes de iniciar um programa de exercícios, você deve consultar seu médico. Isso é especialmente verdade se você estiver com mais de 40 anos, com sobrepeso ou souber que tem algum problema de saúde. Seu médico pode lhe informar sobre quaisquer precauções, limitações ou restrições que você deva levar em consideração. Além disso, se, após um breve exercício, você tiver dor no peito, falta de ar extrema, náuseas ou tontura, consulte seu médico imediatamente.

Não espere pela força de vontade — Siga em frente!

Você já pensou que simplesmente não tem a força de vontade para empreender um programa de exercícios? Você pode se surpreender ao descobrir que não acreditamos em força de vontade. É isso mesmo. *Força de vontade* é apenas uma expressão, uma ideia, não é real.

O cérebro não tem uma estrutura especial que contém a assim chamada força de vontade. Não é algo do qual você tenha uma quantidade definida e que não possa fazer nada a respeito. A razão pela qual as pessoas acreditam que não têm força de vontade é simplesmente porque elas não fazem o que acham que deveriam. Mas outras razões que não a força de vontade são responsáveis pela falta de esforço: pensamento distorcido e a não inclusão de recompensas suficientes. Portanto, lidar com pensamentos distorcidos e planejar recompensas funcionam melhor do que esperar pela força de vontade.

Pensamento distorcido

Sua mente pode lhe dizer coisas como: "eu simplesmente não tenho tempo", "estou cansado demais", "o esforço não vale a pena" ou "vou parecer idiota comparado às pessoas que estão em melhor forma do que eu".

Se está esperando que a motivação bata à sua porta, você pode esperar por um bom tempo. Não são muitas as pessoas que acordam com uma explosão de entusiasmo para iniciar um programa de exercícios. Faça como você vê nos comerciais da Nike, diga "Just do it" ("Apenas faça!", em português). Isso é porque a motivação frequentemente segue a ação. Se pensar de outra forma, estará colocando a carroça na frente dos bois.

Falta de recompensa

Outro problema que conta na falta de motivação surge quando você deixa de definir um plano para premiar novos esforços. Você pode acreditar que o exercício vai lhe custar algo em termos de tempo de lazer, descanso ou trabalho mais rentável. De certa forma, isso é verdade. É por isso que você precisa criar um plano para reforçar seus esforços.

Os psicólogos já sabem há décadas que as pessoas costumam, sempre que possível, fazer mais daquilo que acham gratificante e menos do que acham desagradável. Esse fato pode soar óbvio para você. No entanto, é fácil ignorar a importância das recompensas quando se tenta começar um programa de exercícios.

Configure seu próprio sistema de recompensa pessoal para o exercício. Por exemplo, dê a si mesmo dez pontos por cada vez que você se exercitar por 30 minutos ou mais. Depois de acumular 100 pontos, permita-se um agrado — comprar uma roupa nova, sair para jantar em um restaurante legal, planejar um fim de semana especial ou separar um dia inteiro para se dedicar a seu hobby favorito. Com o tempo, conforme o exercício se tornar um pouco mais agradável (o que acontecerá!), aumente o desafio — exija 200 pontos antes de se presentear.

Você descobrirá, por fim, que o exercício se torna gratificante por si mesmo e você não precisará se recompensar para incutir a motivação necessária. À medida que a dor de um corpo fora de forma for diminuindo e a resistência aumentando, você vai descobrir que o exercício também dá outras recompensas:

- ✔ Pode ser um ótimo tempo para pensar em soluções para os problemas.
- ✔ Você pode planejar o dia ou semana enquanto se exercita.
- ✔ Algumas pessoas relatam que seus pensamentos criativos aumentam durante o exercício.
- ✔ Você pode obter uma sensação ótima a partir do sentimento de realização.

Como o exercício muitas vezes não deixa uma sensação boa logo no início, a criação de um sistema de autorrecompensa pode ajudar muito. É provável que outras recompensas funcionem mais tarde.

Exercitando seus exercícios

Hoje em dia, as pessoas trabalham mais horas do que nunca, e é por isso que é tentador pensar que o dia não tem horas o suficiente para o exercício. No entanto, é tudo uma questão de prioridades; você não vai encontrar tempo a menos que você planeje.

É isso mesmo: você deve examinar sua agenda seriamente e abrir espaço para o exercício em sua vida. Talvez seu trabalho ofereça um horário flexível e você possa escolher retardar o início por cerca de uma hora e ficar até mais tarde duas ou três vezes por semana para ter tempo de se exercitar de manhã; talvez você possa fazê-lo duas vezes nos finais de semana e encontrar apenas um momento após o trabalho durante a semana. Não é tão difícil fazer um pouco mais além de seus períodos regulares de exercícios. Por exemplo:

- ✔ **Estacione um pouco mais longe:** Estacione seu carro, uma ou duas vezes por semana, a uma distância equivalente a uma caminhada rápida de 20 minutos até seu local de trabalho.
- ✔ **Vá de escada:** Se você costuma usar o elevador para subir até cinco ou seis andares para o trabalho, experimente, em vez disso, uma subida rápida de escada várias vezes por dia.
- ✔ **Exercite-se durante as pausas:** Se você tem dois intervalos no trabalho, de 10 ou 15 minutos, tente fazer uma caminhada em vez ficar parado ao lado do bebedouro. Dois ou três períodos de 10 minutos de exercício lhe trazem o mesmo benefício que um período de 20 ou 30 minutos.

Que tal exercício e pânico?

Algumas pessoas temem que o exercício possa desencadear ataques de pânico. Em parte, isso se deve ao fato de que ele produz alguns efeitos corporais, tais como aumento da frequência cardíaca, que são semelhantes aos sintomas de ataques de pânico, e aqueles com transtorno de pânico às vezes reagem a tais sintomas com... pânico! Entretanto, se você começar os exercícios gradualmente, eles podem servir como uma tarefa de exposição gradual, como discutimos no Capítulo 8. Em outras palavras, o exercício pode ser um tratamento eficaz para o pânico.

Embora o risco real seja um pouco controverso, o exercício pode causar um acúmulo de ácido lático, o que parece desencadear ataques de pânico em algumas pessoas. Em longo prazo, no entanto, o exercício também melhora a capacidade de seu corpo para se livrar do ácido láctico. Portanto, novamente, recomendamos que, se você tem medo de ter ataques de pânico como resultado do exercício, basta ir devagar. Se achar que é absolutamente intolerável, pare de se exercitar por um tempo ou use outras estratégias deste livro para reduzir a frequência de seus ataques de pânico antes de voltar a se exercitar.

O ABC para Conseguir Seus Zs

As pessoas geralmente precisam de cerca de oito horas de sono por noite. Os idosos podem precisar de um pouco menos, mas essa ideia permanece controversa entre os cientistas. Além disso, o parâmetro real em relação a se você está dormindo o suficiente é como você se sente durante o dia, e não o número exato de horas que dorme. Em todo caso, a ansiedade frequentemente interrompe o sono, o que pode aumentá-la ainda mais.

Muitas pessoas têm dificuldade para dormir à noite. Como se dormir não fosse difícil o bastante, muitas pessoas acordam antes do que gostariam, levadas a um estado de alerta à medida em que pensamentos ansiosos cruzam sua consciência.

A tendência de despertar de madrugada e não conseguir voltar a dormir pode ser um sinal de depressão, bem como de ansiedade. Se seu apetite muda, sua energia diminui, seu humor fica em marcha lenta, sua capacidade de concentração declina e você perde o interesse em atividades que achava agradáveis, você pode estar clinicamente deprimido. Você deveria checar com um profissional de saúde mental ou com um médico para se certificar disso.

Há muito mais coisas a respeito de dormir do que simplesmente deitar e fechar os olhos. Entre os fatores que afetam o sono estão as atividades que você pratica antes de ir para a cama, o ambiente onde você dorme e saber o que fazer quando o sono é esquivo. Abordamos esses tópicos nas seções seguintes.

Criando um oásis do sono

Seu ambiente de sono importa. Claro, alguns raros sujeitos conseguem dormir em qualquer lugar — no sofá, numa cadeira, no chão, no carro ou mesmo em sua mesa no trabalho. Por outro lado, a maioria das pessoas exige o conforto de uma cama e as condições adequadas. Especialistas do sono relatam que, para um sono tranquilo, você deve dormir em um quarto que seja:

- **Escuro:** Você tem um relógio em seu cérebro que avisa quando é hora de dormir. A escuridão ajuda a ajustar o relógio, fazendo com que o cérebro libere melatonina, um hormônio que ajuda a induzir o sono. Considere colocar cortinas que bloqueiem a maior parte do sol se estiver sendo acordado pela luz da manhã ou se precisar dormir durante o dia. Algumas pessoas até usam máscaras para bloquear a luz.
- **Fresco:** As pessoas dormem melhor em um cômodo fresco. Se você sentir frio, acrescentar cobertas geralmente é melhor do que aumentar a temperatura.
- **Silencioso:** Se você vive perto de uma rua movimentada ou tem vizinhos barulhentos, pense a respeito de comprar um ventilador ou um gerador de ruído branco para bloquear ruídos incômodos. O pior tipo de ruído é intermitente e imprevisível. Se ele for perturbador, os diversos tipos de ruídos esporádicos que podem ser bloqueados por um ventilador de chão simples podem surpreendê-lo.
- **Conclua com uma cama confortável:** Os colchões importam. Se você dorme com alguém ou com um cão, certifique-se de que todos tenham espaço suficiente.

Em outras palavras, faça de seu quarto um refúgio que pareça convidativo e acolhedor. Mime-se com lençóis e fronhas com alta contagem de fios. Você pode querer experimentar a aromaterapia (veja o Capítulo 12). Ninguém sabe ao certo se funciona, mas muitas pessoas afirmam que a fragrância de lavanda ajuda a dormir.

Seguindo algumas rotinas relaxantes

O sono revitaliza os recursos físicos e mentais. Estudos mostram que a privação de sono leva as pessoas a dirigir como se estivessem sob a influência de drogas ou álcool. Médicos sem sono suficiente cometem mais erros. A privação de sono o deixa irritável, ranzinza, ansioso e desanimado.

Assim, é preciso planejar uma quantidade razoável de tempo para dormir — pelo menos sete ou oito horas. Não trabalhe demais. Não nos importa quanto trabalho você tem para fazer; privar-se de sono só o deixa menos produtivo e menos agradável ao convívio.

Então, antes de tudo, separe tempo suficiente para dormir. Mas isso não é o suficiente se você tiver problemas com sono; por isso, sugerimos que dê uma olhada nas ideias das subseções a seguir para melhorar a qualidade de seu sono.

Sempre que possível, vá para a cama quase à mesma hora, toda noite. Muitas pessoas gostam de ficar acordadas até tarde nos finais de semana e isso é ótimo se você não está tendo problemas de sono, mas caso esteja, recomendamos seguir o mesmo horário que faz durante a semana. Você precisa de uma rotina regular para preparar sua mente para o sono.

Associando o sono à sua cama

Um dos princípios mais importantes do sono é ensinar o cérebro a associar o ato de dormir à sua cama. Isso significa que, quando você vai para a cama, não leve trabalho. Algumas pessoas acham que ler antes de dormir as relaxa e outras preferem assistir um pouco de TV antes. Tudo bem se essas atividades funcionam para você, mas evite fazê-las na cama.

Se você vai para a cama e fica lá por mais de 20 ou 30 minutos sem conseguir pegar no sono, levante-se. Novamente, o objetivo é treinar seu cérebro para vincular sua cama ao sono. Você pode treinar seu cérebro para não gostar de se levantar, fazendo alguma tarefa desagradável (embora passiva, até mesmo chata) enquanto está acordado. Se fizer isso várias vezes, seu cérebro vai achar mais fácil começar a se sentir sonolento quando você está na cama.

Diminuindo o ritmo antes de cair na cama

Algumas pessoas acham que tomar um banho morno com óleos aromáticos ou sais de banho cerca de uma hora antes de ir para a cama é calmante. Você pode descobrir que tomar um banho em uma banheira perfumada, à meia luz enquanto ouve música relaxante antes de ir para a cama é a melhor coisa para um sono pesado. Outras pessoas acham as técnicas de relaxamento que discutimos nos Capítulos 11 e 12 bastante úteis. Estudos mostram que o relaxamento pode melhorar o sono.

Você precisa diminuir o ritmo com atividades tranquilas antes de se deitar à noite. Portanto, não faça exercícios pesados poucas horas antes de ir dormir. Quase qualquer atividade estimulante pode interferir no sono, mesmo o esforço mental. Por exemplo, descobrimos, para nosso espanto, que se trabalharmos na redação de um artigo ou de um livro depois das 21h, nossos cérebros continuarão a lidar com pensamentos e ideias muito tempo depois de deitarmos. Então mudamos nossa rotina e não escrevemos tarde da noite.

Analisando o que você come e bebe

Obviamente você não quer se encher de bebidas cafeinadas poucas horas antes de ir para a cama. Não se esqueça de que muitas outras fontes além do café — bebidas à base de cola, alguns chás, chocolate e determinados analgésicos — contêm cafeína. Claro, algumas pessoas parecem bastante resistentes aos efeitos da cafeína, enquanto outras ficam melhor se não a consumirem depois do almoço. Mesmo que não tenha sido incomodado pela cafeína no passado, você pode desenvolver sensibilidade a ela conforme envelhece. Considere os efeitos da cafeína sobre você caso esteja tendo problemas para dormir.

A nicotina também acelera o corpo. Tente evitar fumar imediatamente antes de dormir. É óbvio que é preferível abandonar o fumo completamente, mas se você ainda não conseguiu parar, preste atenção pelo menos na quantidade de cigarros que você fuma antes de dormir.

O álcool relaxa o corpo e deveria ser uma ótima maneira de ajudar o sono, mas não é. Isso é porque o álcool perturba seus ciclos de sono. Você não tem o importante sono REM suficiente e pode acabar acordando de manhã cedo. No entanto, algumas pessoas acham que beber um copo ou dois de vinho à noite é relaxante. Tudo bem, mas fique atento à quantidade.

Refeições pesadas antes de dormir também não são uma ótima ideia; muitas pessoas acham que comer muito antes de deitar causa um leve desconforto. Além disso, você deve evitar alimentos muito condimentados e/ou gordurosos antes de dormir. Ir para a cama com fome, contudo, também é uma má ideia; a chave é o equilíbrio.

Então o que você deve comer ou beber antes de dormir? Chás de ervas, como camomila ou valeriana, têm muitos defensores. Nós não temos muitos dados sobre sua eficácia, mas não é provável que chás de ervas interfiram no sono e eles são agradáveis de beber. Algumas evidências sugerem que comer um pequeno lanche com carboidratos antes de dormir ajudar a induzir o sono.

Medicação calmante

Muitas pessoas tentam tratar seus problemas de sono com medicamentos sem prescrição médica. Muitos desses remédios contêm anti-histamínicos que ajudam a dormir, mas que podem levar à sonolência no dia seguinte. O uso ocasional desses medicamentos é relativamente seguro para a maioria das pessoas. Fórmulas à base de plantas, como a melatonina ou valeriana, também podem ajudar.

Se seus problemas de sono são crônicos, você deve consultar seu médico. Um medicamento que você já está tomando pode estar interferindo em seu sono. Seu médico poderá receitar medicamentos para ajudar a induzir o sono. Muitos remédios para dormir se tornam menos eficazes ao longo do tempo e alguns trazem o risco de vício. Esses medicamentos potencialmente viciantes são utilizados apenas por um curto espaço de tempo. Por outro lado, alguns remédios para dormir funcionam como auxiliares para o sono por um longo tempo sem levar ao vício. Fale sobre seu problema de sono com seu médico para obter mais informações e ajuda.

O que fazer quando o sono simplesmente não chega

Se você tem praticado as sugestões apresentadas nas seções anteriores e ainda não resolveu seus problemas de sono, temos mais algumas para lhe dar. A história de Rebeca ilustra alguns dos pensamentos problemáticos que as pessoas têm e que as mantêm acordadas. Em seguida, lhe dizemos o que fazer com eles.

> À medida em que o relógio bate as horas, **Rebeca** suspira, percebendo que são 2h da manhã e ainda não pegou no sono. Ela se vira e tenta ficar parada para não acordar o marido. Ela pensa: "com tudo que tenho para fazer amanhã, se eu não dormir, vou estar um caco. Odeio não dormir". Ela sai da cama, vai para o banheiro, encontra o frasco de melatonina e põe três em sua boca. Ela tem tomado os comprimidos rotineiramente há meses e parece que eles simplesmente não têm o mesmo efeito que tinham antes.
>
> Ela volta para a cama, tenta sossegar e se preocupa com as bolsas sob os olhos e o que as pessoas vão pensar. Sua pele, seca e com coceiras, começa a formigar. Ela não aguenta a sensação de ficar deitada na cama por uma eternidade sem dormir.

Na mente de Rebeca, sua falta de sono se transforma em uma catástrofe e suas reflexões fazem com que seja muito mais difícil cair no sono.

Quando você não consegue dormir, tente fazer com que o problema pareça menos catastrófico:

- ✔ **Lembrando a si mesmo que em todas as vezes que você não conseguiu dormir no passado, de alguma forma sobreviveu ao dia seguinte, apesar de sua falta de sono na noite anterior.** Pode não ter sido maravilhoso, mas você conseguiu.
- ✔ **Percebendo que a perda de sono ocasional acontece com todo mundo.** Preocupação excessiva só piora o problema.
- ✔ **Levantando-se e distraindo-se com outra coisa.** Isso faz com que sua mente pare de aumentar o problema e também pode evitar que você associe sua cama a não dormir.
- ✔ **Concentrando-se apenas em sua respiração.** Consulte os Capítulos 11 e 13 para ideias sobre respiração, atenção plena e permanência no momento presente em vez de focar em pensamentos sobre os efeitos negativos de sua insônia.

Muitas pessoas experimentam tirar sonecas durante o dia quando não conseguem dormir consistentemente à noite. Parece uma ótima solução, mas, infelizmente, só agrava o problema. Cochilos frequentes ou prolongados perturbam o relógio natural de seu corpo. Se você precisa cochilar, que seja uma curta soneca energizante — com não mais que 20 minutos.

Claro, algumas pessoas acham que podem cochilar por apenas três ou quatro minutos sempre que quiserem durante o dia; elas acordam revigoradas e dormem bem à noite. Se você é assim, vá em frente e tire uma soneca. A maioria das pessoas simplesmente não consegue fazer isso.

Planejando Dietas Calmas

As emoções desconfortáveis levam algumas pessoas a comerem demais, outras a buscarem as chamadas comidas reconfortantes (ou comfort food, em inglês, comidas cheias de gordura e açúcar), e outras, ainda, a perderem o apetite. Infelizmente, comer por razões emocionais só funciona em curtíssimo prazo — talvez de alguns minutos a uma hora, mais ou menos. Em longo prazo, maus hábitos alimentares aumentam a angústia por conta de ganho de peso ou pelo impacto negativo sobre o seu corpo devido aos picos nos níveis de açúcar no sangue ou irregularidade. Portanto, recomendamos que siga alguns princípios simples e reconhecidos de uma boa alimentação para estabilizar seu corpo e sua mente.

Apreciando porções pequenas e frequentes

Os tamanhos das porções expandiram quase tão drasticamente quanto as cinturas das pessoas no decorrer do século passado. A porcelana de sua bisavó parece de brinquedo perto dos padrões de hoje. De fato, alguns antiquários relatam ter problemas para convencer os clientes de que os pratos de jantar da vovó realmente são pratos de jantar e não de pão ou salada.

Em geral, a maioria das pessoas atualmente come demais de uma só vez. Aqui estão algumas maneiras para controlar as porções:

- **Use pratos menores:** Isso cria uma ilusão de ótica e você acha que está comendo mais comida.
- **Coma devagar:** Isso dá a seu estômago tempo para dizer a seu cérebro que você está satisfeito e deve parar de comer.
- **Encha seu prato uma vez e separe as sobras antes de começar a comer:** Isso afasta a tentação de repetir o prato.
- **Quando você estiver em um restaurante, divida uma refeição com um amigo ou mande embrulhar metade dela antes de começar a comer:** As porções dos restaurantes geralmente são o dobro do tamanho de uma refeição normal. Comer apenas metade da refeição fornece a quantidade certa de calorias.

Em outras palavras, planeje o que você quer comer e vá devagar com sua alimentação. Prepare vários pequenos lanches saudáveis para dar conta dos desejos durante o dia.

Seguindo o senso comum nutricional

Para muitas pessoas, o sentimento de ansiedade é semelhante à fome. Quando estressados, uma taça de sorvete ou batatas fritas com montes de ketchup parecem muito saborosas, e esses alimentos podem melhorar momentaneamente o humor. Isso porque eles contêm montes de carboidratos simples. O corpo transforma os carboidratos em açúcar e os queima como combustível de foguete muito rápido. Essa queima rápida leva então a uma queda rápida dos níveis de açúcar no sangue, muitas vezes levando a um humor instável, irritabilidade e uma volta da fissura por açúcar.

Substituir os carboidratos simples por alimentos que contenham carboidratos complexos e fibras mantém níveis mais estáveis de açúcar no sangue e um humor mais estável. Os carboidratos complexos são encontrados em alimentos não processados, tais como frutas, vegetais, grãos integrais e legumes.

Confira o site do Departamento de Agricultura dos EUA em www.mypyramid.gov. Vá até lá para encontrar planos alimentares personalizados, informações sobre perda de peso e orientações nutricionais recomendadas. No Brasil, você pode visitar o site do Ministério da Saúde para obter informações sobre alimentação saudável. Acesse: http://portal.saude.gov.br/portal/saude/area.cfm?id_area=1444.

Capítulo 11

Relaxamento: A Solução de Cinco Minutos

Neste Capítulo

▶ Expulsando sua tensão pela respiração
▶ Praticando relaxamento muscular progressivo
▶ Usando técnicas de relaxamento para impedir a ansiedade
▶ Colocando seus sentidos para funcionar

"Não tenho tempo para relaxar. Minha vida é muito agitada. Do modo como está, mal vejo meus amigos. Não me lembro da última vez que tirei um fim de semana inteiro de folga. Negligencio minha própria família. Não consigo pensar em mais nada no momento em que os pratos do jantar são tirados — apenas desmorono na frente da televisão ou passo horas na frente da tela de meu computador".

Isso parece com você ou com alguém de quem gosta? Quando cogitam em fazer mudanças em suas vidas as pessoas se queixam, mais do que qualquer outra coisa, de ter pouco tempo — inclusive para relaxar.

Perguntamos a um sábio mestre iogue quanto tempo ele pratica todos os dias, esperando ouvir a resposta desanimadora: "uma hora ou duas". Imagine nossa surpresa quando ele nos contou: "cinco minutos". Isso é tudo de que precisa. Ele continuou explicando que geralmente leva mais tempo, mas só compromete cinco minutos de cada dia.

Ouvimos nosso mestre e, agora, demandamos meros cinco minutos de nós mesmos diariamente. Cinco minutos de relaxamento por dia mudou nossas vidas. Todo mundo pode achar cinco minutos. Se você relaxar durante esse período, esses cinco minutos podem virar 10 ou 20. Mas caso isso não aconteça, tudo bem. O relaxamento vai lentamente se infiltrando em sua vida sem que você perceba, e quando a ansiedade bater, você terá uma valiosa ferramenta para acalmar a tempestade interior.

Os procedimentos de relaxamento que lhe damos neste capítulo se encaixam em três categorias principais: técnicas de respiração, maneiras de relaxar o corpo e certas experiências sensoriais. Algumas delas podem exigir um pouco mais de tempo no início para serem completamente dominadas, mas todas poderão ser feitas em cinco minutos, depois que você pegar o jeito. O segredo é a prática diária. Como qualquer outra habilidade, quanto mais você fizer, mais fácil e rápido ficará.

Soprando a Ansiedade para Longe

Você pratica a respiração mais do que qualquer outra coisa em sua vida. Em momentos de vigília, você nem pensa sobre a respiração. No entanto, de todas as funções biológicas, ela é crucial para a vida. Você pode passar dias ou semanas sem comida e uns dias sem água, mas apenas minutos sem respirar. Você precisa de oxigênio para purificar a corrente sanguínea, destruir os resíduos e revitalizar o corpo e a mente. Se você não recebe oxigênio suficiente, seu pensamento se torna lento, sua pressão sanguínea sobe e sua frequência cardíaca aumenta. Você também fica tonto, trêmulo, deprimido e, por fim, perde a consciência e morre.

Muitas pessoas reagem ao estresse com respiração rápida e superficial, que desequilibra a proporção desejada entre oxigênio e dióxido de carbono no sangue. Esse fenômeno é chamado de *hiperventilação* e causa uma variedade de sintomas aflitivos:

- Visão turva
- Desorientação
- Inquietação
- Perda de consciência
- Cãibras musculares
- Pulso rápido
- Sensações de formigamento nas extremidades ou na face

Ansiedade e relaxamento são estranhos companheiros

Você já conheceu duas pessoas que não podiam estar no mesmo cômodo ao mesmo tempo? Se elas aparecem na mesma festa, o problema está prestes a começar. Elas são como óleo e água — simplesmente não se misturam.

> A ansiedade e o relaxamento são um pouco assim. Pense nisso. Como você pode estar ansioso ao mesmo tempo em que está relaxado? Não é uma coisa fácil. Os psicólogos têm um termo para esse fenômeno: a *inibição recíproca*. Muitos psicólogos acreditam que as técnicas descritas neste capítulo funcionam porque o relaxamento inibe a ansiedade e vice-versa. Treinar-se no uso de técnicas de relaxamento de forma aplicada deve ajudá-lo a inibir sua ansiedade.

Hiperventilação frequentemente acompanha os ataques de pânico e a ansiedade crônica. Os sintomas da respiração em excesso parecem com aqueles da ansiedade e pessoas com este último transtorno podem hiperventilar. Portanto, descobrir como respirar de forma correta é considerado uma ferramenta eficaz para controlar a ansiedade.

Descobrindo seu padrão natural de respiração

Quando você veio ao mundo, sem ter nenhum problema físico em seus pulmões, você provavelmente respirava bem. Veja a maioria dos bebês; se não estão sentindo muita fome nem dor, não precisam de instruções sobre como respirar ou relaxar. Suas pequenas barrigas sobem e descem a cada respiração, de uma forma cadenciada e natural. Entretanto, as tensões da vida cotidiana se intrometem em sua reação inata e natural de respiração.

As pessoas costumam respirar de modo superficial e rápido, quando estão sob os efeitos do estresse e, às vezes, nem mesmo respiram. Algumas delas prendem a respiração quando se sentem estressadas e nem sequer estão conscientes de fazê-lo. Tente reparar em sua respiração quando se sentir estressado, veja se você a segura ou se respira de forma rápida e superficial.

Você também pode verificar a forma como respira quando não está estressado:

1. **Deite-se de costas.**
2. **Ponha uma mão sobre a barriga e outra no peito.**
3. **Repare os movimentos de suas mãos enquanto você respira.**

    Se você está respirando corretamente, a mão na barriga sobe à medida em que você inspira e desce quando você expira. A mão em seu peito não se move muito e quando isso acontece, ela deve fazê-lo em conjunto com a outra mão.

É provável que sua respiração possa se beneficiar de um ajuste, se você tem um problema de ansiedade. Isso é especialmente verdade se você sofre de ataques de pânico. A prática da respiração pode colocar você no caminho para sentir-se mais calmo.

Respirando como um bebê

A respiração abdominal envolve o *diafragma* — o músculo que fica entre sua cavidade abdominal e a pulmonar. Experimente esse exercício para começar a respirar lenta e profundamente de novo, como um bebê. Você pode querer se deitar ou pode fazer isso enquanto está sentado, desde que tenha uma cadeira grande e confortável na qual você possa se esticar. Siga esses passos:

1. **Veja se há tensão em seu corpo. Observe se certos músculos estão tensos, se sua respiração é superficial e rápida, se você está cerrando os dentes ou se tem outros sentimentos angustiantes.**

    Classifique sua tensão em uma escala de 1 a 10 pontos, com 1 representando relaxamento completo e 10 significando tensão total.

2. **Coloque uma mão em sua barriga.**

3. **Inspire lentamente pelo nariz, contando devagar até quatro, e preencha a parte inferior dos pulmões.**

    Você estará fazendo isso corretamente se sua mão subir a partir de seu abdômen.

4. **Pause e segure a respiração por um momento.**

5. **Expire lentamente, contando devagar até seis.**

    Imagine seu corpo inteiro esvaziando, como um balão, e deixe-o ficar flácido.

    Se você achar difícil fazer isso de primeira, expire contando até quatro. Depois ficará mais fácil ir lentamente até seis.

6. **Pause de novo brevemente.**

7. **Inspire como fez no Passo 3, lentamente, pelo nariz e contando devagar até quatro.**

    Verifique se sua mão sobe de seu abdômen. Seu peito deve mover-se apenas levemente, compassado com sua barriga.

8. **Pause e segure a respiração por alguns instantes.**

9. **Expire como fez no Passo 5, contando devagar até seis.**

10. **Continue inspirando e expirando dessa forma, por cinco minutos.**

11. **Veja novamente se há tensão em seu corpo e classifique-a em uma escala de 1 a 10.**

    Recomendamos que você faça esse exercício de respiração abdominal pelo menos uma vez por dia, durante cinco minutos, por dez dias consecutivos. Aliás, não é difícil fazer o exercício quatro ou cinco vezes por dia — seus benefícios vão aumentar mais rapidamente. Você pode fazer essa respiração em qualquer lugar, a qualquer hora. Vai ver que ela é relaxante e que não acrescentará estresse a seu dia nem roubará um tempo precioso. Depois que fizer isso, tente reparar em sua respiração em vários momentos durante sua rotina regular. Você verá, rapidamente, se está respirando através do diafragma ou da parte superior do peito, como tantas pessoas fazem. Permita que seu diafragma se encarregue de sua respiração. Lenta mas seguramente, a respiração abdominal pode tornar-se um novo hábito que diminui seu estresse.

Pense em manter um registro de seus níveis de tensão antes e depois do exercício. Com o tempo, é provável que você veja provas concretas de que ele funciona.

Sempre que sentir a ansiedade ou o pânico chegando, tente usar a respiração abdominal. Você pode impedi-los de aparecer. Por outro lado, a ansiedade e, especialmente, o pânico, podem chegar a um nível em que esses exercícios fiquem mais difíceis. Se isso acontecer com você, tente a técnica de respiração de pânico que explicamos na próxima seção.

Usando a respiração de pânico em situações de alto estresse

De vez em quando, você precisa de uma técnica mais rápida e poderosa para relaxar. Talvez tenha ido ao shopping e se sentido preso ou talvez estivesse a caminho de uma entrevista de trabalho e se sentiu oprimido. Seja qual for a situação, quando o estresse bate inesperadamente, experimente nossa técnica de respiração de pânico:

1. **Inspire profunda e lentamente pelo nariz.**
2. **Segure a respiração contando devagar, até seis.**

Os benefícios da respiração controlada

Apenas no caso de você pensar que respirar melhor soa como uma forma muito simples e pouco criativa de reduzir a ansiedade, talvez você deva considerar seus efeitos saudáveis. Há estudos que mostram que treinar a respiração pode contribuir para a redução de ataques de pânico em algumas semanas. Outros indicam que a respiração controlada pode reduzir ligeiramente a pressão sanguínea, melhorar o ritmo cardíaco, reduzir determinados tipos de crises epilépticas, estimular o desempenho mental, aumentar a circulação sanguínea, aplacar a preocupação e, talvez, até mesmo melhorar o resultado dos esforços de reabilitação cardíaca após um ataque no coração. Não é uma lista de benefícios ruim para uma habilidade tão simples.

3. **Lentamente expire pelos lábios, contando até oito, fazendo um leve som de assobio enquanto expira.**

   Esse som deve ser tão suave que só você consiga ouvi-lo. Você não precisa se preocupar que alguém por perto vá achar que você é louco.

4. **Repita esse tipo de respiração cinco ou dez vezes.**

Você pode achar que a respiração do pânico é difícil de fazer quando o estresse chega de repente. Não vamos negar que requer alguma prática. O segredo é o leve assobio, que lhe dá uma maneira muito mais fácil de diminuir sua respiração.

Se a respiração de pânico não ajudar e você sentir que pode estar tendo um ataque de pânico que não vai embora, tente inspirar e expirar dentro de um saco de papel com a abertura em torno de sua boca. Respirar dessa forma reequilibra a proporção entre oxigênio e dióxido de carbono e deve interromper o ataque de pânico. Quando você respira muito rápido, seu corpo acumula um excesso de oxigênio, embora pareça que você tenha pouco oxigênio. Respirar no saco normaliza o nível de dióxido de carbono.

Não comece a carregar um saco de papel com você onde quer que vá. Você precisa aprender a lidar com o fato de que, às vezes, ataques de pânico acontecem e que você vai sobreviver a eles, caso aconteçam.

Relaxando Seu Corpo Todo

Alguns de vocês podem achar que as técnicas de respiração acalmam sua ansiedade rapidamente. Outros podem exigir uma técnica que vise diretamente o relaxamento total do corpo. Relaxar o corpo exige algum tempo e prática, mas vale a pena.

Mais de meio século atrás, o Dr. Edmund Jacobsen, um médico de Chicago, desenvolveu o que veio a ser a técnica de relaxamento mais amplamente usada nos Estados Unidos, o *relaxamento muscular progressivo*. Você pode encontrar, em diversos livros e periódicos, uma grande variedade de técnicas semelhantes, todas com esse mesmo nome. Cada uma delas pode usar grupos musculares diferentes ou proceder em uma outra ordem, mas todas fazem basicamente a mesma coisa.

O relaxamento muscular progressivo envolve passar por vários grupos musculares no corpo e contrair cada um por um momento, seguido por uma rápida liberação da tensão. Você então se concentra na sensação de relaxamento, percebendo como é sentir os músculos relaxados em contraste com o estado de tensão anterior deles.

Sabendo o que esperar

Você vai achar útil procurar o lugar apropriado para fazer seu relaxamento muscular progressivo. Você provavelmente não tem uma sala com isolamento acústico, mas encontre o lugar mais quieto que puder. Coloque os telefones no modo silencioso. Escolha alguma roupa confortável ou, pelo menos, afrouxe qualquer roupa que você estiver vestindo que seja justa e apertada. Você não precisa de sapatos, cintos, nem de qualquer coisa desconfortável.

Perceba que, quando começa a enrijecer cada grupo muscular, você não deve exagerar, não contraia com mais do que dois terços de todo seu esforço. Quando você tensiona, segure durante seis a dez segundos e observe a sensação da tensão. Então libere a tensão toda de uma vez só, como se uma corda que estivesse suspendendo o músculo fosse cortada.

Depois de soltar o músculo, foque na sensação de relaxamento e permita que ela se aprofunde por 10 ou 15 segundos. Se não alcançar o estado relaxado que desejava para esse grupo muscular, você poderá fazer o procedimento uma ou duas vezes mais, se quiser.

Você deve saber que não pode *fazer* o relaxamento acontecer. Você *permite* que ele aconteça. Os perfeccionistas lutam contra essa ideia. Não force e livre sua mente da ideia de que *deve* fazer esse exercício *perfeitamente*.

Quando você contrair um grupo muscular, tente manter todos os outros relaxados. Fazer isso exige um pouco de prática, mas você consegue descobrir como tensionar uma área do corpo de cada vez. Mantenha seu rosto especialmente relaxado quando você estiver tensionando qualquer outra área que não ele. Os instrutores de ioga costumam dizer "suavize seus olhos". Não temos muita certeza do que isso significa, mas parece ajudar.

De vez em quando, o treino do relaxamento faz com que as pessoas se sintam surpreendentemente desconfortáveis. Se isso acontecer com você, pare. Se continuar a ocorrer com a repetição da prática, você deve procurar ajuda profissional. Além disso, não contraia nenhuma parte do corpo que doa. Evite contrair qualquer área que tenha sofrido lesão ou tenha lhe causado incômodo, como a lombar.

Descobrindo a técnica muscular progressiva

Depois de ler as dicas da seção anterior, você está pronto para começar. Sente-se em seu lugar e fique confortável.

1. Respire fundo, segure, imagine e deixe a tensão ir embora.

> Puxando o ar para dentro de seu abdômen, respire profundamente. Segure a respiração por três ou quatro segundos e, então, deixe o ar sair, lentamente. Imagine que seu corpo inteiro é um balão perdendo

ar conforme você expira e deixa a tensão sair com ele. Dê mais três respirações assim e sinta todo seu corpo amolecendo a cada uma.

2. Aperte as mãos firmemente e depois relaxe.

Aperte os dedos, cerrando o punho. Sinta a tensão e segure durante seis a dez segundos. Então, de uma só vez, solte as mãos e deixe-as ficar moles. Permita que a tensão em suas mãos flua para fora. Deixe o relaxamento se aprofundar durante 10 a 15 segundos.

3. Aperte os braços e depois relaxe.

Traga seus antebraços quase até seus ombros e contraia os músculos. Certifique-se de tensionar os músculos do lado de dentro e de fora do braço e antebraço. Se você não tiver certeza de que está fazendo isso, use uma mão para verificar a tensão no outro braço. Mantenha a tensão um pouco e, em seguida, solte os braços como se você tivesse cortado uma corda que os estivesse segurando. Deixe a tensão fluir para fora e o relaxamento entrar.

4. Levante os ombros, contraia e, depois, relaxe.

Levante os ombros como se você fosse uma tartaruga tentando entrar em sua concha. Mantenha a tensão e, em seguida, solte os ombros. Sinta o relaxamento se aprofundar por 10 a 15 segundos.

5. Aperte e relaxe os músculos na parte superior das costas.

Puxe os ombros para trás e aproxime as omoplatas. Mantenha essa tensão por um tempo... e então libere.

6. Aperte todo seu rosto e, depois, relaxe.

Aperte sua testa para baixo, junte seus maxilares, aperte os olhos e sobrancelhas e contraia sua língua e lábios. Deixe a tensão aumentar e mantenha... em seguida, relaxe e solte.

7. Contraia e relaxe o pescoço na parte detrás de sua cabeça.

Gentilmente puxe a cabeça para trás em direção às suas costas e sinta os músculos se contraírem na parte de trás de seu pescoço. Se você sentir alguma dor, alivie um pouco para evitar machucar o pescoço. Observe a tensão e mantenha-a, em seguida, solte e relaxe. Sinta o relaxamento se aprofundando.

8. Contraia os músculos da frente do pescoço e, depois, solte.

Movimente suavemente o queixo em direção ao peito. Contraia os músculos do pescoço, deixe que a tensão aumente, mantenha e, então, relaxe. Sinta a tensão derreter como cera de vela.

9. **Contraia os músculos da barriga e do peito e mantenha a tensão. Em seguida, solte.**

10. **Arqueie as costas, continue a contração e, depois, relaxe.**

    Seja gentil com a região lombar. Contraia esses músculos arqueando suas costas, pressionando-as para trás contra a cadeira, ou tensione os músculos da maneira que quiser. Gentilmente aumente e mantenha a tensão, mas não exagere. Agora, relaxe e permita que as ondas cheguem.

11. **Contraia e relaxe os glúteos.**

    Contraia as nádegas, de modo a levantar-se suavemente de sua cadeira. Mantenha a tensão. Então, deixe a tensão se desfazer e o relaxamento aumentar.

12. **Aperte e relaxe os músculos da coxa.**

    Contraia e segure esses músculos. Então relaxe e sinta a tensão se esvaindo; permita que a calma se aprofunde e se espalhe.

13. **Contraia e relaxe as panturrilhas.**

    Contraia os músculos de suas panturrilhas, puxando os dedos dos pés em direção ao seu rosto. Tome cuidado: se você tem propensão a cãibras musculares, não exagere. Mantenha a tensão... em seguida, solte. Deixe a tensão se esvair para o chão.

14. **Gentilmente enrole seus dedos do pé, mantenha a tensão e, depois, relaxe.**

15. **Dedique um momento para explorar todo o seu corpo.**

    Observe se você se sente melhor do que quando começou. Se você encontrar áreas de tensão, permita que as que estejam relaxadas ao redor delas cheguem e substituam-nas. Se isso não funcionar, repita o procedimento para a área tensa.

16. **Gaste alguns minutos desfrutando os sentimentos relaxados.**

    Deixe o relaxamento se espalhar e penetrar em cada fibra muscular de seu corpo. Observe todas as sensações que você tiver. O que quer que você sinta, permita que aconteça. Quando estiver pronto, você poderá abrir os olhos e continuar seu dia, talvez se sentindo como se tivesse acabado de voltar de umas breves férias.

Algumas pessoas gostam de fazer uma gravação das instruções do relaxamento muscular progressivo para facilitar seus esforços. Se fizer isso, certifique-se de gravar com uma voz lenta e serena.

> ## Exaltando as virtudes do relaxamento muscular progressivo
>
> Muitas pessoas acreditam que, para um tratamento ser verdadeiramente eficaz, ele deve demandar muito esforço e, talvez, ser um pouco doloroso — a filosofia do não há recompensa sem sofrimento. Como você pode ver, o relaxamento muscular progressivo não é especialmente trabalhoso e faz com que você se sinta bem de verdade. Assim sendo, será que ele pode realmente ser útil? Bem, para começar, o treinamento desse tipo de relaxamento costuma ser um componente da maioria dos programas bem-sucedidos de tratamento para a ansiedade.
>
> Entretanto, estudos também mostram que o relaxamento muscular progressivo pode reduzir de maneira eficaz vários tipos de dor crônica, tais como a dor associada à colite ulcerosa, câncer e dores de cabeça. Ele também funciona para reduzir a insônia. Um estudo publicado na edição de dezembro de 2001 do *Journal of Clinical Psychology* descobriu que, além de induzir maior relaxamento, essa técnica levou também a um aumento da calma e alegria mental. Outros estudos sugeriram que ela pode melhorar o funcionamento de seu sistema imunológico. Não estamos sugerindo que o relaxamento muscular progressivo cure o câncer, e ele não vai varrer toda sua dor nem erradicar toda sua ansiedade. No entanto, muitos estudos mostram claramente que ele exerce benefícios sobre uma gama surpreendentemente ampla de problemas. Recomendamos que você o experimente.

No início, leve um pouco mais de cinco minutos para percorrer os passos do relaxamento muscular progressivo. Geralmente, funciona melhor se você, no início, o fizer várias vezes, por 20 ou 30 minutos. No entanto, quanto mais você praticar, mais rápido descobrirá que pode passar para um estado de tranquilidade. Encurte o procedimento conforme você progredir. Por exemplo, você pode contrair todos os músculos na parte inferior de seu corpo de uma só vez, seguido de todos os músculos superiores. Em outros momentos, você pode simplesmente querer contrair e relaxar algumas áreas do corpo que contenham a maior parte de sua tensão. Na maioria das vezes, isso envolve pescoço, ombro e músculos das costas. Algumas pessoas descobrem que podem relaxar em um minuto depois de terem dominado a técnica.

Aplicando o Relaxamento em Situações Tensas

Descobrir como relaxar usando técnicas de respiração ou o relaxamento muscular progressivo pode ajudar a reduzir sua ansiedade. Mas, se você só faz essas atividades quando está deitado na cama ou passando um dia tranquilo em casa, perde a oportunidade de desafiar seus medos com uma ferramenta poderosa. *Relaxamento aplicado* significa pegar as técnicas que você praticou e colocá-las em prática quando está sob grande estresse.

A chave do sucesso reside em dominar a técnica em ambientes livres de estresse antes de dar o próximo passo. Por exemplo, talvez você tenha praticado a técnica de relaxamento progressivo muitas vezes e consegue contrair e relaxar seus músculos, atingindo um estado de relaxamento em apenas alguns minutos.

Agora que você já domina a técnica em um ambiente livre de estresse, pense em uma situação em particular que o assuste, tal como falar em público. Por exemplo, digamos que você tenha agendado uma palestra para um grande evento com uma plateia de centenas de pessoas. Antes de seu discurso, você pratica sua técnica de relaxamento favorita. Tenta manter esse estado enquanto caminha para fazer seu discurso, mas entra em pânico de qualquer maneira. O que aconteceu? Você tentou dar conta de muita coisa de uma vez.

O relaxamento aplicado funciona melhor se você dividir as tarefas em etapas mais gerenciáveis. Por exemplo, você pode praticá-lo enquanto pensa em dar sua palestra. Você poderia, então, fazê-lo um pouco antes de dar sua palestra para um público pequeno, em vez falar para um grupo grande. Continue praticando em pequenos passos graduais.

Relaxando através de Seus Sentidos

Seu caminho para encontrar o relaxamento pode levá-lo por uma variedade de experiências. Não podemos saber qual direção funcionará melhor. Você tem que experimentar diferentes abordagens para descobrir seu próprio remédio para o relaxamento. Nesta seção, pedimos que você permita que seus sentidos o acalmem.

Sons para acalmar a fera selvagem

As pessoas recorrem à música para obter conforto desde que habitam a Terra. De tambores primitivos a orquestras sinfônicas, o som traz à tona emoções — amor, excitação, medo — e até mesmo relaxamento. Toda uma categoria de musicoterapeutas capitalizou o poder da música. Musicoterapeutas trabalham em hospitais, escolas e casas de repouso, utilizando sons para acalmar.

Mas você não precisa ser um musicoterapeuta para fazer uso do poder da música. Provavelmente já sabe que tipo de música o acalma. Talvez você adore música clássica ou jazz. Você pode não ter pensado em experimentar um CD de ondas do mar, riachos murmurantes, ventos sussurrantes ou outros sons da natureza. Muitas pessoas acham que esses sons são bastante relaxantes.

Visite qualquer loja ou site de música bem abastecido e encontrará uma ampla gama de possibilidades. Experimente novos sons. Muitas dessas gravações se gabam de ter música mixada especialmente para um relaxamento ideal.

Cuidado, comprador! Não compre qualquer gravação que prometa relaxamento. Infelizmente, alguns desses produtos são bastante ruins. Obtenha recomendações ou ouça uma amostra.

Conquistando pelo nariz

Já andou por um mercado e sentiu o cheiro de pãezinhos frescos? Talvez tenha ficado tentado a comprar um só por causa do aroma. Suspeitamos que o cheiro das iguarias não seja por acaso; achamos que os padeiros devem direcionar o ar que fica em torno de seus fornos para o sistema de ventilação do mercado, pois sabem os efeitos poderosos do aroma.

Além de deixá-lo faminto, o cheirinho do pão também pode trazer à tona emoções e memórias prazerosas. Talvez ele o leve de volta às manhãs de domingo, quando sua mãe assava pães fresquinhos, ou a um café agradável. Se assim for, o aroma automaticamente trará de volta memórias — sem nenhum esforço de sua parte.

Uma enorme indústria de perfumes usa o poder dos aromas para atrair e seduzir. Os fabricantes de desodorantes, loções, pós, sprays de cabelo e aromatizadores de ambientes fazem o mesmo e você pode explorar a capacidade que os aromas têm de acalmar seus nervos abalados.

A aromaterapia faz uso de óleos essenciais, que são substâncias naturais extraídas de plantas que, aparentemente, afetam tanto a saúde física quanto a emocional. Não podemos nos responsabilizar por essas alegações, porque ainda faltam bons estudos sobre seus efeitos. No entanto, a teoria por trás da aromaterapia não é totalmente maluca, porque nossos corpos têm nervos que transmitem mensagens do nariz para as partes do cérebro que controlam o humor, as memórias e o apetite.

Se você está fisicamente doente, consulte um médico qualificado, pois é pouco provável que a aromaterapia o cure. Ninguém sabe se ela promove a boa saúde. Além disso, não utilize essas substâncias se você estiver grávida.

No entanto, se você quiser experimentar aromas diferentes para ver se algum deles o ajuda a relaxar, vá em frente. Estudos preliminares sugerem que determinados aromas podem aliviar a ansiedade e diminuir os sintomas de abstinência de nicotina e dores de cabeça.

Considere as seguintes sugestões de cheiros da aromaterapia, mas certifique-se de pesquisar os preços, pois eles podem variar muito. Uma loja confiável de produtos naturais pode ser um bom lugar para começar.

- Camomila
- Eucalipto
- Lavanda
- Neroli (*Citrus aurantium*)

Esses óleos essenciais podem ajudar a aliviar a ansiedade e combater a insônia. Além disso, eles têm um cheiro ótimo, então coloque algumas gotas em um banho morno ou em seu travesseiro. Durma bem.

Massagem contra o estresse

Um dos nossos cães mete o nariz embaixo de nossos braços cerca de 15 vezes por dia, para indicar que já passou da hora de ele receber uma massagem. Os cães não têm pudor em pedir para serem tocados, acariciados e esfregados. Nossos cães também são muito bons em conseguir tudo isso.

As pessoas também precisam ser tocadas. É ótimo ser abraçado e acariciado pelas pessoas de quem gostamos. No entanto, uma maneira maravilhosa de satisfazer a necessidade de ser tocado e relaxar ao mesmo tempo é através de uma massagem profissional. Se você nunca se permitiu esse mimo, pense em se presentear com uma massagem. No passado, apenas a elite buscava a massagem terapêutica. Hoje, as pessoas rumam para massoterapeutas para reduzir o estresse, controlar a dor e simplesmente sentirem-se bem.

Outra maneira de obter uma massagem é sentar em uma banheira de hidromassagem por cinco minutos. Isso pode ser relaxante porque, além da massagem que você obtém a partir da força dos jatos de água, a sensação da água quente que é lançada dentro da hidromassagem e o som da água correndo também tem um efeito calmante. Apesar de algumas casas terem hidromassagem embutidas em suas banheiras, a maioria dos spas e ACMs/ACFs (Associação Cristã de Moços/Associação Cristã Feminina) também tem hidromassagens das quais os associados podem desfrutar mediante o pagamento de uma pequena taxa, além do custo da matrícula básica.

Todo mundo precisa de toque

Na década de 1940, muitos bebês europeus acabaram em orfanatos. Um número impressionante desses órfãos não cresceu nem interagiu com os outros e alguns pareciam definhar e morrer sem nenhuma razão perceptível. Eles tinham comida, roupas e abrigo suficientes. Um médico chamado Dr. Rene Spitz investigou e descobriu que a incapacidade para se desenvolver parecia ser devido à falta de toque humano. Em outras palavras, as cuidadoras forneciam nutrientes, mas não contato.

Essa antiga descoberta tem sido apoiada por diversos estudos conduzidos pela psicóloga Tiffany Field e seus colegas. Um deles descobriu que bebês prematuros em quem eram dadas massagens regulares ganharam mais peso do que aqueles que apenas receberam tratamento médico padrão. Outros estudos feitos por esse grupo de pesquisa incluíram bebês normais, assim como aqueles nascidos com HIV ou com vício em cocaína e crianças jovens com diabetes, distúrbios alimentares e asma. Os bebês e as crianças que recebem uma massagem regularmente têm menores quantidades de hormônios do estresse e níveis mais baixos de ansiedade do que aqueles que não recebem. Outros benefícios que foram identificados incluem redução da dor, aumento na atenção e função imunológica melhorada. Se é tão bom para os bebês, acreditamos que seja muito bom para você também. Deleite-se!

Capítulo 12
Criando Calma em Sua Imaginação

Neste Capítulo
▶ Afiando os poderes de sua imaginação
▶ Imaginando seu caminho para o relaxamento
▶ Criando suas próprias imagens

*P*essoas que têm uma imaginação fértil (talvez isso o descreva) podem se imaginar em todos os tipos de situações ansiosas. Basta lhes dar um momento para brincar com uma ideia e elas partem em outra viagem de ansiedade.

Mas a boa notícia é que você pode voltar atrás e rebobinar sua mente para um lugar mais calmo. Uma maneira de fazer isso é através da *imaginação guiada*. Ela cria um lugar calmo, usando sua imaginação para que você se coloque em um estado de relaxamento e paz. Sua mente o leva a um lugar ou momento agradável, belo e sereno. As melhores imagens incorporam todos os seus sentidos. Ao visualizá-las, você vê, ouve, cheira, sente e, possivelmente, sente o gosto. Por exemplo, você pode imaginar que ouve pássaros, cheira flores, sente uma leve brisa e saboreia um chocolate no meio de um belo prado.

Algumas pessoas acham que exercícios de respiração ou relaxamento progressivo não as relaxam o suficiente. Nesses casos, a imaginação guiada muitas vezes é uma boa alternativa. O seguinte exemplo demonstra a utilidade dessa técnica.

> Pensamentos tensos ocupam todos os momentos de vigília de **Sílvia**. Desde o momento em que ela pula da cama de manhã até o último pensamento compulsivo antes que o sono inquieto misericordiosamente tome conta dela, Sílvia pensa. Ela repete cada momento ansioso de seu trabalho e remói cada erro imaginado que ela cometeu durante o dia, revirando-o em sua mente. Ela visualiza cada falha em sua maquiagem, pele e roupa. Imagens de incompetência, inadequação e falta de atrativos inundam sua imaginação.

Para reduzir o estresse e a ansiedade que saturam as cenas em sua mente, ela decide procurar os serviços de um terapeuta. Este lhe ensina várias técnicas de respiração, mas Sílvia não consegue deter a avalanche de imagens ansiosas. Ela tenta o relaxamento muscular progressivo, massagem e, depois, música e aromaterapia, sem sucesso. Finalmente, seu terapeuta tem um insight. "Sílvia pensa em imagens, ela precisa de imaginação guiada!"

No caso de Sílvia, suas imagens cotidianas estavam cheias de situações desencadeadoras de ansiedade. Quando ela experimentou outras técnicas de relaxamento, elas não funcionaram porque as imagens ansiosas ainda preenchiam sua mente. Com a imaginação guiada, no entanto, a riqueza da experiência serena pôs de lado todas as outras preocupações.

Neste capítulo, lhe mostramos como melhorar sua imaginação. Depois, lhe damos vários roteiros com os quais brincar em sua mente. Sinta-se livre para alterá-los como quiser. Por fim, você pode personalizar suas próprias imagens mentais especiais.

Deixando Sua Imaginação Vagar

Algumas pessoas, pensando em si mesmas como pouco criativas, lutam para criar imagens em suas mentes. Elas geralmente se sentem desconfortáveis com suas habilidades de desenho e têm dificuldade em lembrar os detalhes de acontecimentos que presenciaram. Talvez você seja uma delas. Se for esse o caso, usar sua imaginação para relaxar e reduzir sua ansiedade pode não ser a melhor abordagem para você.

Por outro lado, talvez seja. A imaginação guiada abrange mais do que o sentido visual pois inclui olfato, paladar, tato e som. Podemos ajudá-lo a aprimorar sua capacidade de usar todos esses sentidos.

Nós o encorajamos a dar uma chance a esses exercícios. Porém, como todas as pessoas têm diferentes pontos fortes e fracos, você pode achar que um ou mais desses exercícios não funcionam para você. Se descobrir que a imaginação guiada não o interessa, tudo bem. Por exemplo, algumas pessoas têm problemas com a visão, audição ou olfato que podem impedir sua capacidade de usar certas técnicas baseadas nesses sentidos. Não se preocupe — este livro discute muitas outras maneiras de relaxar.

Não queremos deixá-lo mais ansioso ao lhe dizer que esses exercícios devem ser feitos em uma determinada ordem ou frequência. Experimente-os como quiser. Nossa editora viu-se surpreendentemente relaxada no emprego depois de ler sobre essas técnicas! Mas cuidado, não durma no trabalho.

Pouco antes de fazer cada série de passos numerados para os exercícios de imaginação orientada neste capítulo, faça o seguinte:

Capítulo 12: Criando Calma em Sua Imaginação **205**

1. Encontre um lugar confortável para sentar ou deitar.
2. Certifique-se de afrouxar qualquer roupa e sapato apertado.
3. Feche os olhos e faça algumas respirações lentas e profundas.

Imaginando o toque

Exercícios de imagens mentais funcionam melhor quando incorporam mais de um sentido. Imaginar sensações corporais melhora a experiência geral de imaginação guiada relaxante. Siga os seguintes passos para ver como isso funciona:

1. **Imagine uma enorme banheira embutida.**
2. **Imagine-se ligando a torneira e sentindo a água saindo.**

    Você consegue sentir que a água está fria e úmida conforme ela flui sobre sua mão. Gradualmente, a temperatura aumenta até atingir seu nível perfeito.

3. **A banheira enche e você se vê mentalmente derramando óleo de banho nela e o misturando.**

    Você pode sentir como a água fica agradável.

4. **Você se imagina colocando o pé na água.**

    A água parece um pouco quente demais no início, mas você sente que a temperatura quente o acalma depois de colocar seu corpo na banheira.

5. **Você se deita e se deleita com a água quente, agradável e suave.**

    Você consegue sentir a água o envolvendo à medida em que o calor relaxa seus músculos.

Você foi capaz de experimentar as sensações: a umidade e o calor sedoso? Caso contrário, não se desespere. Você pode melhorar sua consciência ao gastar apenas cinco minutos por dia participando ativamente de uma experiência real e, depois, decorando-a.

Experimente um ou mais dos seguintes exercícios por dia, durante cinco dias seguidos. Você também pode experimentar com outros exercícios. Só não se esqueça de se concentrar no toque.

✔ **Mantenha as mãos sob diferentes temperaturas de água.** Observe a sensação. Melhor ainda, encha a pia e mergulhe as mãos para conservar a água.

✔ **Passe óleo nas costas de sua mão e no pulso.** Repare na sensação do óleo.

> ✔ **Tome um banho quente e observe as sensações de umidade, sedosidade e calor.** Concentre-se em todas suas sensações corporais.
>
> ✔ **Coloque uma toalha em água quente, torça-a e pressione-a em sua testa.** Repare no calor e na textura da toalha.
>
> ✔ **Sente-se em frente à lareira e observe onde o calor atinge seu corpo.** Experimente o calor.

Depois de participar de um dos exercícios anteriores, aguarde um minuto. Em seguida, tente evocar em sua mente como foram as sensações. No dia seguinte, faça o exercício, espere cinco minutos e, depois, relembre as sensações. A cada dia, faça com que o período de tempo entre a experiência real e sua recordação desta seja mais longo.

Recordando sons

Você não tem que ser um músico para apreciar música ou recriá-la em sua mente. A imaginação guiada costuma pedir-lhe para criar os sons da natureza em sua mente, a fim de aumentar o relaxamento. Seguindo as seguintes etapas, tente imaginar como é o som de uma praia:

1. **Imagine que você está deitado em uma praia.**

   Pode ouvir as ondas do oceano chegando uma após a outra, indo e vindo. O murmúrio suave acalma e relaxa, indo e vindo.

2. **Você ouve, em sua mente, cada onda chegando e aumentando progressivamente até suavemente na praia.**

   Um breve momento de calma se segue à medida que a próxima onda se prepara para rolar. Algumas poucas gaivotas gritam conforme voam no alto.

Você foi capaz de ouvir o mar e as gaivotas? Você pode melhorar sua capacidade para recriar sons em sua mente ao vivenciar ativamente a situação real de antemão.

Tente alguns dos exercícios a seguir por apenas cinco minutos por dia, durante cinco dias. Você também pode pensar em algumas outras maneiras para a prática de ouvir sons com sua imaginação.

> ✔ **Escute um trecho curto de uma canção favorita.** Toque-o várias vezes e ouça cada nota. Sintonize-se e concentre-se.
>
> ✔ **Sente-se em uma cadeira em sua sala de estar e escute.** Desligue os telefones, rádios e qualquer outra coisa produzindo ruído. Feche os olhos e escute com atenção, repare todos os sons que você ouvir — talvez o tráfego lá fora, um cachorro latindo, um pouco de vento ou o ranger da casa.

> ✔ **Escute o som de você mesmo comendo uma maçã, um talo de aipo ou uma cenoura.** Isso não só faz bem como você também ouvirá sons interessantes. Coma devagar e ouça cada mastigação. Repare no pronunciado som inicial da mordida e nos sons mais abafados da mastigação.

Aguarde um minuto após sua experiência. Em seguida, reproduza os sons em sua mente. Ouça-os novamente. Não se preocupe se você não conseguir fazê-lo. É provável que você melhore com a prática. Aumente o tempo de espera entre a experiência real e sua lembrança, um pouco a cada dia.

Relembrando gostos

Que alimentos você associa a conforto e relaxamento? Muitas pessoas pensam em canja de galinha ou chá de ervas. Um de nós espalha manteiga de amendoim na torrada quando está realmente estressado e o outro, ocasionalmente, se entrega aos sorvetes — especialmente pedaços de chocolate e caramelo mergulhados em suculenta baunilha. Já está salivando? Caso não esteja, tente representar essa cena imaginária:

1. **Imagine uma delicada trufa de chocolate.**

    Você não tem certeza do que tem dentro, mas anseia por descobrir.

2. **Em sua mente, você leva a trufa até seus lábios e, lentamente, morde um pedaço dela.**

    O doce e saboroso chocolate cobre sua língua.

3. **Imagine dar outra mordida e descobrir um recheio de fruta cremoso.**

    Você nunca provou nada tão suculento e delicioso, porém sem ser enjoativo. O sabor doce, mas levemente ácido da cereja, preenche seu corpo de satisfação.

Você conseguiu sentir o gosto da trufa na sua imaginação? Talvez você tenha achado mais fácil do que o cheiro. De qualquer maneira, você pode melhorar sua capacidade de recordar os gostos com a prática. Tente um ou mais desses exercícios:

> ✔ **Prepare um brownie fresco, com cobertura.** Ok, você pode comprar um em uma confeitaria, se necessário. Em primeiro lugar, prove o brownie com a ponta de sua língua. Segure-o na boca e mova-o para pontos diferentes de sua língua. Então mastigue-o e perceba os sabores da cobertura e do bolo se misturando.

✔ **Faça sua sopa favorita.** Despeje um pouco em uma caneca ou tigela. Coloque uma pequena colherada em sua boca. Certifique-se de que não esteja muito quente. Observe qual o sabor da sopa em cada parte de sua língua.

Você pode praticar essa atividade de concentração de gosto com qualquer comida que quiser. A chave é dedicar algum tempo e focar. Saboreie os gostos e preste atenção às nuances — doce, azedo, amargo ou salgado. Mais uma vez, tente trazer à lembrança os gostos após cerca de um minuto. Em seguida, estenda um pouco mais o período entre a experiência real e a lembrança a cada vez que você praticar.

Evocando cheiros

Os cães têm um sentido de olfato muito melhor do que o nosso. Eles parecem saber exatamente que arbusto em seu percurso de caminhada precisa ser remarcado. Temos certeza de que eles sabem exatamente que cão rival fez o quê em qual planta. Talvez o fato de não podermos cheirar tão bem quanto eles seja uma coisa boa.

Mas o cheiro também tem uma poderosa influência sobre as pessoas. Alguns deles nos alertam para o perigo, como o cheiro de fumaça ou de comida estragada. Outros inevitavelmente evocam lembranças e sentimentos agradáveis, como o aroma de seu prato favorito ou o cheiro perfumado de um ente querido. Veja se essa descrição leva um aroma flutuando à sua mente:

1. **Imagine que você está dormindo em uma varanda com tela em uma casa de campo aninhada na floresta.**

   Você percebeu uma chuva lenta e constante durante a noite. Quando você desperta, o sol está brilhando.

2. **Em sua mente, você pode sentir o aroma doce de ar fresco limpo, refrescante e ameno.**

   O cheiro de terra do chão da floresta banhada pela natureza atinge sua percepção.

3. **Você se espreguiça e respira profundamente.**

   Você detecta o odor mofado de folhas caídas. Uma sensação agradável e refrescante engolfa você.

Qual o cheiro que essa cena teve em sua mente? O olfato é um sentido primitivo e pode não ser tão fácil de ser produzido conscientemente com sua imaginação. Isso pode ser porque a descrição do cheiro é mais difícil de ser colocada em palavras. No entanto, é provável que você melhore com a prática.

Experimente algumas dessas atividades para ajudá-lo a desenvolver o sentido do olfato em sua imaginação:

- ✔ **Faça uma xícara de chocolate quente.** Antes de beber, leve um minuto absorvendo o aroma. Concentre-se no cheiro conforme toma cada gole.
- ✔ **Prepare brioches.** Não se preocupe, você pode comprar os pães prontos que coloca em uma assadeira. Sente-se na cozinha enquanto eles assam. Abra a porta do forno algumas vezes para intensificar a experiência.
- ✔ **Visite uma loja de departamentos, vá até o balcão de perfumes e teste diversos cheiros diferentes.** Tente descrever as diferenças.

Agora tente lembrar o cheiro que você experimentou um minuto depois. Demore um pouco mais a cada dia antes de tentar recordar os odores.

Pintando quadros em sua mente

Muitos de nossos clientes relatam que as cenas antecipadas de desastres e desgraça invadem sua imaginação. Essas cenas lhes causam mais ansiedade do que acontecimentos desastrosos reais costumam causar. Representações visuais podem alimentar sua ansiedade ou você pode convocar sua imaginação visual para ajudá-lo a debelar o incêndio da ansiedade. Tente pintar essa imagem em sua mente:

1. **Imagine que você esteja em um resort na montanha no fim da primavera.**

2. **Em sua mente, você passou o dia caminhando por uma floresta. Agora, você está relaxando no deque de sua cabana, contemplando do alto um lago em um vale rodeado por picos de montanhas.**

   A água do lago está parada; a superfície azul-escuro reflete imagens surpreendentemente nítidas das árvores e montanhas. O sol se põe por trás de um pico de montanha, pintando as nuvens em tons brilhantes de vermelho, laranja e rosa. As montanhas permanecem com a neve do inverno em seus cumes. Pinheiros verdes escuros se fixam orgulhosamente acima de um tapete de pinhas e agulhas de pinheiros.

Qual o aspecto dessa cena em sua mente? Se você praticar a estimulação de suas imagens visuais, vai se tornar um espectador hábil. Onde estiver, tire um minuto para inspecionar a vista à sua frente. Não importa o que seja, esquadrinhe a imagem de cada ângulo. Repare as cores, texturas, formas, proporções e posições. Em seguida, feche os olhos. Tente recordar as imagens em sua mente. Concentre-se em cada detalhe. Você pode praticar isso em qualquer lugar e qualquer hora. Leva apenas alguns minutos. A cada dia, retarde a recuperação de suas imagens por mais tempo depois de se afastar da cena que você acabou de estudar.

> ### Atenção plena: Encontrando paz no presente
>
> Nossos exercícios de aprimoramento dos sentidos, na verdade, fazem parte de uma abordagem mais poderosa da superação da ansiedade — a *atenção plena* (ou *consciência plena*), que discutiremos mais profundamente no Capítulo 13. Técnica que tem sido usada há milhares de anos tanto em ambientes leigos quanto nos religiosos do Extremo Oriente, a atenção plena envolve a imersão de si mesmo no momento presente, com total consciência. Quando você presta plena atenção a seu ambiente, previsões catastróficas sobre o futuro desaparecem e a ansiedade diminui. Apenas recentemente a atenção plena encontrou seu caminho rumo à psicologia ocidental. Entretanto, nos últimos anos, pesquisadores descobriram que treinar esse tipo de atenção pode complementar substancialmente outras abordagens destinadas à redução da ansiedade. Recomendamos que você trabalhe no aprimoramento da consciência de suas experiências e, então, leia o Capítulo 13, para descobrir mais.

Imagem Sensorial Completa

A melhor e mais eficaz imaginação guiada incorpora múltiplos sentidos — não necessariamente todos de uma vez, mas, na maioria das vezes, quanto mais, melhor. Se você não é tão experiente em usar um ou dois sentidos, tente se concentrar no uso daquele mais desenvolvido. Temos duas cenas imaginárias nas próximas seções para você experimentar, as quais usam a maioria de seus sentidos para recordar uma experiência.

Se você gostar de nossas cenas, use-as. Talvez queira fazer uma gravação de uma ou de ambas. Se fizer isso, sinta-se livre para modificar a cena de maneira que o ajude a imaginar tudo mais vividamente ou que o faça se sentir mais em paz. Em um momento em que você estiver se sentindo relaxado, grave a si mesmo lendo as próximas seções. Em seguida, ouça o que gravou, para ajudá-lo a relaxar. Talvez você possa reproduzir uma gravação de sons do oceano ao fundo, enquanto lê e grava o exercício "Relaxando na praia". Da mesma forma, você pode reproduzir uma gravação de sons da floresta, enquanto grava a si mesmo lendo "Uma fantasia na floresta". Gravações comerciais também estão disponíveis.

Relaxando na praia

Deixe que essa cena transporte-o para uma praia tranquila, onde suas preocupações possam desaparecer.

Capítulo 12: Criando Calma em Sua Imaginação

1. **Imagine que você está andando descalço por uma praia em um dia quente e ensolarado.**

   Você sente a areia quente entre os dedos. Ao alcançar o mar e sentir a água fria e refrescante lambendo seus pés, você sente o cheiro do ar fresco e salgado e respira fundo; a calma o alcança.

2. **Você anda mais um pouco e chega a uma área onde as rochas se projetam da arrebentação.**

   Uma onda quebra nas rochas e lança uma névoa fina para o alto; pequenas gotas borrifam seu rosto, dando uma sensação deliciosamente refrescante.

3. **Gaivotas planam no alto, sem esforço e, em seguida, mergulham, roçando a superfície da água.**

   Elas se parecem com acrobatas do céu, elevando-se graciosamente dentro e fora de seu campo de visão. A arrebentação e as gaivotas orquestram uma trilha sonora relaxante. Uma cadeira de madeira chama sua atenção mais adiante, na praia.

4. **Você anda até a cadeira e se estica sobre ela quando chega lá.**

   A madeira aquecida pelo sol é macia ao contato com sua pele.

5. **Magicamente, uma garrafa gelada de sua bebida favorita aparece em uma pequena mesa lateral.**

6. **Bebendo e sentindo o líquido frio preencher sua boca e deslizar por sua garganta, você se sente revigorado e satisfeito, sereno e contente.**

7. **Você dá uma olhada para o horizonte e vê um par de veleiros flutuando de forma preguiçosa ao longe.**

   Você sente o calor do sol banhando sua pele e, ao mesmo tempo, uma suave brisa refresca sua pele, em um perfeito equilíbrio. Você nunca se sentiu tão relaxado em sua vida.

8. **Você se deita e fecha os olhos.**

   Você consegue sentir todos os músculos do seu corpo relaxarem. Você se sente sonolento, mas alerta ao mesmo tempo. A beleza da natureza preenche-o de admiração, desfazendo suas preocupações.

Uma fantasia na floresta

Às vezes, um passeio na floresta, mesmo imaginário, pode fazer maravilhas por seu corpo, mente e espírito.

1. Imagine que você esteja andando por pinheiros e arbustos.

A seiva das árvores desprende um aroma doce e penetrante. Você ouve o farfalhar dos galhos na brisa. A luz do sol infiltra-se através dos galhos das árvores, fazendo sombras dançarem por todo o chão.

2. Seus pés conseguem sentir a primavera no caminho coberto com anos de folhas caídas.

Você ouve um riacho murmurando a distância.

3. Você abre sua mochila, pega um recipiente de água fria e bebe.

Conforme bebe, se sente em paz e começa a relaxar. Você ouve pássaros acima.

4. Conforme você avança, as árvores começam a diminuir.

Você chega a um riacho com água límpida que flui velozmente por cima e ao redor das pequenas pedras em seu leito.

5. Você se curva para tocar a água, ela é fria, limpa e pura.

6. Você salpica um pouco da água revigorante sobre seu rosto e se sente purificado.

Um pouco mais à frente, você percebe um prado coberto de grama, cheio de flores silvestres. A fragrância das flores delicadamente enche o ar de doçura.

7. Você chega a um lugar gramado e macio e se senta.

Daí você consegue enxergar muitos quilômetros ao longe. O ar é puro e limpo. O sol esquenta sua pele. O céu serve como um pano de fundo azul brilhante para algumas nuvens brancas encrespadas.

8. Uma sonolência toma conta e você se deita.

Você consegue sentir todo seu corpo relaxar. Suas preocupações cotidianas parecem triviais. Tudo o que importa é o momento. Você aprecia a experiência de conexão com a terra.

Personalizando Suas Próprias Imagens

Você pode querer criar sua própria viagem imaginária. Ela pode ser de algum lugar que você já tenha ido antes ou de um que você nunca tenha visto. Experimente alguns para ver como eles funcionam para você. Muitas pessoas usam a imaginação guiada para ajudá-las a dormir. Outras usam essas imagens para ajudá-las a relaxar antes de um evento estressante, tais como fazer uma prova. Temos algumas dicas úteis para criar sua própria imaginação guiada para relaxamento:

- A dica mais importante é se divertir.
- Seja criativo, deixe sua mente se empolgar, inventando qualquer cena que possa fazer você se sentir bem.
- Use múltiplos sentidos.
- Adicione detalhes descritivos. Pense em usar um dicionário de sinônimos para adjetivos ricos.
- Faça com que sua cena seja longa o bastante para que possa durar um pouco. Demora algum tempo para que seu corpo relaxe.
- Pense em tocar uma música calma ou sons de fundo enquanto você faz a gravação.
- Certifique-se de incluir sugestões relaxantes, tais como "Estou me sentindo mais calmo", "As minhas preocupações estão se desfazendo" ou "Meu corpo está solto e relaxado".
- Perceba que não há maneira certa ou errada para criar uma imagem. Não julgue sua cena.

Se a criação de sua própria viagem imaginária não funcionar, não se preocupe. Você pode encontrar muitas outras maneiras de relaxar.

Imaginando um resultado positivo

Os atletas geralmente usam imagens para reduzir sua ansiedade de desempenho. Além disso, muitos deles criam imagens de sucesso. Por exemplo, uma ginasta pode se imaginar fazendo uma saída perfeita da trave de equilíbrio diversas vezes. Uma corredora pode se ver superando a dor e estirando as pernas para chegar em primeiro lugar repetidas vezes. Vários estudos indicam que a imaginação pode dar um impulso extra ao atleta. Outra maneira de usar a imaginação é enfrentar seus medos de uma forma menos estressante do que encará-los de frente na vida real. Você pode fazer isso por várias vezes, ao se imaginar vencendo seus medos. Contamos mais sobre como fazer isso exatamente no Capítulo 8.

Capítulo 13
Aceitação Consciente

Neste Capítulo

▶ Aceitando a batalha da vida
▶ Abrindo mão do ego para tornar a vida mais fácil
▶ Concentrando-se no presente
▶ Praticando a atenção plena
▶ Cultivando sua espiritualidade

Seu carro já ficou preso em uma estrada lamacenta? O que acontece se você pisa mais forte no acelerador quando as rodas começam a girar? Elas giram com mais força, a lama voa por toda parte e a vala fica mais profunda. A ansiedade pode ser assim: quanto mais você tentar se libertar, mais ela parece agarrá-lo.

Neste capítulo, vamos explicar a forma pela qual a *aceitação* pode ser usada como uma maneira de escapar de sua armadilha de ansiedade. Fios do que chamamos de aceitação *consciente* aparecem ao longo deste livro. Trançamos os fios para formar uma trama. Mostramos como a aceitação o ajuda a parar de girar suas rodas para que você possa calmamente considerar alternativas produtivas. Discutimos como preocupação demais com o ego e a autoestima pode criar dificuldades para encontrar uma saída, e vamos explicar como viver no presente pode fornecer uma estrada para uma vida mais equilibrada. Por fim, lhe damos algumas reflexões sobre o possível papel da espiritualidade na busca da serenidade.

Quando você se encontrar preso na vala da ansiedade, não pise forte no acelerador. Sente-se, deixe as rodas assentarem um pouco, balance de volta para dentro da vala e, em seguida, empurre gentilmente para frente. Você vai acabar descobrindo um ritmo de ir para frente, depois balançar para trás e seus esforços vão levá-lo à terra firme.

Aceitar a Ansiedade? Ei, Isso É que É Mudança!

Então, por que lhe dizemos para aceitar, conscientemente, a ansiedade depois de tê-lo ensinado a se livrar dela? Será que *nós* enlouquecemos? Este livro não deveria tratar da superação da ansiedade?

Bem, sim, claro que queremos que você supere sua ansiedade. Mas o paradoxo da ansiedade é que quanto mais você achar que deve se livrar dela, mais ansioso você fica. Quanto mais sua ansiedade lhe incomoda, mais ela o prende.

Imagine ir a uma festa de carnaval ou de aniversário onde alguém lhe dá uma algema chinesa — um pequeno tubo de palha trançada, decorativo. Você coloca os dois dedos indicadores dentro do tubo. Então, você tenta tirar os dedos. O tubo prende firmemente em torno de seus dedos. Quanto mais você puxa, mais forte as algemas apertam; parece não haver saída. Então, você puxa ainda mais forte. Por fim, percebe que a única saída é parar de tentar.

A ansiedade imita o aperto das algemas chinesas. Quanto mais luta, mais preso você se sente. Insistir para que sua ansiedade vá embora nesse segundo é uma maneira infalível de aumentá-la! Em vez disso, sente-se e pense sobre sua ansiedade. Nas seções seguintes, mostramos como fazer isso.

Examinando de forma calma e imparcial

Os antropólogos estudam o comportamento e a cultura dos seres humanos. Eles fazem suas observações objetivamente, a partir de uma perspectiva imparcial e científica. Queremos que você visualize sua ansiedade como um antropólogo — friamente afastado.

Aguarde pela próxima vez em que você se sentir ansioso. Estude sua ansiedade e prepare um relatório que transmita qual a sensação que ela causa em seu corpo, como isso afeta seus pensamentos e suas ações. Não julgue a ansiedade — apenas observe-a. Então, sendo o mais objetivo possível, responda às seguintes questões em seu relatório:

- Onde sinto a tensão em meu corpo? Nos meus ombros, costas, mandíbula, mãos ou pescoço? Observe isso e descreva a tensão.
- Minhas mãos estão suando?
- Meu coração está disparado? Em caso afirmativo, com que rapidez?
- Sinto um aperto em meu peito ou na garganta?
- Eu me sinto tonto? Examine a tontura e descreva-a.
- O que estou pensando? Estou...
  - Fazendo previsões negativas sobre o futuro?

- Fazendo tempestade em um copo d'água?
- Transformando um acontecimento desagradável em uma catástrofe?
- Chateado com alguma coisa que está fora de meu controle?

✔ O que minha ansiedade está me mandando fazer?
- Que eu evite fazer algo que quero?
- Que eu seja perfeito?
- Que eu oculte minha ansiedade?

A história de Manuel a seguir é um bom exemplo de como seu poder de observação pode ajudá-lo a compreender seus sentimentos ansiosos.

Manuel, um administrador hospitalar de 38 anos, vivenciou seu primeiro ataque de pânico há três anos. Desde então, eles têm aumentado em frequência e intensidade, o que levou Manuel a começar a faltar ao trabalho nos dias em que temia ter que conduzir reuniões de equipe.

Agora, para diminuir o pânico, ele trabalha com um terapeuta que percebe que o perfeccionismo de Manuel o leva a exigir melhora imediata. Ele lê tudo que lhe é pedido e tenta fazer todas as tarefas com perfeição. O terapeuta, percebendo que Manuel precisa desacelerar e se afastar um pouco, lhe dá uma tarefa em que ele deve fingir que é um antropólogo em uma missão e escrever um relatório sobre sua ansiedade. Manuel conclui a tarefa da seguinte forma:

Comecei a perceber um pouco de falta de ar. Pensei: vai começar de novo! Então, meu coração começou a acelerar. Notei que ele estava batendo rapidamente e me perguntei quanto tempo iria durar. Então, percebi que minhas mãos suavam. Senti-me nauseado. Não queria ir trabalhar. Quase conseguia ouvir a ansiedade me dizendo que eu me sentiria muito melhor se ficasse em casa porque, se fosse trabalhar, teria que falar para uma sala cheia de cirurgiões chateados. Tenho que lhes contar sobre os novos procedimentos de cobrança. Eles não vão gostar. Provavelmente vão fazer picadinho de mim. Que imagem interessante. Eu realmente nunca virei picadinho, mas minha imagem é incrível! Se eu ficar muito ansioso, minhas palavras vão se transformar em bobagens e vou parecer um completo idiota. Isso também é interessante. Estou fazendo previsões incrivelmente negativas sobre o futuro. É engraçado — conforme digo isso, me sinto um pouquinho menos ansioso.

Manuel descobriu que relaxar e apenas observar sua ansiedade ajudou. Em vez de atacar seus sentimentos e pensamentos ansiosos, ele observou e ponderou sobre sua experiência, ao realmente tentar imitar o senso de curiosidade científica dos antropólogos.

Tolerando a incerteza

As pessoas ansiosas costumam detestar incerteza. Se ao menos elas pudessem controlar tudo à sua volta, talvez não se preocupassem tanto e isso provavelmente é verdade: se pudesse controlar tudo, você não teria muitos motivos para preocupação, não é?

A falha óbvia nessa abordagem reside no fato de que a vida consiste de incerteza constante e um grau de caos. Na verdade, uma lei básica da física afirma que não existe certeza absoluta nem mesmo nas chamadas ciências exatas. Acidentes e imprevistos acontecem.

Por exemplo, você não sabe o dia e a hora em que seu carro vai quebrar no caminho para o trabalho. Você não pode prever o mercado de ações, embora muitas pessoas tentem. Coisas ruins acontecem com as pessoas boas o tempo todo. Mesmo que você tenha passado cada momento de sua vida de vigília, tentando evitar doenças, dificuldades financeiras e perda de entes queridos, você não conseguiria evitar tudo.

A tarefa de prevenir calamidades não só é impossível, você pode facilmente arruinar a maioria de seus momentos presentes se você tentar. Pense nisso. Se você verificasse o motor de seu carro antes de sair para o trabalho a cada dia, se fosse sovina e economizasse cada centavo possível para a aposentadoria, se nunca tomasse sorvete por causa do teor de gordura, se superprotegesse seus filhos, porque se preocupa que eles se metam em problemas, se lavasse as mãos cada vez que tocasse uma maçaneta, se nunca se arriscasse, então como seria sua vida? Provavelmente não muito divertida.

A preocupação não muda o que vai acontecer. Algumas pessoas pensam que, se elas se preocuparem o bastante, as coisas ruins não ocorrerão. Como as coisas ruins não acontecem com elas na maioria dos dias de preocupação, elas sentem que valeu a pena se preocuparem. Mas a preocupação por si só nunca, na história do homem, impediu qualquer coisa de acontecer. Nem uma vez.

Saiba como aceitar a incerteza, o que pode tornar a vida interessante e emocionante. Descubra como apreciar a adversidade, bem como um pequeno sofrimento. Sem algum sofrimento e adversidade, você deixa de valorizar os bons momentos.

Quando você se sentir ansioso, pergunte a si mesmo se sua preocupação é uma tentativa de controlar o imprevisível. Por exemplo, muitas pessoas se preocupam com seus fundos de aposentadoria no mercado de ações. Elas acompanham como suas ações estão se saindo todo dia. Elas esquadrinham o jornal em busca de informação financeira que possa, eventualmente, ajudá-las a saber quando vender no momento certo. No entanto, como os últimos anos têm mostrado, não há garantias no mercado de ações.

Deixe de lado sua necessidade de prever e controlar. Claro, tome precauções razoáveis em relação à sua saúde, família, finanças e bem-estar, mas quando a preocupação com o futuro invade a fruição presente de sua vida, ela foi longe demais. Aprecie a incerteza e viva bem hoje.

Sendo paciente consigo mesmo

Quando você pensa sobre paciência, o que vem à mente? Calma, aceitação e tolerância. Quando você fica ansioso, tente ser paciente e gentil consigo mesmo e diga para si mesmo:

- ✔ Ok, estou me sentindo ansioso. Essa é a minha experiência.
- ✔ Como outros sentimentos, a ansiedade vem e vai.
- ✔ Deixe-me estar presente com minha ansiedade.

No exemplo de Janine a seguir, suas reações contrastantes, primeiro com impaciência e, em seguida, com paciência, fornecem uma ilustração de como você também pode transformar sua impaciência em paciência.

> **Janine** começa a sentir ansiedade de manhã, no caminho para o trabalho. Ela sai de casa às 7h15min e, geralmente, chega a tempo no trabalho, às 8h. Frequentemente, ela chega cerca de cinco minutos mais cedo, mas, cerca de uma vez por mês, o tráfego para e ela se atrasa alguns minutos. Esta manhã parece ser uma daquelas.

> **A Janine impaciente:** O tráfego está paralisado, a ansiedade se agita no estômago de Janine e aumenta. Suando e agarrando o volante, ela começa a buscar maneiras pelas quais possa mudar de faixa e chegar um pouco mais rápido. Ela odeia começar seu dia desse jeito. Não consegue suportar a ansiedade e tenta se livrar dela, mas não consegue. Visualiza seu chefe percebendo seu atraso e as outras pessoas em seu escritório olhando para ela. A ansiedade se transforma em raiva à medida que ela critica a si mesma por não ter saído mais cedo.

> **A Janine paciente:** O tráfego está paralisado, a ansiedade se agita no estômago de Janine. Agarrando o volante, ela luta contra o impulso de mudar de faixa. Percebe e aceita a ansiedade em seu corpo, pensando: "Posso estar atrasada, mas chego na hora ou mais cedo quase todas as manhãs. Meu chefe e colegas de trabalho sabem disso. Consigo sentir minha ansiedade, mas essa é minha experiência. Que interessante. Vou chegar alguns minutos atrasada esta manhã, e tudo bem".

Na segunda situação, a ansiedade se dissipa porque Janine se permite senti-la sem julgamento nem intolerância. Ela se conecta à sua situação presente com paciência.

Como qualquer outra coisa, fazer da paciência um hábito requer muita prática. Você desenvolve sua tolerância para a paciência com o tempo. Assim como a musculação através do levantamento de pesos, você pode desenvolver os músculos da paciência em sua mente um pouco de cada vez.

Deixando o Ego de Lado

Todo mundo quer ter autoestima elevada. Livrarias e bibliotecas exibem centenas de livros sobre como estimular sua autoestima. Você pode pensar que sua ansiedade seria reduzida se tivesse a autoestima elevada. Parece lógico, de qualquer maneira.

No entanto, a autoestima não funciona assim. Na verdade, autoestima excessivamente positiva provoca mais ansiedade, bem como uma série de outros males. Da mesma forma, a maioria das características e qualidades humanas positivas se transformam em negativas quando atingem níveis extremos. Por exemplo, a coragem, a generosidade, a diligência e a confiança são características maravilhosas. Mas a coragem excessiva pode tornar uma pessoa irresponsável, a generosidade além da conta pode fazer com que uma pessoa seja um alvo fácil para os desonestos, foco em excesso no trabalho pode não dar espaço para o prazer e a confiança acima do normal pode transformar alguém em um ingênuo. Talvez nossa próxima descrição da autoestima como algo semelhante a um balão possa ajudá-lo a compreender os perigos chocantes de muito investimento no ego e na autoestima.

Inflando e desinflando o balão da autoestima

Pensamos na autoestima como um balão. Muito pouca autoestima é como um balão vazio. Não tem ar, é vazio, murcho e não pode flutuar. Portanto, um balão vazio não é especialmente divertido nem útil. Se sua autoestima é muito baixa, você provavelmente gasta o tempo se julgando de forma dura e negativa. Sua energia provavelmente sofre e pode ser que você se sinta bastante ansioso com suas deficiências aparentes.

Ego e autoestima demais, no entanto, são como um balão que está firmemente esticado e tão cheio de ar que está prestes a explodir. Um arranhão minúsculo e ele estoura. Pessoas com autoestima muito elevada se preocupam constantemente com os arranhões. Qualquer ameaça à sua autoestima causa ansiedade considerável e, às vezes, raiva. Você não consegue fazer muito na vida sem se deparar com pelo menos alguma ameaça a seu ego. Se seu balão de autoestima é muito cheio de si, essas ameaças podem aparecer especialmente detestáveis.

Por outro lado, um balão com a quantidade certa de ar é muito difícil de estourar. Ele pode quicar por aí com facilidade, de forma jovial e alegre. O balão com a quantidade certa de ar não causa tanta preocupação em bater nem estourar.

De certo modo, tanto o balão murcho quanto o outro, prestes a estourar, se preocupam muito sobre seu próprio estado: sua condição, valor e vulnerabilidade. O segredo para ter a quantidade certa de ego — ar no balão — é ter *menos* preocupação consigo mesmo (junto com mais preocupação pelos outros) e menos preocupação sobre como você é em comparação aos demais.

O poder sedutor do pensamento positivo

Nos anos 1950, gurus da autoajuda começaram um movimento que incentivava todo mundo a estimular sua autoestima. Antes de 1950, menos de 100 artigos haviam sido escritos sobre esse tema em periódicos profissionais; no entanto, somente nos últimos dez anos, mais de 8.000 desses artigos apareceram em revistas de ciências sociais. Além disso, literalmente milhares de livros de autoajuda têm promovido o valor inquestionável de se cultivar a autoestima. O movimento da autoestima agora permeia revistas pelo país, currículos escolares e prateleiras de livros. Ele seduziu uma geração de pais, professores e trabalhadores de saúde mental a acreditar que a melhor coisa que poderiam fazer pelas crianças era estimular sua autoestima.

Então, será que mais de meio século de promoção da autoestima (também conhecida como *ego*) valeu a pena? Dificilmente. Hoje, o desempenho escolar fica significantemente para trás de onde estava em 1960. As notas escolares, no entanto, estão subindo. A violência escolar é muito maior do que há 50 anos e os índices de depressão e ansiedade entre os jovens de hoje são mais altos do que nunca.

Por quê? Um número incrível de estudos e pesquisas recentes mostra uma forte ligação entre o foco superabundante no eu e na violência, desempenho escolar ruim e problemas emocionais de todos os tipos. Autoestima baixa também parece ser ruim para você, mas estudos sugerem que uma excessivamente inflada é ainda pior. A resposta parece estar em colocar menos foco no todo-poderoso eu.

Quando você consegue aceitar tanto suas qualidades positivas quanto as negativas, sem ficar excessivamente preocupado com ambas, tem a quantidade certa de ar em seu balão de ego, mas isso nem sempre é tão fácil de fazer. É preciso um enfoque sólido no aprendizado, esforço e trabalho duro — mas não em excesso.

Valorizando suas imperfeições

Muito frequentemente as pessoas ansiosas sentem que devem ser perfeitas para que os outros gostem delas e as aceitem. Não é de se admirar que se sintam ansiosas. Ninguém é e nunca será perfeito. Vejamos o caso de Kelly.

> **Kelly** talvez seja o mais próximo da perfeição que você encontrará. Kelly sempre usa exatamente as roupas certas da moda, as cores corretas e seus acessórios sempre combinam. Ela tem aulas de design de interiores para que sua casa tenha a aparência perfeita. Se exercita quatro vezes por semana e come apenas alimentos saudáveis. Sua maquiagem, que aplica com grande esmero, parece impecável. Ela sempre sabe exatamente o que dizer, nunca xingando nem tropeçando em nenhuma palavra. Ela sempre demonstra carinho e tem um ponto de vista positivo.

Você gostaria de tomar uma cerveja com Kelly? Será que ela parece ser alguém com quem você se divertiria em uma piscina durante um fim de semana de verão? Você se sentiria confortável e natural perto de Kelly? Francamente, talvez dispensemos a ideia de tê-la como uma de nossas melhores amigas.

Pense em um de seus bons amigos com quem você gosta de passar o tempo, alguém de quem goste e valorize e que você conheça há um tempo. Visualize essa pessoa em sua mente e recorde alguns dos bons momentos que vocês passaram juntos. Permita-se desfrutar dessas imagens. Pense em quanto você preza essa pessoa e como sua vida foi enriquecida pelo relacionamento.

Perceba que você sempre soube das qualidades negativas e imperfeições de seu amigo, mas você continuou a estimá-lo. Talvez você até ache algumas das falhas divertidas ou interessantes. Talvez elas deem autenticidade a seu amigo. Pensar sobre as falhas provavelmente não vai mudar sua opinião nem sentimento.

Tente aplicar a mesma perspectiva a si mesmo. Aprecie suas pequenas falhas, fraquezas e peculiaridades. Elas o tornam interessante e original. Seja um amigo para si mesmo. Observe seus dons e suas imperfeições. Descubra como reconhecer tudo isso como um pacote. Não renegue suas falhas.

Tente fazer esse exercício que chamamos de "Valorizando Amigos Imperfeitos". Você provavelmente vai perceber que aceita seu amigo, bom e mau, positivo ou negativo.

1. **Faça duas colunas em seu caderno ou fichário.**

   Pense em um bom amigo.

2. **Na primeira coluna, escreva algumas qualidades positivas do amigo.**

3. **Na segunda coluna, descreva algumas qualidades negativas ou imperfeições que seu amigo tem.**

Na sequência, perceba que seus amigos provavelmente têm uma imagem semelhante de você. O exemplo a seguir mostra como esse exercício em particular funciona para Caio.

Caio faz o exercício "Valorizando Amigos Imperfeitos" na Tabela 13-1 enquanto pensa em seu amigo Jean. Nas respectivas colunas, ele escreve sobre as qualidades positivas e as imperfeições de Jean.

Caio aceita Jean, com falhas e tudo mais. Não há ninguém com quem Caio preferiria passar seu tempo e Jean é a primeira pessoa a quem recorre em uma crise. Será que Caio consegue se aceitar da forma como aceita Jean? Essa é a tarefa que se apresenta.

Capítulo 13: Aceitação Consciente   **223**

Se seu amigo preenchesse o mesmo formulário sobre você, não há dúvida de que ele escreveria tanto sobre qualidades maravilhosas quanto sobre alguns traços não tão bons. Ainda assim, seu amigo não desistiria de repente da amizade por causa de suas imperfeições. Claro que não, ninguém é perfeito. Se todos desistirmos de nossos amigos imperfeitos, não teríamos nenhum amigo.

O autoperdão é difícil. Talvez ainda mais difícil seja descobrir como se desprender de barreiras defensivas em resposta às críticas dos outros. Descubra como ouvir críticas. Considere o fato de que pode haver pelo menos um elemento de verdade, aprecie-o.

Tente reconhecer qualquer pedaço de verdade que contenha críticas. Talvez seja verdade *às vezes*. Talvez a crítica seja parcialmente apropriada. Em vez de levantar barreiras para a comunicação e solução de problemas, admitir algumas falhas aproxima as pessoas.

Tabela 13-1   "Valorizando Amigos Imperfeitos"

Qualidades Positivas	Qualidades Negativas e Imperfeições
Jean é um dos caras mais engraçados que conheço.	Às vezes Jean fala demais.
Ele está sempre ao meu lado.	Mesmo que seja inteligente, Jean às vezes toma decisões idiotas, especialmente a respeito de dinheiro.
Jean vai me ajudar em qualquer momento em que eu precisar, aconteça o que acontecer.	Jean está um pouco acima do peso, e, às vezes, bebe demais.
Gosto de ir a eventos esportivos com ele.	Nem sempre ele me ouve.
Gosto do fato de Jean ser realmente esperto.	Jean tem um gosto terrível para roupas.

Conectando-se com o Aqui e Agora

De certa forma, a linguagem representa o ápice do desenvolvimento evolutivo. Ela nos torna humanos, nos dá a arte, permite que expressemos ideias complexas e nos fornece as ferramentas para a criação de soluções para os problemas. Ao mesmo tempo, a linguagem estabelece a base para grande parte de nosso sofrimento emocional. Como isso é possível?

Você pode achar que cães não ficam ansiosos, mas eles ficam. No entanto, eles só sentem ansiedade quando estão em contato direto com as experiências que lhes causam dor ou desconforto. Por exemplo, os cães raramente gostam de ir ao veterinário. Muitos proprietários de cães tiveram que arrastar seus animais através da porta do veterinário, puxando a coleira com toda sua força.

Os seres humanos, contudo, fazem o que os cães nunca fariam. Os humanos acordam apavorados com os acontecimentos do dia que está por vir. Os cães não acordam às 3h da manhã e pensam: "Oh, não! É hoje o dia que tenho que ir ao veterinário. O que vai acontecer comigo lá?".

Os cães têm poucos remorsos. Ah, claro, às vezes, eles parecem bastante culpados quando são pegos mastigando o sapato de seu dono. Mas uma palavra amável e um tapinha na cabeça e eles esquecem tudo sobre isso. Algumas pessoas ansiosas ainda se lembram da cartinha de agradecimento que esqueceram de escrever para a tia Beth, há seis anos.

De um modo geral, os cães parecem muito mais felizes do que a maioria de nós, seres humanos. A menos que um cão tenha sido terrivelmente abusado, ele geralmente segue em frente com alegria, satisfação e, é claro, um pouco de sono. Em contrapartida, os seres humanos se preocupam muito; eles ficam obcecados com horrores imaginários do futuro e remoem seus erros do passado.

Quando você traz possíveis catástrofes futuras, bem como arrependimentos passados para o presente, está essencialmente usando a linguagem para se desconectar da experiência da vida real. Isso pode arruinar seus *momentos presentes* — o tempo em que você realmente *vive* sua vida toda! Considere o seguinte exemplo de Ruy, que temia a quantidade de trabalho que acreditava ter que terminar no prazo de cinco dias.

> **Ruy**, um advogado criminalista de defesa, atua sozinho. Um julgamento importante está chegando em cinco dias. A quantidade de trabalho à sua frente quase o sufoca de medo. Claro, ele se tortura com a possibilidade de ter uma performance menos que sensacional, mas, acima de tudo, está preocupado com a preparação pesada de autos, declarações, depoimentos e petições que devem ser concluídas, e logo. Ele sabe que vai trabalhar de sol a sol, mal tendo tempo para respirar.
>
> O engraçado sobre isso, porém, é que depois que a provação tinha passado, ele percebeu que a maior parte desses cinco dias acabou sendo bastante agradável. Ele se preocupava com a possibilidade de não concluir suas tarefas, que não tinham nada a ver com o trabalho que ele realizou. A maior parte disso lhe deu uma sensação boa. Nenhum momento foi *horrível* por si só.

Poucos momentos presentes são verdadeiramente insuportáveis. O que nos perturba é apenas nossa capacidade de arruinar o presente com pensamentos sobre o futuro ou o passado.

A próxima vez que você ficar obcecado sobre eventos futuros ou passados, tarefas ou resultados, cogite tentar o seguinte:

- ✔ Mantenha-se focado em cada momento conforme ele se apresente para você.
- ✔ Passe alguns minutos observando todas as sensações em seu corpo no momento — tato, olfato, visão e sons.
- ✔ Quando pensamentos sobre as tarefas adiante entrarem em sua mente, simplesmente valide a presença deles e traga sua atenção de volta ao presente.
- ✔ Se os pensamentos sobre as falhas do passado ou remorsos entrarem em sua mente, observe a presença deles e traga sua atenção de volta ao presente.
- ✔ Lembre-se que os *pensamentos* não refletem a realidade nem a experiência, eles são apenas *pensamentos*.
- ✔ Quando você notar pensamentos inquietantes sobre o futuro ou o passado, tente apenas observá-los, perceba como é interessante que sua mente prolongue pensamentos como esses e volte ao momento presente.

As seguintes seções contêm exercícios específicos que você pode usar para manter a mente focada no momento presente. Também oferecemos algumas dicas de como diminuir o ritmo e desfrutar de refeições e passeios.

Entrando em contato com o presente

Nesse exato momento, cogite entrar em contato direto com a experiência. Isso é algo que muitas pessoas raramente fazem. Não tenha nenhuma expectativa sobre o que esse exercício *deve* fazer. Basta refletir sobre o que acontece.

Se críticas entrarem em sua mente enquanto você está fazendo o exercício a seguir, observe como ela repete essas críticas como um reflexo. Não faça julgamentos sobre esses pensamentos nem sobre si mesmo. Volte a se concentrar em toda a gama de sensações do momento presente.

1. **Observe a sensação deste livro em suas mãos.**

   Sinta a capa lisa e as bordas das páginas ou sinta os botões e a superfície de seu leitor de livros digitais!

2. **Observe como seu corpo se sente e perceba sua posição, se você está sentado, em pé em um metrô, andando de ônibus ou deitado na cama.**

   Experimente as sensações em sua pele conforme ela entra em contato com a cadeira, a cama, o chão se você estiver em pé, e assim por diante.

3. **Sinta os músculos de suas pernas, costas, mãos e braços enquanto você segura este livro.**

4. **Repare em sua respiração.**

   Sinta o ar entrar e sair de suas narinas.

5. **Observe quaisquer odores, sejam agradáveis ou desagradáveis.**

   Pense em como você poderia escrever um relatório sobre esses cheiros.

6. **Ouça todos os sons a seu redor. Imagine como você descreveria esses sons para um amigo.**

   Se você ouvir sons altos e desagradáveis, tente *não* julgá-los. Em vez de pensar sobre quão irritantes eles são, estude as nuances dos sons.

Agora, observe como você se sente ao fim desse exercício. Você vivenciou totalmente as sensações? O que aconteceu com sua ansiedade? Muitas pessoas relatam que sentem pouca, se é que sentiram alguma, ansiedade durante essa experiência. Outras dizem que sua ansiedade se intensifica.

Se sua ansiedade aumenta durante suas primeiras tentativas de se conectar com a experiência do momento presente, não se preocupe. Acontece por várias razões. O aumento da ansiedade não significa que você esteja fazendo algo errado. Mais do que provavelmente, ele pode ser atribuído a uma ou mais das seguintes razões:

- Você pode ter pouca experiência de se conectar com o presente. Portanto, a sensação é estranha.
- Pensamentos ansiosos podem interrompê-lo com frequência. Se assim for, mais prática pode ajudar a reduzir a potência deles.
- Você pode estar enfrentando um fator de estresse tão opressivo agora que colocar essa estratégia em prática não é realista. Em caso positivo, você pode querer tentar outras estratégias deste livro antes.

Seja qual for o caso, recomendamos a prática frequente da conexão com experiências do momento presente.

A maior parte da ansiedade e angústia vem de pensamentos sobre o futuro ou o passado, não sobre o que está acontecendo neste momento.

Enterrando as preocupações sobre o futuro

A maioria das pessoas nos diz que pelo menos 90 por cento das coisas com que se preocupam nunca acontece. Menos de 10 por cento desses eventos preocupantes são tão ruins quanto elas imaginavam. É um excesso de preocupação e de momentos presentes arruinados só para prever algumas ocorrências desagradáveis.

Eis uma maneira com a qual você pode parar de ouvir esse fluxo eventual de preocupações sobre eventos futuros.

1. **Pense em quantas vezes você já fez previsões negativas no passado sobre algum evento iminente.**

2. **Então se pergunte quantas vezes essas previsões se mostraram verdadeiras.**

   Se você não tiver certeza, mantenha um registo de suas previsões negativas e veja que percentagem realmente aconteceu.

3. **Dessas previsões que se tornam verdade, com qual frequência elas são tão ruins quanto você espera?**

   Se você não tem certeza da frequência, mantenha um registro por um tempo.

Levar essas previsões a sério é como ouvir um repórter do tempo na televisão que lhe diz que nevascas, frio intenso e tempestades de gelo estão previstos para todos os dias. Então, você, obedientemente, veste um casaco pesado, luvas e botas. Todavia, há um só problema que o perturba: 90 por cento das previsões são absolutamente erradas e o clima é ensolarado e quente. Quando o repórter quase acerta, raramente são condições tão ruins quanto as descritas. Talvez seja hora de parar de ouvir o repórter do tempo em sua cabeça. Você não pode desligar o canal, mas não leve as previsões tão a sério!

Meditando conscientemente

Mais do que reduzir a ansiedade, a aceitação consciente pode melhorar a qualidade de sua vida. Quando você está ansioso, grande parte de sua energia mental foca tanto em sensações, pensamentos e imagens negativos que você perde muitos dos prazeres simples da vida, tais como comer e dar um passeio agradável.

Alimentação consciente

Quantas vezes você já fez uma refeição e mal a saboreou? Claro, se tem gosto de papelão assado no micro-ondas, talvez não seja uma coisa boa. No entanto, a maioria dos alimentos que comemos tem um gosto muito bom. Que pena não aproveitar a experiência completa.

Escolha um horário para a prática da alimentação consciente. Certifique-se de que não seja um almoço de 10 minutos. Mas também não precisa ser de horas. Às vezes, pensamentos preocupantes podem distrai-lo. Tudo bem, é normal. No entanto, tente apenas percebê-los. Em vez de julgar esses pensamentos ou a si mesmo, volte seu foco para sua comida quando você puder. Siga esses passos:

1. **Diminua o ritmo e se concentre antes de dar uma mordida.**

2. **Olhe para o alimento.**

Observe como ele está arrumado em seu prato ou tigela. Observe as cores, texturas e formas do alimento.

3. **Dedique um momento para sentir o aroma.**

   Coloque uma pequena porção em seu garfo ou colher. Antes de dar uma mordida, segure-o brevemente debaixo de seu nariz.

4. **Por um breve momento, coloque o alimento em seus lábios e, em seguida, na ponta da língua.**

5. **Coloque a comida em sua boca, mas não morda por um momento.**

6. **Mastigue bem devagar.**

   Observe como o sabor e a textura mudam a cada mordida e o gosto que a comida tem em diferentes partes de sua língua.

7. **Engula o pedaço e perceba a sensação dele descendo pela sua garganta.**

8. **Siga esse procedimento durante toda sua refeição.**

9. **Fique sentado à mesa com sua refeição por pelo menos 20 minutos.**

   Se você terminar de comer antes dos 20 minutos, continue sentado até que o total de 20 minutos tenha se passado e perceba o ambiente à sua volta e as sensações em seu corpo.

Pense em fazer da alimentação consciente uma parte regular de sua vida. Você vai se sentir mais calmo, apreciar mais sua comida e talvez até mesmo perder um pouco de peso. Muitos programas de emagrecimento sugerem diminuir a velocidade de sua alimentação. No entanto, essa abordagem faz mais — ela permite que você vivencie completamente sua comida. Quando sua mente se foca totalmente no prazer de comer, a ansiedade desaparece.

Caminhar consciente

Olhe as pessoas caminhando a seu redor para seus vários destinos. Tantas vezes elas correm por aí como hamsters em uma roda de exercício, nem mesmo conscientes do ambiente à sua volta. As pessoas apressadas, ao contrário dos hamsters, não gostam do exercício — em vez disso, suas mentes se enchem de antecipações e preocupações ansiosas. Não é de se admirar que temos uma epidemia de pressão arterial elevada hoje em dia.

Temos uma alternativa que você deve levar em consideração: caminhe consciente. É provável que já tenha tentado dar um passeio em algum momento quando você se sentiu especialmente estressado. Provavelmente ajudou. No entanto, caminhar consciente pode ajudá-lo ainda mais.

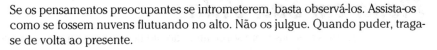

Pratique a seguinte meditação ao caminhar por cinco minutos, cinco dias consecutivos. Então, cogite se deseja torná-la uma parte regular de sua vida.

Se os pensamentos preocupantes se intrometerem, basta observá-los. Assista-os como se fossem nuvens flutuando no alto. Não os julgue. Quando puder, traga-se de volta ao presente.

Proceda da seguinte maneira em sua caminhada:

1. **Faça uma pausa antes de começar.**
2. **Repare na sensação do ar entrando e saindo de seu nariz e pulmões. Respire calmamente por cinco vezes.**
3. **Comece a caminhar.**
4. **Observe as sensações nos músculos das pernas — seus tornozelos, panturrilhas e coxas.**

    Gaste um ou dois minutos focando apenas nesses músculos e em como se sente.

5. **Agora, sinta a sola de seus pés conforme eles tocam no chão.**

    Tente perceber como o calcanhar pisa primeiro, em seguida o pé rola e, então, você empurra com o peito do pé e os dedos. Concentre-se nas solas de seus pés por um minuto ou dois.

6. **Agora, foque no ritmo de sua caminhada.**

    Sinta o ritmo de suas pernas e o balanço de seus braços. Mantenha o ritmo por um minuto ou dois e o aprecie.

7. **Sinta o ar fluindo por seu nariz e pulmões. Sinta-se expirando o ar. Preste atenção no ritmo de sua respiração.**

    Não se concentre em mais nada durante um minuto ou dois.

8. **Continue a prestar atenção em seus pés, músculos, ritmo e respiração, deslocando sua atenção de um para o outro, como quiser.**

Os entusiastas exaltam as virtudes do caminhar consciente. Eles alegam que os ajuda a reduzir o estresse e os torna mais serenos. Você pode experimentar o caminhar consciente de várias maneiras. Por exemplo, tente se concentrar em imagens e sons ou em cheiros à medida que os encontra. Brinque com essa estratégia e desenvolva a sua própria abordagem. Não há jeito certo ou errado de estar consciente.

Aceitando a Atenção Plena em Sua Vida

Algumas pessoas leem sobre atenção plena e se preocupam com o tempo que isso pode exigir. Elas dizem que a atenção plena é como viver a vida em câmera lenta e se queixam de que nada jamais seria feito se tentassem viver dessa maneira. Por mais que pensemos que viver em um ritmo um pouco mais lento não seja uma má ideia para muitas pessoas, a aceitação consciente não exige períodos de tempo significativos.

Mais do que o tempo, a atenção plena implica uma mudança de filosofia que diminui o foco no ego, orgulho e controle, ao mesmo tempo em que enfatiza a aceitação do presente com todas suas dádivas e desafios. Estar consciente requer humildade, pois reconhece a incerteza inerente à vida.

Fazer da aceitação consciente um hábito não acontece da noite para o dia. Com a prática, permita que ela evolua lentamente em sua vida. Aceite que você nem sempre vai ficar no presente. Não julgue suas tentativas de viver conscientemente. Quando você se vê vivendo em um passado dominado pela culpa ou em um futuro ansioso, lembre-se gentilmente de voltar ao presente.

Saboreando a Espiritualidade

Aceitar a ansiedade envolve uma variedade de atitudes relacionadas, como não julgar, tolerar a incerteza, abrir mão da necessidade de controle absoluto e ser paciente. Perceba que a aceitação não é o mesmo que resignação nem rendição total.

Aceitação significa perceber que você, assim como todos os seres humanos, tem pontos fortes e limitações. Muitas pessoas acham que o processo de aquisição de aceitação leva a um maior senso de espiritualidade — um sentimento de que o propósito da vida transcende as preocupações de uma pessoa consigo mesma. A Oração da Serenidade capta bem esse espírito de aceitação:

Capítulo 13: Aceitação Consciente

*Deus, concedei-me a serenidade
para aceitar as coisas que não posso modificar,
e coragem para modificar aquelas que posso;
e sabedoria para saber a diferença.*

*Vivendo um dia de cada vez;
desfrutando um momento de cada vez;
aceitando as dificuldades como o caminho para a paz.
Aceitando, como Ele aceitou, este mundo pecaminoso como é,
e não como eu gostaria que fosse.
Confiando que Ele acertará tudo
se eu me submeter à Sua vontade;
Que eu possa ser razoavelmente feliz nesta vida,
E infinitamente feliz com ele para sempre na próxima.*

— Reinhold Niebuhr, 1926

Parte IV
Mirando em Preocupações Específicas

A 5ª Onda
Por Rich Tennant

Nesta parte...

Nesta edição, lhe trazemos uma nova seção dedicada a muitas das inquietações que surgiram como grandes preocupações no mundo moderno. Nós lhe contamos como lidar com estresses relacionados à carreira e finanças e mostramos como se preparar e lidar com calamidades naturais que variam de tsunamis a terremotos e incêndios.

Analisamos o problema crescente de pandemias mundiais e mostramos como listar seus riscos pessoais de saúde e elaborar um plano para maximizar sua saúde em longo prazo.

Por fim, mostramos-lhe como avaliar os riscos associados a todos os tipos de violência, tais como crime, terrorismo e acidentes. Mais importante, vamos discutir como evitar riscos desnecessários e também como lidar com eles no caso de acontecerem com você.

Capítulo 14

Enfrentando uma Crise na Carreira e Adversidades Financeiras

Neste Capítulo
▶ Encarando preocupações no trabalho
▶ Produzindo um livro de contabilidade pessoal
▶ Estabelecendo metas para um futuro brilhante

As pessoas se preocupam — muito — com dinheiro. Elas ficam obcecadas com seus fundos de pensão, poupanças, salários, valor do imóvel e promoções. Necessidades mais básicas são prioritárias em relação a essas inquietações — preocupações com a perda do emprego, execução da hipoteca e a capacidade de satisfazer as necessidades essenciais da vida, tais como alimentação, vestuário, saúde e moradia. Embora as pessoas sejam geralmente mais importantes do que dinheiro, todo mundo precisa de uma renda de determinado valor para sobreviver.

Neste capítulo, abordamos de frente as preocupações financeiras. Fazemos isso com uma profunda consciência de sua gravidade. Em outras palavras, não usamos uma abordagem superficial, estilo *não se preocupe, seja feliz* com essas questões. Não afirmamos ser especialistas em finanças; afinal de contas, somos psicólogos. Portanto, este capítulo não é uma receita para ficar rico rápido nem se aposentar mais cedo. É um guia com as medidas que você pode tomar para lidar melhor com sua ansiedade e preocupação com sua carreira e desafios financeiros.

Primeiro, vamos dar uma olhada pragmática em preocupações de trabalho. Depois, o ajudamos a fazer uma avaliação realista do que você tem e não tem. Também o guiamos através de um exercício que explora suas verdadeiras necessidades separadamente de seus meros desejos e vontades. Por fim, pedimos que você se comprometa com uma nova estratégia financeira em longo prazo desenvolvida para minimizar suas preocupações nessa área.

Lidando de Frente com as Preocupações de Emprego

Se você se preocupa em perder o emprego, está em boa companhia. Goste ou não, as recessões econômicas ocorrem periodicamente e muitas vezes resultam em milhões de pessoas perdendo seus empregos. Nunca se sabe ao certo quais carreiras vão se tornar mais vulneráveis na próxima recessão. Desse modo, trabalhar para um grande fabricante de móveis era visto antes como um dos empregos mais seguros que você poderia ter. A tecnologia produziu um grande número de empregos em algumas áreas, ao mesmo tempo em que liquidou ou esvaziou oportunidades para muitos empregos tais como agente de viagem, telefonistas e caixas de banco.

Enquanto escrevemos este livro, cerca de l entre 10 americanos perderam seus empregos e muitos mais estão grosseiramente subempregados. Para a maioria daqueles que mantiveram seus empregos, os aumentos salariais estão paralisados e as oportunidades de promoção desapareceram, pelo menos em curto prazo. Se você está se deparando com a perda do emprego, a ansiedade é uma emoção perfeitamente compreensível. É claro que está preocupado! Esta seção lhe dá algumas ferramentas para lidar com essas preocupações.

Fortalecendo seu currículo

Uma maneira de diminuir suas preocupações sobre empregos é maximizar sua liquidez. Mesmo que você esteja trabalhando atualmente, é uma boa ideia ter um excelente currículo. Vários sites e ferramentas de busca como o Google contêm exemplos de currículos e dicas para escrevê-los. Pense em ler *Currículos Para Leigos*, de Joyce Kennedy. Se você não estiver trabalhando, consulte o livro em sua biblioteca local.

Manter seu currículo atualizado parece simples, certo? Não necessariamente. Muitas pessoas acham que escrever currículo provoca muita ansiedade. Quando elas têm ansiedade, tendem a evitar o que as deixa ansiosas. Então, se você é como muitas delas, pode se perceber adiando ou evitando a tarefa.

Nós temos algumas sugestões:

> ✓ Obtenha ajuda. Se perdeu seu emprego, agências e secretarias estaduais de trabalho e renda oferecem treinamento na redação de currículos. Você também pode encontrar exemplos de currículos na internet, na biblioteca ou em uma livraria.

✔ Divida a tarefa em pequenos passos. Por exemplo, dedique-se a escrever sua formação educacional durante a primeira sessão. No dia seguinte, escreva as descrições de suas atribuições.

✔ Mostre seu currículo para alguns amigos ou colegas e peça um feedback. Se você estiver trabalhando com uma agência de emprego, é provável que alguém de lá lhe dê dicas.

✔ Saiba que evitar essa tarefa provavelmente vai aumentar sua ansiedade em vez de fazer você se sentir melhor. A única maneira de ultrapassar essa ansiedade é enfrentar seu medo, partindo para cima dele e executando a tarefa, apesar de estar ansioso.

Os empregadores não costumam gastar mais de dez segundos analisando cada currículo individual. Certifique-se de que o seu seja curto, visualmente atraente e destaque seus pontos fortes. Você não pode se dar ao luxo de ter quaisquer erros ortográficos nem gramaticais. Use papel de qualidade.

Se a análise de seu comentário revelar uma falta de habilidades, você pode querer considerar adquirir mais algumas, quer por conta própria ou por meio de um centro de treinamento local, graduação tecnológica ou universidade. Veja a seção "Considerando carreiras com estabilidade", mais adiante neste capítulo, para informar-se sobre campos que geralmente oferecem emprego estável.

Encontrando flexibilidade no horizonte de sua carreira

Se você perdeu o emprego em decorrência de demissões coletivas, não consegue encontrar outro em sua própria área ou simplesmente optou por deixar o emprego, uma característica psicológica conhecida como flexibilidade pode melhorar sua capacidade para lidar com o desafio da mudança. Pessoas flexíveis se adaptam a novas situações. Quando paralisadas, elas procuram alternativas e tomam atitudes para melhorar sua situação.

Então, por que a flexibilidade é tão importante para lidar com preocupações de emprego? Segundo o Department of Labor (Departamento do Trabalho) dos EUA, um trabalhador médio tem 10,8 empregos entre os 18 e 42 anos de idade. Obviamente, há uma grande variação — algumas pessoas nunca têm mais de um ou dois empregos e outras têm 20. A mensagem é que pouquíssimas pessoas ficam em uma empresa durante toda a vida de trabalho. Além disso, muitas pessoas mudam de carreira — algumas por opção (como após a obtenção de formação adicional) e outras por acidente (como a perda de um emprego em uma área e a entrada em outra).

Pessoas inflexíveis muitas vezes ficam com raiva quando confrontadas com as frustrações do trabalho. Em vez de agir, elas reagem com raiva a quão injusta a vida foi com elas. Pessoas desse tipo se prendem às escolhas antigas, não tiram vantagem de novas oportunidades e parecem teimosas e empacadas.

Para melhorar a flexibilidade *física*, você deve começar com pequenos alongamentos e gradualmente curvar-se mais. Se um movimento for doloroso, pare. Você tenta alcançar o equilíbrio esticando os lados direito e esquerdo de seu corpo. Sua flexibilidade melhorará gradualmente.

A flexibilidade *mental* envolve os mesmos princípios — passos graduais, equilíbrio e recuo quando é doloroso. Ela também importa em ser capaz de ver a realidade a partir de perspectivas diferentes. Por exemplo, em uma entrevista de emprego, uma pessoa com flexibilidade mental tentaria se colocar no lugar da pessoa que está fazendo a entrevista. Em negociações, uma pessoa flexível se daria ao trabalho de considerar as perspectivas de todos os envolvidos.

A flexibilidade mental aceita a mudança como inevitável e esperada. Essa flexibilidade exige abertura para novas experiências e a compreensão de que, na maior parte do tempo, a verdade é incompreensível. Por fim, as pessoas flexíveis entendem que devem ouvir para aprender.

Armado com uma atitude mais flexível, você pode lidar com o estresse e a ansiedade de perda de emprego e outras mudanças, se considerar todas suas opções e alternativas. Essa atitude pode permitir que você veja as possibilidades que, de outra forma, não veria. Haverá mais probabilidade de seus esforços resultarem em sucesso.

Ao escrever seu currículo (veja a seção anterior), use o pensamento flexível. Observe seus empregos passados e analise com que habilidades, qualidades e características você contribuiu que estão além daquelas que são obviamente esperadas de seu cargo — destaque essas habilidades em seu currículo. Quando você for entrevistado, mencione a conexão entre as habilidades que você adquiriu e como você pode usá-las em prol de sua nova empresa, em vez de se concentrar no passado.

Considerando carreiras com estabilidade

Você vai se preocupar menos se sua carreira estiver estabelecida em uma base de concreto em vez de em uma feita de areia. Se você está subempregado ou desempregado, cogite atualizar suas habilidades ou mudar de carreira para uma que tenha mais estabilidade. Obtenha mais formação e educação. Se imaginar como pagar por aulas é uma preocupação, a maioria das escolas de nível superior tem empréstimos estudantis, bolsas ou outras maneiras para ajudar a custear seus programas.

Nunca é tarde demais para voltar para a escola. Pense na possibilidade de fazer uma aula de cada vez. Também pesquise cursos online de instituições reconhecidas. Essas aulas podem ser especialmente convenientes para algumas pessoas.

Pense em quantos anos você ainda tem para trabalhar. Você não preferiria estar fazendo algo de que gosta? Eis algumas áreas consideradas *relativamente* estáveis nessas épocas instáveis:

- **Saúde:** Quase todas as áreas da saúde observarão crescimento ao longo das próximas décadas. Além de profissionais como enfermeiros, médicos, farmacêuticos, fisioterapeutas e dentistas, outros como trabalhadores de assistência domiciliar, técnico de análises clínicas e gestor de casos de saúde estarão em maior demanda.

- **Educação:** À medida que os baby boomers (a geração pós-II Guerra) se aposentarem do magistério, o sistema de ensino vai ver muitas aberturas. Continuam a existir áreas de necessidade em matemática, ciências e educação bilíngue. Instrutores e professores universitários também serão necessários em maior número.

- **Autoridades policiais e segurança:** A carência de policiais, agentes penitenciários e profissionais de segurança tende a aumentar nos próximos anos. Muitos dos que trabalham nessa área estão programados para se aposentar durante a próxima década, aproximadamente.

- **Empregos verdes:** Supondo que você já tenha ouvido ou lido uma reportagem nos últimos anos, você sabe que há um apelo para o aumento da energia independente e minimização do impacto prejudicial que os humanos têm sobre o meio ambiente. Assim, a ênfase vai demandar um vasto conjunto de trabalhadores com formação em áreas como engenharia, química, física, hidrologia e ecologia, bem como especialização tecnológica em quase todos os tipos imagináveis de energia alternativa. Esses empregos estarão disponíveis tanto para aqueles com altos títulos educacionais como para os que tenham habilidades técnicas e de manufatura. Muitas graduações tecnológicas oferecem formação nessas áreas emergentes.

Nenhuma carreira vem com uma garantia de estabilidade. Aceite que o que é estável em uma época pode não ser tão seguro depois. Lembre-se, você precisa ser flexível.

Tradicionalmente usado pela orientação escolar e por orientadores vocacionais nos EUA, o *Occupational Outlook Handbook* (em inglês) está disponível gratuitamente em www.bls.gov/oco/. Ele contém uma lista abrangente de empregos, requisitos educacionais, condições de trabalho e salários. O Bureau of Labor Statistics (Departamento de estatísticas do Trabalho) dos EUA atualiza esse livro com frequência. Verifique também o *Dictionary of Occupational Titles* (em inglês), disponível em www.occupationalinfo.org para mais ideias. Use-o para ampliar sua lista de possibilidades. Mais uma vez, seja flexível!

No Brasil, o site do Ministério do Trabalho e Emprego oferece o documento "Classificação Brasileira de Ocupações", em: http://www.mtecbo.gov.br/cbosite/pages/downloads.jsf. É possível, ainda, encontrar outras informações a respeito do mercado de trabalho no site do Ministério.

Parte IV: Mirando em Preocupações Específicas

Mantendo o foco correto

Ansiedade, medo e pavor podem facilmente dominá-lo, se você permitir. Quando confrontadas com a possibilidade de perda de trabalho ou de renda, as pessoas povoam suas mentes com imagens de si mesmas vivendo nas ruas ou morrendo de fome. Tal situação é realmente horrível e acontece às vezes. Mas você pode fazer muito para evitar esse resultado, que ocorre em uma fração muito pequena do tempo em comparação àquela que as pessoas gastam remoendo essa preocupação.

Se você se preocupa em perder seu emprego ou se encontra desempregado, tem um novo trabalho, que é o de cortar seus gastos ao máximo (nós lhe damos algumas orientações sobre como fazer esses cortes na seção "Calculando seu balancete financeiro", mais adiante, neste capítulo). O corte de despesas o ajuda mesmo se ainda não perdeu seu emprego, porque ele permite que você se mantenha por mais tempo se vier a perder sua renda. Depois que você reduzir suas despesas, o próximo passo é maximizar sua capacidade de encontrar um novo emprego (mais sobre isso na seção "Conhecendo seus ativos e passivos pessoais").

Outras estratégias, tais como solicitar o seguro-desemprego, obter ajuda da família e solicitar auxílio-alimentação devem ser consideradas. Mas vá até a secretaria de emprego de seu estado para conhecer os detalhes práticos desse tipo de informação. De uma perspectiva psicológica, sugerimos o seguinte:

- Concentre-se no presente, vivendo um dia de cada vez.
- Cuide de sua saúde física, alimentando-se corretamente e exercitando-se para ajudar sua mente.
- Permaneça conectado aos amigos e familiares — apoio ajuda!
- Pense em frequentar grupos de apoio para pessoas em busca de emprego — descubra um pela internet ou no jornal local.
- Perceba que previsões negativas e preocupações a respeito de possíveis calamidades nunca evitaram uma única catástrofe.

Fazendo o Balanço de Seus Recursos

Recursos pessoais incluem os ativos financeiros e psicológicos e os passivos. Os *ativos* são o dinheiro ou as habilidades que você tem, que são de grande valor; os *passivos* são o dinheiro que você deve ou as habilidades que você precisa ganhar. Ambos desempenham um papel crucial em sua adaptação aos contratempos e estresse. As seções seguintes descrevem algumas das coisas que podem ajudar a maximizar seus ativos e minimizar seus passivos.

Calculando seu balancete financeiro

A maioria dos credores, como empresas de empréstimos hipotecários, bancos ou concessionárias de veículos exige que os clientes preencham solicitações de empréstimo. Esse documento padrão inclui uma descrição da finalidade do empréstimo e informações sobre os mutuários. O documento costuma conter perguntas sobre os rendimentos e despesas mensais. Também é pedido que os interessados listem todos seus ativos e passivos. Um patrimônio líquido é calculado subtraindo os passivos dos ativos.

Você não precisa pedir um empréstimo para organizar seus ativos. Sugerimos que você analise sua renda, despesas, ativos e passivos querendo ou não pedir dinheiro emprestado. Dessa forma, você pode ver exatamente o que tem agora. Faça uma lista para cada uma das quatro categorias e chegará ao resultado, que é chamado de seu *balancete* ou *balanço*.

Quando você pensa sobre seus ativos, inclua tudo — a prataria da vovó, coleções de moedas e outros objetos estimados. Você pode não querer vendê-los, mas sempre sabe que poderá vender caso as coisas fiquem muito ruins.

Depois de saber sua renda, gastos, ativos e passivos, tire um momento para pensar sobre eles. Você pode encontrar formas de melhorar seu balanço? Sugerimos que você analise com atenção suas despesas. Muitas vezes, as pessoas cometem o erro de supor que *precisam* de muito mais do que é realmente necessário. Pense na resposta a essas perguntas:

- ✔ Como eu poderia me entreter sem 150 canais de TV?
- ✔ Quantas roupas realmente uso regularmente, e com quantas eu conseguiria sobreviver?
- ✔ Posso cortar cafés, almoços e jantares fora que sejam desnecessários?
- ✔ Será que eu poderia ficar bem vestido com roupas de brechó?
- ✔ Posso usar menos o carro e passar a andar, utilizar a bicicleta ou o transporte público?
- ✔ Quanto eu poderia poupar ao pegar livros na biblioteca em vez de comprá-los?
- ✔ Como posso diminuir meu uso de energia e economizar dinheiro?
- ✔ Posso parar de gastar dinheiro para impressionar as outras pessoas?

Vários estudos descobriram que a maioria das pessoas tem dificuldade em acreditar que: sua renda tem uma relação muito pequena com quão feliz você é. Muitas pessoas descobrem que, uma vez que começam a cortar despesas, ficam espantadas com o quanto podem economizar sem sacrificar seu bem-estar emocional. Na verdade, elas muitas vezes relatam sentirem-se menos estressadas. Algumas até dizem que o processo de poupar é divertido, depois de iniciado.

Conhecendo seus ativos e passivos pessoais

Apesar de querer avaliar, primeiro, seus pontos fortes financeiros quando você enfrenta a possibilidade de perder o emprego, também é útil analisar seus pontos fortes e atributos pessoais. Comece fazendo as seguintes perguntas a si mesmo:

- Estou disposto a aprender novas habilidades?
- Eu me dou bem com outras pessoas?
- Sou persistente?
- Chego no trabalho a tempo?
- Termino os projetos no prazo?
- Aceito opiniões e críticas sem ficar na defensiva?
- Trabalho bem em equipe?
- Evito fofoca desnecessária?
- Mantenho minha vida pessoal separada de minha vida profissional?
- Sou automotivado?
- Sou bom em manter a calma sob pressão?
- Sou criativo e consigo pensar de forma inovadora?

Em uma entrevista, esteja preparado para falar sobre qualquer uma das perguntas anteriores que você sinta que pode responder afirmativamente; elas representam os seus ativos. Qualquer uma das perguntas que você sentir que não se aplica a você pode representar áreas para o desenvolvimento pessoal. Procure maneiras de melhorar nessas áreas para transformar seus passivos em ativos.

Depois de escrever suas respostas para as perguntas da lista acima, anote o maior número de pontos fortes pessoais que você conseguir pensar. Considere incluir exemplos de empregos anteriores que os ilustrem. Em seguida, liste suas áreas mais fracas. O resultado lhe dará uma ideia de seu patrimônio líquido psicológico relacionado ao trabalho.

Comprometendo-se com uma Nova Estratégia

Se você se comprometer a fazer algumas mudanças, poderá reduzir a quantidade de energia que gasta se preocupando com empregos e dinheiro. Além das ideias referidas nas seções anteriores, sugerimos que você desenvolva uma estratégia para seu dinheiro e sua carreira. Recomendamos que considere os objetivos em curto e longo prazos. As seções acima o prepararam para o que vem a seguir — a hora da verdade.

Definindo metas em curto prazo

Você nunca vai chegar aonde quer a menos que tenha um mapa. Muitas pessoas passam suas vidas inteiras sem sequer pensar sobre o que querem alcançar. Olhe para seu dinheiro e carreira e reflita sobre o que você realmente deseja alcançar nos próximos anos.

Considerando metas em curto prazo para a carreira

Faça um inventário de interesses vocacionais em uma universidade local. Anote as habilidades profissionais que você já possui. Faça um brainstorm das possibilidades de empregos que possam fazer uso de seus pontos fortes e interesses pessoais. Faça uma lista dessas possibilidades de emprego e, supondo que você tenha atualizado seu currículo, prepare-se para vender a si mesmo.

Antes de se candidatar, recomendamos que pratique a entrevista com seus amigos ou com um orientador vocacional ou terapeuta. Pratique até que sua ansiedade diminua — e ela diminuirá, se você praticar bastante.

Quando tiver um currículo impecável e estiver pronto para encarar um entrevistador, você precisará encontrar um emprego. Não se fie apenas no envio de currículos para anúncios publicados em seu jornal local ou na internet. Além dessas fontes, considere:

- Procurar na lista telefônica por empresas onde você pode se imaginar colocando em uso suas habilidades. Fazer chamadas surpresa pode ser surpreendentemente eficaz.
- Ligar para as pessoas com quem você trabalhou ou frequentou a escola — em outras palavras, networking (ou a formação e manutenção de uma rede de contatos).
- Perguntar à família e aos amigos — mais networking.
- Procurar por empregos no governo.
- Buscar alguma agência que ofereça empregos temporários — muitas vezes eles se tornam permanentes.

Dando início aos planos com seu dinheiro

O dinheiro flui como água. Se você parar de gastá-lo em uma área, ele dá a volta nela só para ser gasto em outro lugar. A única maneira de poupá-lo é canalizá-lo com cuidado para um reservatório ou tanque de armazenamento. Sim, estamos falando de poupança.

Como este não é um livro sobre investimento, não vamos fazer nenhuma sugestão a esse respeito. Pelo contrário, o propósito deste livro é ajudá-lo a entender e lidar com a ansiedade. Então, se está ansioso a respeito de dinheiro, você terá menos ansiedade se tiver mais dinheiro guardado. Não importa muito onde você o coloca — o dinheiro rende mesmo em uma poupança com zero por cento de juros.

Portanto, comece agora. Inicie com o que você já tem e desenvolva aos poucos. Aumente, continuamente, suas contribuições para a poupança assim que puder. Você pode se surpreender.

Planejando em longo prazo

Não faz muitos anos, as pessoas trabalhavam para a mesma empresa durante toda a vida e ficavam na expectativa de uma aposentadoria de pesca e golfe. Muito frequentemente, hoje em dia, esse sonho é apenas isso — um sonho que nunca será realizado, pelo menos da forma como foi originalmente concebido. Muitos empregos evaporaram, planos de aposentadoria, públicos ou privados se retraíram em um número surpreendente.

Essa situação é um motivo de desespero e desesperança? Não pensamos assim. Claro, você tem razão para se sentir preocupado e talvez até mesmo desapontado com o fato de não ser capaz de se aposentar quando quiser ou não viver o estilo de vida que esperava para sua aposentadoria. Mas a característica de flexibilidade sobre a qual falamos anteriormente neste capítulo, se aplica aqui também. Você deve saber que a pesquisa publicada no *Journal of Occupational Health Psychology*, em 2009, descobriu que as pessoas que optaram por trabalhar meio período em vez de se aposentar completamente são mais saudáveis tanto física quanto mentalmente. Essa descoberta sustentou-se mesmo comparando variáveis como idade, grau de instrução e riqueza.

Portanto, considere que o objetivo da aposentadoria completa pode nem mesmo ser especialmente bom para você! Você não precisa fazer tanto quanto fazia antes da semiaposentadoria e nem trabalhar tantas horas. Isso porque o trabalho em meio período pode contribuir muito para esticar qualquer dinheiro de aposentadoria que você já tem. Cogite procurar por uma segunda carreira que lhe dê mais satisfação e sentido do que apenas dinheiro. Tente algo totalmente novo que traga menos estresse, mas que o conecte às pessoas. É muito mais fácil ir trabalhar se você está se divertindo. Nesse momento de sua vida, seu trabalho não precisa desenvolver seu ego nem impressionar outras pessoas.

Por fim, tente perceber que um certo grau de incerteza é uma certeza! Em outras palavras, a vida e os investimentos sempre terão reviravoltas inesperadas. Você não pode evitar contratempos, mas pode se recuperar. Em longo prazo, os mercados, economias e pessoas inevitavelmente sobem e descem.

Capítulo 15

Mantendo-se Firme Enquanto o Mundo Estremece

Neste Capítulo

▶ Observando as verdadeiras estatísticas
▶ Avaliando riscos de forma realista
▶ Gerenciando riscos
▶ Competindo construtivamente

*T*alvez você se ache uma pessoa racional. Se assim for, você provavelmente acredita que os medos que o deixam mais ansioso são as coisas que representam maior risco para você — afinal, essa seria a perspectiva mais racional, não é? Mas não é assim que a mente funciona. As pessoas se concentram e se debruçam sobre as preocupações que capturam sua atenção e não sobre aquelas que são mais prováveis de acontecer.

Muitas vezes, a imprensa agrava o problema, inadvertidamente ou não. Quando ocorrem catástrofes naturais, helicópteros da imprensa decolam como um bando de gansos assustados por um tiro de espingarda. As telas de televisão se enchem de imagens de dor, horror, sofrimento e morte. Os repórteres aparentemente se revigoram ao entrevistar vítimas desesperadas e exibem suas histórias dolorosas repetidamente durante vários dias. Não é de se admirar que muitas pessoas passem muito tempo se preocupando com esses acontecimentos.

Por outro lado, talvez você tenha uma variedade de ansiedades e preocupações, mas os eventos da natureza não são coisas que o incomodem. Se for esse o caso, você pode se sentir livre para pular este capítulo — a menos que esteja curioso sobre o assunto.

Neste capítulo, vamos ajudá-lo a vasculhar tais temores e preocupações. Nós o ajudamos a ver que você pode estar gastando muito tempo com questões de baixo risco e/ou coisas que estão fora de seu controle. Discutimos também como avaliar seus riscos pessoais. Preocupar-se com catástrofes naturais é realista se você vive em certas áreas de alto risco. Nesses casos, sugerimos maneiras de gerenciar a situação a partir de um ponto de vista prático e emocional. Concluímos com ideias sobre o que você pode fazer para enfrentar ativamente em vez de passivamente, ao trabalhar para melhorar o mundo e as vidas de outras pessoas quando elas se deparam com desastres naturais.

Avaliando Seus Riscos

Como as imagens das catástrofes naturais fluem de forma vívida das telas de televisão poucos minutos depois de sua ocorrência, muitas vezes é difícil manter uma perspectiva realista de quanto risco elas realmente representam para você. Nas próximas seções, fazemos uma breve análise dos tipos desses eventos naturais no mundo e a frequência com que ocorrem. Também o ajudamos a entender seus verdadeiros riscos de se deparar com um acidente natural.

Analisando a probabilidade de morrer em um desastre natural

Você certamente já ouviu a eterna questão sobre quando uma árvore cai em uma floresta — se não há ninguém lá para ouvir, ela faz barulho? Os desastres naturais são mais ou menos como aquela árvore. Eventos calamitosos são verdadeiramente catastróficos se ninguém está por perto quando eles ocorrem? Talvez não.

No entanto, muitos desastres afligem as pessoas — muitas vezes em número significativo — quando ocorrem. Eles também podem causar sofrimento ou prejuízos financeiros, ambientais e emocionais. A lista a seguir representa alguns dos acidentes naturais mais comuns com os quais as pessoas se preocupam:

- **Avalanches** são deslizamentos de neve repentinos que se soltam e atingem ou enterram qualquer coisa em seu caminho. Elas matam cerca de 150 pessoas por ano. A maioria das avalanches ocorre após uma tempestade de inverno. O risco de morrer em uma avalanche pode ser colocado em perspectiva ao levarmos em conta que a população mundial está agora em cerca de 7,2 bilhões e continua aumentando.

- **Terremotos** ocorrem milhares de vezes todos os dias. A grande maioria desses tremores são pequenos e imperceptíveis na superfície da Terra. De tempos em tempos, no entanto, eles desencadeiam uma poderosa explosão de energia reprimida enviando enormes e destrutivas ondas sísmicas através de uma ampla área. Em média, cerca de 10.000 pessoas morrem em terremotos a cada ano. A maior parte das mortes ocorre em edifícios desmoronados, mas deslizamentos de terra, incêndios e inundações provocados pelos terremotos também ceifam vidas.
- **Incêndios,** seja em florestas, casas ou prédios, matam mais pessoas do que a maioria dos desastres naturais. O U.S. Fire Administration afirma que a taxa de mortes por incêndio nos Estados Unidos está entre as mais altas dos países desenvolvidos. No entanto, o risco de morrer em um incêndio é de mais ou menos de 15 em um milhão.
- **Inundações** ocorrem quando grandes volumes de água submergem terras, casas, edifícios e pessoas. Isso muitas vezes resulta de condições meteorológicas extremas, tais como furacões ou chuvas torrenciais. As inundações também acontecem quando represas e outras barreiras rompem. O risco geral de morrer em enchentes diminuiu devido à melhoria nos sistemas de alerta e ao conhecimento sobre onde é provável que ocorram. De acordo com a Coalizão da Sociedade Civil em Mudança Climática, seu risco total de morrer em inundações gira em torno de um em um milhão a cada ano. Porém, as enchentes às vezes matam mais de 100.000 pessoas em um único incidente. Muito mais pessoas perdem seus bens e propriedades em inundações.
- **Furacões** se formam a partir de algumas tempestades tropicais e geram ventos com velocidade de 120 a mais de 240 quilômetros por hora. A maioria das mortes em furacões ocorre por conta de inundações (veja o item anterior na lista).

Você ficou preocupado? Leve em consideração que essa lista perde importância em comparação com todos os desastres naturais possíveis. Talvez você possa não pensar prontamente em outros desastres, mas a Wikipédia lista os seguintes (dentre outros!):

- Asteroides
- Nevascas e frio extremo
- Lixo vindo do espaço sideral
- Explosões de raios gama (enormes explosões eletromagnéticas em galáxias que, segundo especulações, têm o potencial para um dia causar extinções em massa na Terra!)

- Chuvas de granizo
- Ondas de calor
- Raios
- Erupções límnicas (uma enorme erupção de dióxido de carbono em lagos profundos que pode sufocar os animais e pessoas na área)
- Tornados
- Tsunamis
- Erupções vulcânicas

Você entendeu. Possibilidades não faltam. Mas o risco geral de morte por qualquer desastre natural em particular é bem menor do que suicídio ou morte acidental — sendo que as pessoas se preocupam muito menos com as duas últimas do que com desastres naturais. Por outro lado, seu risco de morte por esses eventos pode ser muito maior do que o da maioria das pessoas. Diremos, a seguir, como determinar esse risco.

Listando seus riscos pessoais

As listas na seção anterior incluem os desastres naturais mais comuns (e, obviamente, alguns que não o sejam tanto assim). Mas você provavelmente não precisa se preocupar muito com o fato de eles virem a acontecer com você, a menos que viva em uma região assolada por eles. No entanto, você nunca sabe quando algo pode entrar em erupção.

Faça uma lista de seus fatores de risco pessoais. Você vive, trabalha, viaja ou se diverte em áreas que podem estar sujeitas a um desastre natural?

Por exemplo, pessoas que vivem em algumas áreas da Califórnia dão prioridade ao clima maravilhoso, a despeito do risco de viverem em zonas de terremoto, incêndio e deslizamento de terra. Se você costuma fazer heliski (esqui com helicóptero) com frequência, sabe muito bem sobre o que desencadeia avalanches. Assim, um certo indivíduo pode correr um risco muito maior de ser machucado ou morto por desastres naturais do que uma pessoa média. Se você está sujeito a esse tipo de risco, deve tomar precauções extras.

Se não sabe de seus riscos, tente usar uma ferramenta de busca na internet para descobri-los. Afinal de contas, você não quer viver negando nem ficar obcecado sobre riscos que são maiores em sua mente do que na realidade.

Por exemplo, vivemos no Novo México, que não tem acesso ao mar e, geralmente, nem pensamos sobre desastres naturais. De vez em quando, um fenômeno meteorológico no Pacífico faz com que chova loucamente aqui e nós temos algumas ruas inundadas e arroios (você pode chamá-los de valas de drenagem). Incêndios florestais apresentam algum risco em certas áreas do estado. Além disso, se você olhar pela janela de nossa casa, poderá ver alguns velhos vulcões empoeirados que estiveram ativos há cerca de 3.000 anos. Nós não nos preocupamos muito com eles também.

Mas, só para ter certeza, nós digitamos "Novo México e vulcões" em nosso navegador e, para nossa surpresa, descobrimos que nosso estado é conhecido como o "Estado do vulcão". Além disso, repousamos sobre uma grande fissura continental e vivemos em cima de grandes canais de lava quente. O prazo registrado para outra erupção foi determinado como "breve geologicamente". Oh, não! O que devemos fazer? Continue lendo.

Preparando um Plano para Preocupações Realistas

Você nunca pode se preparar para todas as crises imagináveis. Em vez disso, é importante avaliar quais os riscos que têm uma chance *realista* de acontecer. Então, esteja preparado para esses, da melhor maneira possível e de forma proporcional aos riscos que representam.

Provavelmente o conselho mais importante que podemos dar é: em tempos de crise, ouça anúncios de utilidade pública e diretrizes — e siga-os. Além disso, sugerimos que você reflita sobre as seguintes questões antes de qualquer calamidade:

- Já me informei sobre os riscos específicos em minha área?
- Caso eu viva em um lugar em que as catástrofes naturais ocorrem, fiz os preparativos razoáveis?
- Conheço a rota de evacuação de emergência de minha área?
- Se um desastre parece iminente, estou com o tanque cheio de gasolina?
- Tenho suprimentos estocados, como lanternas, roupas quentes, pilhas extras e, pelo menos, três dias de estoques de comida e água e um rádio de pilha?
- Tenho um kit de primeiros socorros?
- Tenho um plano caso ocorra uma emergência?
- Tenho dinheiro guardado para uma emergência?

- Meus documentos importantes estão guardados em um cofre de aluguel em um banco ou em um cofre à prova de fogo?
- Sei como usar um extintor de incêndio e tenho um totalmente carregado?
- Sei como desligar serviços de utilidade pública no caso de um desastre?
- Sei o que levaria comigo caso precise evacuar o local?
- Tenho um plano adequado para me comunicar com minha família?
- Tenho uma maneira de proteger meus animais de estimação?

Depois de ler a lista de perguntas, tome as medidas que pareçam necessárias e razoáveis. Então, pare de se preocupar; você já fez tudo que podia.

Repare que a primeira pergunta em nossa lista é a seguinte: já me informei sobre os riscos específicos em minha área? Então nós procuramos na internet para descobrir o que fazer em caso de uma erupção vulcânica. Bem, a primeira ideia é sair do caminho. Se acontecer de ficarmos presos em casa, devemos fechar as portas, janelas e bloquear as chaminés para manter as cinzas lá fora. Se sairmos para observar, deveremos manter um pano úmido sobre nossas bocas para nos ajudar a respirar. Além disso, aprendemos que a lava quente e as cinzas são pesadas e devem ser removidas de nosso telhado se houver uma grande quantidade nele. Por outro lado, os vulcões às vezes cospem pedaços de lava do tamanho de uma casa, portanto, pode ser difícil varrer um desses. Droga.

No entanto, não estamos planejando passar um tempão na preparação para essa eventualidade, nem esperamos nos preocupar muito com isso. Mas, depois de escrever este capítulo, percebi que não seria uma má ideia checar o estado de nosso extintor de incêndio no caso de uma lava dessas aterrissar em nosso quintal.

Não importa quão bem você se prepare, pois não consegue evitar todas as calamidades. Faça esforços *razoáveis* e siga com sua vida. Você nunca pode eliminar toda a incerteza.

Apesar disso, se perceber que ainda está se preocupando depois de ter feito tudo que deveria fazer realisticamente para se preparar para desastres, leia a próxima seção.

Encontrando consolo na adversidade

Coisas inesperadas acontecem, mesmo que você tome precauções. O seguinte relato de um casal em lua de mel ilustra um encontro inesperado com um desastre natural.

> Sandra e Bruno partem para sua lua de mel tropical em novembro, cuidadosamente evitando o auge da temporada de furacões. Os recém-casados estão exaustos do casamento e ansiosos por relaxantes férias na praia. Como prometido, o resort é lindo e as praias imaculadas. Após o primeiro dia de descanso na praia, eles retornam a seu quarto e se surpreendem ao ver um recado em cima da cama.
>
> "A gerência lamenta informá-los de que haverá uma forte tempestade tropical na área. Será necessário evacuar o hotel de ônibus para uma área segura. Por favor, traga seus pertences, um cobertor e um travesseiro. Sairemos do saguão do hotel em duas horas".
>
> Os ônibus levam cerca de 50 hóspedes e funcionários do hotel para uma escola surrada a cerca de 30 minutos de distância. A umidade é alta e a escola cheia a mofo. Os funcionários dizem aos hóspedes que o ar-condicionado não funciona muito bem, mas eles vão tentar manter todos confortáveis. Camas de campanha são montadas em uma grande sala que serve de refeitório e ginásio.
>
> Pela manhã, a intensidade da tempestade diminui. Mas as pessoas são avisadas de que ainda não é seguro voltar à área da praia e que os aeroportos estão fechados. Bruno diz a um membro da equipe que precisa entrar em contato com sua família. O funcionário lhe diz que a comunicação é impossível. Eles servem pães frios e duros e sucos enlatados de café da manhã. Os funcionários informam que a água está ficando escassa e que precisam racioná-la. Conforme o dia passa, raiva e irritabilidade surgem. Algumas pessoas passam mal. O cheiro fica cada vez pior. Os terceiro e quarto dias apresentam desafios quase insuportáveis por conta da falta de eletricidade, água, comida e condições sanitárias.
>
> Finalmente, os ônibus voltam e os turistas retornam a um hotel devastado. As janelas estão estilhaçadas e os salões inundados. Sandra e Bruno mal conseguem andar, por terem sofrido de intoxicação alimentar. Ainda assim, eles se sentem sortudos por estarem vivos.
>
> Sandra e Bruno percebem que mesmo quando você tenta o melhor para evitar riscos, coisas ruins acontecem. Ao olhar para trás, eles acreditam que ganharam maturidade e proximidade com a adversidade. Seu casamento prospera. Eles enfrentam os próximos anos com uma aceitação maior da incerteza e gratidão por cada dia de suas vidas.

Imaginando e Lidando com o Pior

Felizmente, você viu como suas preocupações com desastres naturais são realistas e você fez o que pode para se precaver contra eles. No entanto, você pode achar que está mais preocupado do que gostaria.

Nossa primeira recomendação é ler atentamente os Capítulos 5, 6, 7 e 8 para entender como seus pensamentos e palavras influenciam sua ansiedade. Então você pode aplicar essas informações às suas preocupações a respeito de catástrofes naturais. As seções a seguir mostram como empregar essas informações.

Se você ou alguém de quem gosta vivenciar um desastre natural, você provavelmente vai sentir um aumento da ansiedade e da angústia. Se ela é leve, os Capítulos 5, 6, 7 e 8 podem ajudá-lo a lidar com isso. Se o sofrimento é grave e contínuo, por favor pense em consultar um profissional de saúde mental.

Repensando a incerteza e a ansiedade

A mente ansiosa tenta, em vão, eliminar toda a incerteza da vida. Infelizmente, viver sem um grau razoável de incerteza resultaria em mais infelicidade do que você pensa. Veja a lista de riscos a seguir, muitos dos quais você provavelmente enfrenta todos os dias. Imagine tentar viver sem quaisquer desses riscos.

- Sair de casa
- Dirigir seu carro
- Respirar sem uma máscara (a menos que uma pandemia esteja ativa)
- Não descontaminar toda e qualquer superfície em que você tocar
- Comer alimentos que não tenham sido fervidos
- Abrir suas cartas (poderia ter antraz nelas)
- Ir às compras
- Atravessar uma rua
- Andar de bicicleta
- Tomar um banho (representa um risco significativo de queda)

Claro, sabemos que se você sofre de ansiedade significativa, provavelmente tenta evitar pelo menos alguns desses riscos. Mas você está regularmente enfrentando muitos desses riscos. Mesmo que use luvas de látex todo dia, você não pode evitar o contato com todos os germes, desastres naturais ou acidentes.

Mesmo que você pense de outra forma, a *aceitação* de risco e da incerteza paradoxalmente ajuda a diminuir a ansiedade. Consulte o Capítulo 13 para saber mais sobre a aceitação da ansiedade.

Repensando sua habilidade de enfrentar

A maioria das pessoas com transtornos de ansiedade subestima seriamente sua capacidade de enfrentamento diante de desafios inesperados. Elas se veem como facilmente oprimidas e carentes de vontade, habilidades ou recursos para lidar com a adversidade. Por exemplo, elas dizem para si mesmas: "eu não conseguiria suportar isso", "eu não aguento" ou "eu desmoronaria se isso acontecesse comigo!" No entanto, quando elas realmente se deparam com o que temem, inevitavelmente, elas conseguem enfrentar.

Capítulo 15: Mantendo-se Firme Enquanto o Mundo Estremece

No Capítulo 5, oferecemos uma lista de cinco perguntas para ajudá-lo a lidar com algumas situações extremas bem difíceis. Sugerimos que você responda a essas perguntas pensando em seus medos de desastres naturais. Primeiro, vamos lhe mostrar as perguntas e, então, ilustraremos sua utilização com um exemplo.

- ✔ Já lidei com algo assim no passado?
- ✔ Em que extensão isso vai afetar minha vida daqui a um ano?
- ✔ Conheço pessoas que enfrentaram algo assim, mas como elas fizeram isso?
- ✔ Conheço alguém a quem poderia recorrer para pedir ajuda ou apoio?
- ✔ Consigo pensar em uma nova possibilidade criativa que poderia resultar desse desafio?

No próximo exemplo, uma moradora do sul da Califórnia tenta responder às questões de enfrentamento para ajudá-la a lidar com seu medo de terremotos.

Lívia se muda de Londres para San Diego para assumir um cargo acadêmico na Universidade da Califórnia. Ela adora seu novo trabalho e o sol. Lívia aluga um pequeno apartamento de onde pode ir de bicicleta para seu escritório. Um dia, enquanto atravessa o campus, é surpreendida por uma súbita sensação de desconforto. Sente como se estivesse pisando em um barco instável. A sensação passa rapidamente. Quando chega a seu escritório, percebe que alguns quadros estão ligeiramente inclinados. Ela pergunta a um aluno próximo se acabou de vivenciar seu primeiro terremoto. Ele ri e diz: "ah, aquele pequeno balanço foi apenas um tremor, nada a ver com um *verdadeiro* terremoto. Espere até passar por um grande. É muito maneiro".

"Maneiro? Você está brincando?" Lívia treme, seu coração acelera e ela começa a suar. Ela não tinha considerado a realidade dos terremotos na Califórnia e se pergunta se seria possível conseguir enfrentar. Ela se lembra de ter usado perguntas de enfrentamento para lidar com sua ansiedade com a mudança. Agora volta a essas perguntas para ajudá-la a acalmar seus medos recém-intensificados de terremotos.

Já lidei com algo assim no passado?

Não, nunca. Acho que não consigo suportar isso. Talvez precise largar tudo e voltar para a sombria Londres.

Em que extensão isso vai afetar minha vida daqui a um ano?

Bom, se eu sobreviver a um terremoto, acho que ficaria bem; caso contrário, estarei morta.

Conheço pessoas que enfrentaram algo assim, mas como elas fizeram isso?

Acho que cerca de 36 milhões de californianos ou mais passaram por alguns terremotos e não foram embora daqui. Eles devem ter aceitado o risco e aprendido a viver com ele.

Conheço alguém a quem poderia recorrer para pedir ajuda ou apoio?

Posso perguntar às pessoas que conheço sobre medidas de segurança em terremotos e me envolver mais no bairro para conhecer alguns vizinhos.

Consigo pensar em uma nova possibilidade criativa que poderia resultar desse desafio?

Percebo que muitas pessoas vêm de outros países ao redor do mundo para a Universidade da Califórnia. Talvez eu possa iniciar um grupo de novos moradores. Nós podemos socializar um pouco e ter palestrantes sobre a adaptação à América, incluindo medidas de segurança em terremotos. Será uma ótima maneira de conhecer pessoas novas e interessantes e de fornecer uma forma para que eu me exponha a meu medo.

Lívia aprende a aceitar o risco de terremotos e as perguntas ajudam-na a parar de se sentir impotente e ansiosa. Consulte o Capítulo 5 para exemplos de como essas perguntas podem ajudá-lo a refletir e enfrentar até mesmo a possibilidade de um evento inesperado que resulte em morte.

Atacando suas preocupações

Exposição — enfrentar seus medos gradualmente ao longo do tempo — é provavelmente a abordagem mais poderosa para lidar com o medo e a ansiedade (o Capítulo 8 aborda a exposição com detalhes). Sugerimos aplicar essa técnica a seu medo de catástrofes naturais. Não se preocupe — obviamente não vamos recomendar que você realmente persiga tornados ou provoque incêndios florestais e entre neles.

Ao lidar com o medo de desastres naturais, a melhor estratégia de exposição é chamada de *exposição imaginária,* que inclui construir uma escadaria de medo e imaginar a pior das hipóteses (veja o Capítulo 8). Você pode usar a exposição imaginária como uma abordagem alternativa ao uso das perguntas de estratégia de enfrentamento (consulte a seção anterior). A história do Alexandre demonstra como alguém pode aplicar a exposição imaginária a um medo intenso de terremotos.

Alexandre vive em San Francisco e se preocupa com terremotos. Ele tem razão para isso porque San Francisco situa-se numa zona que representa um alto risco de grandes terremotos. Alexandre toma todas as precauções adequadas e habituais, como saber como desligar seus serviços de luz, água e gás, proteger os tanques aquecedores de água, fazer a manutenção de extintores de incêndio, conhecer rotas de evacuação, manter suprimentos de emergência etc.

No entanto, ele se preocupa muito com terremotos. Pula sempre que ouve um estrondo de um trovão ou um ruído inesperado. Sua mente começa a se fixar em imagens horríveis de morte e destruição e, então, ele rapidamente tenta pensar em outra coisa.

Como quer muito continuar a viver em San Francisco, Alexandre decide consultar um psicólogo. Este sugere o uso de exposição imaginária. No início, a estratégia soa para Alexandre como se o psicólogo estivesse recomendando que ele fizesse mais daquilo que já o assusta — imaginar cenas de horror e destruição. Mas o psicólogo explica que a exposição imaginária é diferente de uma forma crucial. Ela pede que você divida seus medos em etapas e, gradualmente, confronte cada um em sua mente.

Ele diz a Alexandre que ele manterá a imagem de cada etapa em sua mente até que sua ansiedade reduza até 50 por cento. Eles começam com o passo mais fácil e trabalham a partir daí. A Figura 15-1 mostra como ficou sua escada de medo:

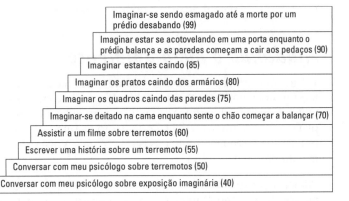

Figura 15-1: A escadaria imaginária de medo de Alexandre.

Note que alguns dos degraus de Alexandre acontecem apenas em sua imaginação e poucos envolvem a tomada de ações diretas. Depois que Alexandre trabalhou toda sua escadaria de medo, sua ansiedade sobre terremotos passou a incomodá-lo muito menos que antes.

Fazendo Sua Parte para Melhorar o Mundo

Diversos estudos mostram que quando as pessoas se encarregam de desafios e fazem algo ativo, enfrentam melhor do que se o fizessem passivamente.

Enfrentadores passivos geralmente fazem pouco mais do que tentar não pensar sobre o que os preocupa — essa abordagem na verdade torna as coisas piores para eles.

Por outro lado, os *enfrentadores ativos* buscam ações diretas que possam tomar para se sentirem fortalecidos. Não, você realmente não pode fazer alguma coisa para evitar desastres naturais, como terremotos, tsunamis e vulcões, mas pode influenciar o ambiente para melhor e/ou melhorar as vidas de outras pessoas que são ameaçadas pelo desastre. Fazer uma dessas coisas provavelmente fará com que você se sinta menos como uma vítima indefesa e mais no controle de suas preocupações.

Se você decidir se oferecer como voluntário para ajudar o meio ambiente ou as vítimas de catástrofes (veja as duas próximas seções), você poderá encontrar alguma dificuldade ou decepção de início. Às vezes, as organizações voluntárias consistem basicamente de pessoas que trabalham para elas há muito tempo e que podem não acolher imediatamente novos membros. Pode levar algum tempo para conquistá-las. Em outros casos, você pode descobrir que suas habilidades não combinam bem com o grupo. Você pode descobrir que, inicialmente, sua própria timidez inibe seus esforços. Então, recomendamos que você dê a qualquer desses esforços o tempo necessário para superar essas preocupações. Você também pode pesquisar até encontrar uma organização que combine com você.

Ajudando o meio ambiente

Talvez você esteja pensando que, como uma única pessoa, não consegue fazer muito para afetar o meio ambiente e os desastres naturais. Mas quando milhões de indivíduos tomam medidas para reduzir o desgaste de nosso planeta, isso se soma ao total. Portanto, tomar uma atitude pode ajudar a reduzir sua ansiedade sobre desastres naturais. Você se torna parte da solução, não do problema.

Primeiro, pense em todas as maneiras pelas quais você pode reduzir suas marcas de carbono. Diminua um pouco aquele termostato no inverno e aumente no verão. Ligue sua máquina lava-louças somente quando estiver totalmente cheia. Use o pagamento eletrônico de contas em vez de papel. Troque suas lâmpadas queimadas por aquelas mais eficientes e de longa duração. Pesquise na internet por muito mais formas de reduzir suas marcas de carbono.

Além disso, pense em se oferecer como voluntário para ajudar com o meio ambiente. Junte-se a uma mobilização de recolhimento de lixo em seu bairro. Seja voluntário em um projeto de conservação. Ajude a manter uma trilha em um parque público. Seja criativo, você vai pensar em outras possibilidades.

Sendo voluntário em desastres

Uma maneira de se sentir mais fortalecido é envolver-se no planejamento e na prestação de serviços diante de desastres naturais. Sua Cruz Vermelha local tem muitas oportunidades para os voluntários. Você pode se oferecer para atender telefones, arquivar documentos ou prestar assistência direta às pessoas afetadas por desastres. A Cruz Vermelha oferece treinamento e ensino para ajudar as pessoas a adquirir as habilidades necessárias para ajudar os outros. Ser voluntário compensa. Ajudar os outros pode ajudá-lo a se sentir mais poderoso e menos ansioso.

Capítulo 16

Mantendo-se Saudável

Neste Capítulo
- Observando a preocupação e a saúde
- Aceitando os germes
- Fazendo um balanço de riscos para a saúde
- Permanecendo saudável

A gentes contaminantes em nosso suprimento de alimentos, venenos na água, mamadeiras de bebês que liberam substâncias químicas cancerígenas, furtivos germes resistentes a antibióticos — conseguimos a sua atenção? Ah, espere, que tal pesticidas, fungo negro, amianto e chumbo nas tintas? Perigos invisíveis preenchem o mundo. Não é de se admirar que muitas pessoas se preocupam sobre ficarem doentes.

Neste capítulo, vamos falar sobre preocupações de saúde normais em oposição à ansiedade e preocupação excessivas com saúde. Ressaltamos que aceitar uma certa quantidade de risco é essencial para manter o equilíbrio emocional e uma sensação de bem-estar. Nós lhe mostramos como fazer uma avaliação objetiva de seus fatores de risco de saúde pessoais e como elaborar um plano de ação de saúde que faça sentido.

Entendendo a Conexão entre Preocupação e Saúde

Imagine que você esteja em um metrô lotado. Os freios são acionados de forma inesperada e o carro para no túnel escuro. Um anúncio é feito, indicando que, por causa de um problema elétrico, haverá um atraso de até uma hora. Você ouve um coro coletivo de suspiros e murmúrios. Então, você percebe as tosses e espirros. Você percebe que esteve segurando em uma barra pegajosa, que foi tocada por centenas de pessoas nesse mesmo dia. A temperatura começa a subir e você passa a sentir cheiro do suor e de odores corporais pairando no ar. Você percebe uma ligeira sensação de náusea em seu estômago.

Não há saída fácil e você começa a pensar que pode ficar gripado ou coisa pior. E, de fato, com todas essas pessoas amontoadas, com certeza, uma ou duas delas têm algo contagioso. Então se você se percebe preocupado com doença em circunstâncias como essas, você não está sozinho.

No entanto, pergunte a si mesmo: será que sua preocupação em se contaminar nesse vagão do metrô o protege dos germes? Claro que não.

Sejamos realistas: se você tem medo de ficar doente ou não, os germes pairam no ar, alheios às suas preocupações. Esse é o problema com a maioria das ansiedades com saúde. *A preocupação não ajuda você a se manter seguro.*

Os seguintes sinais indicam que suas preocupações sobre saúde excedem a definição de *normal:*

- Você passa horas a cada dia se preocupando com sua saúde.
- Você frequentemente pede a outras pessoas que o assegurem sobre sua saúde.
- Suas preocupações interferem em sua vida diária.
- Você frequentemente vai ao médico por conta de sintomas pequenos e raramente recebe um diagnóstico.
- Você toma precauções incomuns para se proteger dos germes.
- Você sente que não pode fazer nada para se manter bem.

As pessoas que constantemente se preocupam com sua saúde têm maior risco de depressão. Se você (ou alguém de quem gosta) perde o interesse em atividades que antes eram prazerosas, tem alterações no sono, energia ou apetite e se sente impotente e sem esperança, por favor cheque com seu médico de confiança ou com um profissional de saúde mental.

Algumas pessoas acham que suas preocupações com saúde saíram do controle. Eles evitam lugares lotados. Quando se aventuram, usam máscaras cirúrgicas e carregam desinfetantes. O medo faz com que restrinjam severamente suas atividades e interfere em sua capacidade de aproveitar a vida plenamente. Essas pessoas têm ansiedade relacionada à saúde. Algumas recebem o diagnóstico de transtorno de ansiedade generalizada (TAG) ou transtorno obsessivo-compulsivo (TOC) que está centrado em questões de saúde. Outras podem ter *hipocondria,* uma preocupação persistente com a crença de que se têm uma doença, com base em interpretações equivocadas de sintomas, apesar de avaliações médicas normais.

Não queremos dizer que você não deve tomar precauções *razoáveis* para se manter saudável. Você *deve* lavar as mãos após usar o banheiro, depois de entrar em contato com superfícies obviamente sujas e antes das refeições. Às vezes, agentes de saúde pública podem emitir avisos para lavar com mais frequência ou até mesmo para usar máscaras em determinados ambientes. E, é claro, se conhece alguém que tem uma doença contagiosa, você provavelmente vai querer evitar contato próximo com essa pessoa.

Mas se você está tendo dificuldade para distinguir entre o que é razoável e o que não é, por favor consulte um profissional de saúde mental que possa fornecer orientação. A distinção entre TAG, hipocondria e TOC que está focada em preocupações de saúde exige uma avaliação de um profissional de saúde mental.

Recalculando os Custos e Benefícios da Preocupação com Saúde

Dê uma olhada honesta em sua preocupação sobre saúde. Sua vigilância o mantém seguro? Talvez você acredite que, se não se preocupasse tanto, acabaria ficando doente. Ou, talvez, suas preocupações de saúde se estendam aos membros da família. Você acha que, de alguma forma, é responsável por manter os outros seguros e saudáveis?

Como você expressa suas preocupações sobre a saúde? É por meio de visitas frequentes ao médico, do tempo gasto pensando sobre sua saúde ou pedindo muitas vezes que os outros o tranquilizem? Seja qual for sua expressão pessoal de ansiedade com saúde, o seguinte exercício vai ajudar.

Realize uma análise custo/benefício de suas preocupações com saúde. Em um pedaço de papel, em seu caderno ou em um arquivo de computador, escreva sobre sua própria ansiedade com saúde. Então, em uma coluna à esquerda, escreva todos os benefícios que você acredita serem decorrentes de sua preocupação com a saúde. Em seguida, em uma coluna à direita, escreva todos os possíveis custos que suas preocupações geram. As perguntas a seguir podem ajudá-lo a descobrir os possíveis custos e benefícios:

- ✔ Quantas vezes eu realmente evitei o que mais temo?
- ✔ Minha preocupação realmente me protege de alguma forma?
- ✔ Quantas vezes pensei que estava doente quando não havia nada de errado?
- ✔ É possível que a ansiedade me faça ter outros sintomas, tais como estresse e depressão?
- ✔ Se eu ficar doente, há algo que possa fazer para lidar com isso?
- ✔ Como os outros lidam com o que estou preocupado?
- ✔ Existe alguma evidência de que eu esteja mais propenso a ficar doente do que as outras pessoas?

Depois de completar o exercício, dê outra olhada em suas respostas. Decida por si mesmo se sua preocupação e ansiedade o mantêm seguro. O exemplo a seguir de Arthur, um jovem que se preocupa excessivamente sobre adoecer com alimentos contaminados, ilustra a análise de custo/benefício.

Arthur não come em restaurantes porque se preocupa em pegar uma intoxicação alimentar. Acredita que o processamento dos alimentos aumenta o risco de contaminantes industriais, excrementos de roedores, bactérias ou vírus entrarem nas provisões. Assim, só come produtos frescos que ele compra em uma cooperativa local de alimentos. Ele então toma cuidados especiais para se certificar de que a comida que compra é limpa. Por causa de sua dieta rigorosa, Arthur é esbelto e geralmente saudável.

Ele passa mais de três horas por dia escolhendo e limpando sua comida. Apesar dessas precauções, ele se aflige e se preocupa. Seus hábitos peculiares afastam outras pessoas. Sua solidão o leva à depressão. Seu clínico geral o encaminha a um psicólogo que o ajuda a desenvolver a análise custo/benefício mostrada na Tabela 16-1 a respeito de sua preocupação sobre contaminação alimentar.

Tabela 16-1   Tabela de Custo/Benefício de Arthur

Benefícios	Custos
Eu não como alimentos contaminados.	Estou sozinho e triste.
Eu como alimentos saudáveis.	Gasto muito tempo na limpeza.
Eu sou magro.	Mesmo evitando muitos alimentos, ainda assim fico bastante ansioso o tempo todo.
Economizo dinheiro não comendo em restaurantes.	Meu médico disse que ansiedade crônica e depressão podem me adoecer.
Acredito que minha preocupação me protege.	Ninguém pode estar seguro o tempo todo; eu poderia ser atingido por um raio ou outra coisa e morrer cedo de qualquer maneira.

Arthur percebe que sua preocupação excessiva com comida tem custos e benefícios. Ele começa a entender que não pode estar totalmente seguro o tempo todo. Se ele ficar doente, é provável que sua doença possa ser tratada. Além disso, ele vê que alguns dos "benefícios" decorrentes de sua preocupação são ilusões. Assim, ele poderia comer alimentos saudáveis, continuar magro e ainda assim ficar doente, se preocupando ou não. Ele decide se arriscar e comer em um restaurante vegetariano com seu primo.

Se você se preocupa com sua saúde, use a abordagem de Arthur. Faça mudanças no estilo de vida que importam e perceba que preocupações excessivas podem, por si só, deixá-lo doente. Procure ajuda profissional se seus problemas de saúde persistirem apesar de seus melhores esforços.

Listando os Riscos do Mundo Moderno

No início de 1900, você tinha sorte de viver até os 50 anos de idade. As pessoas morriam de doenças contagiosas como a tuberculose e a gripe ou infecções causadas por lesões simples. Doença cardíaca, demências e câncer tinham menos probabilidade de serem a causa da morte só porque as pessoas sucumbiam às infecções antes de chegarem à velhice.

Agora, a maioria dos países industrializados se gaba de ter uma expectativa de vida que passa dos 70 anos. Pessoas com mais de 100 anos são o setor de mais rápido crescimento da população mundial, com expectativas de que esse segmento vai ser de mais de 6 milhões até meados do século. Hoje, as doenças cardíacas e o câncer substituíram as doenças contagiosas como as causas mais prováveis de morte. No entanto, parece que conforme as pessoas vivem *mais tempo*, elas não parecem estar vivendo de modo *mais saudável*. Os custos exorbitantes com saúde não apenas refletem a melhoria no atendimento, mas também o fato de que muito mais pessoas têm mais doenças crônicas. Nas seções seguintes, vamos dar uma olhada em quando faz sentido manter o controle sobre doenças e epidemias e quando você pode ignorá-las de modo seguro.

Examinando as realidades evolutivas de doenças e tratamentos

Paradoxalmente, maiores expectativas de vida e a medicina moderna dão às pessoas mais com o que se preocupar o tempo todo. Mesmo que elas vivam mais tempo, em certo sentido, estão ficando mais doentes. Há várias razões para esse aumento. Primeiro, mais anos de vida é igual a mais desgaste sobre o corpo. Muitas doenças se tornam mais frequentes com a idade, tais como câncer, artrite, demência e transtornos hormonais, então, obviamente, uma população que está envelhecendo tem mais risco de adoecer.

Em segundo lugar, os chamados avanços da tecnologia e da medicina permitem que os médicos descubram distúrbios pelos quais nunca procuraram no passado, tais como câncer de próstata. Mesmo que a grande maioria das "vítimas" tenha relativamente poucos sintomas e, acabe morrendo de outras causas, esse câncer agora nos preocupa e, muitas vezes, sentimos efeitos colaterais significativos por conta do tratamento em si. Além disso, tratamos como problemas coisas que nunca costumávamos ver. Por exemplo, o que costumavam ser consideradas dores normais no joelho, podem agora ser vistas em uma ressonância magnética e diagnosticadas como osteoartrite. Infelizmente, descobriu-se recentemente que o tratamento cirúrgico da osteoartrite não é melhor do que um placebo — o tratamento consistia em fazer em alguns pacientes uma cirurgia fictícia (os pacientes achavam que tinham sido operados, mas na verdade não — os cirurgiões até mesmo abriam seus joelhos e costuravam-nos de novo).

Por outro lado, os testes podem prevenir que as doenças ocorram. Por exemplo, a temida colonoscopia pode detectar pólipos benignos antes mesmo de se tornarem cancerígenos. A remoção desses pólipos impede o câncer de cólon antes que ele tenha chance de se estabelecer. Isso é maravilhoso.

No entanto, um outro custo interessante do avanço da medicina é o risco adicional que alguns *tratamentos* têm. Por exemplo, a doença de refluxo gastroesofágico costumava ser chamada de indigestão. Conhecida por aumentar o risco de certos cânceres, ela agora é vigorosamente tratada com medicação para reduzir ou eliminar o ácido gástrico. O ácido, contudo, nos protege contra bactérias comuns, como a salmonela. Então, as pessoas que estão sendo tratadas contra refluxo ácido podem estar correndo um risco maior de intoxicação alimentar. Outros medicamentos, como antipsicóticos (veja o Capítulo 9), podem ajudar as pessoas com transtornos mentais graves, mas levam ao ganho de peso e diabetes.

Outro exemplo pode ser encontrado no tratamento da osteoporose. Essa doença é definida como a perda significativa da densidade óssea que resulta em um aumento do risco de fraturas ósseas. Ela pode ser tratada com sucesso com o uso de medicação. No entanto, um efeito colateral raro do uso a longo prazo dessas medicações resulta em colapso dos ossos (o exato problema que o tratamento deveria impedir).

Por fim, as definições de doença mudaram ao longo do tempo. A pressão arterial agora é considerada alta e tratável em níveis mais baixos do que antes; o ponto de corte para o colesterol normal também caiu. A ideia é tratar as doenças cedo para evitar problemas posteriores. Isso pode ser uma boa ideia, mas o que constitui uma doença às vezes pode ficar fora de controle, como quando a tristeza normal é definida como depressão grave que necessita medicação.

Considere um outro exemplo: uma pequena perda de densidade óssea já foi considerada um resultado comum e normal do envelhecimento. Mas os profissionais da área de saúde de hoje em dia começaram a tratar uma "nova" condição chamada *osteopenia* — uma perda de massa óssea mais branda que a osteoporose. Tratar essa "doença" recém-diagnosticada levou a um enorme aumento nas vendas de fármacos originalmente desenvolvidos para a osteoporose. Como ela é normalmente encontrada entre os jovens, os efeitos em longo prazo do tratamento com medicação ainda não são conhecidos.

Tire um momento para se manter informado sobre os riscos e benefícios dos tratamentos e faça mudanças em seu estilo de vida tanto quanto possível para se manter saudável.

Comparando os riscos de saúde locais com os globais

As pessoas que se preocupam com sua saúde, às vezes, se concentram em ameaças potenciais que são bastante raras. Pare um pouco e pense sobre os riscos de adoecer em sua localidade, em comparação com algum outro lugar do mundo. Por exemplo, se você mora nos Estados Unidos ou Canadá, é muito pouco provável que pegue malária ou a febre tifoide. Se você vive em um país onde os cuidados adequados estão disponíveis, ficar doente não é necessariamente uma sentença de morte.

Por outro lado, milhões de pessoas em todo o mundo carecem de saneamento básico, água limpa, cuidados médicos e alimentos. Essas condições produzem e propagam infecções. Doenças que foram eliminadas com melhorias no saneamento básico ou vacinas podem ser mortais quando a assistência médica é insuficiente. Pobreza, fome, doença e violência reduzem a expectativa de vida para 35 anos ou menos, em alguns países.

Embora suas chances de contrair o tipo de doenças que matam as pessoas regularmente em países do terceiro mundo sejam menores do que as daquelas que vivem em condições terríveis, as pessoas viajam pelo mundo. Doenças infecciosas podem pegar uma carona. O exemplo a seguir ilustra:

> **Leandro** viaja para a Indonésia. Enquanto está lá, ele é picado por um mosquito. Em seguida, viaja a Paris, onde fica pouco tempo a negócios. Sentando do lado de fora de um bistrô francês, bebericando vinho, ele é novamente picado por um mosquito. Esse mosquito pode infectar alguém em Paris com a doença tropical que Leandro carrega. Leandro, em seguida, retorna a Chicago. Sentado do lado de fora em seu deque, em uma noite quente de verão, ele é picado por um outro mosquito. Esse mosquito poderia infectar a vizinhança de Leandro. Algumas semanas mais tarde, Leandro adoece com febre, calafrios e uma dor de cabeça horrível. Com muitas dores, ele vai ao hospital e é diagnosticado com malária.

A história de Leandro mostra como as doenças podem se espalhar. Embora a malária seja muito rara na maior parte do mundo ocidental industrializado, entre 350 a 500 milhões de casos ocorrem na África, Ásia, Oriente Médio, Américas do Sul e Central. Cerca de um milhão de pessoas morrem disso a cada ano, principalmente crianças pequenas em certas regiões da África. A maioria das pessoas que ficam doentes nos Estados Unidos são aquelas que viajam para essas regiões. Felizmente, medicamentos de baixo custo que previnem a malária podem ser obtidos antes de viajar para lugares onde a doença está presente.

Então, é uma boa ideia tomar as devidas precauções quando for viajar. Precauções razoáveis incluem certificar-se de que você está com as vacinas em dia e consultar seu médico se você estiver viajando para fora do país.

Use repelente contra mosquitos quando estiver ao ar livre durante o período em que você pode ser infectado por doenças transmitidas por mosquitos, como o vírus do Nilo Ocidental, porque esse vírus pode ocorrer em quase qualquer lugar do planeta.

O Centro de Controle e Prevenção de Doenças (CDC) dos EUA mantém um site que inclui informações atualizadas sobre doenças infecciosas em todo o mundo. Você pode clicar em qualquer país e descobrir se há alguma restrição ou advertências de viagem. Vá em: http://wwwnc.cdc.gov/travel.

Tomando cuidado com afirmações exageradas

As pessoas prestam atenção em acontecimentos inesperados. Assim, quando algo previsível acontece, é menos provável que seja foco do escrutínio da mídia. Por exemplo, quando uma mulher de 88 anos morre de um acidente vascular cerebral durante o sono — a menos que ela seja rica ou famosa — pode haver apenas uma nota curta no obituário do jornal local. No entanto, quando morre uma criança de três anos com um novo tipo de gripe que está se espalhando pelo mundo, isso é notícia. As pessoas falam sobre o que é notícia e a mídia se esforça muito para lhe trazer a cobertura completa da história, portanto, sua percepção de um evento como a morte de uma criança a partir de uma nova doença é intensificada. Conforme sua percepção aumenta, provavelmente sua ansiedade também aumentará.

Não estamos dizendo que as preocupações com a gripe H1N1 (também conhecida como gripe suína) não sejam legítimas, mas a probabilidade de morrer de doença cardíaca ou em um acidente de carro é muito maior do que morrer de quase todas as pandemias mais catastróficas.

Fazendo um Inventário de Sua Saúde Pessoal

Acidentes acontecem e as pessoas adoecem. Um dia, pelo que sabemos, todo mundo morre. Independentemente de suas próprias crenças pessoais sobre o que acontece após a morte, a maioria das pessoas não anseia por morrer. Alguns acreditam que as pessoas têm uma certa quantidade de tempo neste planeta e o que fazem com suas vidas diárias não importa muito. Mas como você vive sua vida afeta muito sua saúde e conforto, não importa o que acontece no final, ao passo que se preocupar nunca manteve ninguém saudável. Então, recomendamos que você dê uma olhada cuidadosa em seu estilo de vida e em seus riscos hereditários de saúde conhecidos, tome todas as medidas que puder para minimizar esses riscos, e então faça o melhor possível a cada dia.

Até agora, ninguém foi capaz de prever o futuro. Viva cada dia plenamente e com o melhor de sua capacidade. Preocupação e remorso não levam a uma saúde melhor.

Checando seu estilo de vida

No Capítulo 10, destacamos algumas das mudanças no estilo de vida que você pode cogitar fazer para melhorar sua saúde e, esperançosamente, reduzir sua ansiedade. Aqui nós nos concentramos em alguns dos riscos para a saúde que podem contribuir para suas preocupações. Muitos estudos analisaram os fatores que têm maior impacto para se ter uma vida longa e saudável. Esses estudos acompanham as pessoas por décadas e registram sua saúde e hábitos. De acordo com relatórios, mais de um terço até quase 90 por cento de doenças cardíacas, câncer, diabetes e acidente vascular cerebral são causados por uma ou mais das seguintes escolhas de estilo de vida:

- **Tabagismo:** Se você não fuma, não comece. Se você já começou, pare. Se as pessoas ao seu redor fumam, insista que fumem lá fora. O fumo passivo pode prejudicar sua saúde e a das crianças. Faça disso uma prioridade; obtenha toda a ajuda de que precisar.

- **Peso:** Se você estiver com sobrepeso, encare o fato. O excesso de peso pode — e mais cedo ou mais tarde vai — deixá-lo doente. Há centenas de sites gratuitos na internet que podem ajudá-lo a determinar seu índice de massa corporal. Se carrega esse peso extra em torno de sua barriga, você corre um risco maior de ter diabetes e ataques de coração do que se você o carregar em seus quadris. Participe de um grupo de perda de peso, converse com seu médico.

- **Má alimentação:** Coma mais frutas e verduras e menos gordura saturada. Saiba que as fibras o satisfazem e mantêm seu sistema digestivo saudável.

- **Falta de exercício:** Mexa-se. Um pouco de exercício é melhor do que nenhum, mas exercitar-se todos os dias é melhor. Caminhe rapidamente e faça com que seu coração trabalhe, dance, corra, vá à academia. Exercício de impacto, como caminhar, correr ou fazer levantamento de peso melhoram a resistência, força e densidade óssea.

- **Pressão arterial elevada:** Verifique sua pressão arterial. Se você tem pressão alta, tome remédios e mude seu estilo de vida para reduzir seus riscos.

- **Exposição ao sol:** Use protetor solar se você fica exposto por um longo tempo, especialmente no meio do dia. Não fique queimado.

- **Cuidados médicos inadequados:** Vá a seu médico para check-ups regulares e converse com ele sobre quaisquer preocupações que você tenha. Muitas doenças são tratáveis quando detectadas precocemente através de testes de triagem.

Aceitando seus riscos genéticos

Embora as mudanças de estilo de vida possam reduzir o risco de a maioria das pessoas ficarem doentes, certas pessoas têm predisposições genéticas que não podem ser superadas com bons hábitos. Por exemplo, sua família pode ter uma alta taxa de câncer, doenças cardíacas ou diabetes. Nesse caso, suas chances de ficar doente provavelmente são elevadas, a despeito dos cuidados preventivos e boas escolhas no estilo de vida. Se for esse o caso, tome as precauções que fazem sentido, converse com seu médico e aprenda o máximo que puder sobre a doença.

Projetando um Plano de Ação em Saúde

Depois que analisou atentamente seu estilo de vida e levou em conta seus riscos genéticos, decida quais passos você pode tomar para melhorar suas chances de ter uma vida longa e saudável. Não tente resolver tudo de uma vez; em primeiro lugar, apenas anote uma ou duas metas pequenas e alcançáveis. Os exemplos a seguir podem orientá-lo:

- Se você está inativo, não planeje correr a próxima maratona; comece andando 15 minutos por dia, na maioria dos dias da semana.
- Se você tem um histórico familiar de colesterol alto, peça um encaminhamento para um nutricionista para conversar sobre maneiras de melhorar sua dieta.
- Compre protetor solar e use-o todos os dias. O uso diário de protetor solar tem a vantagem de manter sua pele jovem.
- Passe fio dental em seus dentes; ele faz mais por sua saúde do que você pensa!
- Continue tentando parar de fumar. Pode exigir muito esforço, mas milhões de pessoas acabam conseguindo, você também consegue.
- Adicione mais uma porção de frutas e vegetais em sua dieta.
- Não adie testes de triagem médica — especialmente mamografias e colonoscopias.
- Se você ficar doente, seja esperançoso e otimista.
- Permaneça conectado com amigos e familiares.
- Aceite o fato de que a vida e a morte fazem parte deste mundo.

Quando você tiver cumprido uma ou duas metas, adicione uma nova. Mantenha o processo em andamento até que você tenha realmente melhorado sua saúde; sua ansiedade vai diminuir à medida que seu corpo se sentir melhor.

Capítulo 17

Mantendo-se Longe do Perigo

Neste Capítulo
▶ Descobrindo como o mundo é perigoso
▶ Mantendo-se o mais seguro possível
▶ Lidando com eventos assustadores
▶ Deixando as preocupações de lado

De tempos em tempos, eventos inesperados assustam a maioria das pessoas. Você alguma vez já esteve em um avião que, por causa da turbulência, teve uma queda súbita, tanto na aeronave quanto em seu estômago? Assistiu, em câmera lenta, um carro rodando do outro lado da estrada e vindo em sua direção? Que tal ver alguém vestindo roupas escuras, olhando ao redor de uma maneira nervosa, suando e carregando uma bolsa grande em um guichê? Você fica um pouco nervoso em uma cidade estranha, no escuro, não tendo certeza para onde ir, sem ninguém por perto, quando um grupo de jovens quietos aparece de repente na esquina? Bú! Desculpe se o assustamos.

Este capítulo é sobre os verdadeiros sentimentos de terror absoluto e o resultado emocional de se sentir aterrorizado. Primeiro, vamos dar uma olhada em seus riscos pessoais — o quão seguro você está e como você pode melhorar suas chances. Então, vamos discutir métodos que você possa usar para se preparar ou ajudar a si mesmo no caso de algo terrível lhe acontecer. Por fim, falamos de aceitação, um caminho para a calma e serenidade diante de um mundo incerto.

Avaliando Seus Riscos Pessoais Reais

O Capítulo 15 discute o fato de que o risco de vivenciar desastres naturais é bastante baixo para a maioria das pessoas. Mas, apesar disso, muita gente se preocupa com eles. Curiosamente, o mesmo pode ser dito sobre os riscos de terrorismo. Bilhões de dólares são gastos de modo justificado na luta contra atividades terroristas e, de acordo com um relatório de 2005, no *Globalization and Health*, você tem 5.700 vezes mais chances de morrer por tabagismo do que por um ataque terrorista. Da mesma forma, o periódico *Injury Prevention* observou, em 2005, que você tem uma probabilidade 390 vezes maior de morrer em um acidente de automóvel do que de terrorismo.

No entanto, seu risco de exposição a algum tipo de evento violento mas não fatal é muito maior. Por exemplo, cerca de três milhões (um por cento, aproximadamente) de todos os norte-americanos estarão envolvidos em um grave acidente de automóvel em qualquer ano. Algo em torno de 1,4 milhão (pouco menos de meio por cento) do povo dos Estados Unidos será vítima de algum tipo de crime violento.

Para aqueles que se inscreverem para servir e proteger o país por meio do exército, o risco de ferimentos em combate varia muito ao longo do tempo e depende também da guerra em particular. No entanto, para alguém em uma zona de combate, o risco de morte diminui em comparação às chances de que a pessoa vá sofrer ferimentos graves ou testemunhar atos de grave violência aos outros — e depois ter dificuldades emocionais.

Qualquer exposição à violência, incluindo apenas testemunhá-la, representa um importante fator de risco para o desenvolvimento do que é conhecido como transtorno de estresse pós-traumático (TEPT). Ele é um tipo grave de transtorno de ansiedade que muitas vezes resulta da exposição a um ou mais eventos traumáticos. As pessoas se encontram tendo imagens intrusivas do(s) evento(s) e, muitas vezes, têm dificuldades para evitar lembranças dele(s). Elas também perdem o sono frequentemente, assustam-se facilmente e vivenciam irritabilidade aumentada (veja os Capítulos 2 e 8 para obter mais informações sobre TEPT). A seção seguinte analisa o que você pode fazer para reduzir seus riscos de vivenciar um trauma.

Maximizando Sua Prontidão

Não importa quais os riscos de sofrer violência, aconselhamos que tome precauções razoáveis para se manter seguro. Um pouco de preparação geralmente não custa muito em termos de tempo ou dinheiro. O segredo está em tomar decisões ativas sobre o que parece razoável e, em seguida, tentar deixar sua preocupação de lado, porque você fez o que faz sentido. Se, em vez disso, você ouvir a parte de sua mente ansiosa e obsessiva, você nunca vai parar de gastar tempo se preparando — e perturbando desnecessariamente sua vida durante o processo.

Encarregando-se da segurança pessoal

O Capítulo 15 enumera importantes medidas preparatórias que você pode tomar em uma possível antecipação de desastres naturais. Esses mesmos itens se aplicam na preparação para o terrorismo e outras situações de violência. Além disso, recomendamos que você considere algumas outras ações:

- Tenha sempre à mão uma quantia guardada de dinheiro.
- Tenha uma prescrição extra de medicamentos para doenças importantes.
- Tenha um estoque de suprimentos cruciais, como lenços de papel e papel higiênico.
- Tenha um canivete que possa funcionar como uma chave de fenda, abridor de latas, faca e assim por diante.
- Tenha um pouco de fita isolante e plástico filme. A fita isolante pode consertar um monte de coisas em uma emergência e também serve para impedir as janelas de estilhaçarem. O plástico pode ser usado para vedar fumaças tóxicas.
- Tenha, para todos, máscaras usadas por pintores a fim de reduzir a exposição a fumaça e vapores.

Mantenha sempre um estoque de pelo menos três dias de comida e água para cada membro da família.

Evitando riscos desnecessários

A melhor maneira de minimizar seu risco de sofrer ou presenciar violência é não se arriscar desnecessariamente. É claro que, independentemente do que você fizer, não pode se proteger da vida. As pessoas não pedem para ser vítimas de crime, terrorismo ou acidentes e você não pode evitar que eles aconteçam.

Mas você também não tem que procurar problema. Apresentamos as sugestões a seguir percebendo plenamente que algumas delas podem parecer um pouco óbvias. Mas, como as pessoas muitas vezes não as seguem, aqui estão elas:

- Use cinto de segurança; precisamos dizer mais?
- Segure firme bolsas ou sacos ao caminhar em áreas cheias de gente.
- Se você tem uma carteira, carregue-a no bolso da frente.
- Se você estiver viajando, investigue os riscos conhecidos da área. O Departamento de Estado dos EUA lista áreas consideradas inseguras para viajar por causa de terrorismo ou outros riscos conhecidos em http://travel.state.gov.
- Faça cópias de seu passaporte; dê uma delas a alguém antes de viajar e coloque outra em sua bagagem, separada da bolsa que você carrega.
- Não use joias caras quando viajar.
- Não dirija em condições climáticas ruins.
- Considere carregar um apito bem alto em sua bolsa ou no bolso.

- ✔ Preste atenção no conselho muitas vezes dado para reportar qualquer bagagem abandonada em aeroportos, estações de trem ou saguões de hotel.
- ✔ Se você está em um quarto de hotel, não atenda a porta se não sabe quem é. Se não tiver certeza, ligue para a recepção.
- ✔ Se você tiver que andar em uma área perigosa, ande rapidamente e preste atenção.
- ✔ Mantenha suas chaves fora da bolsa e à mão enquanto se aproxima de seu carro e olhe antes de entrar.
- ✔ Procure não andar sozinho em locais escuros e isolados.

Por fim, não limite sua capacidade de gozar a vida. Perceba que alguns riscos são inevitáveis. Pense em viajar para outros lugares além de seu quintal! Conheça algumas pessoas de outras culturas e países. Veja algumas paisagens interessantes. Em outras palavras, não coloque uma parede entre você e o mundo.

Lidando com o Trauma

Esperamos que você nunca seja uma vítima nem uma testemunha de violência grave, mas sabemos que é uma possibilidade real. A violência ocorre na guerra, nas ruas e até mesmo no local de trabalho. Portanto, se você recentemente foi vítima, pode estar vivenciando alguns sinais graves de ansiedade ou angústia. Essa reação é muito normal. A primeira coisa que vamos dizer é que, *a menos que seus sintomas sejam muito graves* e interfiram muito em sua vida, não busque tratamento de saúde mental imediatamente! Isso porque, em muitos casos, o processo de cura de sua própria mente será suficiente.

Além disso, é muito fácil interferir na recuperação natural. Por exemplo, uma única *sessão de avaliação* muitas vezes acontece após a exposição a um evento traumático. Nessa sessão, as pessoas recebem informações básicas sobre trauma e seus efeitos potenciais e, depois, são incentivadas a falar sobre como estão lidando com ele. Mas essa sessão na verdade pode aumentar o risco de virem a ocorrer sintomas emocionais ou de que os já existentes continuem. Se lhe for oferecida uma única sessão de intervenção como essa, sugerimos que não faça, a menos que seja obrigatória. É perfeitamente aceitável não querer falar sobre o trauma de imediato.

Então, isso é o que recomendamos que você faça primeiro, se tiver a infelicidade de testemunhar ou vivenciar um acontecimento altamente traumático:

- ✔ Perceba que é normal sentir-se amedrontado e angustiado.
- ✔ Converse com pessoas com as quais você se sinta confortável para discutir o trauma, mas não se deixe pressionar por ninguém para falar.
- ✔ Pergunte a si mesmo o que você fez no passado para atravessar momentos difíceis e veja se isso o ajuda a superar esse. Por exemplo, algumas pessoas tiram proveito de aconselhamento espiritual, oração, buscar amigos ou aumentar os exercícios.
- ✔ Se você está vivenciando sintomas graves, tais como flashbacks, insônia severa, irritabilidade significativa ou ansiedade depois de alguns meses (até mesmo antes, se os sintomas forem altamente perturbadores), pense na possibilidade de consultar um profissional de saúde mental por três sessões ou mais. Certifique-se de perguntar se seu terapeuta usa tratamento com *base em evidências* (isto é, apoiado por pesquisas científicas) para TEPT (veja os Capítulos 2 e 8 para obter mais informações sobre TEPT).

Ao trabalhar sobre as ideias que discutimos nas seções seguintes, recomendamos fortemente que você o faça *em colaboração com* um profissional de saúde mental autorizado que tenha experiência no tratamento de TEPT.

Refletindo sobre o que aconteceu

Quando as pessoas são expostas a um trauma, a experiência nunca vai embora. Em outras palavras, você nunca pode apagar totalmente a experiência de sua mente. Mas com ajuda, a infelicidade e a dor podem diminuir e a satisfação com a vida pode aumentar muito.

A terapia de processamento cognitivo (CPT, sigla em inglês) foi desenvolvida por Patricia Resick e colegas e se tem demonstrado que ajuda alguns sobreviventes a alcançar uma situação melhor. Com essa abordagem, você examina cuidadosamente o que passou e escreve uma declaração sobre o significado que o evento traumático teve para você em sua vida. Em outras palavras, descreve como você acha que sua vida mudou:

- ✔ Você se sente responsável pelo trauma?
- ✔ Você se sente inseguro aonde quer que vá?
- ✔ Você mudou a maneira como se sente a respeito de si mesmo enquanto pessoa?
- ✔ Você está com raiva, triste ou envergonhado?

O terapeuta, então, o ajuda a explorar seus sentimentos e a forma pela qual seus pensamentos possam estar contribuindo para piorar ainda mais as coisas para você. O terapeuta também pode lhe fazer as seguintes perguntas:

- Como esse evento afeta a maneira como você vê a si mesmo e o mundo?
- Como você diria a um amigo o que esse evento significou a respeito dele ou dela enquanto pessoa? Você consegue aceitar dizer a mesma coisa para si mesmo?
- Você conhece alguém que tenha enfrentado algo assim? Na hipótese afirmativa, como ele fez isso?
- Você acredita que é mais inseguro do que outras pessoas? Se assim for, qual é a prova disso?
- Você *queria* que esse evento traumático acontecesse com você? Se a resposta for negativa, você consegue parar de se culpar?
- Há algo de vergonhoso em ter sido vítima de trauma ou violência?
- Você consegue pensar em uma nova possibilidade criativa que poderia resultar desse desafio? Por exemplo, você poderia se oferecer como voluntário para ajudar outras pessoas em situações semelhantes?

Por fim, é provável que seu terapeuta lhe peça para escrever sobre o evento traumático em detalhes. Então você provavelmente será convidado a ler a história em voz alta para si mesmo, todo dia, por um período de tempo. Ao fazer isso, não tente silenciar suas emoções; pelo contrário, deixe que os sentimentos fluam. Você também pode acrescentar mais detalhes à sua história ao longo do tempo.

Alguns profissionais consideram esse relato escrito e a leitura do acontecimento traumático como uma forma de terapia de exposição. Evidências preliminares sugerem que essa parte do CPT pode funcionar tão bem quanto a exposição, que discutiremos na próxima seção. No entanto, ler repetidamente seu relato escrito do evento pode ser um pouco menos angustiante do que as estratégias de exposição mais diretas.

Expondo-se ao incidente

A terapia de exposição, como descrevemos no Capítulo 8, tem sido apoiada por mais estudos do que qualquer outra abordagem para o tratamento de TEPT. Resumindo, a *terapia de exposição* envolve o contato prolongado com o evento traumático, geralmente por meio de imagens. Por exemplo, um veterano de guerra pode ser solicitado a fazer uma extensa lista de todos os detalhes de suas experiências traumáticas de combate. Ele, então, seria convidado a listar cada detalhe e a classificá-lo em relação à quantidade de sofrimento que provoca quando ele pensa nisso.

A lista é organizada em uma hierarquia, ou o que chamamos de uma *escadaria do medo*. Começando com o degrau menos perturbador, é solicitado imaginá-lo em detalhes até que sua ansiedade e angústia diminuam de forma significativa. Então, ele passaria para o próximo degrau. Consulte o Capítulo 8 para obter mais detalhes e um exemplo específico aplicado ao TEPT.

O principal problema com essa abordagem reside no fato de que muitas vítimas de trauma realmente não querem revisitá-lo. Assim, a própria ideia de terapia desperta sentimentos de grande angústia. Para alguns, a exposição parece somar mais sofrimento a suas vidas já traumatizadas. Por esse motivo, entre outros, um grande número de vítimas de trauma não consegue buscar tratamento.

Se acha que a perspectiva de terapia de exposição parece completamente opressiva para você, considere procurar a CPT primeiro. Nem todo profissional de saúde mental recebeu formação em terapia de exposição e CPT, por isso não deixe de perguntar.

Aceitando um Certo Grau de Incerteza

O estresse emocional decorrente de traumas e violência apresenta um desafio, ainda que seja muito normal. É importante perceber que as pessoas não podem controlar as emoções que surgem a partir de tais causas. Quanto mais você consegue aceitar esse fato, mais facilmente você será capaz de lidar com a vida e tudo o que ela lhe oferecer. As duas próximas seções dão uma olhada na aceitação da incerteza e do risco.

Optando por se colocar em situações de alto risco

Algumas pessoas, como policiais, pessoal de emergência médica, soldados e bombeiros, optam por se expor ao melhor e ao pior da vida. Seus motivos são positivos: eles podem ter um forte desejo de ajudar os outros, ter um profundo sentimento de patriotismo ou querer fazer uma diferença positiva no mundo. Essas pessoas muitas vezes ficam traumatizadas pelos acontecimentos e desastres horríveis com os quais devem lidar. Uma boa porcentagem delas acaba com sintomas ou diagnóstico de TEPT.

Aqueles que compreendem e aceitam totalmente os riscos do trabalho e o fato de que eles podem vivenciar sofrimento emocional por conta da exposição ao trauma podem ser um pouco menos vulneráveis a eventos traumáticos do que aqueles que se veem como invencíveis. Paradoxalmente, quanto mais você consegue aceitar qualquer que seja sua reação, maior é a probabilidade de que você lide com elas com mais facilidade.

No entanto, aqueles que se veem como indestrutíveis podem, na verdade, optar por entrar em seus campos de atuação com um senso inflado de invulnerabilidade. Essas pessoas são mais propensas a ter dor emocional de suas experiências e a recusar ou evitar ajuda. Elas acreditam que parte de seu trabalho é lidar com o que quer que lhes aconteça. Infelizmente, elas não são imunes ao horror nem ao trauma, ainda que pensem que deveriam ser.

Se você ou alguém de quem gosta tem uma posição na linha de frente de uma área como cuidados médicos, aplicação da lei ou o exército, você corre o risco, assim como qualquer um, de desenvolver um transtorno de estresse devido à exposição a acontecimentos horríveis. Isso não faz de você fraco nem menos competente. Você deve enfrentar sua dor emocional com coragem e obter ajuda. Negá-la insensibiliza sua capacidade de continuar a ajudar os outros.

Vivenciando o perigo em lugares cotidianos

Um monte de pessoas vive vidas em que tentam ficar longe do perigo. Mas a vida acontece com elas também. As pessoas são expostas à violência em locais que antes eram considerados seguros: escolas, igrejas, sinagogas, mesquitas, parques e locais de trabalho. *A incerteza neste mundo é certa.*

A única alternativa à aceitação do risco e da incerteza é dedicar sua vida inteira a antever e evitar riscos. O problema aqui é que, ainda assim, seus esforços vão desapontá-lo. Ainda que você tente evitar o risco a todo momento, isso não vai funcionar. Até agora, não sabemos de ninguém que tenha conseguido evitar o risco final da morte.

A história a seguir ilustra sintomas típicos de TEPT após um acidente de automóvel, que é de longe o caminho mais comum para desenvolver TEPT em muitas partes do mundo.

Léo sempre pensou, como a maioria das pessoas, que um sinal verde indica que é seguro passar por um cruzamento. Ele dirigiu com essa suposição por 20 anos, sem acidentes. Um dia, a caminho do trabalho, Léo dirige por um cruzamento que ele já havia percorrido com segurança centenas de vezes antes. De repente, um utilitário passa o sinal vermelho e atinge o sedã de Léo. Ele sofre ferimentos graves. Depois de várias semanas no hospital, passa meses em reabilitação.

Quando Léo volta a dirigir, ele se vê com calafrios ao passar por interseções, com intensos sentimentos de ansiedade. Ele mal consegue ir e voltar do trabalho de carro todo dia e evita dirigir sempre que possível. Frequentemente visualiza o acidente, embora ele se esforce muito para não pensar nele. Seu corpo dói de tensão. Ele acorda no meio da noite antes de ter que dirigir e não consegue voltar a dormir; está irritável e temperamental.

O médico de Léo lhe diz que agora ele tem pressão alta e precisa reduzir o estresse. Léo se preocupa com sua preocupação, mas não sabe o que pode fazer a esse respeito. Ele acha que pode ter que tirar uma licença do trabalho. Seu supervisor está perdendo a paciência com ele. Desesperado, Léo marca outra consulta com seu médico. Dessa vez, o médico se dá ao trabalho de lhe perguntar sobre seus sintomas. Ele encaminha Léo para um psicoterapeuta especializado em trabalhar com pessoas com TEPT.

O terapeuta recomenda a terapia de exposição (consulte a seção anterior "Expondo-se ao incidente") envolvendo uma série de passos que começam com ele falando sobre o acidente e aumenta gradualmente em dificuldade até dirigir repetidamente por cruzamentos movimentados. No entanto, Léo não consegue passar dos primeiros dois passos. Ele se repreende por não progredir. Agora Léo sente raiva, não só a respeito de seu acidente, mas também de si mesmo.

O terapeuta volta um pouco e trabalha a *aceitação*. Ele ajuda Léo a ver que os sentimentos são apenas sentimentos e não algo a ser evitado. Ele ensina como permanecer em contato com suas emoções sem julgá-las. Léo gradualmente aprende a aceitar suas emoções pelo que são. Em seguida, o terapeuta trabalha com a CPT (consulte a seção "Refletindo sobre o que aconteceu"), e Léo faz um excelente progresso.

Mortes incomuns e imprevisíveis

Pense em perguntar a si mesmo como você poderia evitar esses acontecimentos desastrosos, porém impossíveis de serem previstos. Por favor, perceba que não estamos tentando ser engraçados ou fazer pouco de acontecimentos trágicos, violentos e terríveis. Nossa ideia é simplesmente que você nunca pode saber como prever ou evitar o imprevisto. Como já dissemos, a vida tem riscos.

- Um casal de férias foi deixado na Grande Barreira de Corais, próxima à costa da Austrália, quando um membro da tripulação de um barco de mergulho deixou de contar os dois depois de voltar para o barco — seus corpos nunca foram descobertos.

- Um cirurgião em Houston foi decapitado pela porta de um elevador que se fechou em sua cabeça.

- Uma mulher de 28 anos morreu ao beber água demais em um concurso promovido por uma estação de rádio.

- Um funcionário caiu dentro de um enorme tanque de chocolate quente derretido e morreu, depois de ficar inconsciente ao ser atingido por uma das pás de mistura.

- Um advogado se jogou contra uma janela de vidro para provar que ela era inquebrável; infelizmente, ele descobriu que a própria vidraça se quebrara e ele caiu do 24º andar do prédio.

- Todos os jogadores de um time de futebol da África foram instantaneamente mortos por um relâmpago ramificado.

- Um homem de 24 anos estava tentando esquentar uma lâmpada de lava no fogão da cozinha; a lâmpada explodiu com tanta força que um caco de vidro perfurou seu coração, matando-o.

- Nove pessoas foram mortas quando mais de um milhão de litros de cerveja rompeu um enorme tonel causando uma reação em cadeia que arrebentou outros tonéis de cerveja vizinhos e inundou as ruas. A inundação de cerveja encheu as casas e pubs vizinhos, afogando aqueles em seu caminho. A BBC se referiu ao evento como um tsunami de cerveja; é mais comumente conhecido como o Dilúvio de Cerveja de Londres de 1814.

- Se você acha que o Dilúvio de Cerveja de Londres é ruim, há sempre a tragédia do Melado de Boston. Em 1919, 2,3 milhões de galões de melado arrebentaram um tanque de armazenagem e enviaram uma onda de melado de, aproximadamente, 4 a 6 metros de altura, destruindo casas e prédios e prendendo as pessoas na gosma doce. Vinte pessoas morreram e cerca de 150 ficaram feridas. Meses depois, grumos de melado ainda estavam agarrados às portas, calçadas e ruas.

Parte V
Ajudando Outros com Ansiedade

"Quando sei que ele teve um dia duro, sempre coloco umas gotas de lavanda no controle remoto da TV antes de ele chegar em casa."

Nesta parte...

Se alguém de quem você gosta tem ansiedade e preocupação, você naturalmente deseja ajudar. Nesta parte, detalhamos o que você pode fazer. Primeiro, nós o ajudamos a descobrir se o seu ente querido sofre de ansiedade e, então, mostramos-lhe como falar sobre isso. Também fornecemos estratégias para trabalhar o problema em conjunto.

As crianças de hoje parecem mais ansiosas do que nunca, em relação a medos reais e imaginários. Nós o ajudamos a distinguir entre medos infantis normais e anormais. No último capítulo dessa parte, você descobre como prevenir o desenvolvimento de medos anormais em seus filhos e o que fazer se eles tiverem muita ansiedade. Concluímos aconselhando-o sobre quando procurar ajuda profissional e lhe dizendo o que esperar caso procure.

Capítulo 18

Quando um Familiar ou Amigo Sofre de Ansiedade

Neste Capítulo

▶ Descobrindo se seu parceiro ou um amigo tem ansiedade
▶ Informando sobre a ansiedade
▶ Orientando seu conhecimento sobre ansiedade
▶ Trabalhando juntos para combater a ansiedade
▶ Aceitando seu amigo ou membro da família ansioso

Talvez seu amigo, companheiro ou parente se irrite facilmente, evite sair com você ou, muitas vezes, pareça distante e preocupado. É possível que se mostre muito preocupado com doença, dinheiro ou segurança. Talvez ele evite a intimidade física. Pode sair antes de festas, shows e eventos desportivos sem motivo aparente.

Você facilmente poderia levar o comportamento dele para o lado pessoal. Pode pensar que ele não gosta de você, não se importa ou que está com raiva de você. Se esses comportamentos representam uma mudança recente, é difícil saber ao certo o que está acontecendo. Mas pode ser que seu amigo ou parceiro, na verdade, sofra de ansiedade.

Este capítulo o ajuda a descobrir se alguém de quem gosta sofre de ansiedade. Nós também o ajudamos a se comunicar de forma eficaz com um ente querido que tem ansiedade. Com o estilo correto de comunicação, você pode ser capaz de negociar um novo papel — o de um treinador útil, em vez de provocar sentimentos de raiva e ressentimento. Também pode juntar forças para combater a ansiedade ao encontrar formas de simplificar a vida, se divertir e relaxar juntos. Por fim, vamos explicar como a simples aceitação da ansiedade e das limitações de seu parceiro leva a um relacionamento melhor e, surpreendentemente, a menos ansiedade.

Por conveniência e clareza neste capítulo, usamos na maioria das vezes o termo "ente querido" para se referir a qualquer parceiro, amigo ou parente com quem você possa estar preocupado.

Descobrindo se Seu Ente Querido Sofre de Ansiedade

Pessoas que vivem juntas às vezes não se conhecem tão bem quanto pensam. A maioria das pessoas tenta parecer e agir tão bem ajustadas quanto podem, porque não é fácil revelar as fraquezas, limitações e vulnerabilidades. Por que as pessoas escondem seus sentimentos de ansiedade? Dois grandes motivos para escondê-los incluem:

- **Medo**: Revelar sentimentos negativos pode ser embaraçoso, principalmente para alguém com um transtorno de ansiedade. Muitas vezes as pessoas temem a rejeição ou o ridículo, mesmo que essa autorrevelação costume aproximar as pessoas.
- **Criação:** As crianças podem ter sido ensinadas pelos pais a reprimir ou negar os sentimentos. Elas podem ter ouvido: "Não seja um bebê" ou "Meninos não choram". Quando ensinadas a esconder os sentimentos, as pessoas crescem mantendo as preocupações para si mesmas.

Então, como você sabe realmente se seu ente querido tem um problema de ansiedade? É importante saber isso? Nós achamos que sim. Entender se seu parceiro está vivenciando ansiedade promove uma comunicação melhor e facilita a proximidade.

A seguinte lista de indicações pode ajudá-lo a discernir se seu parceiro sofre de ansiedade. Pergunte a si mesmo se o seu parceiro:

- Parece inquieto e tenso
- Evita situações por motivos aparentemente bobos
- Rumina sobre catástrofes futuras
- Parece não conseguir jogar nada fora nunca
- Está relutante em sair de casa
- Passa enormes períodos de tempo organizando as coisas
- Tem problemas para dormir ou manter o sono
- Tem dificuldades para se concentrar
- Tem pesadelos frequentes

Capítulo 18: Quando um Familiar ou Amigo Sofre de Ansiedade

- ✔ Evita situações ou lugares que lembram um evento traumático passado
- ✔ É atormentado com dúvidas em relação a si mesmo
- ✔ Tem episódios de tremores e de angústia perceptíveis
- ✔ Está constantemente em estado de alerta para perigos
- ✔ Parece extraordinariamente sensível em relação a críticas
- ✔ Parece atormentado por superstições excessivas
- ✔ Está demasiadamente preocupado com germes, contaminação ou sujeira
- ✔ Parece extraordinariamente preocupado com a saúde
- ✔ Tem surtos frequentes e inexplicáveis de náusea, tontura ou dores
- ✔ Checa toda hora se as portas estão trancadas ou se a cafeteira está desligada
- ✔ Preocupa-se com tudo constantemente
- ✔ Parece aterrorizado por qualquer coisa específica, como insetos, cachorros, dirigir veículos, tempestades com trovões e assim por diante
- ✔ Reage com irritação ao ser pressionado para comparecer a eventos sociais, tais como festas, casamentos, reuniões, atividades do bairro ou em qualquer lugar onde se pode encontrar estranhos (a resistência poderia ser por conta de uma simples antipatia pela atividade, mas considere cuidadosamente se a ansiedade pode estar na raiz do problema)

Alguns dos sintomas da lista anterior (em especial irritabilidade, falta de concentração, sono de má qualidade e dúvidas a respeito de si mesmo) também podem indicar depressão, que é uma condição séria que costuma incluir a perda de interesse em atividades antes consideradas prazerosas, alterações no apetite e humor deprimido. Consulte o Capítulo 2 para obter mais informações sobre depressão. Se seu ente querido parece deprimido, fale com ele e, depois, consulte um profissional de saúde mental ou o médico da família.

Agora, se você respondeu sim a qualquer uma das perguntas da lista anterior (e seu parceiro não parece particularmente deprimido), não recomendamos que aborde seu ente querido e diga: "Olhe essa lista — você está maluco! Eu sabia". Isso seria uma péssima ideia.

Em vez disso, pense em fazer algumas perguntas a seu ente querido. Isso definitivamente não deve acontecer logo após um conflito nem discussão. Possíveis perguntas que podem ser feitas incluem:

Parte V: Ajudando Outros com Ansiedade

✔ Qual o maior estresse em sua vida ultimamente?
✔ O que mais o preocupa?
✔ Às vezes, quando vou a eventos como esse, me sinto ansioso. Fico me perguntando como você se sente em ir?
✔ Como você estava se sentindo quando saímos da festa?
✔ Como você se sente a respeito desse problema?
✔ Percebi que você tem tido problemas para dormir ultimamente. O que se passa em sua mente?

Tente fazer com que suas perguntas sejam o mais inofensivas e seguras possível para serem respondidas. Além disso, tente fazer perguntas cuja resposta não seja um simples sim ou não. Por exemplo, se você perguntar à sua parceira se ela está ansiosa, ela pode responder com um simples "Não", e aí a discussão acabou. Mas se perguntar quais são suas preocupações, você poderá obter uma resposta mais completa. Finalmente, perguntar "o quê" ou "como" funciona melhor do que perguntar "por que" alguém está se sentindo ansioso — muitas vezes as pessoas não conseguem responder "por que" se sentem do jeito que aparentam.

Nossa lista de perguntas para você sobre a ansiedade de seu ente querido e aquelas a serem feitas para ele abre a porta para que ambos se comuniquem sobre a ansiedade. Depois que você puxar o assunto e confirmar que aquele com quem você se importa luta com a ansiedade, você pode construir um plano. Mas você precisa saber como manter a conversa.

Conversando Juntos sobre a Ansiedade

Nem sempre é fácil falar sobre a vulnerabilidade de um ente querido. Ter algumas ideias em mente pode ajudar. Por exemplo, se você perceber que a conversa está se transformando em uma discussão, não é útil. Afaste-se. Seu ente querido pode não estar pronto para enfrentar o problema. Se assim for, você deve verificar a seção "Aceitando a Ansiedade com Amor", mais adiante neste capítulo.

Nem todos os casais se comunicam facilmente sobre assuntos difíceis, sem discutir. Se for esse o caso de vocês dois, sugerimos aconselhamento de casais — ler algumas páginas sobre como conversar não vai resolver os problemas fundamentais de comunicação. Mas se você é capaz de conversar sobre a ansiedade sem sentir uma falha de comunicação, temos algumas diretrizes gerais para você nas seções seguintes.

Se seu ente querido tem um problema com a ansiedade, você pode estar se sentindo estranhamente ambivalente em relação à ajuda. Às vezes, esses sentimentos confusos vêm do fato de que ver um parceiro melhorar pode perturbar o equilíbrio do poder em um relacionamento. Se você prefere ser o chefe em seu relacionamento, pode se sentir desconfortável ao ver seu parceiro melhorar e se igualar mais a você. Se perceber essa dificuldade em si mesmo, sugerimos que você busque aconselhamento de casais. É provável que você descubra que uma relação mais balanceada é melhor do que sua mente inconsciente pensa.

Ajudando sem se responsabilizar pelo fardo

A ordem do dia em uma discussão sobre a ansiedade de seu parceiro é mostrar preocupação empática. Isso significa colocar-se no lugar dele e ver o mundo através de seus olhos. Então, você pode tentar entender a origem da preocupação.

No entanto, expressar empatia e preocupação não significa que você precisa resolver o problema, pois não conseguiria. Você pode ser capaz de ajudar, como mostramos na seção "Indicando o Caminho", mais adiante neste capítulo, mas você não controla as emoções de outras pessoas — elas as controlam.

É importante perceber que quem ajuda não possui responsabilidade de fazer com que a mudança aconteça. Caso contrário, é provável que você fique frustrado e irritado se e quando os esforços para mudar paralisarem. Frustração e raiva só tornam mais difícil a superação da ansiedade.

Evitando a culpa

Assim como você não quer se culpar ao se responsabilizar pelo problema quando seu parceiro fica ansioso, é igualmente importante evitar culpá-lo. Seu ente querido desenvolveu ansiedade por todas as razões que listamos nos Capítulos 3 e 4. Ninguém pede para ter um transtorno de ansiedade; não há quem queira um e mudar é difícil.

As pessoas às vezes ficam chateadas quando tentam ajudar e a reação que obtêm consiste em resistência e falta de gratidão. Mas seu ente querido pode resistir à sua ajuda porque a ansiedade é como um hábito antigo. Pode fazer você se sentir mal, mas pelo menos é familiar. Quando você começa a trabalhar na redução da ansiedade, esta costuma aumentar antes de melhorar.

Portanto, faça todos os esforços para evitar a culpa e seja paciente. O sucesso e o fracasso não dependem de você. Você quer ajudar, mas se a mudança não acontecer, isso não tem nada a ver com você.

Quando a ajuda prejudica

Pessoas com ansiedade procuram desesperadamente maneiras de aliviar sua angústia e uma das mais comuns é pedir por uma tranquilização. Se é o seu parceiro quem tem ansiedade, é claro que você quer ajudar tranquilizando-o. Por exemplo, pessoas que têm um grande medo de doença costumam perguntar a seus cônjuges se elas parecem bem ou se estão ficando com febre. Infelizmente, tranquilizar seu parceiro faz com que a ansiedade aumente ao longo do tempo.

Como algo projetado para aliviar a ansiedade pode aumentá-la ainda mais? Bem, a redução imediata da ansiedade gratifica ou reforça o ato de procurar ajuda. Assim, dar tranquilidade ensina o receptor a procurar respostas em outro lugar, em vez de depender de seu próprio bom senso. Tanto a dependência quanto a ansiedade aumentam por meio disso.

O pedido de tranquilização pode assumir muitas formas. Às vezes, é difícil de detectar. Na Tabela 18-1, nós lhe damos alguns exemplos de solicitação de tranquilização e formas alternativas de lidar com eles. A primeira coluna contém uma breve descrição da base para o medo ou a ansiedade e do pedido de tranquilização e a segunda dá uma resposta alternativa para oferecer segurança.

Tabela 18-1   Respondendo a pedidos de tranquilização

Maneiras pelas quais Seu Ente Querido Pode Buscar Tranquilização	Novas Maneiras de Responder
Alguém com transtorno de ansiedade generalizada pode estar preocupado em se atrasar e pergunta: "Você acha que vamos chegar na hora?" ou "Quando vamos chegar lá?" ou "Você acha que deixamos tempo suficiente para o tráfego?"	"Não dá para saber" ou "Eu não consigo prever o futuro"
Uma pessoa com transtorno obsessivo-compulsivo (TOC) que se preocupa em trancar as portas pergunta: "Você acha que tranquei as portas?" ou "Você pode checar se tranquei as portas?"	"Checar se as portas estão trancadas não vai ajudá-lo, então não vou responder"
Um ente querido com TOC que se preocupa com contaminação pergunta: "Você acha que é seguro usar esse banheiro?"	"Nós conversamos sobre o fato de que não posso responder a perguntas como essa"
Um ente querido com agorafobia pergunta: "Você acha que eu vou dar conta de ir ao jogo com você?"	"Não sei; acho que vamos ter que tentar e descobrir"
Alguém com medo de voar pergunta: "Você acha que o tempo vai estar bom para esse voo?"	"Puxa, é muito difícil prever o tempo"

Capítulo 18: Quando um Familiar ou Amigo Sofre de Ansiedade

Maneiras pelas quais Seu Ente Querido Pode Buscar Tranquilização	Novas Maneiras de Responder
Uma pessoa que tem ansiedade social pergunta: "Você vai se certificar de que eu saiba os nomes de todo mundo lá?"	"Bem, posso não saber todos os nomes e nem sempre consigo me lembrar deles. Você pode sempre dizer às pessoas que esqueceu o nome delas"
Um ente querido que se preocupa em adoecer pergunta: "Você acha que posso estar ficando doente?"	"Realmente não sei. Conversamos sobre eu deixar você lidar com essa preocupação"

Se você tem o hábito de dar ao seu parceiro grandes e frequentes doses de tranquilização, não pare de repente sem primeiro discutir a questão. Caso contrário, é provável que seu parceiro ache que você parou de se importar. Você precisa informar seu parceiro e chegar a um acordo de que é uma boa ideia eliminar a tranquilização desnecessária. Então, concorde que você o tranquilizará uma vez quanto a uma preocupação qualquer, mas quando perguntado repetidamente, você simplesmente vai sorrir e dizer: "nós concordamos que eu não posso responder isso".

O relato a seguir demonstra como a tranquilização pode agravar a ansiedade e como as respostas alternativas podem ajudar. No início, Jaime faz com que Roberto se sinta excessivamente responsável por sua insegurança e ansiedade. Roberto fornece cada vez mais tranquilização e Jaime está cada vez pior. O psicólogo sugere uma nova resposta.

> **Jaime** e **Roberto** vivem juntos há três anos. Sendo ambos alunos de pós-graduação, eles levam vidas ocupadas. Ultimamente, porém, Jaime parou de participar de eventos sociais, se queixando de fadiga. Roberto se vê indo sozinho e sente falta da companhia de Jaime.
>
> Roberto recebe um anúncio de que, esse ano, ele receberá o Prêmio de Dissertação do Ano do Departamento. Claro, ele quer que Jaime vá, mas este tem medo de sentar-se sozinho e sentir-se preso. Roberto assegura a Jaime de que o auditório é seguro e que ele poderá sair se precisar, se sentando no corredor. Jaime ainda resiste, então Roberto sugere que eles levem Bruna, uma grande amiga de ambos, para acompanhá-lo.
>
> Finalmente, depois de muita persuasão e tranquilização, Jaime concorda em ir ao evento. Ele passa o tempo na plateia agarrado a Bruna. Ele se sente momentaneamente confortado pela presença de Bruna e se assegura de que tudo ficará bem. Mas ele acredita que não teria conseguido chegar ao fim da cerimônia de premiação se ela não estivesse lá para segurar sua mão.

A cada passeio novo que surge, parece que Jaime exige mais tranquilização e atenção. Jaime se afasta, tornando-se mais isolado e sua ansiedade aumenta.

Então, finalmente, Jaime consulta um psicólogo que sugere recrutar os amigos de Jaime para ajudar. Ele lhes pede para fornecer a Jaime novas respostas alternativas à sua busca por tranquilização. No próximo evento, Roberto insiste que Jaime vá sozinho. Quando Jaime pergunta a Roberto "você acha que eu vou desmoronar?", Roberto lhe diz: "você só tem que tentar e descobrir".

Inicialmente, Roberto caiu na armadilha de não ser apenas empático, mas também de se responsabilizar pelo problema de Jaime. Sua "ajuda" só serviu para aumentar a dependência de Jaime. Este acaba aprendendo a confiar em seus próprios recursos e se sente fortalecido ao fazê-lo.

Infelizmente, quando você se responsabiliza pelo problema de seu parceiro, ao dar tranquilização demais e ajuda excessiva, geralmente só piora as coisas. A dependência, evitação e ansiedade se aprofundam. É uma questão de equilíbrio. Dê a ajuda realmente necessária e mostre preocupação real, mas evite ir longe demais.

Indicando o Caminho

Supondo que tenha tido uma discussão saudável com seu parceiro sobre seu problema de ansiedade, você pode ser capaz de ajudar ainda mais. Mas, antes, dê uma olhada em si mesmo. Se você também luta contra a ansiedade, faça tudo o que puder por si mesmo antes de tentar combater a ansiedade de seu parceiro.

Depois de cuidar de sua própria ansiedade, você pode pensar em orientar (ou coach) seu parceiro a superar a dele. Um orientador ou coach é um guia que incentiva, corrige e apoia. Parte do trabalho de um orientador exige servir como exemplo de como lidar com o estresse e a preocupação. Você não consegue fazer um bom trabalho como modelo se está tremendo nas bases.

Os coaches podem ajudar a realizar uma das formas mais eficazes de superação da ansiedade: a exposição gradual. A *exposição* envolve dividir qualquer medo em pequenos passos e encarar esse medo um passo de cada vez. Se qualquer passo cria muita ansiedade, o coach pode ajudar a encontrar formas de quebrar a tarefa em pedaços menores. As seções seguintes oferecem pontos para ter em mente quando você estiver ajudando um ente querido a superar sua ansiedade.

Com exceção dos casos mais leves de ansiedade, um profissional deve supervisionar o processo de coaching. Certifique-se de ler o Capítulo 8 para saber de detalhes importantes sobre a exposição antes de tentar ajudar seu parceiro a realizar um plano de exposição. Se seu parceiro resistir ou discutir

Capítulo 18: Quando um Familiar ou Amigo Sofre de Ansiedade

com você, consulte um profissional. Claro que você quer ajudar, mas não vale a pena prejudicar seu relacionamento para fazê-lo.

Orientadores profissionais surgiram em grande número na última década. A formação e experiência dessas pessoas variam muito. Você pode querer usar uma delas para ajudar a levar a cabo um plano de exposição, mas não quer uma que diagnostique um transtorno de ansiedade ou projete um plano de tratamento do início ao fim. A única exceção a essa regra de ouro é um orientador que também seja um profissional de saúde mental.

Orientando o caminho certo

Então, exatamente como é que um coach ajuda um ente querido que tem problemas com ansiedade? Na maioria dos casos, os coaches ajudam aqueles com quem se preocupam a realizar tarefas de exposição. Em outros casos, os orientadores simplesmente fornecem incentivo e apoio nos bastidores. Nossa discussão aqui focaliza o primeiro papel.

Geralmente, sua participação no coaching viria primeiro como uma sugestão do terapeuta que trabalha com seu ente querido. No entanto, você mesmo pode trazer a possibilidade. Em ambos os casos, você só desejará trabalhar como orientador se seu parceiro expressar claramente vontade de ter sua ajuda.

O coaching não vai funcionar se seu parceiro não se sentir pronto para enfrentar sua ansiedade. O mesmo acontecerá se a pessoa amada não quiser seu envolvimento. Na verdade, o esforço poderia facilmente prejudicar seu relacionamento se você forçar demais sua ajuda.

Nem todo mundo está talhado para ser um orientador. O coaching requer paciência significativa, compaixão e tempo. Se você não tem essas coisas em abundância, não concorde em ser coach. Talvez você possa ajudar seu ente querido de outras maneiras, como assumir algumas tarefas domésticas extras ou simplesmente ser um espectador interessado e encorajador.

Supondo que tenha escolhido aceitar o cargo, o coaching exige que você tome as seguintes ações para ser o melhor coach que puder:

- **Defina seu papel:** Chegue a um entendimento claro sobre o tipo e a quantidade de contribuição que seu ente querido e o terapeuta dele desejam. Eles querem que você esteja envolvido no planejamento? De que forma? Pergunte se eles querem que você simplesmente observe as atividades de exposição ou encoraje ativamente a realização das tarefas envolvidas nela. Certifique-se de que eles sejam específicos sobre o que querem que você faça. Por exemplo, pergunte se você deve estar ao lado de seu parceiro, segurar sua mão ou ficar a poucos metros de distância durante as tarefas de exposição.

- **Incentive mantendo as emoções sob controle:** Como você se preocupa tanto, é muito fácil deixar suas emoções guiarem seu comportamento enquanto orienta. Você quer incentivar, mas faça-o com cuidado e calma. Tenha cuidado para não:
    - Forçar demais. Se seu parceiro diz que "basta", é "basta".
    - Tornar-se muito entusiasmado com o progresso. Seu parceiro pode sentir isso como uma pressão.
    - Ficar irritado ou discutir. Lembre-se de aceitar o que quer que seu parceiro seja capaz de fazer.
    - Ficar triste ou desanimado.
    - Sentir-se excessivamente envolvido com o processo.
    - Começar a perder o sono.

Se o processo de coaching faz com que você se torne emotivo ou chateado demais, afaste-se. Você pode não ser a pessoa certa para esse trabalho. Isso não significa que você não se importa; na verdade, você pode simplesmente se importar demais para ser um bom orientador.

- **Evite o excesso de responsabilidade:** Seu ente querido deve desenvolver um plano de exposição, geralmente em conjunto com um terapeuta. Você pode ajudar aquele com quem você se preocupa a desenvolver alguns detalhes do plano, mas não assuma a responsabilidade total pela concepção de uma hierarquia de exposição. As pessoas que têm problemas com ansiedade muitas vezes se sentem inseguras e pedem ajuda e tranquilização em excesso. Não seja dominado pela insegurança de seu ente querido.

- **Atenha-se ao plano:** Resista à tentação de improvisar. Depois que um plano estiver em vigor, atenha-se a ele. Se mudanças precisam ser feitas, consulte seu ente querido ou peça que ele discuta isso com seu terapeuta. Não acrescente surpresas.

- **Permaneça positivo:** Os orientadores precisam evitar críticas e julgamento. Seu ente querido não será estimulado por comentários negativos vindos de você. As pessoas se esforçam para obter elogios e ficam imobilizadas e na defensiva em resposta às críticas. Evite dizer qualquer coisa como: "Você *deve* ser capaz de fazer isso" ou "Você não está se esforçando o bastante".

- **Mantenha expectativas realistas:** Depois que o plano estiver em vigor, espere que seu parceiro tenha altos e baixos. Alguns dias serão melhores que outros. Pequenos passos acabam levando você muito longe. Mas você deve sempre lembrar que a determinação de como o plano se desenrola não é de sua alçada.

- **Execute a estratégia:** Depois que um plano de exposição tiver sido desenvolvido, o próximo passo será começar com tarefas relativamente fáceis. Um bom orientador fornece apoio e feedback. Além disso, o orientador pode servir de modelo, recompensar e concentrar a atenção. Eis algumas dicas adicionais:

Capítulo 18: Quando um Familiar ou Amigo Sofre de Ansiedade

- Antes de pedir a seu ente querido para dar um passo, veja se ele quer que você sirva de modelo para a tarefa. Caso ele concorde, é bom que você demonstre um pouco de ansiedade, caso a sinta.
- Treine antes passar pelas etapas com imagens. Em outras palavras, descreva a cena em detalhes e peça que seu ente querido imagine-a primeiro. Não a realize na vida real até que seu parceiro se sinta mais confortável com as imagens. Você também pode consultar o Capítulo 8 para obter detalhes sobre como usar sua imaginação através da exposição.
- Estabeleça certas recompensas para o sucesso dentro de alguns intervalos ao longo da hierarquia. Faça algo que vocês possam desfrutar juntos. Você também pode fazer algum elogio honesto pelo sucesso, basta certificar-se de não soar paternalista nem condescendente.
- Se a pessoa de quem gosta parece ansiosa, em qualquer etapa, mas não se sente oprimida, incentive-a a permanecer nessa etapa até que a ansiedade diminua em 50 por cento. Obviamente, não insista, apenas incentive. Relembre seu parceiro que a ansiedade diminui com tempo suficiente.

Observando um orientador em ação

Orientar alguém de quem se gosta pode parecer sufocante. O exemplo a seguir sobre Daniel e Rose ajuda a ver como um casal lidou com um caso leve de ansiedade com a ajuda de uma boa estratégia.

Daniel e **Rose** já namoram há mais de um ano. Durante todo esse tempo, eles nunca foram ao cinema juntos, porque Rose luta contra um caso brando de agorafobia. Embora ela seja capaz de ir à maioria dos lugares e fazer o que precisa, teme ir a qualquer lugar que a faça se sentir presa, especialmente cinemas. Ela fantasia que vai precisar sair, mas não vai conseguir achar uma saída por causa da multidão e da escuridão. Ela imagina que vai tropeçar nas pessoas, cairá de cara e rastejará desesperadamente pelo cinema escuro.

Daniel percebe que Rose dá uma desculpa atrás da outra para evitar ir ao cinema, mesmo que ela goste de assistir aos filmes na televisão. Gentilmente, ele pergunta a Rose: "algumas coisas me deixam um pouco ansioso — tráfego pesado ou grandes multidões — o que a deixa ansiosa?". Rose confessa que os cinemas lotados fazem-na se sentir enclausurada e presa.

Vários dias depois, Daniel vê uma cópia de *Controlando a Ansiedade Para Leigos*, Tradução da 2ª Edição, em uma livraria e compra, com Rose em mente. Ele começa a ler, com especial atenção no Capítulo 8, sobre exposição. Daniel e Rose têm uma discussão produtiva sobre as preocupações dela e decidem enfrentá-las. Daniel se oferece como voluntário para ser seu coach.

Primeiro, eles elaboram juntos uma escada do medo, que divide a situação temida em pequenos passos (veja mais sobre a escada do medo no Capítulo 8). A escada de medo de Rose consiste nos 12 passos mostrados na Figura 18-1.

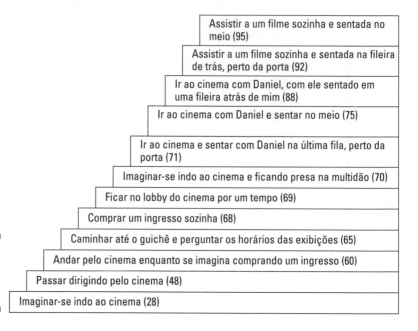

Figura 18-1:
A escada do medo de Rose.

Daniel desempenha um papel na maioria das tarefas de Rose. Ele a ajuda a escrever um roteiro para as cenas imaginadas, o lê em voz alta para Rose, enquanto ela fecha os olhos e tenta visualizar as experiências. Ela classifica seu nível de ansiedade e, durante os primeiros passos, ele fica com ela até que sua ansiedade diminua.

Ele não só a acompanha ao cinema como também comemora seus sucessos e a incentiva quando ela começa a vacilar. Ele segura sua mão durante os itens mais fáceis e dá menos apoio ao se aproximarem do fim. Gradualmente, Rose sente menos ansiedade quando assiste a filmes com Daniel.

É preciso assistir a uma série de filmes com Daniel antes que ela concorde com as tarefas finais de ir sozinha ao cinema. Na verdade, eles começam a desfrutar as noites no cinema e descobrem que os dois adoram falar sobre suas experiências depois, enquanto tomam café com sobremesa. Embora Rose evite ir ao cinema sozinha, seu nível de conforto aumentou ao longo dos últimos meses.

Rose e Daniel vão de carro juntos para o cinema em seus dois últimos itens, mas ele escolhe um filme que está passando em um cinema diferente. Embora Rose sinta-se assustada, ela persiste. Ela se sente bem com sua proeza e os dois tornam-se mais íntimos.

O medo de cinema de Rose ainda não havia atingido o nível de interferir gravemente em sua vida. Portanto, um plano de exposição relativamente simples foi uma boa escolha. Se Rose não tivesse lidado com seu medo nessa fase inicial, é provável que ele tivesse passado de medo de cinemas para medo de outros lugares lotados.

A maioria das pessoas com medos, obsessões ou compulsões precisa desenvolver um plano com a ajuda de um terapeuta. No entanto, o exemplo de Rose e Daniel pode servir como uma ilustração de como um plano simples pode ser executado sem um terapeuta.

Juntando Forças Contra a Ansiedade

Uma maneira pela qual você pode ajudar seu parceiro a superar a ansiedade é colaborar em modos de diminuir o estresse nas vidas de vocês dois. Com um pouco de criatividade, você pode explorar diversas soluções que provavelmente vão fazer com que vocês dois se sintam bem mesmo que você não sofra de ansiedade. Por exemplo:

- **Faça um curso de gerenciamento de estresse em um centro local de educação continuada de adultos.** Esses cursos ajudam as pessoas a fazerem mudanças no estilo de vida e a estabelecer metas. Muitas das ideias tornam a vida mais divertida e interessante, além de reduzir o estresse.

- **Faça caminhadas regulares com seu parceiro.** É uma ótima maneira de reduzir o estresse, mas mesmo que você não tenha muito estresse, passear sob o céu juntos é um momento maravilhoso para conversar e é ótimo para sua saúde.

- **Façam juntos uma aula de ioga, pilates ou de tai chi.** Mais uma vez, mesmo que você não tenha ansiedade, essas aulas são ótimas para o equilíbrio, força muscular, flexibilidade e saúde geral.

- **Explorem juntos a espiritualidade.** Você pode optar por frequentar uma igreja, uma sinagoga ou uma mesquita ou se informar sobre um método menos tradicional de comungar com um poder superior, como se dedicar à natureza. Pensar em coisas maiores do que si mesmos ou que os eventos mundanos oferecem uma perspectiva pacífica.

- **Procure maneiras criativas de simplificar suas vidas conjuntas.** Pense em procurar ajuda com as tarefas domésticas se vocês dois trabalham. Analise cuidadosamente o modo como você passa o tempo. Certifique-se de que seu tempo reflita suas prioridades. Consulte o Capítulo 10 para ter mais ideias.

Parte V: Ajudando Outros com Ansiedade

- **Faça alguma coisa boa.** Pense em se oferecer como voluntário em uma causa ou instituição de caridade que valha a pena. Muitas pessoas acham que esse trabalho intensifica o significado e a finalidade de suas vidas. Busque abrigos de animais, bancos de alimentos, hospitais e escolas como possibilidades. Mesmo uma hora a cada duas semanas pode fazer uma diferença positiva.
- **Dê uma escapada.** Tire férias. Você não precisa gastar muito dinheiro. Se não tem tempo para umas férias longas, saia para uma noite eventual em um hotel local. Afastar-se de mensagens de texto, telefones, e-mails, campanhas e outras tarefas e exigências intermináveis, mesmo que por uma noite, pode ajudar a revitalizar vocês dois.

Aceitando a Ansiedade com Amor

Pode parecer um pouco contraditório, mas aceitar a batalha de seu ente querido com ansiedade é uma das atitudes mais úteis que você pode tomar. A aceitação, paradoxalmente, é o alicerce para a mudança. Em outras palavras, sempre que discutir a ansiedade de seu ente querido ou se envolver em qualquer esforço para ajudar, você precisa estimar e amar todos os pontos fortes e fracos de seu parceiro.

Você se apaixonou pelo pacote todo — não apenas pela parte boa. Afinal, você não é perfeito, nem seu ente querido. Você não iria querer a perfeição, se a tivesse. Se as pessoas perfeitas existissem, só podemos imaginar que elas seriam muito chatas. Além disso, estudos mostram que as pessoas que tentam mais frequentemente ser perfeitas tornam-se deprimidas, ansiosas e angustiadas.

Portanto, em vez de esperar perfeição, aceite seu ente querido como ele é. Você precisa aceitar e adotar tanto a possibilidade de uma mudança produtiva quanto a de que seu parceiro pode permanecer paralisado. Aceitar seu parceiro é especialmente importante quando seus esforços para ajudar:

- Resultam em discussões
- Parecem ineficazes
- Não são bem recebidos por seu parceiro
- Parecem apenas aumentar a ansiedade de seu parceiro, mesmo após várias tentativas de exposição

O que a aceitação faz? Mais do que você pode pensar. A aceitação permite que você e seu ente querido se unam e fiquem mais próximos, porque ela evita colocar pressão sobre a pessoa de quem gosta. Expectativas intensas só servem para aumentar a ansiedade e a resistência à mudança.

Capítulo 18: Quando um Familiar ou Amigo Sofre de Ansiedade

A aceitação transmite a mensagem que você vai amar seu parceiro aconteça o que acontecer. Você vai se importar mesmo se seu parceiro continuar o mesmo ou conseguir fazer mudanças. Essa mensagem liberta seu ente querido para:

- ✓ Arriscar-se
- ✓ Cometer erros
- ✓ Sentir-se vulnerável
- ✓ Sentir-se amado

A mudança exige uma tomada de risco, vulnerabilidade e erros. Quando as pessoas sentem que podem dar mancadas, parecer bobas, chorar ou fracassar miseravelmente com segurança, elas conseguem arriscar. Pense nisso. Quando você se arrisca ou tenta coisas novas? Provavelmente não com uma plateia especialmente crítica por perto.

Desistir da ansiedade e do medo exige uma coragem tremenda para enfrentar os riscos envolvidos. Deixar de lado sua necessidade de ver seu parceiro mudar ajuda a estimular a coragem necessária. Deixar sua necessidade de lado inclui desistir de seu ego. Em outras palavras, isso não é sobre você.

Quando você assume um papel de ajudante, isso não significa que seu valor está em risco. Claro, você quer fazer o melhor possível, mas não pode forçar os outros a mudar. Seu ente querido, em última análise, deve assumir a responsabilidade.

Capítulo 19

Reconhecendo a Ansiedade em Crianças

Neste Capítulo

▶ Vendo o que está deixando as crianças tão assustadas
▶ Sabendo quando se preocupar com a ansiedade de seus filhos
▶ Reconhecendo as ansiedades habituais da infância
▶ Analisando os transtornos de ansiedade mais comuns entre as crianças

Muitos adultos podem se lembrar da infância como sendo uma época de liberdade, exploração e diversão. Há nem tantos anos, as crianças andavam de bicicleta na rua e brincavam do lado de fora até o anoitecer. Elas iam a pé para a escola — com outras crianças.

Agora, os pais ansiosos esperam com seus filhos nos pontos de ônibus até que eles estejam entregues em segurança. Os pais raramente permitem que as crianças saiam de casa sem a supervisão de adultos, pois estão preocupados com agressores, sequestradores e violência. Eles se sentem compreensivelmente protetores. No entanto, a ansiedade passa dos pais para os filhos. Não admira que muitas crianças se sintam ansiosas.

Um pouco de ansiedade é normal em certas idades. Neste capítulo, você descobre a diferença entre a ansiedade normal e a problemática em crianças. Explicamos que alguns medos da infância são completamente normais, enquanto outros exigem intervenção. Em seguida, damos uma olhada nos sintomas de transtornos de ansiedade em crianças (dedicamos o Capítulo 20 às maneiras pelas quais você pode aliviar a ansiedade de seu filho; se você está preocupado com uma criança em particular, pedimos que você procure um diagnóstico e tratamento profissional).

Separando o Normal do Anormal

A ansiedade na infância cresceu em proporções epidêmicas durante os últimos 40 a 50 anos. Numerosos estudos confirmam esse desenvolvimento alarmante, mas um em particular é pior. A psicóloga Jean Twenge comparou os sintomas de ansiedade em crianças de hoje com sintomas de crianças seriamente perturbadas em tratamento hospitalar em 1957. Ela relatou no *Journal of Personality and Social Psychology* (dezembro de 2000) que meninos e meninas de hoje apresentam um maior número de sintomas de ansiedade que as crianças de internação psiquiátrica em 1957.

Essas conclusões deveriam alarmar? Achamos que sim. As estatísticas são ruins o bastante por si mesmas, mas quando você considera o fato de que transtornos de ansiedade frequentemente precedem o desenvolvimento de depressão, elas levantam preocupações de que as consequências da ansiedade na infância podem piorar nos próximos anos.

O que está acontecendo então? Por que nossas crianças vivenciam desordens emocionais? É claro que todos nós sabemos das complexidades e tensões do mundo de hoje — mais horas de trabalho, tecnologias em rápido desenvolvimento, a violência na televisão e até mesmo terrorismo. Também suspeitamos que certos tipos de cuidados parentais têm responsabilidade, como discutiremos no Capítulo 20.

Por ora, o que você, como pai, precisa saber é como distinguir as ansiedades normais da infância do sofrimento anormal. Perceba que a grande maioria das crianças se sente ansiosa em vários momentos de uma forma ou de outra. Afinal, uma das principais tarefas da infância é descobrir como superar os temores que a vida cria para todos. A solução bem-sucedida desses medos costuma resultar em um bom ajuste emocional. Você só precisa saber se os medos de seus filhos representam o desenvolvimento normal ou um estado mental mais sinistro que requer ajuda. Olhe a Tabela 19-1 para ter uma ideia da ansiedade que você pode esperar que seus filhos experimentem em um momento ou outro durante sua juventude.

Tabela 19-1 Seu Filho Tem um Problema de Ansiedade?

Problema de Ansiedade	Quando a Ansiedade é Normal	Quando a Ansiedade Deveria Ir Embora
Medo de se separar da mãe, pai ou responsável	Comum entre as idades de seis a 24 meses. Não se preocupe!	Se isso continuar sem melhora depois de 36 a 48 meses, então você tem razão para se preocupar.
Medo de adultos desconhecidos	Comum a partir de seis a dez meses.	Não se preocupe muito, salvo se você vir isso depois de dois ou três anos de idade. Não se preocupe com um pouco de timidez depois disso.

Capítulo 19: Reconhecendo a Ansiedade em Crianças

Problema de Ansiedade	Quando a Ansiedade é Normal	Quando a Ansiedade Deveria Ir Embora
Medo de outras crianças desconhecidas	Comum dos dois até, mais ou menos, três anos de idade.	Se isso continuar sem demonstrar sinais de redução depois dos três anos, você tem razão para se preocupar.
Medo de animais, escuridão e criaturas imaginárias	Comum entre os dois e seis anos de idade.	Se esses medos não começarem a diminuir a partir dos seis anos, você tem razão para se preocupar. Muitas crianças pedem uma luz acesa à noite; não se preocupe, a não ser que seja excessivo.
Fobia da escola	Uma fobia leve ou moderada da escola ou creche é comum entre os três e seis anos; pode reaparecer momentaneamente quando as crianças vão para o ensino fundamental ou médio.	Isso deveria diminuir e causar problemas mínimos depois dos seis anos. Uma breve reaparição durante o ensino médio é esperada, mas deve abrandar rapidamente. Se não, é preocupante.
Medo de ser avaliado pelos outros	Esse medo praticamente define a adolescência. A maior parte dos adolescentes se preocupa muito com o que os outros pensam deles.	Deve reduzir gradualmente conforme a adolescência surge. Mas não é incomum durar até o fim da adolescência.

A Tabela 19-1 lhe dá algumas diretrizes gerais sobre os chamados medos normais da infância. Entretanto, independente da idade, se os medos parecem especialmente sérios e/ou interferem na vida ou no trabalho escolar de seu filho de um modo preocupante, eles podem ser problemáticos e demandam atenção. Além disso, outros problemas de ansiedade que descrevemos na seção "Examinando os Transtornos de Ansiedade Mais Comuns na Infância", a seguir, neste capítulo, não são particularmente normais em *nenhuma idade*.

Se você tiver alguma dúvida sobre a seriedade da ansiedade de seu filho, deve cogitar consultar-se com um profissional. Um conselheiro em saúde mental ou pediatra deve estar preparado para lidar com suas questões, muito possivelmente em uma única visita. Os problemas de ansiedade às vezes precedem outras dificuldades emocionais, por isso, você não deve demorar para verificá-los.

Terror noturno em crianças

Os distúrbios do sono na infância, uma das queixas mais comuns feitas aos pediatras, podem perturbar toda a família. As crianças geralmente superam os distúrbios do sono conforme crescem, tais como a enurese noturna, despertares frequentes e problemas para ir dormir.

O *terror noturno*, especialmente estranho e assustador para os pais, é relativamente comum, ocorrendo entre um a seis por cento das crianças; a incidência entre os adultos é de menos de um por cento. O terror noturno tende a se apresentar cerca de uma hora e meia depois de ir para a cama. A criança geralmente se senta de repente e grita por até meia hora. Durante o episódio, ela, na verdade, está adormecida e é difícil despertá-la e confortá-la. As crianças não se lembram de seu terror noturno pela manhã. Ele ocorre com mais frequência quando as crianças têm entre quatro e dez anos de idade. Ao chegar à adolescência, o distúrbio geralmente desaparece.

Tratamentos diretos para o terror noturno não estão disponíveis até o momento. Mas, novamente, como as crianças não se lembram dele, o terror noturno não costuma causar qualquer aflição durante o dia naquelas que o têm. Muito pouco sono pode aumentar a probabilidade de terror noturno, portanto, os pais devem se certificar de que seus filhos durmam o suficiente. O estresse também pode contribuir para o terror noturno, então os pais devem tentar aliviá-lo, assim como outras ansiedades em seus filhos.

Examinando os Transtornos de Ansiedade Mais Comuns na Infância

Alguns medos e ansiedades são normais para as crianças. Você provavelmente pode se lembrar de ter tido medo do escuro, monstros ou fantasmas. No entanto, outros tipos de ansiedade, embora nem sempre raras, indicam um problema que você deve abordar. Nas próximas seções, fazemos uma breve revisão dos tipos mais comuns de ansiedades problemáticas em crianças.

Deixando os pais: Transtorno de ansiedade de separação

Como mostramos na Tabela 19-1, as crianças frequentemente se preocupam de se separarem de seus pais desde quando têm seis meses a talvez até os quatro anos de idade. No entanto, o medo de separação significativo após a idade de quatro anos, acompanhado dos seguintes sintomas, justifica a intervenção:

- Sofrimento excessivo quando separadas dos responsáveis ou quando anteveem tal separação

Capítulo 19: Reconhecendo a Ansiedade em Crianças

- ✔ Preocupação exorbitante sobre algum dano aos pais ou responsáveis
- ✔ Evitação obstinada da escola ou de outras atividades por causa das preocupações com separação
- ✔ Recusa em ir dormir sem estar perto de um pai ou responsável
- ✔ Pesadelos frequentes sobre a separação
- ✔ Frequentes queixas físicas, como dores de cabeça, de estômago e assim por diante, quando separadas dos pais

Entre os diferentes transtornos de ansiedade, o *transtorno de ansiedade de separação* (TAS) é relativamente comum em crianças, mas isso não quer dizer que seja normal. A idade média em que parece começar é cerca de sete a oito anos. A boa notícia é que uma grande porcentagem daqueles com transtorno de ansiedade de separação já não preenche os critérios que diagnosticam o transtorno após três ou quatro anos.

A má notícia é que muitas dessas crianças passam a desenvolver outros problemas, especialmente a depressão. Por essa razão, sugerimos a intervenção imediata caso ele persista por mais de um mês ou dois e interfira na vida normal.

A seguinte história sobre Tomás e sua mãe Júlia ilustra uma apresentação típica da ansiedade de separação na forma de uma fobia escolar. Observe que esse distúrbio muitas vezes inclui também um elemento de fobia social (ver a seção "Conectando-se com os outros: Fobia social" mais adiante, neste capítulo).

> **Júlia** não sabe o que fazer com seu filho de sete anos, **Tomás**. Todos os dias, ela batalha para ele ir à escola. No início, achava que ele estava realmente doente, então o levou ao pediatra. Após um exame físico completo, o médico a tranquiliza, dizendo que Tomás está saudável. Ele incentiva Júlia a mandar Tomás para a escola e avisa que se ela não o fizer, é provável que o comportamento de Tomás se intensifique.
>
> "Meu estômago dói", choraminga Tomás. "Eu não quero ir para a escola."
>
> "Querido, você já faltou tantos dias", Júlia o acalma, "você realmente deve ir hoje, não está tão doente".
>
> "Mas meu estômago dói, dói muito, muito, mamãe." Tomás começa a chorar. "Além disso, as outras crianças não gostam de mim."
>
> "Você vai à escola hoje", diz Júlia com firmeza, agarrando Tomás pela mão. Tomás crava seus pés e se afasta, gritando. Júlia não consegue acreditar no que ele está fazendo. Ele realmente parece aterrorizado; Júlia nunca o viu se comportar dessa maneira. Freneticamente, Tomás corre para seu quarto e se esconde em seu armário. Júlia encontra-o encolhido, chorando.

Tomás sofre de fobia escolar, um transtorno de ansiedade infantil comum, mas sério, envolvendo tanto a ansiedade com a separação dos pais como preocupações sociais.

Sabiamente, Júlia decide procurar mais ajuda profissional. A maioria dos conselheiros escolares tem muita experiência em lidar com fobias escolares. Veja o box "Voltando para a escola" para uma estratégia típica de tratamento.

Voltando para a escola

A fobia escolar é uma ansiedade de separação relativamente comum na infância. O tratamento envolve fazer a criança voltar para a escola o mais cedo possível. As crianças com fobia escolar muitas vezes têm pais que são um pouco ansiosos e se preocupam profundamente com seus filhos. O primeiro passo é convencer os pais de que eles devem ser firmes em seu compromisso de levar a criança de volta à escola.

Uma boa maneira de acalmar a criança e levá-la de volta à escola é permitir um breve contato entre pai e filho a cada dia, por algumas semanas. O pai carrega um celular. Com a concordância do professor da criança, esta recebe um passe para sair da sala (usável apenas uma vez por dia) que permite que ligue para seus pais. O pai, então, fala com a criança apenas pelo tempo combinado de dois minutos. A criança é incentivada a guardar o passe para os momentos de grande aflição e é elogiada quando não faz uso dele durante um dia.

Esse passe, permitindo um telefonema para os pais, gradualmente diminui para uma ligação a cada dois dias, uma por semana e assim por diante. Após os primeiros dias, se os pais e os professores continuarem encorajadores e firmes, o problema geralmente desaparece. Se essa estratégia falhar, há muitas outras técnicas para superar fobias escolares. Consulte um profissional de saúde mental especializado em ansiedade infantil.

Por vezes, o que parece ser uma fobia escolar é, na verdade, resultado de bullying sofrido por uma criança na escola. Conselheiros escolares e professores podem ajudar a resolver isso para você. Certifique-se de pedir que eles analisem tal possibilidade.

Preocupando-se o tempo todo: Transtorno de ansiedade generalizada

Com base no que sabemos hoje, o *transtorno de ansiedade generalizada* (TAG) é bastante comum entre as crianças e mais comum entre as crianças mais velhas do que entre as mais jovens. Ele se desenvolve mais frequentemente no início da puberdade, ou pouco depois e é caracterizado por:

- Ansiedade e preocupação excessivas sobre a escola, as amizades ou problemas familiares

- ✓ Sintomas físicos, como dores de estômago, de cabeça ou perda de apetite
- ✓ Dificuldade de concentração e/ou irritabilidade
- ✓ Problemas para dormir, inquietação ou agitação

Focando nas Fobias: Fobias Específicas

A maioria das crianças pequenas apresenta, em algum momento, medo do escuro ou de monstros no armário. Então, não se preocupe se seu filho tem esses temores a menos que o medo se torne tão intenso que perturbe a vida diária de forma significativa. A idade típica para início de uma fobia *real* (em oposição às anteriores, que são medos menores) é cerca de oito ou nove anos de idade.

As *fobias específicas* são medos intensos e exagerados que fazem com que uma criança evite um determinado objeto ou situação. Consulte o Capítulo 2 se você quiser mais informações sobre esse tipo de ansiedade.

Conectando-se com os outros: Fobia social

Algumas crianças são simplesmente tímidas. Elas nasceram assim e os parentes muitas vezes fazem comentários como: "ele é igual ao pai quando tinha essa idade". Às vezes, a timidez diminui com a idade, mas quando ela se intensifica e faz com que uma criança evite, com medo, encontros sociais na vida cotidiana, seu pequeno pode ter um problema.

A *fobia social* geralmente não pode ser diagnosticada até cerca de dez anos de idade. Os sinais costumam aparecer em idade mais jovem, mas os pais muitas vezes têm dificuldade para distingui-la da timidez até então. Você pode perceber a fobia mais cedo se você observar atentamente seus filhos. Se seus medos de crianças ou adultos desconhecidos não mostram qualquer melhoria por volta dos três anos de idade, você deve verificar com um profissional para determinar se o problema é sério. Veja o Capítulo 2 para obter mais informações sobre fobia social.

Repetição ansiosa: Transtorno obsessivo-compulsivo

Esse tipo de ansiedade é um pouco menos comum do que o TAS, TAG, fobias específicas e fobia social. No entanto, quase um em cada 50 adolescentes tem o *transtorno obsessivo-compulsivo* (TOC). Muitas vezes começando na infância, o TOC se desenvolve, em média, por volta dos dez anos de idade. Ele pode, contudo, ocorrer tão cedo quanto aos quatro ou cinco anos de idade, sendo que os meninos tendem a ter mais cedo do que as meninas.

As *obsessões* são pensamentos indesejados e recorrentes que seu filho não consegue impedir (veja o Capítulo 2 para mais detalhes). Algumas das obsessões mais comuns entre as crianças envolvem:

- Medo excessivo de intrusos
- Medo de germes
- Medo de doenças
- Fixação em certos números

As *compulsões* envolvem rituais ou diversos comportamentos que a criança se sente impelida a repetir mais e mais. Compulsões comuns na infância incluem:

- Organizar objetos de forma precisa
- Excesso de lavagem das mãos
- Acúmulo de itens de pequeno valor
- Contagem repetida de degraus, ladrilhos e passos dados durante a caminhada

Muitas crianças executam uns poucos rituais inofensivos que envolvem o pensamento mágico, como não pisar em rachaduras nas calçadas. No entanto, qualquer criança que apresente sérios sinais de TOC deve ser avaliada. Não importa em que idade o transtorno aparece, porque o TOC não tende a melhorar sem tratamento. A boa notícia é que o tratamento realmente funciona!

Ansiedades raras entre as crianças

Alguns transtornos de ansiedade que ocorrem em adultos aparecem raramente em crianças:

- A **agorafobia** é muitas vezes uma resposta ao pânico e envolve a evitação de lugares ou situações nas quais você sente que não há uma saída prontamente disponível.
- O **transtorno de pânico** envolve um ataque súbito de medo intenso, terror e sintomas físicos. Geralmente não aparece até o final da adolescência ou depois.
- O **transtorno de estresse pós-traumático** é uma reação a algum acontecimento traumático no qual a pessoa desenvolve *hipervigilância* (um estado elevado de alerta), pensamentos intrusivos sobre o evento e evitação de qualquer lembrança do acontecimento.

Veja o Capítulo 2 para obter mais detalhes sobre todos esses transtornos de ansiedade. Se qualquer uma dessas ansiedades surgir em seus filhos, recomendamos uma consulta profissional.

Transtorno de estresse pós-traumático em crianças

Embora felizmente muito raros em crianças, os sintomas de TEPT são ligeiramente diferentes entre crianças e adultos. Ambos podem desenvolver o TEPT por conta de ou de outro trauma diretamente vivenciado (o TEPT entre as crianças da cidade de New York aumentou muito depois dos ataques terroristas de 11 de setembro. Os alunos da quarta e quinta séries foram particularmente afetados). Além disso, assim como os adultos, as crianças podem desenvolver o TEPT ao testemunhar um trauma acontecendo com os outros, como ver um pai ser espancado.

Crianças com TEPT ficam inquietas, agitadas, irritadas e desconcentradas. Em vez de ter pesadelos e pensamentos intrusivos, elas podem atuar seu terror em uma brincadeira. Podem ter sonhos ruins, mas eles geralmente não têm conteúdo especialmente relevante para o trauma. Como os adultos, elas se tornam ansiosas e atentas a qualquer possível sinal de perigo. Elas também tendem a reagir de forma exagerada a incidentes triviais, como serem criticadas ou alguém esbarrar nelas.

Capítulo 20

Ajudando as Crianças a Vencer a Ansiedade

Neste Capítulo
- Criando crianças calmas
- Ajudando crianças ansiosas a mudar
- Encontrando ajuda profissional caso precise

Achamos que é bem difícil ser criança hoje. Pegamos nossa neta na escola outro dia. Antes de sair, escrevemos seu nome em um cartaz grande e o colocamos no painel do carro. Esperamos em uma fila de minivans e utilitários por mais de 30 minutos, enquanto os professores andavam com alto-falantes chamando os nomes das crianças de modo que os motoristas pudessem se identificar. As crianças aguardavam como vacas em uma área segura e cercada. A maioria dos veículos que esperavam tinha DVD players colocados como as telas divisórias nos táxis — separando os adultos das crianças, que se tornam prisioneiros imóveis em cadeirinhas complicadas no carro. Uau, só ser pego na escola pode despertar ansiedade.

Como os pais e outros adultos interessados ajudam as crianças a navegar por esse mundo complexo sem desenvolver a ansiedade? Neste capítulo, vamos dar aos pais e responsáveis alguma orientação sobre como prevenir a ansiedade de criar raízes. Mas algumas crianças terão ansiedade apesar das melhores intenções de seus pais, então também fornecemos dicas de maneiras de ajudar essas crianças. Finalmente, vamos dar uma olhada nos sinais que indicam a possibilidade de uma criança precisar de ajuda profissional, quem buscar para conseguir essa ajuda e o que esperar de profissionais de saúde mental.

Cortando a Ansiedade pela Raiz

Como a ansiedade começa? O risco para o desenvolvimento de ansiedade começa na concepção. É isso mesmo, estudos de gêmeos demonstraram que quase a metade do que causa a ansiedade está em seus genes. No entanto, isso é apenas o começo. Muitos outros fatores entram em jogo e você pode fazer muito sobre eles, como explicamos nesta seção.

> ## A química cerebral da ansiedade
>
> Uma pesquisa recente da Universidade de Columbia explorou o efeito da substância química do cérebro *serotonina* (um neurotransmissor que se acredita influenciar o humor) produzida naturalmente pelo corpo no desenvolvimento da ansiedade. Os pesquisadores criaram camundongos que não possuíam receptores importantes para a serotonina, o que os deixou incapazes de usar esse importante neurotransmissor. Eles descobriram que os ratos entre cinco e 20 dias de idade, sem capacidade de processar serotonina, desenvolveram ansiedade de ratos como adultos. Mas quando eles criaram ratos com receptores normais de serotonina e depois os privaram de serotonina quando tinham atingido a idade adulta, eles não desenvolveram ansiedade.
>
> O que essa pesquisa tem a ver com crianças ansiosas? Ela aponta para a importância de fatores biológicos no desenvolvimento da ansiedade. Mesmo experiências pré-natais e do início da infância podem afetar o bem-estar emocional por muito tempo no futuro. Talvez tratar a ansiedade infantil precocemente possa ajudar a prevenir problemas futuros.
>
> Ainda são necessárias mais pesquisas para entender como tudo isso funciona. No entanto, sabemos que intervenções biológicas (como medicamentos) afetam os níveis de serotonina e parece que as estratégias comportamentais, tais como as descritas neste livro, também alteram a química do cérebro de forma produtiva.

Experiências precoces de domínio

Quando um bebê com fome ou desconfortável chora e os pais respondem o alimentando ou o reconfortando, ele experimenta o princípio de uma sensação de domínio. Em outras palavras, o que o bebê faz origina um resultado previsível. Essa oportunidade precoce pode ser repetida milhares de vezes ao longo dos próximos anos, de vários modos. Por exemplo, a criança descobre como usar a linguagem para fazer pedidos que depois são recompensados. Se os pais respondem de forma imprevisível e caótica às tentativas de um bebê para controlar seu ambiente, a ansiedade tende a aumentar.

Então, para diminuir a probabilidade de ansiedade, responder previsivelmente a crianças pequenas é imperativo. Para crianças pequenas, os pais devem responder com consistência razoável à maior parte de sua angústia. Mais tarde, a previsibilidade ainda é importante, mas deve ocorrer apenas para as angústias ou solicitações próprias da idade. Em outras palavras, você não deve reforçar as birras de uma criança de dois anos de idade ao ceder a elas.

À medida que seus filhos crescem, você deve fornecer todas as oportunidades possíveis para que eles vivenciem uma sensação de domínio. Você pode fazer isso ao:

- Envolvê-los em esportes
- Fazer com que se interessem por passatempos que exijam alguma habilidade
- Usar jogos de habilidade, como quebra-cabeças ou palavras cruzadas
- Certificar-se de que eles tenham a chance de experimentar o sucesso na escola e de que recebam ajuda imediata caso comecem a ter dificuldades nos estudos
- Treiná-los para que tenham boas maneiras e habilidades sociais

Ajustando as emoções

Uma das tarefas mais importantes da infância consiste em aprender a controlar as emoções, tolerar a frustração e adiar a gratificação. Mais uma vez, as crianças pequenas precisam de gratificação imediata. No entanto, conforme a idade aumenta, o mundo tende a olhar desfavoravelmente para aquelas que exigem satisfação imediata e rejeita aquelas que não conseguem controlar de modo razoável seus acessos emocionais.

Você pode ajudar seu filho a aprender essas habilidades cruciais da regulação emocional. Ajudar as crianças a expressar as emoções sem deixá-las sair do controle envolve algumas etapas básicas:

- **Valide as emoções de seus filhos.** Quando as crianças se sentem aflitas, ansiosas ou preocupadas, valide suas emoções. Você faz isso dizendo:
    - "Vejo que você está com um pouco de medo de..."
    - "Você parece preocupado..."

    Essa declaração legitimadora também deve tentar ajudar seus filhos a conectar a sensação ao que está acontecendo.
- **Não negue os sentimentos de seus filhos.** No maior grau possível, não negue o sentimento nem tente afastá-lo. Em outras palavras, você não deve dizer: "Você não deve ter medo" ou, pior, "Você não está com medo de verdade".
- **Não superproteja**. Ninguém gosta de ver as crianças sentindo medo nem ansiedade. No entanto, elas precisam descobrir como lidar com a maioria dos medos por conta própria. Se você tentar resolver todos os problemas delas ou protegê-las de todas as preocupações e perigos, você está lhes fazendo mais mal do que bem.
- **Ajude seus filhos a aprender a se acalmar.** Você pode ensiná-los a inspirar de forma lenta e profunda ou contar devagar até dez. Você também pode explicar que a ansiedade extrema e o medo vão diminuir uma hora.

- ✔ **Elogie seus filhos.** Quando eles fizerem esforços para superar ansiedades, elogie-os. No entanto, não os puna caso não consigam superá-las.
- ✔ **Não forneça tranquilizações desnecessárias.** Fazer comentários como: "Não há nada a temer" é desnecessário. As crianças precisam descobrir como lidar com um pouco de estresse e ansiedade por conta própria. Não as tranquilize constantemente ou você vai criar um caminho infalível para ansiedade.

Vacinando contra a ansiedade

Vivenciar certas situações, atividades, animais e objetos comumente se transforma em uma fobia. A lista dos medos das crianças a seguir mostra que elas sentem medos que muitas vezes são semelhantes aos dos adultos:

- ✔ Aviões
- ✔ Ficar sozinho
- ✔ Cães
- ✔ Altura
- ✔ Roedores
- ✔ Cobras
- ✔ Aranhas e insetos
- ✔ Trovões e relâmpagos

Se você quer evitar que seus filhos adquiram uma dessas fobias comuns, pode vaciná-los. Você faz isso através de interações seguras com o evento ou objeto potencialmente temido — antes do desenvolvimento de qualquer medo. Tente as seguintes atividades:

- ✔ Leve seus filhos para um museu ou jardim zoológico que ofereça a experiência de tocar em cobras e insetos.
- ✔ Escalem uma montanha juntos.
- ✔ Assista a uma tempestade da segurança do sofá de sua sala. Discuta como o relâmpago e o trovão funcionam.
- ✔ Se você não tiver cão nem gato, vá até um abrigo e visite os filhotes de cães e gatos.

As pesquisas comprovaram que esse método funciona. Por exemplo, estudos mostraram que as crianças mordidas por cães não desenvolvem uma fobia tão prontamente se elas tiveram experiências positivas passadas com eles. As crianças que voam desde uma idade precoce raramente desenvolvem uma fobia de voar. Quanto mais experiências você oferecer a seus filhos, melhores são suas chances de crescer sem fobias.

Se você mesmo é um pouco fóbico, tente não fazer caretas nem ficar muito enjoado quando vacinar seus filhos contra fobias. Não diga: "Oooh, que nojo!". Mesmo se você se sentir nervoso, tente não demonstrar isso.

Tomando precauções por meio do estilo parental

Os pais podem ajudar as crianças a desenvolver um transtorno de ansiedade ou podem ajudar a prevenir a ansiedade, dependendo do estilo parental:

- Os **pais permissivos** se envolvem com seus filhos e demonstram preocupação e carinho. Mas eles odeiam confronto e abominam ver seus filhos se sentindo mal. Portanto, eles definem expectativas baixas para seus filhos e não os instigam a agir com maturidade nem tentar coisas novas.

- Os **pais autoritários** representam o extremo oposto. Eles exigem, ordenam e esperam obediência imediata de seus filhos. Controlam cada detalhe da vida dos filhos e tendem a ser excessivamente organizados e hostis.

- Os **pais confiáveis** tomam o caminho do meio. Eles definem limites e fronteiras razoáveis. São flexíveis e conscientes do estágio de desenvolvimento de seus filhos. Tentam ajudar os filhos a entender as razões por trás de suas expectativas de bom comportamento, embora não gastem muito tempo *argumentando* nem debatendo com os filhos.

Continue lendo para mais detalhes sobre como cada um desses estilos parentais afeta o nível de ansiedade de uma criança.

Estilos permissivo e autoritário

Tanto os tipos de pais permissivos quanto os autoritários alimentam a ansiedade nas crianças. A história a seguir é sobre os dois tipos. A mãe demonstra um estilo parental permissivo e o pai é um autoritário.

> **Nina,** de quatro anos, grita de terror. Seus pais correm para o quarto dela para ver o que há de errado. "Tem um homem mau no meu quarto, eu vi", ela chora.
>
> A mãe de Nina a abraça, acaricia seu cabelo e lhe diz: "vai ficar tudo bem agora que a mamãe está aqui".
>
> Seu pai acende a luz. Ele verifica seu armário e debaixo da cama e vocifera: "não tem ninguém aqui. Fica na sua cama e vai dormir. Não seja um bebê".
>
> Quando essa cena se repete noite após noite durante seis semanas, o pai de Nina torna-se cada vez mais irritado e fala de modo rude com ela sobre o que

ele chama de medos bobos. Ao mesmo tempo, a mãe superprotege Nina. Sua mãe até começa a dormir no quarto dela para que ela se sinta segura. Seu medo apenas se intensifica. A pobre Nina recebe mensagens contraditórias de seus pais e nenhuma delas ajuda.

Estilo confiável

Um tipo diferente de estilo parental pode ajudar seus filhos a lidar melhor com ansiedade. É chamado de estilo *confiável* (por oposição a autoritário). Pais confiáveis fornecem expectativas claras a seus filhos. Eles encorajam os filhos a enfrentar desafios. Legitimam os sentimentos de ansiedade de suas crianças, mas as instigam a lidar com eles. Não são severos nem punitivos, mas não superprotegem. Usando a história de Nina novamente, o relato a seguir demonstra como pais confiáveis lidariam com a ansiedade de Nina.

> **Nina,** de quatro anos, grita de terror. Seus pais correm para o quarto dela para ver o que há de errado. "Tem um homem mau no meu quarto, eu vi", ela chora.
>
> A mãe de Nina lhe dá um rápido abraço e diz: "você parece assustada, querida".
>
> Seu pai acende a luz, verifica o armário e debaixo da cama e diz: "não tem ninguém aqui, querida. Mas se você quiser, podemos deixar uma luz acesa".
>
> Nina diz: "por favor, não me deixe sozinha. Será que a mamãe pode ficar aqui comigo esta noite?"
>
> A mãe de Nina lhe diz: "não, você precisa lidar com isso sozinha. Eu sei que você está preocupada, mas vai ficar tudo bem". Eles acendem a luz e lhe dizem: "aqui está seu urso, ele vai lhe fazer companhia. A gente se vê de manhã".
>
> Nina chora suavemente por alguns minutos e volta a dormir.

Os pais de Nina tiveram sorte que ela só chorou por um curto período de tempo. Eles se sentiram um pouco culpados por deixá-la chorando, mas perceberam que Nina precisa aprender que consegue lidar com um pouco de ansiedade sozinha. Com algumas crianças não é tão fácil.

Talvez seu filho continue chorando e não pare. Bem, às vezes isso acontece. Ocasionalmente, pode ser necessário ficar lá por uma hora ou duas. A primeira noite é geralmente a pior. Não desista. A grande maioria das crianças acaba caindo no sono antes. Se isso não acontecer depois de quatro ou cinco noites seguidas, talvez você precise consultar um profissional.

Os pais helicóptero

O termo *pais helicóptero* ganhou popularidade na última década. Pense em um helicóptero pairando sobre você, seguindo-o ao longo de cada dia, conforme você vai cuidar de sua vida. Especificamente, esses pais dirigem a vida de seus filhos, intercedem por eles sempre que possível e tentam protegê-los de todos os sentimentos ruins. Assim, um pai helicóptero vai se queixar com os professores sobre as notas ou tarefas, vai discutir com os treinadores e vai confrontar os colegas de seus filhos quando ocorre um conflito.

Já é ruim o suficiente quando os pais helicóptero pairam dessa maneira durante o ensino fundamental. Mas algumas dessas pessoas não param nunca. Elas continuam a evitar que seus adolescentes vivenciem as consequências de seu próprio comportamento e falta de bom senso. Alguns desses pais até mesmo fazem trabalhos universitários para seus filhos. Na verdade, algumas faculdades descobriram que o interesse dos pais é tão intenso que as associações de pais e mestres (APMs) surgiram no campus.

Os pais helicóptero muitas vezes têm altas expectativas em relação a seus filhos, ao contrário de pais permissivos. No entanto, eles são semelhantes aos pais permissivos porque não conseguem ver os filhos se sentirem frustrados nem chateados. O problema com os dois tipos de pais é que eles não conseguem ensinar seus filhos a lidar com as dificuldades da vida. A ansiedade muitas vezes surge.

Ajudando Crianças que Já Estão Ansiosas

Se você tem um filho com ansiedade, não fique ansioso ao culpar a si mesmo pelo problema. Múltiplos fatores provavelmente contribuíram para deixá-lo ansioso (para mais informações, leia o Capítulo 3). Você provavelmente não conseguiu ler este livro antes de sua criança desenvolver ansiedade, de forma que você não sabia o que poderia fazer para impedi-la. Então, o que fará agora? Continue lendo.

Ajudando a si mesmo antes

Se você já viajou em um voo comercial, provavelmente já ouviu as comissárias de bordo instruírem-no sobre como lidar com as máscaras de oxigênio caso elas caiam. Elas dizem para você colocar a máscara em si mesmo antes de ajudar seu filho. Isso é porque se não ajudar a si mesmo em primeiro lugar, você não estará em condições de ajudar seu filho.

O mesmo princípio se aplica à ansiedade em seus filhos. Você precisa resolver sua própria ansiedade antes de tentar ajudar seus filhos. As crianças aprendem muitas de suas respostas emocionais observando seus pais; faz sentido que pais ansiosos acabem com crianças ansiosas mais frequentemente. A parte boa de se livrar primeiro de sua própria ansiedade é que isso provavelmente vai ajudar seus filhos, bem como lhe dará os recursos para ajudar com as preocupações deles.

Você pode fazer isso ao ler este livro para si mesmo. Escolher as estratégias que melhor se encaixam em seu problema e personalidade. No entanto, se as ideias que você escolher primeiro parecerem não funcionar, não se desespere. Na grande maioria das vezes, uma ou mais técnicas que descrevemos ajuda.

Se você achar que ler este livro e tentar nossas recomendações não reduz sua ansiedade tanto quanto você gostaria, considere consultar um profissional de saúde mental que esteja treinado em terapia cognitivo-comportamental.

Modelando relaxamento

Se você não tem um problema com a ansiedade ou se superou suas preocupações excessivas em sua maior parte, você está pronto para ensinar pelo exemplo. As crianças aprendem muito observando as pessoas com quem se importam. Você pode se lembrar de uma época em que seu filho o surpreendia ao repetir as palavras que você achava ou desejava que ele não tivesse ouvido. Confie em nós, as crianças veem e ouvem tudo.

Portanto, aproveite cada oportunidade para servir como modelo de um comportamento e pensamento relativamente calmos. Não invalide a ansiedade de seu filho dizendo que é um medo bobo ou idiota. Além disso, demonstrar calma completa não é tão útil quanto mostrar como você lida com a preocupação por si mesmo. A Tabela 20-1 mostra alguns medos comuns da infância e como você pode servir como modelo de uma resposta eficaz.

Tabela 20-1	Modelando uma Maneira Melhor
Medo	*Modelo Parental*
Tempestades com trovão	"Entendo que uma tempestade está chegando hoje à noite. Às vezes, fico um pouco nervoso com elas, mas sei que estamos seguros em casa. Sempre tomo cuidado de procurar abrigo durante uma tempestade. Mas sei que as tempestades não podem machucá-lo quando você está aqui dentro."
Insetos	"Costumava achar que os insetos eram nojentos, terríveis e assustadores, mas agora percebo que eles têm mais medo de mim do que eu deles. Os insetos fogem das pessoas quando podem. Às vezes, eles estão tão apavorados que congelam. Admito que ainda uso um monte de papel para pegá-los e está tudo bem. Deixe-me mostrar como se faz."

Capítulo 20: Ajudando as Crianças a Vencer a Ansiedade **315**

Medo	Modelo Parental
Altura	"Às vezes me sinto um pouco nervoso olhando de lugares altos para baixo. Aqui estamos no topo do Monumento de Washington. Vamos dar as mãos e ir para a janela juntos. Não dá para você cair e você não vai se machucar. Olhar para baixo do alto é até divertido. O medo é meio empolgante depois que você se acostuma com ele."
Ficar sozinho (não diga isso a menos que seu filho expresse ansiedade sobre sentir-se seguro sozinho)	"Seu pai vai fazer uma viagem amanhã. Eu costumava ter medo de ficar em casa sozinha, mas me dei conta que eu posso cuidar muito bem de mim e de você. Nós temos uma porta de segurança e se alguém tenta entrar, podemos sempre chamar a polícia. Nossos cães também são uma proteção muito boa. Você tem medo? Se tiver, podemos falar sobre isso."

Conduzindo as crianças através da ansiedade

Como discutimos no Capítulo 8, a exposição gradual para o que quer que cause a ansiedade é uma das formas mais eficazes de superação do medo. Se a pessoa ansiosa é uma criança ou um adulto, a estratégia é praticamente a mesma. Portanto, se você quer ajudar seus filhos que já têm ansiedade, primeiro sirva como modelo de enfrentamento como descrevemos na Tabela 20-1. Então, pense em usar a *exposição,* que envolve dividir a situação ou objeto temido em pequenos passos. Você confronta gradualmente e permanece em cada etapa até que a ansiedade reduza 50 por cento ou mais.

Leia o Capítulo 8 para obter importantes detalhes adicionais sobre exposição. No entanto, tenha algumas coisas em mente ao fazer isso como um guia para seu filho:

> ✔ **Divida os passos ao máximo que você puder.** Não espere que seu filho domine o medo da noite para o dia. Isso leva tempo. As crianças precisam de passos menores que os adultos. Por exemplo, se você está lidando com um medo de cães, não espere que seu filho imediatamente vá até um cão e o afague na primeira tentativa. Em vez disso, comece com fotos e livros de história sobre cães. Em seguida, avance para ver os cães de longe, atrás de uma cerca fechada. Vá trabalhando gradualmente até o contato direto, talvez em uma loja de animais.

- ✔ **Prepare-se para ver um pouco de aflição.** Essa é a parte mais difícil para os pais. Ninguém gosta de ver seus filhos ficarem chateados. Mas você não pode evitar que seus filhos sintam angústia moderada se quiser que eles superem a ansiedade. Essa parte, às vezes, está além do que alguns pais conseguem lidar. Nesses casos, um amigo ou parente próximo pode estar disposto a se unir e ajudar. Ao mesmo tempo, se seu filho apresenta ansiedade e incômodo extremos, é preciso dividir mais ainda a tarefa ou buscar ajuda profissional.
- ✔ **Elogie seu filho por qualquer sucesso.** Preste atenção a qualquer melhoria e elogie seu filho. No entanto, não o pressione dizendo que isso mostra que ele ou ela já é um menino ou uma menina grande.
- ✔ **Demonstre paciência.** Não fique tão exaltado a ponto de suas próprias emoções transbordarem e assustarem ainda mais seu filho. Novamente, se isso começar a acontecer, pare por um momento, recrute a ajuda de um amigo ou procure o aconselhamento de um profissional.

A história a seguir mostra como os pais lidaram com a ansiedade súbita de seu filho com água. As crianças frequentemente ficam com medo quando algo inesperado acontece.

Paula e **Carlos** planejam passar férias no Caribe, em um resort na praia. O folheto descreve uma atmosfera familiar. Eles compram uma máscara de snorkel e mergulho para seu filho de três anos, **Benjamin**, que aprecia a viagem de avião e mal pode esperar pelo mergulho.

Quando eles chegam, o hotel parece tão bonito como prometido. A praia é atraente e a água do mar aparenta ser clara. Paula, Carlos e Benjamin rapidamente deixam as malas e seguem para a praia. Eles entram devagar na água, satisfeitos com a temperatura morna. De repente, uma onda grande quebra na frente deles e derruba Benjamin. Benjamin, surpreso, abre a boca e a água salgada o sufoca. Ele chora e corre de volta para a praia, gritando.

Carlos imediatamente puxa Benjamin de volta para a água. Ele continua a gritar e a chutar. Paula e Carlos passam o resto das férias implorando que Benjamin entre no mar novamente, em vão. Os pais acabam se revezando para tomar conta de Benjamin, enquanto seus sonhos de férias desbotam.

Em casa, o medo de Benjamin aumenta, como todos os medos não tratados. Ele reclama no banho, sem querer que a água espirre em seu rosto. Ele nem mesmo cogita entrar em uma piscina.

Os pais de Benjamin assumem a liderança e conduzem-no através da exposição. Primeiro, em um dia quente, eles colocam uma piscina de plástico no quintal. Enchem a piscina e servem como modelo, entrando nela. Benjamin acaba mostrando um pouco de interesse e se junta a eles na piscina. Depois que ele fica mais confortável, os pais brincam um pouco de espirrar água um no outro e encorajam Benjamin a molhá-los. Ele não percebe que cai um pouco de água em seu rosto.

Então, seus pais sugerem que Benjamin coloque apenas uma parte de seu rosto na água. Ele resiste no começo, mas eles o encorajam. Quando ele coloca o queixo na água, eles aplaudem. Carlos coloca seu rosto completamente debaixo da água e volta rindo. Ele diz que Benjamin pode não estar pronto para fazer isso. Benjamin mostra que ele está errado. Benjamin e Carlos se revezam colocando seus rostos na água e molhando um ao outro. O que começou como medo se transforma em diversão.

Os pais oferecem uma ampla gama de desafios que aumentam gradualmente durante os próximos meses, incluindo o uso da máscara e do snorkel em piscinas de vários tamanhos. Então eles vão para um lago de água doce e fazem o mesmo. Por fim, eles tiram um outro período de férias na praia e, gradualmente, expõem Benjamin à água lá também.

Se os pais de Benjamin tivessem permitido que ele brincasse na praia na beira da água em vez de insistir que ele voltasse para a água imediatamente, talvez ele tivesse cooperado mais. Eles poderiam ter, então, gradualmente incentivado Benjamim a andar na água enquanto olhava as ondas. Dessa forma, talvez pudessem ter conseguido desfrutar suas férias. Eles cometeram o erro de transformar o medo em uma luta de poder, o que não funciona muito bem com crianças — e nem com os adultos.

Relaxando para reduzir a ansiedade

As crianças se beneficiam de aprender a relaxar da mesma forma que os adultos. Discutimos métodos de relaxamento para adultos nos Capítulos 12 e 13, mas crianças precisam de estratégias um pouco diferentes. Isso porque elas não têm a mesma capacidade de atenção que os adultos.

Geralmente, sugerimos ensinar relaxamento para as crianças individualmente e não em grupos. Crianças em grupos tendem a ficar envergonhadas. Elas lidam com seu constrangimento fazendo bobeiras e aí não tiram grande proveito do exercício. O treinamento individual não costuma criar tanto constrangimento e fica mais fácil manter a atenção delas.

Relaxamento respiratório

As seguintes diretrizes são destinadas a ensinar às crianças a respiração abdominal, comprovadamente eficaz para reduzir a ansiedade. Sinta-se livre para usar sua própria criatividade para criar instruções semelhantes. Diga o seguinte para orientar seu filho ao longo de cada etapa:

Parte V: Ajudando Outros com Ansiedade

1. Deite-se no chão e coloque as mãos na barriga.
2. Finja que sua barriga é um balão grande e que você quer deixá-lo o mais cheio que você puder.
3. Inspire e veja o quão grande você consegue deixar sua barriga.
4. Agora faça um barulho de vento, como se fosse um balão perdendo ar, enquanto você deixa o ar sair devagar. Excelente.
5. Vamos fazer de novo.

    Inspire e encha o balão. Segure por um momento e depois deixe o ar sair de seu balão sempre bem devagar enquanto você faz o barulho de vento.

Repita essas instruções por oito ou dez respirações. Diga a seus filhos para praticarem esse exercício diariamente.

Relaxando os músculos

Uma forma particularmente eficaz de alcançar o relaxamento é através do relaxamento muscular. A seguinte série de instruções pode ajudar a criança a relaxar. Novamente, sinta-se livre para usar sua criatividade. Faça com que seu filho trabalhe cada grupo muscular por cerca de dez segundos antes de relaxar. Em seguida, relaxe por cerca de dez segundos. Fale com seu filho ao longo do exercício da seguinte maneira:

1. Sente-se nessa cadeira, feche os olhos e relaxe.
2. Finja que o chão está tentando subir e que você tem que empurrá-lo de volta para baixo com as pernas e os pés.

    Empurre, empurre, empurre.

3. Ok, agora relaxe suas pernas e pés.

    Observe que sensação boa.

4. Oh, oh! O chão está começando a subir novamente. Empurre-o de volta para baixo.
5. Bom trabalho, agora relaxe.
6. Agora aperte os músculos da barriga.

    Transforme sua barriga em um escudo de proteção, forte como o Superman. Segure os músculos.

7. Bom, agora relaxe.

Capítulo 20: Ajudando as Crianças a Vencer a Ansiedade

8. **Mais uma vez, aperte os músculos da barriga para que virem aço. Segure.**

9. **Ótimo, agora relaxe.**

   Sinta como sua barriga está quente e relaxada.

10. **Agora, abra seus dedos e coloque as mãos juntas na frente de seu peito. Junte as mãos, apertando. Empurre forte e use os músculos de seu braço também.**

    Finja que você está apertando massinha entre as mãos e esmague o máximo que puder.

11. **Ok, agora relaxe. Respire fundo. Segure.**

12. **Agora deixe o ar sair devagar.**

13. **Novamente, abra bastante seus dedos, e aperte a massinha entre suas mãos. Segure.**

14. **Ótimo. Agora relaxe.**

15. **Finja que você é uma tartaruga. Você quer entrar em seu casco. Para fazer isso, leve seus ombros bem para o alto e tente tocar as orelhas com os ombros. Sinta sua cabeça afundando no casco. Segure.**

16. **Ok, agora relaxe.**

    Repare na sensação boa, quente e relaxada em seus ombros e pescoço.

17. **Mais uma vez agora. Seja uma tartaruga e entre em seu casco. Segure.**

18. **Bom. Agora relaxe.**

19. **Por fim, esprema seu rosto igual quando você come algo com gosto muito, muito ruim. Esprema bastante. Segure.**

20. **Ok, agora relaxe. Respire fundo. Segure.**

21. **Agora deixe o ar sair lentamente.**

22. **Mais uma vez. Esprema seu rosto bem apertado. Segure.**

23. **Relaxe. Bom trabalho! Veja como seu corpo está relaxado.**

    Quando se sentir triste ou preocupado, você pode fazer isso sozinho para se sentir melhor. Você não tem que fazer todos os músculos como nós fizemos. Pode simplesmente fazer o que quiser.

Imaginando seu caminho para o relaxamento

Uma maneira de ajudar seu filho a relaxar é através da leitura de livros. Antes de dormir, as crianças acham as histórias muito relaxantes. A leitura livra a mente dos problemas e preocupações do dia. Você também pode encontrar vários livros e fitas criados especificamente para ajudar as crianças a relaxar. Infelizmente, algumas delas usam imagens de cenas bonitas e relaxantes que as crianças podem achar um pouco chatas.

Em vez de belas cenas de praias e lagos, as crianças podem relaxar muito bem com cenas mais fantasiosas que apelam para o senso de diversão e alegria delas. As cenas não precisam ser sobre relaxamento em si, elas só precisam ser divertidas e agradáveis. Novamente, a ideia é proporcionar alternativas atraentes para preocupações e medos. Uma ótima ideia veio de uma de nossas clientes e de sua mãe. Você pode criar seu próprio livro com seu filho. Essa criança, com uma pequena ajuda de sua mãe, escreveu e ilustrou cada página de seu próprio livro de relaxamento, como no trecho a seguir, intitulado "Imagine unicórnios e estrelas sorridentes":

> Feche os olhos e relaxe.
>
> Imagine unicórnios dançando.
>
> Imagine o espaço sideral. Olhe os planetas girando e flutuando.
>
> Imagine estrelas sorridentes. Veja como elas estão felizes.
>
> Imagine luas azuis. Veja as luas sorrindo.
>
> Imagine extraterrestres legais. Eles gostam de você.
>
> Imagine naves espaciais flutuando.
>
> Imagine unicórnios dançando no espaço com estrelas sorridentes, luas azuis e extraterrestres amigáveis em sua nave espacial flutuando.
>
> Agora, relaxe. Tenha sonhos maravilhosos.

Exorcizando a ansiedade pelo exercício

O exercício queima o excesso de adrenalina, que é o combustível da ansiedade. Todas as crianças, obviamente, precisam de exercícios regulares e estudos mostram que a maioria não faz exercício suficiente. Crianças ansiosas podem ficar relutantes em se envolver em esportes organizados. Elas podem se sentir inadequadas ou até mesmo com medo da avaliação negativa dos outros.

No entanto, pode ser mais importante para as crianças ansiosas participar de esportes por duas razões. Primeiro, os esportes podem proporcionar-lhes experiências importantes de domínio. Embora elas possam se sentir frustradas e chateadas no início, elas normalmente experimentam um orgulho considerável e um senso de realização conforme suas habilidades melhoram. Em segundo lugar, a atividade aeróbica diminui diretamente a ansiedade.

O desafio é encontrar um esporte que ofereça a seu filho a maior chance possível de pelo menos um sucesso modesto. Pense nas seguintes atividades:

- **Natação:** Um esporte individual que não envolve bolas jogadas em sua cabeça nem colisões com outros jogadores. Os nadadores competem contra si mesmos e muitas equipes de natação recompensam a maioria dos participantes com fitas, não importando se chegam em primeiro ou em sexto lugar.
- **Atletismo:** Um esporte individual que tem uma grande variedade de diferentes possibilidades de habilidades. Algumas crianças são rápidas e podem correr curtas distâncias. Outras descobrem que podem desenvolver resistência para correr longas distâncias. Há ainda aquelas que podem participar do arremesso de peso.
- **Tênis:** Um esporte de pouco contato e relativamente seguro. Uma boa instrução pode fazer com que a maioria das crianças se tornem tenistas satisfatórios.
- **Artes marciais:** Bom para aumentar o senso de aptidão e confiança. Muitos instrutores de artes marciais têm grande habilidade para trabalhar com crianças medrosas e sem coordenação. Quase todas as crianças podem vivenciar melhorias e sucesso com as artes marciais.
- **Dança:** Um esporte que inclui muitas variações, do balé à quadrilha. Crianças com inclinação para música costumam se sair muito bem nas aulas de dança.

Em outras palavras, encontre algo para seus filhos fazerem que envolva atividade física. Eles podem se beneficiar em termos de diminuição da ansiedade, aumento da confiança e mais conexões com os outros. Não se esqueça de incluir passeios de bicicleta com a família, caminhadas ou corridas. Sirva como modelo dos benefícios da atividade e do exercício para o resto da vida.

Obtendo Ajuda de Outros

Os objetivos da infância incluem aprender a conviver com outras pessoas, a se controlar e a se preparar para as responsabilidades da vida adulta. As crianças progridem em direção a esses objetivos ao interagir com amigos e familiares, bem como ao frequentar a escola. Se a ansiedade interfere nessas atividades, então é possível que consulta e tratamento profissionais sejam necessários.

Em outras palavras, se uma criança não consegue brincar, aprender nem participar de atividades por causa de preocupações, é hora de buscar ajuda.

Com quem obter ajuda

Recomendamos que os pais primeiro consultem o médico de seu filho para se certificar de que não existem razões físicas para a ansiedade da criança. Certos medicamentos prescritos para outras doenças podem fazer com que uma criança se sinta ansiosa. O médico pode decidir mudar a medicação primeiro. Se a culpa é da ansiedade, e não de um remédio ou problema físico, o médico pode ter recomendar um profissional de saúde mental. As dicas a seguir podem ajudá-lo a pesquisar de forma mais eficaz.

- Ligue para seu plano de saúde para ver que tipo de cobertura você tem para o tratamento em saúde mental para seu filho. Sua empresa pode ter uma lista de profissionais em sua área.

- Ligue para os profissionais e pergunte se eles têm experiência e formação no tratamento de ansiedade na infância. A terapia pode parecer brincadeira para seu filho, mas ela deve ser baseada em uma abordagem que tenha se mostrado eficaz para ajudar as crianças a superar a ansiedade. Em geral, recomendamos profissionais treinados em estratégias cognitivas ou comportamentais porque sua eficácia foi comprovada de modo mais consistente por pesquisas.

- Certifique-se de que o profissional que você escolher tenha um horário de atendimento em que possa marcar várias sessões. Embora o tratamento possa ser relativamente breve, não espere que isso aconteça em uma ou duas sessões.

- Pergunte que licenças estaduais seu profissional detém. Não procure a ajuda de alguém sem uma licença para praticar terapia em saúde mental. Os profissionais que geralmente tratam de crianças podem ser psicólogos clínicos, assistentes sociais, conselheiros ou psicólogos escolares.

Os psiquiatras também podem estar envolvidos no tratamento de distúrbios de ansiedade na infância; no entanto, eles costumam receitar medicamentos. Recomendamos que o tratamento para a ansiedade, especialmente em crianças, comece com a psicoterapia, em vez de medicação. Usamos essa abordagem por causa de efeitos colaterais desconhecidos do uso em longo prazo de medicação e um grande potencial de recaída quando a medicação é interrompida. Em contraste, as novas formas de pensar ou agir aprendidas por meio da psicoterapia podem durar pela vida toda.

Se seu plano de saúde não paga a psicoterapia, considere isso: um estudo publicado no *Journal of Abnormal Psychology* (2008) descobriu que os custos médicos de crianças ansiosas eram quase 21 vezes maiores do que daquelas sem ansiedade. Cobrir um tratamento eficaz para crianças ansiosas tem boa relação custo-benefício para as empresas de planos de saúde. Seu médico pode conseguir interceder com sua companhia de seguros usando esse argumento. Tratar a ansiedade precocemente pode poupar dinheiro e sofrimento consideráveis em longo prazo.

O que esperar na primeira sessão

Geralmente, a primeira sessão é um momento para o terapeuta de seu filho aprender sobre os problemas que ele está apresentando. Você pode esperar um monte de perguntas. Os pais são quase sempre convidados a entrar na primeira sessão para fornecer informações. Você deve se preparar para a primeira entrevista de antemão, mantendo um diário com as coisas com que está preocupado. Por exemplo, pense em fazer anotações sobre as seguintes perguntas:

- **O que acontece?** Seu filho evita determinadas situações? A ansiedade está atrapalhando a escola ou as brincadeiras dele com outras crianças? Ele está sofrendo bullying na escola?
- **Quando surgiram os sintomas de seu filho?** Ele fica bem em casa com pessoas próximas e com medo na escola? Fica pior quando está preocupado com uma prova ou quando conhece pessoas novas? Há momentos especiais quando a ansiedade dele parece melhor ou pior?
- **Há quanto tempo você notou esses sintomas?** Houve alguma mudança na família, como o nascimento de um filho, morte ou divórcio? Seu filho vivenciou algum trauma?
- **Outros membros da família têm problemas com ansiedade?** Se a resposta for afirmativa, que tipos de problemas?
- **Seu filho teve algum problema de saúde recente ou alguma internação?**

Geralmente, o que um pai ou um filho diz ao terapeuta é mantido em segredo absoluto, com apenas algumas limitações. Um limite importante para a confidencialidade com os profissionais é que eles estão obrigados a comunicar suspeitas de abuso infantil. Outro limite é que eles devem relatar os casos que envolvem crianças que parecem representar uma ameaça iminente para si mesmas ou para outras pessoas.

O que acontece na terapia?

Para crianças pequenas, a maior parte do trabalho provavelmente vai focar nos pais. Em outras palavras, o terapeuta passa a maior parte do tempo ensinando aos pais coisas que eles podem fazer para facilitar o progresso de seu filho. Esse foco não significa que os pais causaram o problema, mas, muitas vezes, eles podem fazer muito para aliviá-lo.

As crianças mais velhas e adolescentes passam mais tempo em conversas com o terapeuta e o envolvimento dos pais varia de forma mais ampla. Em ambos os casos, você pode esperar que o terapeuta dê tarefas a serem realizadas entre as sessões, tanto para os pais quanto para os filhos. Você deve esperar que o terapeuta discuta quais são os objetivos específicos das sessões, bem como planos detalhados para alcançá-los. No entanto, você não deve esperar que os terapeutas revelem detalhes do que é discutido nas sessões com seu filho. As crianças precisam se sentir seguras para revelar o que quiserem para seus terapeutas. Os pais têm, contudo, direito a atualizações do progresso feito.

Muito frequentemente, pode-se esperar que a ansiedade na infância *melhore* bastante (não necessariamente acabando) no prazo de mais ou menos seis meses de tratamento. Se isso parecer não estar acontecendo, converse com o terapeuta e pense em obter uma segunda opinião.

Parte VI
A Parte dos Dez

A 5ª Onda — Por Rich Tennant

"Neste exato momento estou controlando minha ansiedade através de medicamentos, meditação e limitando as visitas de meu vizinho insuportável."

Nesta parte...

Nós oferecemos dez rápidas maneiras de derrotar sentimentos ansiosos de uma vez. No caso de sua ansiedade voltar, analisamos dez maneiras de lidar com recaídas. Além disso, certifique-se de dar uma olhada nas dez indicações de que você pode precisar de ajuda profissional. Finalmente, incluímos um apêndice onde recomendamos livros e sites que você pode consultar para obter mais ajuda ao lidar com sua ansiedade.

Capítulo 21

Dez Maneiras de Fazer a Ansiedade Parar Rapidamente

Neste Capítulo
- Livrando-se da ansiedade pela fala
- Partindo para a ação
- Relaxando a dois

À s vezes, você precisa de um alívio rápido e temporário para a ansiedade. Com isso em mente, este capítulo descreve dez terapias variadas de nosso kit de primeiros socorros de redução da ansiedade/estresse. Escolha uma ou mais quando a preocupação e o estresse começarem a ficar fora de controle.

Respirando Sua Ansiedade para Fora

A ansiedade torna a respiração superficial e rápida e esta acaba por aumentar a ansiedade — o que não é um ciclo útil. Tente essa rápida e fácil técnica para restaurar um padrão de respiração calmante. Você pode fazer isso a qualquer hora, em qualquer lugar. Ela realmente funciona. Faça uma tentativa.

1. **Inspire profundamente pelo nariz.**

2. **Segure a respiração por alguns segundos.**

3. **Lentamente, deixe sua respiração sair através de seus lábios enquanto faz um leve som — assobio, suspiro ou qualquer outra coisa.**

4. **Repita os Passos l a 3 no mínimo dez vezes.**

Falando com um Amigo

A ansiedade é um sentimento solitário e a solidão aumenta a ansiedade. Pesquisas mostram que o apoio social ajuda as pessoas a lidar com praticamente qualquer tipo de sofrimento emocional. Portanto, não hesite em procurar amigos e familiares. Encontre uma pessoa confiável para se abrir. Você pode pensar que ninguém gostaria de ouvir seus problemas, mas não estamos falando de queixas e reclamações e sim a respeito de dividir o que está acontecendo com você.

Sem dúvida, você faria o mesmo por outra pessoa. Você provavelmente conhece algumas pessoas que querem que ligue para elas em tempos difíceis. Se não tem amigos, recorra a um pastor, padre ou rabino. Se não possui conexões religiosas, ligue para uma instituição como o Centro de Valorização da Vida. Você também pode consultar o Capítulo 23 para sinais de que pode precisar de ajuda profissional.

Exercícios Aeróbicos

A ansiedade inunda o corpo com adrenalina, que é uma substância química produzida por seu corpo e faz com que seu coração bata mais rápido, seus músculos tensionem e causa várias outras sensações corporais que são angustiantes. Nada queima a adrenalina mais rápido do que exercícios aeróbicos. Bons exemplos incluem correr, uma caminhada longa e rápida, dançar, pular corda e jogar tênis.

Acalmando o Corpo

O aspecto mais preocupante da ansiedade é a forma como faz você sentir seu corpo — tenso, enjoado, dolorido e retesado. Maneiras rápidas para temporariamente romper a tensão incluem o seguinte:

- Imersão em um banho quente por um bom tempo.
- Tomar um banho longo e quente.
- Aproveitar uma massagem de 15 minutos, como numa cadeira ou sobre uma esteira com um aquecimento eletrônico e massageador vibratório. Claro, se o seu orçamento permite uma longa massagem realizada por um massagista profissional, também é ótimo!

Tomando Chá

Mantenha uma seleção de chás de ervas em seu armário. Alguns chás, como camomila, supostamente têm propriedades relaxantes. No entanto, fique longe de chás com cafeína, especialmente se esta o perturba.

Quando se sentir ansioso, esquente seu chá favorito. Segure a xícara em suas mãos e inspire o aroma quente. Gaste alguns momentos desfrutando do conforto de beber o chá. Concentre-se na sensação calmante e no luxo de sentar-se calmamente.

Desafiando Seu Pensamento Ansioso

A maneira como você pensa influencia fortemente o modo como se sente. Pessoas ansiosas inevitavelmente pensam a respeito das coisas de maneiras que aumentam sua ansiedade. Uma das melhores formas de lidar com a ansiedade é examinar as evidências em que se baseiam seus pensamentos ansiosos.

Primeiro, anote o que o preocupa. Depois, faça a si mesmo algumas perguntas sobre esses pensamentos, tais como:

- ✔ Essa preocupação é realmente tão terrível quanto estou pensando?
- ✔ Algumas evidências poderiam contradizer meus pensamentos?
- ✔ Quão importante esse evento será para mim em um ano?
- ✔ Estou fazendo um prognóstico sombrio, sem qualquer base real?

Depois de responder a essas perguntas, tente escrever uma perspectiva mais realista. Consulte o Capítulo 5 para descobrir mais sobre como escrever seus pensamentos ansiosos, analisar suas distorções e substituí-los por pensamentos mais realistas e calmos.

Ouvindo Música

Os sons influenciam a forma como você se sente. Pense nisso. Como se sente quando ouve unhas arranhando em um quadro-negro? A maioria das pessoas (nós incluídos) relata que isso lhes dá uma sensação ansiosa e arrepiante. Assim como os sons desagradáveis irritam os nervos, os suaves podem acalmá-los.

Selecione música que você acha relaxante. Fique confortável e feche os olhos. Aumente o volume para um nível confortável. Relaxe. Ouça.

Encontrando Distrações

Em geral, evitar sua ansiedade não é uma boa ideia. Mas até você descobrir maneiras melhores de lidar com ela, distrações às vezes podem ajudar. Lembre-se, elas são apenas um curativo temporário e não vão durar. Entretanto, de vez em quando, a distração ajuda. Pense no seguinte:

- Um bom livro
- Um filme
- Televisão, por mais estúpida que seja
- Videogames

Fazendo Sexo

Se você tem um parceiro disponível e disposto, o sexo é uma maneira maravilhosa de relaxar. Certamente, pode tirar a ansiedade de sua mente! Enquanto exercício aeróbico, queima adrenalina. Que combinação perfeita.

Por outro lado, algumas pessoas ansiosas ficam assim em decorrência de sua performance sexual. Se isso se aplica a você, não tente essa estratégia — pelo menos até superar sua ansiedade sobre o assunto. Se você não tiver um parceiro disponível e disposto, não recomendamos a contratação de um.

Permanecendo no Momento

Com o que você está preocupado? É provável que seja algo que ainda nem aconteceu e pode nunca ocorrer. O fato é que quase 90 por cento das coisas com as quais as pessoas se preocupam nunca acontecem realmente. Se ocorrem, elas raramente acabam sendo tão catastróficas quanto os preocupados previram.

Portanto, sugerimos que você se concentre no aqui e agora. O que você está fazendo? Olhe a seu redor. Observe a sensação do ar ao entrar e sair do seu nariz. Sinta os pés e os músculos de suas pernas quando você se senta. Se você ainda sente ansiedade, estude-a. Note as várias sensações em seu corpo e perceba que elas não vão matá-lo. Elas vão passar em algum momento enquanto você as observa. Se você aceitar se sentir um pouco ansioso, as sensações diminuem mais rapidamente do que se você disser a si mesmo que deveria se livrar delas de uma só vez. Leia o Capítulo 13 para mais ideias sobre a aceitação consciente.

Aproveite o momento.

Capítulo 22
Dez Maneiras para Lidar com Recaídas

Neste Capítulo
- Percebendo que a ansiedade acontece
- Compreendendo o processo de mudança
- Conseguindo reforço

Se está lendo este capítulo, você provavelmente fez algum progresso com sua ansiedade. Talvez, depois de todo seu trabalho duro, você tenha experimentado um revés, ou talvez esteja preocupado com um. Não se preocupe. Temos dez ideias para você usar quando a ansiedade aparecer de volta.

Esperando a Ansiedade

Talvez você tenha trabalhado duro para superar sua ansiedade e agora recebeu a compensação por esse trabalho. Você a superou. Parabéns! Mas, infelizmente, um dia você acorda de repente com a ansiedade em sua frente. Você transforma isso em uma catástrofe e supõe que fracassou.

Ora, caia na real. Você nunca vai aniquilar totalmente a ansiedade. Isto é, até você parar de respirar. É certo que ela apareça de vez em quando. *Espere* a ansiedade. Procure por seus primeiros sinais de alerta. Mas não piore as coisas ficando ansioso com sua ansiedade. Se entender que ela acontece, você pode diminuir o impacto.

Contando as Andorinhas

O provérbio "uma andorinha só não faz verão" reflete o fato de que um único sinal não indica necessariamente que algo mais seja inevitável. A ansiedade tem fluxo e refluxo. Ter um episódio ansioso ou dois não significa que você está de volta à estaca zero. Você descobriu como lidar com uma parte de sua ansiedade e esse conhecimento ainda pode ajudá-lo. Você não precisa começar tudo de novo. Você precisa avançar e voltar a aplicar o que praticou. Pensar em contratempos menores como catástrofes apenas aumentará sua ansiedade e imobilizará seus esforços. Reagrupar, reorganizar e voltar à ação!

Examinando Por que a Ansiedade Voltou

Pequenas recaídas são uma grande oportunidade para descobrir o que lhe dá problemas. Descubra quais eventos antecederam seu mais recente ataque de ansiedade:

- Você teve algumas dificuldades recentes no trabalho, tais como prazos, promoções, problemas com colegas ou problemas financeiros?
- Você teve problemas recentes em casa, como divórcio, problemas com um filho ou outros fatores estressantes?

Em caso positivo, entenda que um aumento em sua ansiedade é uma resposta natural e é provável que seja temporária. Use as novas informações sobre seus gatilhos de ansiedade para desafiar seu pensamento ansioso, como descrevemos nos Capítulos 5 e 7.

Consultando um Médico

Se você procurou em toda parte por situações ou acontecimentos que possam ter desencadeado sua recaída e não conseguiu encontrar nada, pense em marcar uma consulta com seu médico de confiança. A ansiedade pode ter várias causas físicas, tais como efeitos colaterais de medicação prescrita ou de medicamentos e suplementos sem prescrição, cafeína em excesso e problemas físicos (veja o Capítulo 3). Não tente diagnosticar a si mesmo. Se você experimentar ansiedade sem nenhuma causa aparente, por favor, faça um check-up físico completo.

Revisitando o que Funcionou Antes

Se a ansiedade surgir novamente em sua vida, reveja as estratégias que funcionaram para você anteriormente. Algumas dessas técnicas talvez tenham que se tornar hábitos vitalícios. Mantenha o relaxamento em sua vida. Exercite-se em uma base regular. Reveja os Capítulos 5, 6 e 7 e faça alguns dos exercícios de vez em quando.

Capítulo 22: Dez Maneiras para Lidar com Recaídas **333**

A ansiedade não é uma doença que você pode curar com uma única injeção, pílula ou cirurgia. Ela é uma parte natural da vida. Quando ela chega a um grau preocupante, você só precisa reaplicar suas estratégias para administrá-la.

Fazendo Algo Diferente

Apresentamos uma variedade de estratégias para superar a ansiedade. Provavelmente, você já pegou algumas que sentiu serem compatíveis com seu estilo de vida. Agora considere examinar algumas ideias que você ainda não tentou. Nós o encorajamos a fazer algo diferente. Dê uma olhada na lista abaixo e escolha uma que você ainda não tenha tentado:

- ✔ Repensar sua ansiedade (veja os Capítulos 5, 6 e 7)
- ✔ Enfrentar o medo de frente (veja o Capítulo 8)
- ✔ Empenhar-se em estratégias de relaxamento (veja o Capítulo 11)
- ✔ Exercitar-se (veja o Capítulo 10)

Se você apenas experimentou superficialmente uma ou mais dessas técnicas, execute-as de forma mais agressiva e veja se elas funcionam melhor assim. Qualquer coisa neste livro que você não tenha tentado ainda vale a pena considerar.

Obtendo Ajuda

Você não tem de enfrentar recaídas de ansiedade sozinho. Falar com os outros ajuda a lidar com o estresse emocional. Uma grande fonte de apoio pode ser encontrada em seu jornal local. A maioria deles lista grupos de apoio para quase tudo: problemas de saúde diversos, problemas emocionais, problemas relacionais e, claro, ansiedade.

Mas e se você vive na Cidade de Pie, Novo México, com uma população de 55 habitantes? A Cidade de Pie pode não ter um grupo de apoio à ansiedade. Mas nem tudo está perdido. Você pode usar uma ferramenta de busca na internet, como o Google (www.google.com), e digite "salas de bate-papo para ansiedade". Você vai encontrar muitas fontes de apoio interessantes. Tente algumas e veja se você consegue encontrar um grupo que seja compatível. Milhões de pessoas sofrem de ansiedade e elas têm grandes conselhos e apoio para lhe oferecer. Você não precisa sofrer sozinho.

Os melhores grupos de apoio lhe dão ideias para o enfrentamento. Cuidado com os grupos que parecem incentivar queixas e reclamações.

Considerando Sessões de Reforço

Se você já se consultou com um profissional e depois experimentou um aumento inesperado em sua ansiedade, pense em marcar algumas sessões de reforço. Seu terapeuta não vai pensar que você fracassou. Normalmente, uma segunda rodada de terapia ajuda e não demora tanto quanto a primeira. Além disso, algumas pessoas gostam de se consultar semanalmente ou mensalmente como uma espécie de prevenção. Novamente, a ansiedade não é uma doença com uma única e rápida cura.

Por outro lado, se você nunca viu um profissional e tiver uma recaída, você deve considerar a possibilidade de marcar uma consulta agora. Se você já teve sucesso antes por conta própria, é provável que melhore rapidamente com uma pequena ajuda.

Examinando os Estágios da Mudança

Qualquer tipo de mudança envolve uma série de passos ou estágios. Eles não ocorrem necessariamente de uma forma direta e linear. Como discutimos em maior detalhe no Capítulo 2, esses estágios incluem:

- **Pré-contemplação:** Nem sequer pensar em mudança. Obviamente, você não está nessa fase, se estiver lendo este livro.
- **Contemplação:** Pensar em mudança, mas não estar pronto para fazer alguma coisa sobre isso.
- **Preparação:** Planejando fazer algo sobre seu problema.
- **Ação:** Enfrentando o problema de frente.
- **Manutenção:** Continuando seus esforços para lidar com seu problema.
- **Término:** Apenas poucos sortudos atingem esse ponto, você já nem sequer tem de pensar sobre o problema.

Recaídas podem ocorrer durante qualquer uma dessas fases. Por exemplo, você pode mover-se da ação à contemplação ou até mesmo à pré-contemplação. Lembre-se, é normal. Recuar um pouco não significa que você não pode reunir os recursos para enfrentar novamente o problema. A maioria das pessoas que tem sucesso precisa tentar várias vezes antes de chegar lá.

Aceitando a Ansiedade

Com essa dica, completamos o ciclo — de volta para o topo da lista: a ansiedade acontece. Ela retornará. Receba-a de braços abertos. Isso significa que você ainda está vivo! Valorize os aspectos positivos. A ansiedade lhe diz para prestar atenção ao que está acontecendo a seu redor. Siga o fluxo.

Nós não estamos sugerindo que você precisa sentir terríveis quantidades de ansiedade, mas um pouco de ansiedade é inevitável. A ansiedade, quando não é avassaladora, pode ajudar a mobilizar seus recursos nos desafios difíceis.

Capítulo 23

Dez Sinais de que Você Precisa de Ajuda Profissional

Neste Capítulo

▶ Contemplando o suicídio
▶ Afundando-se em problemas de trabalho
▶ Dizendo "não" ao uso excessivo de drogas e álcool

Algumas pessoas acham que autoajuda é tudo de que precisam. Elas leem sobre boas maneiras de lidar com sua ansiedade e, então, aplicam o que descobriram. Voilà! Sua ansiedade desaparece gradualmente a um nível administrável.

No entanto, nenhum livro de autoajuda pretende substituir completamente a ajuda profissional. A ansiedade às vezes requer o auxílio de um especialista, assim como questões fiscais complicadas necessitam de um contador ou decidir elaborar um testamento pode fazê-lo procurar um advogado. Esperamos que você compreenda que procurar o auxílio de um profissional de saúde mental é uma escolha razoável e não um sinal de fraqueza.

Este capítulo lhe mostra como saber se deve buscar ajuda de um especialista para si ou para alguém de quem gosta. Nem sempre é uma decisão óbvia, por isso, lhe damos uma lista de indicações. Se ainda não tem certeza, você sempre pode falar com seu médico de confiança, que deve ser capaz de ajudá-lo a se decidir.

Tendo Planos ou Pensamentos Suicidas

Se você está pensando em se machucar, busque ajuda agora. Leve esses pensamentos muito a sério. Ligue para o Centro de Valorização da Vida, no número 141. Se seus pensamentos tornarem-se irresistíveis, ligue 190 e procure uma emergência. A ajuda está disponível. Quando você obtém ajuda profissional, seja honesto sobre seus pensamentos; não guarde nada. Um profissional pode ajudar a encontrar outras opções e soluções que parecem fora de alcance quando alguém está se sentindo extremamente ansioso ou deprimido.

Sem Esperanças

De vez em quando, todo mundo se sente derrotado. Mas se você começar a perder a esperança de melhorar, pensando que o futuro parece sombrio e você não pode fazer muito para mudá-lo, procure ajuda profissional. Sentimentos de desesperança aumentam o risco de suicídio. Você precisa saber que *pode* se sentir melhor. Deixe os outros ajudá-lo.

Lidando com a Ansiedade e a Depressão

Você pode estar sofrendo de depressão misturada com ansiedade, se está tendo algum dos seguintes sintomas:

- Sente-se triste na maior parte do dia
- Está perdendo o interesse ou prazer em atividades
- Mudança de peso
- Mudanças nos padrões e hábitos de sono
- Diminuição do interesse em sexo
- Sente-se tenso ou devagar
- Sente-se sem valor
- Sente culpa excessiva
- Má concentração
- Pensamentos sobre morte

Se você tem ansiedade e depressão, procure ajuda profissional. A depressão é tratável. Ter energia para lutar contra as duas pode ser difícil. Você também pode querer ler uma cópia do *Controlando a Depressão com TCC Para Leigos*.

Tentando em Vão

Talvez você já tenha lido este livro e dado uma chance às recomendações para superar a ansiedade, mas, por alguma razão, elas simplesmente não funcionaram. Tudo bem. Não fique mais ansioso por não ter se livrado da preocupação e do estresse. Outra coisa pode estar acontecendo. Procure um profissional experiente de saúde mental para ajudá-lo a descobrir o próximo passo.

Conflitos em Casa

Você está ansioso. A ansiedade faz com que fique irritado, nervoso e chateado. Você se segura no trabalho e com estranhos, mas desconta nas pessoas de quem mais gosta, sua família. Então se sente culpado, o que aumenta sua ansiedade. Se isso acontece com você, um profissional pode ajudá-lo a diminuir a tensão em casa e facilitar o caminho para encontrar a paz.

Lidando com Problemas Graves no Trabalho

Talvez você não tenha ninguém em casa para descontar sua ansiedade ou talvez sua casa seja o refúgio longe do estresse. Se for esse o caso, o estresse no trabalho pode oprimi-lo. Se sua ansiedade estiver explodindo no trabalho, considere buscar ajuda profissional.

Em primeiro lugar, a ansiedade, por vezes, provoca irritabilidade e mau humor com os colegas ou patrões e esse comportamento pode causar muitos problemas. A ansiedade também pode prejudicar sua memória de curto prazo, tornar a concentração difícil ou fazer com que as tomadas de decisões pareçam esmagadoras. Então, se a ansiedade afeta seu desempenho no trabalho, busque ajuda antes de aparecer na fila dos desempregados.

Por outro lado, se você estiver desempregado, dê uma olhada nas ideias do Capítulo 14.

Sofrendo de Obsessões ou Compulsões Graves

O *transtorno obsessivo-compulsivo* (TOC) pode ser grave. Consulte o Capítulo 2 para obter mais informações sobre o TOC. O problema é que as pessoas com esse transtorno muitas vezes não procuram ajuda até que suas vidas sejam tomadas por pensamentos indesejados ou ações repetitivas. A maioria das pessoas com TOC precisa de ajuda profissional. Se você ou alguém que você ama possui um TOC mais do que brando, procure ajuda profissional. Além disso, considere a leitura de *Obsessive-Compulsive Disorder For Dummies*, de nossa autoria.

Compreendendo o Transtorno de Estresse Pós-traumático

Você se sente agitado e tenso. Foi exposto a um evento traumático que resultou em uma das situações a seguir?

- Na época, você se sentiu impotente e com medo.
- Depois, você tentou não pensar sobre isso.
- Apesar de seus esforços para não pensar nisso, os pensamentos e as imagens continuam aparecendo.

Em caso positivo, você pode ter *transtorno de estresse pós-traumático* (TEPT). Consulte o Capítulo 2 para uma descrição completa do TEPT. O melhor tratamento do TEPT é provavelmente feito por um profissional experiente. Muitas pessoas com esse distúrbio tentam aguentar firme e viver a vida menos plenamente por causa de sua teimosia.

Passando Noites Insones

A ansiedade o mantém acordado? Isso é bastante comum. Se seu sono não melhorar depois de trabalhar em sua ansiedade por algum tempo, não deixe de ler o Capítulo 10 a respeito do sono. Muitas noites sem dormir tornam difícil realizar qualquer ação e mais difícil ainda de ajudar a si mesmo na luta contra a ansiedade. Se você dorme mal, noite após noite, e acorda cansado, consulte um profissional. Você pode estar sofrendo de depressão junto com ansiedade.

Ficando Alto

Claro, uma cerveja ou três aparentemente podem aliviar a alma, mas o consumo excessivo de bebidas ou o abuso de drogas é um problema comum entre aqueles com transtornos de ansiedade. Faz sentido: sentimentos de ansiedade são desconfortáveis. O que começa como uma tentativa inocente de sentir-se melhor pode tornar-se outro grande problema mais tarde. Se você está consumindo muito álcool ou outras drogas para acalmar seus sentimentos, procure ajuda profissional antes da muleta se transformar em um vício.

Encontrando Ajuda

Em tempos de planos de saúde caros, você pode não ter sempre tanta liberdade para consultar qualquer profissional que deseje. No entanto, quer você receba uma lista restrita de profissionais de seu plano de saúde ou não, ainda é uma boa ideia verificar um ou mais dos seguintes pontos:

- Pergunte ao plano de saúde ou ao conselho profissional local sobre a profissão específica ou licença do profissional referido.
- Pergunte a seus amigos se eles sabem de alguém com quem tenham tido uma boa experiência.
- Consulte seu médico de confiança. Os médicos de família geralmente têm uma boa ideia sobre ótimas referências para vários tipos de problemas.
- Converse com o profissional antes de marcar uma consulta. Pergunte sobre sua experiência no tratamento de ansiedade e que abordagem ele usa. Pergunte se você vai receber uma abordagem cientificamente comprovada para lidar com a ansiedade.
- Consulte o departamento de psicologia de sua faculdade ou universidade local. Às vezes, eles possuem listas de referência.
- Use uma ferramenta de busca na internet ou telefone para encontrar sua associação estadual de psicologia, psiquiatria ou aconselhamento. Verifique junto a associações de consumidores. (Veja o apêndice na parte de final deste livro para mais informações).

Apêndice
Recursos para Você

Neste apêndice, indicamos alguns livros e sites onde você pode encontrar ajuda para descobrir e superar a ansiedade, bem como outras dificuldades emocionais. Esses são apenas alguns dos muitos recursos excelentes que estão disponíveis para complementar as informações contidas neste livro.

Livros de Autoajuda

Ansiedade — Técnicas de Auto-Ajuda para Superar a Angústia e o Estresse, de Ramiro Calle (Gaia)

Livre da ansiedade, de Robert L. Leahy (Artmed)

Aprendendo a gostar de si mesmo, de Louise L. Hay (Sextante)

Por que sofremos tanto?, de Lourdes Possato (Lumen)

O seu último livro de auto-ajuda, Paul Pearlsall (Alegro BB)

Recursos para Ajudar Crianças

Transtornos da Ansiedade na Infância, de Ronald M. Rapee, PHD, Susan H. Spence, PHD, Vanessa Cobham, PHD e Ann Vignall, M, Psych (M. Books)

Transtornos afetivos na infância e adolescência, de Lee Fu-I (Artmed)

Transtornos de comportamento na infância, de Christopher A. Kearney (Cengagle)

Acessando Sites para Descobrir Mais sobre Ansiedade

Digite a palavra "ansiedade" em uma ferramenta de busca e, literalmente, milhares de sites aparecerão. Tenha cuidado, a internet está cheia de promoções sem escrúpulos e informações erradas. Tenha bastante cuidado com organizações que parecem ser oficiais e que promovem materiais para venda. Não se deixe enganar por curas instantâneas para a ansiedade.

Muitos fóruns na web hospedam salas de bate-papo para pessoas com problemas de ansiedade. Sinta-se livre para acessá-los a fim de obter apoio. Ao mesmo tempo, perceba que você não sabe quem está sentado do outro lado. Eles podem ser ignorantes a respeito da ansiedade, ou pior, podem estar tentando tirar vantagem de uma pessoa em aflição. Não acredite em tudo aquilo que lê.

Aqui está uma lista de uma série de sites legítimos que não vendem charlatanices:

- **Depressão Ansiedade** (www.depressaoansiedade.com)
- **PsiqWeb** (www.psiqweb.med.br)
- **ABC da Saúde** (www.abcdasaude.com.br)

Índice

• A •

aceitação 51
  qualidades positivas/negativas 221
  saboreando 230
ácidos graxos Ômega-3 171
ácido valproico 165
açúcar 44
Adapin 160
agorafobia 304
  definida 141
  em crianças 304
  vencendo 144
ajuda 166–172
  ansiedade como 216
  para a ansiedade de ente querido 88–96
ajuda profissional, necessidade de 19
álcool 132–152
  benzodiazepínicos 161
algemas chinesas 216–232
alimentação consciente 227–231
alívio da ansiedade 16
  acalmar pensamentos ansiosos para 81
  momento presente para 226
alprazolam (frontal) 163
ameaças 40–50
  comportamental 42
  física 41
  inesperada 54
  mental 42
  saúde 46
amigos e família 59
  benefícios da conexão 65
Anafranil 160
análise custo/benefício 261–268
  aprovação 13
  benefícios 117
  esquema de dependência 112
  perfeccionismo 117
  vulnerabilidade 121
ANES (Antidepressivo noradrenérgico e específico serotoninérgico) 159
ansiedade 297
  como ajuda 9
  comportamento 11
  corpo 15
  custos da 9–20
  dieta e 175
  em crianças 297–306
  maneiras rápidas para parar 114–130
  médicos impostores 48
  monitorando 37
  não tratada 11–20
  paradoxo 216
  pensando 329–330
  questionário 18–20
  química cerebral 308
  sintomas 9–20
  sofrimento da 11
ansiedade do ente querido 280–296
  aceitando 281
  ajudar sem se responsabilizar 285–296
  coaching e 289
  descobrindo 281–296
  evitando a culpa 285–296
  exigências para mudança 293
  indicações 282
  informando sobre 281–296
  juntando forças contra 293–296
  pedidos de tranquilização 286
  perguntas 283–284
  quando a ajuda prejudica 285
ansiedade infantil 302
  ajuda de outros 321–324
  ajudando 313–324
  ajudando a si mesmo antes 313
  ajustando as emoções 309
  consulta profissional 304
  exercício 320
  experiências precoces de domínio e 308
  exposição 315–324
  pais e 307
  problemas 323–324
  psicoterapia 322–323
  química cerebral 308
  reconhecendo 297–306
  reduzindo através do relaxamento 318–324
  terror noturno 300
  vacinando contra 310
ansiedade não tratada, efeitos de, 11
antidepressivos 169
  Antidepressivo noradrenérgico e específico serotoninérgico (ANES) 159

atípicos 158
efeitos colaterais sexuais 161
inibidor da recaptação da serotonina e noradrenalina (IRSN) 158
inibidor de recaptação de noradrenalina (IRN) 159
inibidores da MAO 160
inibidores de recaptação e antagonista da serotonina-2 (IRASs) 159
inibidores seletivos da recaptação da serotonina (ISRS) 157
tricíclicos 159
antidepressivos atípicos 158–172
antidepressivos Tricíclicos 159
  dosagem 160
  efeitos colaterais 160
antiulcerantes 45

Aqui e Agora 223
Aripiprazol (Abilify) 165
aromaterapia 200
arrependimentos passados 224
  artes marciais, para relaxamento da criança 321
  momento presente 224
  observando 225
ataques de pânico 182
  exercício 182
  gatilhos 63–68
  hiperventilação 190
  intervenção na emergência 29
  respiração e 171
  sensações, vivenciando 146
  sintomas 182
Atenção plena 210
  alimentação 227
  autoestima 220
  calmo, ponto de vista imparcial 128
  caminhar 228
  meditação 229
  mudança de filosofia 230
  na redução da ansiedade 285
  observação 217
  paciência 219
  praticando 215
  preocupação com tempo 217
  tolerância à incerteza 218
Atenol (atenolol) 164
Atensina (clonidina) 166
ativos 240
atletismo, para o relaxamento infantil 321
"aumentando a aposta" 152
autoaceitação 56

encontrando 55
  perguntas para 60
autoafirmações 95
autoafirmações positivas 95
autoajuda 221
  livros 58
autoestima 220
  baixa 95
  elevada 220
  movimento 221
autofala 139
autoperdão 223
autoridades policiais e segurança 239
autorrepreensão 51
avalanches 246
azaspirodecanedionas 163

• B •

balancete financeiro 240
beber chá 329
benzodiazepínicos 45
  álcool 47
  efeitos colaterais 44
  problemas 46
  tipos de 47
  trauma e 52
betabloqueadores 156
bloqueadores do canal de cálcio 45
bupropiona (Welbutrin) 159
Bureau of Labor Statistics dos EUA, Occupational Outlook Handbook 239
busca de sensações, como método de evitação de sentimentos 73
Buspar (buspirona) 163

• C •

cafeína 184–188
calma 197
  autoafirmações positivas 95
  cultivando 91
  imaginação 137
  perspectiva de um "amigo" paraperspectiva de um "amigo" para 91
  perspectiva racional para 93
caminhar 228
  caminhar consciente 228
capacidade de enfrentamento 252
  enfrentadores ativos 256
  enfrentadores passivos 256

Índice

questões 246
repensando 252
carbamazepina (Tegretol) 165
Carbolitium (lítio) 165
carreiras 236
  com estabilidade 237
  flexibilidade mental 238
  metas de curto prazo, e 243
  metas de longo prazo 244
causas 52
  combinação de 52
  cuidados parentais 52
  genética 53
  identificação 58
  lista 59
  trauma 52, 52–68
Celexa (citalopram) 158
Centrax (prazepam) 163
cérebro 34
  ansioso 37
  estimulando 171
  neurônios 39
  neurotransmissores 40
  química, ansiedade, 40
  sistema colinérgico 40
  sistema dopaminérgico 40
  sistema límbico 40
  sistema noradrenérgico 40
  sistema serotonérgico 40
cérebro ansioso 39
cheiros 138
  aromaterapia 183
  exercícios 140
citalopram (Celexa) 158
clonazepam (Rivotril) 163
clonidina (Atensina) 166
clordiazepóxido (Psicosedin) 163
coaches profissionais 288
coaching 288
  definição do papel 260
  em ação 291
  escada do medo 292
  Expectativas 294
  incentivo 289
  o caminho certo 289
  participação em 289
  plano, atendo-se ao 290
  profissional 280
  prontidão do parceiro em 270
codeína 45

comandos 101
  substituindo 104
comportamento 101
  sintomas 12
  terapia 16–20
compulsões 34
  comuns 35
concentração, ruim 24
conexões, família/amigos 176
contemplação, como estágio de mudança, 334
controle
  abrindo mão 215
  momento presente e 186
  suposições equilibradas 124
corpo 15
  acalmando 328
  ansiedade no 15
  resposta à ameaça 40
cortisol 12
CPT 273
crianças 280–296
  adquirindo suposições 114
  emoções, controlando 285
  objetivos 321
  recursos para 252–253
  sensação de domínio 308
  sentimentos, permitindo 309
  vacinando contra a ansiedade 310
crítica, reconhecendo 223
cuidados médicos, inadequados, como risco à saúde 267
cuidados parentais 298
  autoritário 311
  estilos 311
  helicóptero 313
  permissivos 313
  supercontroladores 53
  superprotetores 53
culpa 54
  evitando 285
currículo 221
  análise do empregador 237
  importância 247
  pensamento flexível 238
  sugestões 236
custos da ansiedade 9
  financeiro 11
  sociedade 12
Cymbalta (duloxetina) 158

• D •

DBS (estimulação cerebral profunda) 172
D-cicloserina 166
Depakote 165
dependência 111
  análise custo/benefício 111
  características de 113
  coleta de provas 104
  pensamentos alternativos 129
  suposições equilibradas 124
dependência de aprovação 13
depressão 338
  ajuda profissional 340
  medicamentos para 156
Depression For Dummies 37
desastres naturais 32
  avalanches 246
  avaliação de risco 84
  buscando consolo na adversidade 250
  exposição imaginária 254
  furacões 247
  incêndios 249
  incerteza e 251
  inundações 247
  medos, capacidade de enfrentamento 252
  morte por 248
  planejamento para preocupações realistas 249
  preocupando-se com 302
  sendo voluntário em 257
  terremotos 247
desculpas 26
  argumentando com 60
  perguntas para 60
desvenlafaxina (Pristiq) 158
Desyrel (trazodona) 159
diabetes 154–172
diazepam (Valium) 163
Dictionary of Occupational Titles, site do 239
dieta 44
  ansiedade e 45
  planos alimentares 188
  porções 187
  ruim, risco para a saúde 175
  senso comum nutricional 188
  sono e 174
distrações 330

alívio rápido da ansiedade 327
doença cardíaca 11
drogas que imitam a ansiedade 44
  prescrição 46
  sem prescrição 46
  tratamento da ansiedade 46
duloxetina (Cymbalta) 158

• E •

Ecstasy (Metilenodioximetanfetamina) 166
educação 238
efeitos colaterais 263
  antidepressivos Tricíclicos 159
  antipsicóticos atípicos 164
  benzodiazepínicos 156
  estimulação cerebral profunda 172
  estimulação do nervo vago (ENV) 171
  extrapiramidais (EPS) 165
  ISRSs 157
  melatonina 167
  SAM-e 167
efeitos colaterais extrapiramidais (EPS) 165
Efexor (venlafaxina) 158
ego 215
Elliott, Charles 28–38
  Depression For Dummies 37
  Obsessive-Compulsive Disorder For Dummies 34
emoções, infância, 309
Empregos verdes 239
EMT (estimulação magnética transcraniana) 172
endorfinas 171
enfrentadores ativos 256
enfrentadores passivos 256
ENV (estimulação do nervo vago) 171
EPS (efeitos colaterais extrapiramidais) 165
Erva de São João 169
escadaria do medo 275
  coaching 288
  fobia específica 143
  imaginária 210
  transtorno de ansiedade generalizada (TAG) 260
  transtorno de estresse pós-traumático (TEPT) 23

transtorno de pânico 182
transtorno obsessivo-compulsivo (TOC) 260
escitalopram (Lexapro) 158
escrever 217
 benefícios 65
 sobre gratidão 65
escrever diário 323
espiritualidade 215-232
 saboreando 230-231
esquema de aprovação 112
esquema de vulnerabilidade 112
 coleta de provas 104
 suposições equilibradas 124
esquemas 125
 ansiosos 126
 equilibrados 125
 tranquilizantes 110
esquemas ansiosos 110
 aprovação 111
 controle 111
 dependência 111
 desafiando 117
 na infância 114-130
 perfeccionismo 115
 questionário 123
 reconhecendo 111
 vulnerabilidade 111
esquemas tranquilizantes 110
estatinas 45
estilo de vida 115
 amigos/familiares 176
 dieta 187
 exercício 174
 frenético 175
 saúde e 179
 sono 182
estimulação cerebral profunda (DBS) 172
estimulação do nervo vago (ENV) 171
estimulação magnética transcraniana (EMT) 172
estresse 169
 curso de gerenciamento 293
 diabetes e 154
 dieta e 44
 medicamentos no controle 44
 resfriado comum 42
 respiração e 46
eventos, desencadeador 52
evitação 74

exercício 168
 benefícios para a saúde 171
 pânico 182
 para alívio rápido da ansiedade 327
 pensamento distorcido 180
 recompensas 180
 redução da ansiedade 210
 sistema de autorrecompensa 181
 tempo para 176
exposição 254
 ansiedade infantil 302
 escadaria de medo 136
 imaginação 131
 metas 140
 muletas 140
 passos graduais 199
 ritmo 150
 trauma 272
exposição ao sol, risco para a saúde 267
exposição e prevenção de resposta (ERP) 148
 exposição 149
 exposição imaginária 149
 parado na 152
 preparando-se para 150
 procedimentos de relaxamento 149
 processo 134
exposição imaginária 137
 escada de medo 255

•F•

férias 278
filosofia 104
 atenção plena 210
finanças
 ativos 240
 balancete 241
 metas de curto prazo e 243
 metas de longo prazo 244
 passivos 240
 perguntas sobre a necessidade 235
flexibilidade mental 238-244
fluoxetina (Prozac) 158
fluvoxamina (Luvox) 158
fobia escolar 301-306
fobias 303-306
fobias específicas 303
 em crianças 297
 escada de medo 255
 mais comuns 246
 sintomas 260

tipos de 21
fobia social 301-306
   conexão com família/amigos e 176
   sintomas 303
foco, preocupações com trabalho e 227
fontes 243
Frontal (alprazolam) 163
fumo, risco para a saúde 158
furacões 247

• G •

gabapentina (Neurontin) 165
gatilhos 79
   agorafobia 141
   ataque de pânico 144-152
   pensamentos ansiosos 71
   sentimentos 79
genética 11-20
Geodon (ziprasidona) 165
gostos, em imaginação guiada 207
gratidão 65
gravação 197
   cenas de imaginação guiada 203-214
   relaxamento muscular progressivo 204
grupos de apoio 240

• H •

hidromassagens 201
hidroxizina 163
hipertireoidismo 49
hiperventilação 190
   ataques de pânico 191
   sintomas 191
hipervigilância 304
hipocondria 260
hipoglicemia 49
Hixizine (hidroxizina) 163

• I •

ícones, este livro 5
imagem de floresta para relaxamento 208
imagem de relaxamento na praia 210
Imagens 212-214
imaginação guiada 212-213

cenários para relaxamento 213
cheiros 208
criando 203
fantasia na floresta 210
gostos 207
gravação 210
imaginando resultado positivo 213
quadros 209
relaxamento da praia 210
resultado positivo 213
sensorial Completa 210
sons 210
sugestões de relaxamento 213
toque 205
imperfeições 221
   autoperdão 223
   nos amigos 223
   valorizando 221
impostores Médicos 49
incêndios 234
incerteza 244
   constante 218
   mortes imprevisíveis 278
   perigo 269
   repensando 83
   tolerando 218
Inderal (propranolol) 164
inibição recíproca 191
inibidor da recaptação da serotonina e noradrenalina (IRSN) 158
inibidor de recaptação de norepinefrina (IRN) 159
inibidores da enzima conversora de angiotensina (IECAs) 45
inibidores da MAO 160
inibidores de recaptação e antagonista da serotonina-2 (IRASs) 159
inibidores seletivos da recaptação da serotonina (ISRS) 159
   efeitos colaterais 159
   populares 157
inundações 247
IRASs (Inibidores de recaptação e antagonista da serotonina-2) 159
IRSNs (Inibidor da recaptação da serotonina e noradrenalina) 158
ISRS (inibidores seletivos da recaptação da serotonina) 157

• L •

lamentar-se e queixar-se 16
Lamictal (lamotrigina) 165
lamotrigina (Lamictal) 165
leitores, este livro 166
lista de delegação 128
lítio (Carbolitium) 165
Lorax (lorazepam) 163
lorazepam (Lorax) 163
lúpus 49
luta ou fuga 76
Luvox (fluvoxamina) 158

• M •

magnificação 14
manutenção, como estágio da mudança 62
Marplan 161
massagem 201
MDMA (metilenodioximetanfetamina) 166
medicamentos 169
   abordagens psicológicas 154
   antidepressivos 156
   antipsicóticos atípicos 156
   benzodiazepínicos 161
   betabloqueadores 164
   como única solução 17
   decisão de uso 18
   depressão e 170
   desvantagens 154
   efeitos colaterais 155
   estabilizadores de humor 156
   opções 166
   opções intrigantes 166
   pressão arterial 155
   questões cruciais 156
   sono 159
   suplementos 166
   tipos de 157
   tranquilizantes 161
   traumas 146
   vantagens 153–172
medicamentos antiartríticos e anti-inflamatórios 45
medicamentos de substituição da tireoide 45
medos 40
   acompanhando 63
   dominando 135
   enfrentando 138
   escada 138
   exposição 138
   infância, normais 297
   vivenciando 272
melatonina 167–168
metas
   de emprego, a curto prazo 239
   de emprego, a longo prazo 237
   escrevendo 65
   infância 299
metilenodioximetanfetamina (MDMA) 166
milagres, esperando por 17
mirtazapina (Remeron) 159
modelo parental 314
monitorando 71
   ansiedade 71
   palavras de preocupação 97
   pensamentos ansiosos 182
   sentimentos de ansiedade 277
morte 278
   na pior das hipóteses 88
mudança 104–108
   ansiedade do ente querido 280
   estágios 334
   muletas, exposição 140
   música, para alívio rápido da ansiedade 140
   pensando duas vezes sobre 58

• N •

na pior das hipóteses 88
   fim da história 90
   perguntas de enfrentamento 90
   questões definitivas de enfrentamento 90
Nardil 161
natação, para relaxamento infantil 321
nefazodona (Serzone) 159
neurônios 39
Neurontin (gabapentina) 165
neurotransmissores 157
nicotina 185

• O •

observação 217
   ansiedade 217
   críticas 223

Obsessive-Compulsive Disorder For Dummies (Elliott e Smith) 340
obsessões 339
  comuns 35
  infantis 280
  preocupação com Saúde 261
Occupational Outlook Handbook (Bureau of Labor Statistics dos EUA) 239
olanzapina (Zyprexa) 165
Oração da Serenidade 230
organização, este livro 3
osteopenia 264
oxazepam (Serax) 163
oxitocina 166

• P •

paciência 219
  autofala 102
  consigo mesmo 97
  qualidades de 220
pais helicóptero 313
pais permissivos 313
palavras 314
  de preocupação 1
palavras de preocupação 70
  ansiedade e 102
  categorias 103
  de vítima 104
  extremistas 104
  monitorando 102
  refutando 104
  refutando/substituindo 104
  reprovações 101
  rótulos 101
  tomando cuidado com 97
  tudo ou nada 98
palavras de vítima 102
  como profecias autorrealizadoras 107
  exemplos 107
  monitorando 37
  refutando 104
  uso de 105
palavras extremistas 99
  enfrentando 99
  monitorando 97
  substituição 45
palavras "preto no branco" 100
palavras reprovadoras 104
palavras "tudo ou nada" 100
Pamelor 160
paradoxo da ansiedade 216
Parnate 161
paroxetina (Paxil) 158
passivos 240
  pessoais 240
Paxil (paroxetina) 158
pensamento 162–172
  calmos, cultivando 91
  flexível 181
  terapias 327
pensamento positivo 93
pensamentos 4
  acelerados 14
  calmos 4
  contraproducentes 58
  entrando em contato com 74
  influência 76
  monitorando 71
  suicidas 157
pensamentos ansiosos 182
  desafiando, para o alívio rápido da ansiedade 168
  gatilhos 77
  monitorando 71
  perguntas para 82
  perspectiva racional 93
  risco 93
  validade, avaliando 82
pensamentos suicidas 157
pequenos abacaxis 86
pequenos passos 61
  dando 61
perfeccionismo 117
  analisando 117
  análise custo/benefício 117
  níveis de ansiedade 64
  segredos mortais do 126
perguntas de enfrentamento 253
  benefícios 90
  definitivas 90
  na pior das hipóteses 88
  pequenos abacaxis 86
perigo 41–50
  estatísticas 245
  evitando 271
  incerteza 251
  preparando-se para 41
  riscos desnecessários 121

situações de alto risco 275
perspectiva 216–232
   do amigo 91
   Poliana 93
   racional 93
     desenvolvendo 93
     pensamentos ansiosos e 93
plano de saúde, profissionais de saúde 167
planos para desastres 246
   esforços razoáveis 250
   perguntas para 253
   preocupação 260
   preparação 270
porções, comida 190
prazepam (Centrax) 163
pré-contemplação, como estágio da mudança 334
preocupações 1
   desconstrução na terapia do pensamento 80
   escrevendo sobre 65
   futuro 77–96
   saúde 94
   trabalho 78
preocupações com emprego 6
   ativos e passivos pessoais 240
   carreiras com estabilidade 237
   currículo e 238–244
   desemprego e 88
   desenvolvimento de novas habilidades 242
   enfrentando 235
   flexibilidade mental para 238
   flexibilidade no horizonte da carreira 237
   perda de emprego 238
preocupações com saúde 260
   expressão 261
   risco de depressão 260
   ustos e benefícios 261
preocupações futuras 226
   analogia com a previsão do tempo 121
   enterrando 226
   viver no futuro e, 14
pressão arterial 43
   alta, risco para a saúde 43
   medicação 46
Pristiq (desvenlafaxina) 158
probabilidades, superestimando 67
problema, ansiedade como 21
problemas de relacionamento, ansiedade 12

profissionais de saúde mental 19
Prolapso da válvula mitral 49
propranolol (Inderal) 164
provas 170
   contestar, perguntas para 82
   examinando 82
   palavras "tudo ou nada" 100
Prozac (fluoxetina) 158
Prurizin (hidroxizina) 163
psicanálise 16
psicose 37
Psicosedin (clordiazepóxido) 163
psicoterapia, para crianças 171
   perguntas 323
   primeira sessão 323

• Q •

quetiapina (Seroquel) 165

• R •

reavaliação de risco 85
   evidências estatísticas em 84
   perguntas 84
recursos 334
   livros de autoajuda 58
   para crianças 322
relaxamento 314
   ansiedade e 314
   antes de dormir 320
   aplicação em situações tensas 198
   aplicado 199
   categorias técnicas 199
   cheiros 201
   cinco minutos de 189
   com hidromassagem 201
resfriado comum 24

• S •

sintomas
   ataque de pânico 26
   fobia específica 30
   fobia social 23
   transtorno de ansiedade generalizada (TAG) 24
   transtorno de estresse pós-traumático (TEPT) 32
sintomas físicos 27

Smith, Laura
   Depression For Dummies 37
   Obsessive-Compulsive Disorder For Dummies 34
sono 24

• T •

transtorno de estresse pós-traumático (TEPT) 32
   causa 32
   diagnóstico 33
transtorno de pânico
   ataques de pânico 27
   escada de medo 255
transtorno obsessivo-compulsivo (TOC) 260
   ajuda profissional para 316
   aumentando a aposta 152
   compulsões 339
   escada de medo 292
   exposição e prevenção de resposta (ERP) 148
   obsessões 148
transtornos de ansiedade 126
   abuso de substâncias 38
   agorafobia 23
   depressão 12
   dos ricos e famosos 56
   fobia específica 141
   fobia social 143
   inatividade 12
   psicose versus 37
   separação 300
   transtorno bipolar versus 37
   transtorno de ansiedade generalizada (TAG) 23
   transtorno de estresse pós-traumático (TEPT) 23
   transtorno de pânico 26
   transtorno obsessivo-compulsivo (TOC) 34–38
transtornos de ansiedade em crianças 297
   agorafobia 304
   de separação 300
   fobias específicas 303
   fobia social 301
   raros 305
   transtorno de ansiedade generalizada (TAG) 302
   transtorno de estresse pós-traumático (TEPT) 340
   transtorno de pânico 26
   transtorno obsessivo-compulsivo (TOC) 23
tratamento com base em evidências 273
trauma 273–278
   aterrorizante 55
   benzodiazepínicos e 140
   como causa do esquema ansioso 178
   escada de medo 292
   escrevendo sobre 65
   falando sobre 277
   lidando com 269
   medicação 154
   refletindo sobre o que aconteceu 273
   terapia de exposição 166
trazodona (Desyrel) 159
Tryptanol 160

• U •

uso de drogas 38

• V •

valeriana 167
Valium (diazepam) 163
venlafaxina (Efexor) 158
vício 162–172
   análise custo/benefício 117
   coleta de provas 104
vício, medicamentos e 154
violência, risco de exposição 270
vitaminas 166

• W •

Welbutrin (bupropiona) 159

• Z •

ziprasidona (Geodon) 165
Zoloft (sertralina) 158
Zyprexa (olanzapina) 165